휴머니즘론

새로운 시대정신을 위하여

나남
nanam

박호성

부산에서 태어나 1973년 서울대 외교학과를 졸업하고, 독일 베를린 대학에서 정치학 석사 및 박사학위를 받았다. 1987년부터 현재까지 서강대학교 정치외교학과에서 정치사상을 가르치고 있으며, 서강대 사회과학대학 학장과 공공정책대학원 원장직을 겸하여 맡고 있다.

우리 사회의 계급 문제와 민족 문제에 돈독한 관심을 가지고 꾸준히 연구활동을 하면서 〈학술단체협의회〉, 〈역사문제연구소〉 등 학술연구단체 설립에도 일정한 역할을 하였다.

저서로는 《사회주의와 민족주의》, 《평등론: 자유민주주의, 사회민주주의, 맑스주의의 이론과 실천》, 《남북한 민족주의 비교연구》, 《수령의 정치, 수레바퀴의 정치학》 등이 있으며, 이 중 《평등론》은 우리나라에서 처음 시도된 평등에 관한 체계적 연구라는 평가를 받아 1996년 한국정치학회 학술상을 수상하였다. 최근에는 《우리 시대의 상식론》, 《빵소니정치와 3생 (三生) 정치》, 《바람을 비추는 등불처럼》 등을 펴냈다.

나남신서 1233

휴머니즘론
새로운 시대정신을 위하여

2007년 8월 15일 발행
2007년 8월 15일 1쇄

저자_ 朴虎聲
발행자_ 趙相浩
발행처_ (주) 나남
주소_ 413-756 경기도 파주시 교하읍
     출판도시 518-4
전화_ (031) 955-4600 (代), FAX : (031) 955-4555
등록_ 제 1-71호(79.5.12)
홈페이지_ http://www.nanam.net
전자우편_ post@nanam.net

ISBN 978-89-300-8233-4
ISBN 978-89-300-8001-9
책값은 뒤표지에 있습니다.

나남신서 1233

휴머니즘론

새로운 시대정신을 위하여

박 호 성

나남
nanam

Theory of Humanism
For the Neo-Zeitgeist

by

Ho-Seong Park

nanam

단 한순간도 인간다운 삶을 살아 보시지 못한 채
지난 6월 한 많은 이 세상을 쓸쓸히 하직하신 어머님의 영전(靈前)에
삼가 이 졸저를 바칩니다.

글을 열며

휴머니즘이란 것은 '어떠한 동물도 우리가 해왔던 것을 할 수 없었
다'라고 말하는 데 있는 것이 아니라, '우리는 우리 내면의 야수(野
獸)가 하라고 강요한 것을 거부하였다'라고 선언하는 데 있다.
　　　　　　　　　　　　　　　　　　　　　— 앙드레 말로

자기가 태어나기 전보다 세상을 조금이라도 살기 좋은 곳으로
만들어 놓고 떠나는 것
자신이 한때 이곳에 살았다는 연고로
단 한 사람의 인생이라도 행복해지는 것
이것이 진정한 성공이다.
　　　— 에머슨의 〈무엇이 성공인가〉(*In Search of Success*) 중에서

나의 손가락의 상처보다 전 세계의 파멸을 더 선호하는 것은 이성에
위배되지 않는다.　　　　　　　　　　　　　　　　— 데이빗 흄

이라크에서 어린애들이 죽거나 말거나, 오늘 저녁에 맛있는 거 먹는
게 더 중요한 것이 사람입니다. 하지만 지하철에 앉아 있다가도, 몸
이 불편하거나 약한 사람이 오면 자리를 비켜주게 되는 것도 역시 사

람이지요. 세상엔 한계만 가진 사람도, 가능성만 가진 사람도 없습
니다. 잘 사는 길은 한계를 조금씩 줄이면서 가능성을 조금씩 키워나
가는 거겠죠?

— 안영민, 일명 '미니', '경계를 넘어' 활동가

(월간 〈참여사회〉 2007년 4월호, 11쪽)

우연히 어떤 글을 읽다가, 우리 남·북한이 처한 현실을 예리하게
암시하는 듯한 두 구절이 부리나케 눈에 들어왔다.

심한 눈보라가 몰아치는 어느 날, 추운 네팔 지방의 한 산길을 두
사람이 걷고 있었다. 추위가 살을 에는데, 인적도 민가도 눈에 띄지
않는 외딴 험로가 계속되었다. 얼마쯤 가다가 두 사람은 눈 위에 쓰
러져 신음하고 있는 한 노인을 발견하였다.

"우리 이 노인을 함께 데려갑시다. 그냥 두면 얼어죽고 말 거요."

그러자 동행인은 화를 냈다.

"무슨 말입니까? 우리도 살지 죽을지 모르는 판국에, 저런 노인네
까지 끌고 가다가는 모두 죽고 말 거요."

사실이 그러하긴 했으나, 먼저 말을 꺼낸 사람은 그 노인을 그냥
둘 수는 없다고 생각했다. 그는 노인을 들쳐업고 눈보라 속을 걷기
시작했다. 동행자는 벌써 앞서 가버려 보이지 않는데, 갈수록 힘이
들어 견딜 수 없을 지경이었다. 몸에서는 땀이 비오듯 흘렀다. 몸에
서 이런 더운 기운이 확확 끼쳐서인지 등에 업힌 노인은 차츰 의식
을 회복하기 시작하였다. 두 사람은 서로의 더운 체온 탓에 추운 줄
몰랐다.

마침내 이 둘은 마을에 이르렀다. 그는 마을 입구에서 한 사내가
꽁꽁 언 채 쓰러져 죽어 있는 것을 보았다. 그는 그 시체를 살펴보
고는 깜짝 놀라지 않을 수 없었다. 그는 바로 자기 혼자 살겠다고
앞서 가던 그 동행자였기 때문이다.

한데 바로 우리 남·북한이 서로의 뜨거운 체온을 주고받으며 목숨을 건진 이 둘을 닮아야 하지 않겠는가 싶었다.

또 다른 한 구절은 이랬다.

> 부자는 '맨션'에 살고, 가난뱅이는 '맨손'으로 산다. 부유한 사람은 '개소주'를 마시고, 가난한 사람은 '깡 소주'를 마신다. 돈 많은 사람은 매일 '소고기 조림'을 먹고, 빈털터리는 '소고기 라면'을 먹는다.

나는 과연 어느 쪽에 속할까 하고 자문해보았다.

내가 이 저술을 이런 어줍잖은 얘기로 말문을 여는 데는, 내 나름대로의 생각이 있어서이다.

어쩐지 이 글월들이 그동안 내가 애써 잊지 않으려고 발버둥쳐왔던 문제의식의 한 단면을 단근질시켜주는 듯했다. 부족한 나름대로, 나는 여태껏 대략 두 개의 서로 밀접히 연결된 분야에 깊은 관심을 기울이며 살고 공부도 하려고 자신을 다그쳐오기는 했다. 가난한 사람과 부자들 간에 얽히는 여러 정치·사회적 골칫거리들이 그 하나이고, 우리 민족의 분단현실이 그 둘이다. 이를테면 나는 한국사회의 숙명적 지병처럼 뼛속 깊이 파고든 민족 및 계급문제의 두 축을 놓치지 않으려고 허둥거려오긴 했다는 말이다. 겉으로는 제법 매무새를 열심히 가다듬고 있는 듯이 보이려 애쓰기는 했다. 하지만 의연해지고 싶었지만 각박해지기 일쑤였고, 솔직해지고자 했으나 쉬이 거칠어지곤 했다. 정치사상(政治思想)을 전공한다는 내 능력이 너무나 빤히 속 들여다보였기 때문이다.

그런 와중에도 저잣거리 삶의 현장에서 살아 꿈틀거리는 사상을 들여다보고, 또 입다물고 있는 근엄한 사상 속에서 질퍽거리는 삶의 여러 곡절들을 찾아내 보려고 애를 써오기는 했다. 지금 새로이 펴내는 이 책도 이러한 오래된 내 어정쩡한 습속에 그 뿌리를 드리우고 있음은 물론이다.

그러나 스스로 되새김질해 보아도 속절없음을 느끼는 경우가 드물지는 않았다. 한편으로는, 지금까지의 내 글들이 한 우물 파는 듯한 일관성 있는 관심과 분석의 꾸준한 반추라고 좋은 말로 치켜세울 수 있을지도 모르겠다. 그러나 다른 한편으로는, 한 뼘 앞으로 나아가지도 못하면서 늘 비슷한 생각만 마냥 되풀이해 늘어놓기만 하며 제자리만 하염없이 맴도는, 식상할 정도로 딱하기만 한 푼수 없음이라 머리를 쥐어박을 수도 있겠다. 치켜세우든 윽박지르든지 간에, 이 책 속에는 — 제법 미래사회에 대한 희망이나 구상과도 관련된 부분이 적잖은 탓에 — 여러 글의 가지들이 서로 뒤엉켜 있는 경우도 드물지는 않다. 그러면서도 또 한 권의 책으로 펼쳐내는 욕심을 버리지는 못하고 있는 형편이니, 그 속셈이 얄궂다.

그런 탓에 이 《휴머니즘론》을 집필하기로 마음먹기 시작할 무렵 고약한 느낌이 엄습했다. 마치 우주비행사라도 된 것처럼 한편으로는 들뜨기도 하면서, 또 다른 한편으로는 막막한 불안감이 들이닥치기도 해서 종내 안절부절하곤 했다.

고백하지 않을 수 없는 일이긴 하지만 예전과 다를 바 없이 이번에도, 겁도 없이 상식적 주제와 하찮은 문제의식을 묶어내어 감히 가장 거대하고 심원한 질문들과 연결시켜 보려고 발버둥친 셈이 되었다. 예전처럼 나의 눈은 높았으나, 역량은 낮았다. 하지만 이 글들이 오랜 세월에 걸쳐 갈피를 잡지 못하며 이리저리 나대던 내 맨송맨송한 사념(思念)의 소산임에는 틀림없다. 뿐만 아니라 이 저술은 역사적인 1987년 6월 항쟁의 비인도적 결실에 대한 비판적 자성(自省)의 산물이라 할 수도 있다.

그러나 이젠 제법 눈이 뜨여서인지, 새로운 모색과 다짐 같은 것들이 새로이 꿈틀거리는 걸 느끼게 된다. 지금까지 겉멋이 들어 으쓱거리며 해온 것처럼 번잡하게 새 판을 벌여나가기보다는, 차라리 지금껏 남보라는 듯 왁자지껄하게 벌여놓은 판을 꼼꼼히 챙겨, 가능한 하나의 초점으로 나의 관심을 단정히 모아 정리해나갈 수 있다면 하는 바람이 생기기 시작한 것이다. 이러한 나의 새로운 각성이 결과적으로 '휴머니즘론'이라는 이 작은 소품으로 태어난 셈이다.

그리하여 이 소품은 나에게 저수지와도 같은 것이 되었다. 나는 이 저술을 ─ 물론 지극히 얕아 바닥이 훤히 들여다보일 수밖에 없는 딱한 것이긴 하지만 ─ 지금까지 여러 갈래로 나뉘어 흐르던 실개천 같은 나의 다양한 학문적 관심과 지향성 등이 한곳으로 흘러들어 모인, 자그마한 저수지와도 같은 것으로 이해한다. 그런 연고로 지금까지 펴낸 내 저술의 여러 논지들이 이 책 곳곳에 틈틈이 녹아 들어가 있을 수밖에 없음은 자연스러운 현상이라 할 수 있다.

그러나 나에게도 꿈이 없지는 않다. 지금 이 저수지에 고인 얕은 물이 흐르고 또 넘쳐흘러, 언젠가는 넓은 바다에 새치름히 가 닿게 되길 감히 꿈꾸고 있는 것이다.

나는 오늘날, 특히 우리 한국의 사회과학도가 그 해결책을 학문적으로 진지하게 모색하지 않으면 안 될 과제가 민족문제 및 계급문제와 직결된 주제라 생각한다. 물론 민족문제의 핵심적 목표는 민족통일의 완수에 있으며, 계급문제의 과제는 자본주의적 발전의 심화과정에 나타나는 사회적 불평등 현상의 극복이라 할 수 있다.

나는 지금껏 이 문제들의 학문적 해법을 모색하느라, 내 나름대로는 짬짬이 속병을 앓아오긴 했다. 물론 적잖은 아쉬움과 많은 결함을

뒤로하고 있긴 하지만, 그러한 고뇌의 흔적을 몇몇 저술 속에 담기도
했다.

우선 계급문제에 관한 내 자신의 기본적 입장을 사상적으로 가늠해
보기 위해, 어눌하긴 하지만 《평등론: 자유민주주의, 사회민주주의,
맑스주의의 이론과 현실》(창작과 비평사)을 1994년에 펴냈다. 다른 한
편 민족문제를 바라보는 내 자신의 소박한 시각을 나름대로 정리해보
고자 나의 전공분야가 아님에도 감히 한반도적 상황으로 눈길을 돌
려, 1997년에는 《남북한 민족주의 비교연구: '한반도 민족주의'를 위
하여》(당대출판사)를 펴내는 만용을 저지르기도 했다.

물론 이 저술들이 탐구(探究)의 종결이 아니라 자그마한 단초(端
初)에 불과한 것이라는 걸 나도 잘 깨닫고는 있다. 그러나 이러한 각
박한 처지임에도 불구하고, 나는 또다시 새로운 학문적 야욕에 불타
고 있음을 이 기회에 솔직히 털어놓지 않을 수 없다.

나는 방금 언급한 《평등론》과 《남북한 민족주의 비교연구》에서 민
족문제와 계급문제를 바라보는 나의 입장을 변변찮은 수준에서나마
간략히 점검해보긴 했다. 하지만 지금은 그걸 어떻게 하면 변증법적
으로 종합해낼 수 있을까 하고 오랫동안 고심을 되풀이하고 있는 중이
다. 애써 긍정적으로 치켜세우면 학문적 '웅지'(雄志)라 과찬할 수도
있겠지만, 적나라하게 까발린다면 자신의 역량을 고려에 넣지도 않은
채 또다시 속절없이 꾸어대는 덧없는 '망상'(妄想)이라 손가락질 받을
수도 있다는 것을 잘 깨닫고 있다.

하지만 자신을 배반함으로써 스스로를 구속할 수도 있다는 것이 세
상을 살아가는 넉넉한 지혜의 하나는 아닐까 하는 데 생각이 가 닿게
되었다. 결국 나는 내가 지니고 있는 나의 역량을 '배반'함으로써 이
망상을 실현코자 나를 '구속'하기로 작정한 것이다.

나는 또 '저지르기'로 작심하고 있다.

한글사전을 찾아보면, '저지르다'는 말은 "잘못하여 그르치다, 탈을 내다"라는 의미로 풀이되어 있다. 그러나 나는 이 어휘를 보통 건전한 상식으로는 감히 해볼 궁리를 내지도 못할 일을 당돌하게 선뜻 해치워 버리는, 철없는 우격다짐 정도로 이해하고 있다. 허지만 그에 덧붙여, 조촐한 '역설' 같은 것이라도 불현듯 창조해내려는, 풋내 나긴 하지만 가상하기도 한 용맹스러움의 하나로 너그럽게 봐주기도 한다. 말하자면 나는 평생에 걸친 나의 모든 학문적 관심의 실개천들이 모두 흘러들어가 마침내 한데 어우러지게 될, 바다와도 같은 의미를 지니게 될 필생의 노작에 대한 황당무계한 꿈을 꾸고 있다는 말이다. 그것은 다름 아닌 '인간론'(人間論) 저술이다.

나는 개인적으로는 사실 내 자신 필생의 마지막 학문적 소명으로 생각하고, '인간론'을 한 편 저술할 수만 있다면 하고 몽상하고 있는 것이다. 솔직히 말해, 죽기 전에 과연 내가 이 힘든 과제를 완수할 수 있노라 큰소리칠 형편은 결코, 결코 아니지만, 나는 감히 도전해보리라 궁리를 되풀이하고 있는 중이다.

이 주제는 철학적이고 사상사적인 인간론 및 휴머니즘의 역사를 그 기본에 깔면서, 삶의 질과 직결된 경제학적 측면, 나아가 문학, 예술, 문화 등 인간을 일상적으로 둘러싸고 있는 주요 분야들을 총괄적으로 섭렵하지 않으면 안 되는 방대한 넓이와 깊이의 것이 될 수밖에 없으리라 상상해대며 아연해지곤 한다. 숨막히는 과제가 되리라는 예감으로, 오직 나의 철부지 같은 괴벽을 쉴 새 없이 자책하고 있을 따름이다.

나는 그 '원대한' 과업을 위한 정신적 다짐의 한 표시로, 지난 1998년, 일생일대의 교통사고 후유증으로 헉헉거리며 '박호성 수상록'《인

간적인 것과의 재회: 바람을 비추는 등불처럼》이라는 책을 준비운동
삼아 펴낸 적도 있었다.

나는 '인간론' 저술을 성공적으로 완수함으로써, 우리나라, 나아가
서는 국제사회의 인간화 노력에 미력이나마 다할 수만 있다면 하는,
정치사상을 공부하는 학도로서의 간곡한 희망과 몽상을 부질없이 버
리지 못하고 있음을, 부끄럽지만 고백하지 않을 수 없다. 그리하여
이 지상에 금(金)본위제도보다는 '인간(人間)본위제도'를 널리 펼칠
수는 없을까 꿈꾸기도 하며, 그를 위해 강자가 밑에 있고 약자가 위로
올라서는 '인간 피라미드'를 제도적으로 구축해낼 수는 없는 것인가 하
는 공상에 자주 빠져들기도 한다. 온통 망상과 공상뿐인 듯하다.

이런 형편이니 이른바 나의 '학자적 양심'이 어찌 내 속을 앙칼지게
긁어대지 않겠는가. 부끄럽게도 나는 아직까지도 학문적 딜레마에서
벗어나지 못한 채 전전긍긍하는 중이다. 나는 한편으로는 민족주의에
매달리면서도, 국제주의와 세계동포주의를 멀리하지도 못한다. 동시
에 또 한편으로는 물질적 이해관계의 결정성에 집착하면서도, 정신
적·도덕적 본질의 선험성을 저버리지도 못하고 있다. 뿐만 아니라
개인의 불가침적 존엄성을 신봉하면서도, 공동체의 선도성을 외면하
지도 못하며 엉거주춤하기 일쑤다. 막스 베버가 개탄했듯이, 혹시 "정
신이 없는 전문가"나 "가슴이 없는 금욕주의자"가 지배하는 "쓸모 없
는" 세계를 만드는 데 조력하고 있지는 않은가 다그치며, 자학(自虐)
을 일삼기도 한다.

그런 와중에 나의 이러한 학문적 편력과 고행이 혹시 휴머니즘 속
에서 해소될 길은 없을까 하는 영감이 번개처럼 내 뇌리를 스쳐지나갔
다. 급기야 나는 몇 해 전 '휴머니즘론' 강의를 개설하고 조용히 숨을
고르기 시작했다. 비로소 이 강의 속에서 나는 우리 학생들과 나누었

던 여러 값진 대화와 토론을 통하여 가슴 울리는 자극을 적잖이 얻어 걸치는 행운과 만나기도 했다.

　이전에 내 개인조교를 하다가 지금은 다시 사회과학대 학장 조교를 맡고 있는 우리 정치외교학과 석사과정의 이인화 군은 '타이탄'이라는 별호를 얻어 걸칠 만큼 그 큰 덩치에는 어울리지도 않게, 논문준비로 혼비백산하는 와중에도 자상한 정성으로 사소한 문제에까지 세심하게 신경을 써주었다.

　그리고 북한연구를 위해 위탁교육을 받으러 한국에 왔다가 모진 인연의 값진 보살핌 덕으로 전공이 다름에도 불구하고 내 개인 조교를 기꺼이 맡게 된 일본인 유학생 니시 유스케〔西祐典〕군은 현직 외교관답게 신중하면서도 느슨하지는 않은 성실함으로 어정쩡한 나를 치밀하게 도와주었다. 아마도 그 와중에 한국사회 특유의 '열정(熱情)과 냉정(冷靜)' 사이에서 두주불사도 마다하지 않을 수 없는 적잖은 낭패를 맛보았으리라 짐작한다. 뿐만 아니라 우리 정외과 학부생 박영진 군은 '불우이웃 돕기'하는 지극정성으로 척박한 컴퓨터 실력을 자랑하는 나를 지도편달하느라 땀깨나 흘렸을 것이다.

　특히 우리 대학 사회과학대학 및 공공정책대학원의 행정팀장으로서, 내가 한눈팔지 않고 오로지 집필에만 몰두할 수 있도록 나의 나태와 무능함을 꼼꼼히 보살펴준 사재식 부장의 일사불란한 사무처리 방식은 특히 인상적이었다. 군세어도 거칠지는 않은 그의 인간적인 근무자세를 통해 나는 은연중에 적잖은 가르침을 받기도 했다.

　마지막으로 이 글 전체를 그야말로 독일병정처럼 샅샅이 읽고 꼼꼼히 뒤져, 철학적 차원과 테크니컬한 측면의 날카로운 비판과 적절한 충고를 통해 이 책을 책다운 책으로 만들어내는 데 혁혁한 도움을 준

동학(同學)이 있다. 서강대 정외과 대학원에서 나와 함께 석사논문을 끝내고 10여 년 전 독일 베를린 대학으로 유학을 떠났다가, 그것도 독일 학자들조차 어렵다고 혀를 휘휘 내두르는 헤겔의 정치사상을 주제로 탁월한 박사논문을 마치고 그야말로 불과 몇 달 전, 마치 이 책을 감수하기 위해 일부러 시간에 맞추어 급거 귀국한 듯한 김동하 박사가 바로 그다. 김 박사는 그야말로 매섭고 참신한 안목으로 이 스승을 따끔따끔하게 단근질해 주었다.

모두 고마울 따름이다. 이번에도 결국 이 책은 나의 것이 아니라, 우리들 모두의 것이 된 셈이다. 그러나 시간적으로나 정신적으로 좀더 여유가 넉넉했다면 보다 나은 책을 선보일 수도 있었을 텐데 싶어, 절로 숙여지는 머리를 어쩔 수 없다. 꾸짖음만 기다릴 뿐이다.

그런데 이 저술을 구상하고 집필하느라 힘겹게 뒤뚱거리고 있을 때, 우리 집안에서는 또 희한한 일이 하나 벌어졌다. 사실 나는 내 아이들에게 '나중에 커서 무엇이 되라'는 등의 다짐을 한 번도 줘본 적이 없는 불성실한 아비였다. 허울좋게 그저 민주적이고 자유방임형으로, 자신들의 미래를 스스로 잘 판단해 자율적으로 모색해나가도록 방치해두는 쪽이었다. 그런데 이 저술을 구상하던 어느 날, 이제는 제법 고3이 되었노라고 생색을 내며 인공위성처럼 바삐 날아다니는 통에 얼굴 보기조차 힘들었던 내 어린 아들녀석과 우연히 한가하게 대화를 나눌 행운을 얻게 되었다.

나름대로는 고3이 되어 전공선택 등 장래문제가 염려스러운 탓도 있었겠지만, 난생 처음으로 이 녀석이 느닷없이 "아빠, 나 나중에 '인권변호사'가 되고 싶어" 하는 게 아닌가. 인권 변호사라? 얼마나 내 가슴이 벅차 올랐던지, 나는 거의 눈물까지 보일 뻔했다. 그저 고마울 따름이었다. 단순히 개구쟁이 정도로만 생각했는데, 속으로는 제법 이런 경지의 속앓이까지도 해왔구나 싶어 무척 대견스러워 보였다. 도대체 인권변호사의 일이라는 게 얼마나 고통스럽고 힘든 것인지 알고나 하는 말인지, 도대체 어떤 궁리 속으로 이런 '해괴한' 착상을 하게 되었는지 자세히 알 바는 없었으나, 가슴이 잔잔히 떨려왔다.

그런데 하필 내가, 인권문제가 그 핵심이 될 수밖에 없을 '휴머니즘론' 저술을 구상하고 있던 바로 그 순간에 약속이나 한 듯이 인권변호사의 꿈을 털어놓다니, 우연 치고는 너무나 지독한 우연이었다. 어쨌든 선택할 전공은 자연스레 정해질 수밖에 없었다. 그러더니 그 녀석은 그 갸륵한 꿈을 가슴 가득 안고서는 바로 몇 달 전, 원하던 어느 법과대학에 덜컥 합격까지 해주는 게 아닌가. 이윽고 나는 내 아들 박무정(朴茂廷)의 갸륵한 꿈과 야무지게 보조를 맞추며 출생신고를 함께 하게 된 이 책이, 이 녀석의 앞날에 자그마한 디딤돌 노릇이라도 할 수 있게 눈곱만한 도움이라도 줄 수 있다면 하는, 아비로서의 두근거리는 바람을 안게 되었다. 이 녀석이 자신의 소망대로 훌륭한 인권변호사가 되어, 불우하고 소외된 이웃들의 다정한 벗으로 '인간답게' 살아만 준다면, 더 이상 무엇을 바라겠는가 …. 이러한 소망 탓에 이 책의 한 구, 한 획을 함부로 굴릴 수 없었다. 고맙다, 아들아. 그러나 인권 변호사가 더 이상 필요없게 될 세상이 오기를 고대하며 ….

옛 고구려 땅 개백현(경기도 고양) 동빈재(凍彬齋)에서
2007년 초여름
글 쓴 사람

나남신서 1233

휴머니즘론
새로운 시대정신을 위하여

차 례

서 론

1. 왜 쓰는가

우리는 과연 인간다운 삶을 영위하고 있는가?

인권, 인간의 존엄성, 인도주의 등처럼 인간적 삶과 직결된 주요 가치들이 우리의 일상생활에서는 과연 얼마나 현실화되어 있을까? 인간답게 살아가기 위한 기본 토대가 바로 '민생'(民生) 문제인데, 특히 우리 정치권은 왜 이에 대한 헛발질만 이리도 요란스레 해대는 걸까.

비록 우울한 얘깃거리들이긴 하지만, 우선 몇 가지 대표적인 비인도적 사례부터 점검해보았으면 한다. 우리 사회에는 물론 가슴 벅찬 인간적 미담과 인간 승리의 쾌거들이 적지 않다. 그러나 "미래를 예언하고 싶다면 과거를 공부하라"고 가르친 공자의 말씀을 좇아, 비록 예외적이고 우연히 발생했을지도 모를 여러 부끄러운 사례들에 일단 초점을 맞추고자 한다. 우리는 사람들이 경험을 통해 배우는 게 아무것도 없다는 사실을 경험을 통해 배우기 때문이다.

여러 해 전 어느 늦가을쯤 북한 소 한 마리가 '탈북'한 적이 있었다. 아마 홍수가 터져 휴전선 바로 밑 김포 부근 어느 섬까지 떠밀려온 모양이다. 그때 자랑스러운 대한민국의 어느 TV는, 저녁 정기 뉴스시간에, "인도주의(人道主義)적 견지에서 이 소를 빨리 구출해야 한다!"고 호들갑을 떤 적이 있다. 그리고 우리 언론의 생리에서는 당연한 반응이었겠지만, 또 군사작전이기나 한 것처럼, 불 뿜는 취재경쟁을 전개하였음은 물론이다.

우리네 시장바닥에서는 이렇게 가축 한 마리에까지도 스스럼없이 '인도주의'를 역설할 정도로, 인간미가 넘쳐흐른다. 그런데 과연 우리 민족은 인도적인가?

예컨대 88 올림픽 얼마 후에, 미국 언론은 한국인의 '아기수출'을 경쟁적으로 비판한 적이 있다. 이를테면 그들은 "아시아의 신흥공업국으로 '88 올림픽' 주최국임을 자랑하는 한국은, 정부의 은밀한 지원 아래, 해마다 6천 명가량의 어린이를 미국 가정에 입양시키고 있으며, 미국 가정에 입양되는 외국 어린이의 59%가 한국 출신"이라고 꼬집은 것이다.

사실 그 무렵 사회복지를 책임지고 있다는 국내의 여러 '자선'단체들은 더 높은 '수익'을 보장하는 해외입양에만 정력을 쏟으면서 치열한 '수출경쟁'까지 벌이고 있었다. 심지어 보건사회부 감사결과, 홀트아동복지회 등 해외입양기관들이 입양아동을 더욱 많이 그리고 보다 빨리 쟁취하기 위해, '목 좋은' 고아원 등 복지시설과 병원 등의 의료기관에 양육비, 사례금 명목으로 사전에 막대한 청탁성 뇌물을 미리 갖다 뿌린 것으로 밝혀진 적도 있다. 그야말로 '고아 입도선매(立稻先賣)'이었던 것이다. 6·25 직후라면 누군들 '정상참작'이라도 하지 못할 것인가. 그러나 올림픽을 치르고 선진국 대열에 돌입하고 있다며 소란법석을 떠는 나라에서, '아기 수출량'이 갈수록 증가한 것이다.

북한이 스웨덴이나 덴마크 등지의 공항에서, 한국으로부터 '팔려오는' 어린이들의 사진을 찍어 그것을 선전자료로 활용하였다는 것은 널리 알려진 사실이다. 그들이 이런 '고아수출'을 '동족을 팔아먹는' 반민족적 '만행'이라 규탄할 때, 우리는 과연 어떻게 반박할 수 있었겠는가. 그리고 뜨거운 혈육의 정을 강제로 끊긴 채, 동생은 이 나라로, 언니는 저 나라로 뿔뿔이 흩어졌다가, 서로에 대한 그리움을 달랠 길 없어, 낯선 이국 땅에서 자살로 어른들의 비인간적 불륜을 고발하는 한국인 해외입양 어린이들의 참담한 보도를 접할 때, 우리들 어른들은 도대체 무슨 배짱으로 얼굴을 치켜들 수 있겠는가.

그러나 '기다리고 기다리던' 한국인 입양아를 자기네들 공항에서 처음으로 마주하는 순간, 반가움의 눈물을 주체하지 못하는 '코쟁이' 양부모들의 정겨운 모습을 우리는 그냥 무심코 지나쳐버릴 수만 있는 것일까. 우리는 우리의 자식을 비정하게 '팔아치우는데', 왜 그들은 피부색이 다른 아이들을 받아 안으며 마냥 기쁨의 눈물을 흘리는가?

걸핏하면 '인간적으로 하자'는 말을 거들먹거리기 좋아하는 우리 한국인들은 정말 인도적인 민족인가?

하필 지난 5월 11일은 '입양의 날'이었다. 가정의 달인 5월에, 국내의 한(1) 가정에 한 명씩의(1) 아동을 입양하자는 취지에서 날짜를 11일로 정했다 한다. '입양의 날'은 올해로 비록 두 번째에 지나지 않지만, 우리사회의 입양의 역사는 무척 장구하다. 무엇보다 한국전쟁을 계기로 본격화된 해외입양의 역사가 어느덧 반세기를 훌쩍 넘어섰을 정도다.

어느 언론매체는 이렇게 묻고 있다.

"자신의 의지와는 전혀 무관하게 '어른'들의 선택에 의해 한국을 떠나 전혀 새로운 정체성을 갖고 살아야만 했던 입양아동들이 이제는 성인이 되어 돌아와 자신들을 '버린' 이 사회에 대해, '한국사회는 해외입양에 대해 고민하고 있느냐'고, 아울러 "해외입양은 입양을 떠나보내는 그 순간으로 끝나는 문제가 아니라, 입양자들의 평생에 걸쳐 진행되는 문제라는 점을 도대체 한국사회는 알고나 있느냐"고 ….

1953년부터 2007년에 이르기까지 해외입양을 통해 한국을 떠난 사람은 약 16만 명에 이른다. 총계로 따지면, 한국은 해외입양자 총수

에서 압도적으로 세계 1위를 마크한다. 말하자면 세계 경제규모 11위
인 '경제대국' 대한민국이 현재도 중국, 러시아, 과테말라에 이어 4번
째로 많은 자국 아동을 해외로 내보내는 '아동 수출대국'이기도 한 것
이다. 뿐만 아니라 저출산 문제가 심각한 국가적 난제로 떠오르고 있
음에도 불구하고, 현재 우리나라는 매년 2천여 명을 해외입양으로 방
출하고 있다. 유엔에 따르면, 지난 2006년 한국의 출산율은 1.19명으
로, 홍콩, 우크라이나, 슬로바키아에 이어 4번째로 낮은 출산율을 기
록하고 있다. 이 같은 추세가 계속될 경우 2050년에는 우리 인구가
지금보다 13%나 감소한 4,230만 명 정도에 머물 것으로 전망된다.

그러나 이처럼 저출산과 인구감소 위기에 봉착하여 극심한 고통을
겪고 있음에도, 여태 2004년 2,258명, 2005년 2,101명, 2006년 1,899
명 등, 매년 2천 명 안팎의 아동을 해외입양용으로 방출하고 있다는
사실은 심각한 모순이 아닐 수 없다.[1] 이러한 한심스러운 작태를 어
찌 민족적 인권유린(人權蹂躪) 행위라 지탄하지 않을 수 있겠는가.

1) 우리 민족은 과연 인도적인가?

뿐만 아니라 우리는 혹시 민족차별이나 인종차별을 극심하게 자행
하는 민족은 아닐까?

나도 어린 시절에, 다른 나라들에서 온 사람들에게 '깜둥이', '뙤놈',
'짱꼴라' 등의 모욕적 명칭들을 마구잡이로 자랑스럽게 구사하는 환경

---

1) 〈프레시안〉 2007년 5월 9일.
   나아가 〈프레시안〉은 계속 다음과 같이 질타하고 있다. "그럼에도 불구하고
   한국에서 해외입양은 철저히 '잊혀진 역사'다. 해외 입양인은 자신을 길러줄
   양부모를 갖게 된 '수혜자'로 여겨지고, 아이를 입양보낸 생모는 자기 자식
   을 버린 '죄인'이라고 낙인찍힘으로써 결국 직접 해외입양에 관계되는 이들
   의 목소리는 철저히 배제되었다. 이런 가운데 국내의 입양기관과 한국 등
   외국아이를 입양해 키우는 백인 부모들의 입을 통해 해외입양은 인도적으로
   베풀 수 있는 '최고의 선행'으로 찬양돼 온 것이 현실이다"라고.

속에서 듣고 배우며 자랐다. 나는 아직도 이런 우스갯소리를 생생히 기억한다. 어느 날 한국인, 일본인, 중국인 셋이서 돼지우리에 들어가 누가 더러운 것을 가장 잘 참는지 내기를 하기로 했다 한다. 일주일 정도 지나니 일본사람이 허겁지겁 뛰쳐나왔다. 이 주쯤 후에는 한국인이 그 뒤를 따랐다. 그런데 한 달쯤 지나니까, 돼지가 쏜살같이 뛰쳐나오더라는 이야기였다.

이처럼 이민족을 가벼이 업신여기면서도, 우리는 예컨대 일본 같은 곳에서 재일교포들에게 지문날인을 요구한다고 큰소리 내지르며 벌떼같이 궐기하는 민족이다. 물론 그런 행위가 그르다는 것이 결코 아니라, 우리 자신뿐만 아니라 남의 존엄성도 함께 존중할 줄 알아야 한다는 말인 것이다.

지난 19세기 말 제국주의가 풍미하던 시절, 특히 식민 모국 자체의 비민주적 모순과 사회적 악습이 식민지에도 그대로 이식될 수밖에 없다는 이유를 들어, 제국주의를 거부했던 맑스주의자들도 있었다.

혹시 우리나라는 지금 그러한 '제국주의' 국가는 아닐까?

우리 사회에서 핍박받는 노동자의 열악한 처지가, 우리 기업이 진출해 있는 다른 나라와 지역에도 그대로 되살아나고 있지나 않은지, 한 번 되물어볼 필요가 있다. 특히 현재 한국에 와 있는 외국인 노동자를 우리가 지금 어떻게 대우하는지를 살펴보면 해답은 자명해질 것이다.

이 기회에 최근의 해외사례만 간략히 훑어보기로 하자.

2001년 2월 6일자 〈뉴욕타임스〉의 보도에 의하면, 남태평양의 미국령 사모아 제도에 있는 한 한국인 소유의 소규모 의류공장에서 발생한 끔찍한 노동착취 사실이 미 노동부 조사팀에 의해 발각되었다고 한다. 노동부 보고서는 이 공장의 근로자 합숙소는 감옥을 연상케 했으며, 근로자들에게는 영양부족을 일으킬 정도의 죽만 공급된 한편, 의무 귀소시간인 밤 10시 이후로 들어온 근로자들은 구타당했다고 밝혔다. 그뿐 아니라 한 근로자가 파이프에 맞아 한쪽 눈이 실명되는 사태까지 벌어지는 등, 이 공장에서는 다양한 종류의 학대행위까지 자행되었다고 전한다. 이들은 한 달에 400달러를 받았으나, 당초 약속과는 달리 숙식이 무료로 제공된 것이 아니라 월 150~200달러의 숙식비 지불까지 강요당한 바 있어, 이 공장을 고소하기에 이르렀다 한다. 사모아의 최저임금이 시간당 2.6달러임에 반해서, 이들 근로자들의 임금은 시간당 불과 1달러 정도에 지나지 않았다 한다.

뉴욕 소재 노동운동 단체인 '전국 노동위원회'의 찰스 커내건 위원장은 "지난 15년간 노동착취 현장에 대한 조사를 수행했으나, 이처럼 극단적으로 노동착취가 자행된 것은 처음 본다"고 말할 정도였다. 우리 학생들에 의해 '제국주의 국가'로 비난당해온 미국보다 더 지독한 제국주의적 착취가 바로 해외에 진출한 우리 민족에 의해 저질러지지는 않았을까. 한마디로 노동자들에 대한 국내의 비인도적 처사가 그대로 해외에까지 직수출된 셈이다. 요컨대 식민모국(植民母國)의 반민주적 억압체제를 식민지에도 그대로 강요한다는 맑스주의자들의 반제국주의론의 정당성을, 대한민국이 앞장서 멋들어지게 입증하는 꼴이다.

그렇다면 동족들끼리라도 서로 단합을 잘 하고 별 탈 없이 사이좋게들 잘 지내는가? 식량난으로 신음하고 있는 북녘 동포에 대한 인도주의적 지원문제가 쟁점으로 부각되긴 하지만, 남북관계를 일단 젖혀두고 보더라도 대답은 그리 밝지만은 않은 것처럼 보인다. LA의 한인 '사기꾼'들이 북상중이라는 소문까지 들려온 지 오래다. 이를테면 LA 한자리에서 오랫동안 사기행각을 일삼아 오던 일부 한인들이 이미 낯이 팔릴 대로 팔리고 들통이 날 대로 다 나버려, 그곳에서 더 이상 판을 벌일 수 없는 탓에, 낯선 한인들을 찾아 샌프란시스코니 시애틀이니 하는 곳으로 북상한다는 말이다. 뿐만 아니라 해외에 나가면, 한

인 사이에 한국 동포들을 가장 조심하라는 관광홍보까지 성행한다고
도 한다.

우리 동족의 쾌거가 다시 한번 더 〈뉴욕타임스〉를 탔다. 여러 해
전 그 신문의 보도에 따르면, 한인 이민자 13명이 한인 증권 브로커에
속아 거액을 날렸다며, 이들을 고용한 대형 증권사를 상대로 2,250만
달러의 손해배상을 요구하고 나섰다 한다. 뿐만 아니라 특히 영어에
서툰 신규 이민자들을 상대로, 주식시장에서 일정 수익률을 보장해주
겠다고 속이는 "동족간 사기"(*Affinity Fraud*)가 급증하고 있다고 보도
한 적이 있을 정도다.[2]

다른 한편 고초를 겪는 외국에 대한 우리의 인도주의적 지원 자세
는 어떠할까?

예를 들어 지난 2005년 8월 허리케인 카트리나가 미국 뉴올리언스
지역을 강타하여 1천여 명이 숨졌을 때, 한국정부는 매우 발빠르게
움직이는 열의를 보였다. 즉시 관계부처 장관회의를 열어, 3천만 달
러(한화 3백억 원가량)를 지원하기로 결정하였다. 그에 이어서 경제·
종교계에 대략 2천 5백만 달러(250억 원가량)를 분담시켰다. 결국 카
트리나로 큰 피해를 입은 미국에 세계 90여 개국이 구호물품과 자금
을 보내게 되었는데, 3천만 달러를 내놓기로 한 한국이 지원금 규모
에서 세계 4위를 기록할 것으로 보인다는 언론보도도 있었다.[3]

다른 한편 비슷한 시기 파키스탄에 규모 7.6의 강진이 일어났다. 사
망자는 4만 명이 가까울 것으로 추정되었다. 정부는 관계부처 장관회
의에서 3백만 달러(30억 원가량)를 지원하기로 했다. 또 적십자사가
100만 달러(10억 원가량)를 모금하겠다고 했고, 건설연합회는 30만 달
러(3억 원가량)를 내놓겠다고 밝혔다. 그래서 모두 430만 달러(43억 원

---

2) *New York Times* 2001년 5월 15일.

3) 〈오마이뉴스〉 2005년 9월 7일.

가량) 정도가 되었다. 한 언론은 1인당 국민총소득(GNI)이 600달러 남 짓해 외부지원이 절절한 나라로 꼽힐 뿐만 아니라 40배나 더 많은 희생 자가 난 지역에, 미국의 1/10 수준에 지나지 않는 지원을 하는 셈이라 며 아쉬움을 토로하기도 했다. 그러나 일본은 달랐다. 카트리나 피해 에 1백만 달러 '정도'밖에 내놓지 않았지만, 파키스탄 강진에는 2천만 달러를 내놓기로 한 것이다. 이 사실이 알려지자 이 신문은, "자칫 이 번 일로 한국이 인도적 차원의 해외지원에 너무 국제정치의 논리를 들 이대는 나라로" 비치지 않을까 하는 우려를 피력하기도 했다.[4]

　　해외에 진출한 한국기업의 인권침해 작태 역시 심각한 수준이다.
　　2005년 6월 23일 미국의 하와이 지방법원에서 한 한국인 기업가에 대한 선고공판이 열렸다. 피고는 미국령 사모아에서 '대우사'란 의류 업체를 운영하는 한 한국인이었는데, 법원은 베트남 노동자 200여 명을 강제로 가두고 일을 시킨 혐의를 인정해, 징역 40년과 배상금 180만 달러를 선고했다 한다. 외국 언론들은 이 사실을 전하며, "미 국 영토 안에서 인신매매 범죄사상 가장 중형인 징역 40년형이 선고 됐다"고 대서특필했다. 뿐만 아니라 미국 법무장관까지 성명을 내어, "인신매매는 현대판 노예제와 다르지 않다. 법무부는 인신매매로 이 익을 취하는 사람들을 계속 처벌할 것"이라고 목청을 높이기도 했다.
　　도대체 어떤 일이 있었기에 이런 중형이 선고됐을까? '대우사'는 1999년 초부터 베트남 등지에서 데려온 노동자 250여 명을 고용해 제 품을 생산하기 시작했다. 이들 대부분은 주 40시간 노동에 월급 400달 러를 받기로 하는 3년 계약을 맺고, 송출업체를 통해 사모아에 온 시 골 출신 여성들이었다. 송출업체에 4천~8천 달러를 내고 사모아에 온 이들은, 1년 동안 일해서 빚을 갚고, 나머지 2년 동안은 돈을 벌어 고 향으로 돌아가는 것이 꿈이었다 한다. 하지만 현실은 그렇지 않았다.

---

4) 〈한겨레〉 2005년 10월 12일.

　초과근무 수당도 없이 잔업을 강요받았고, 쥐가 들끓는 비좁은 막사에서 생활하지 않으면 안 되었다. 막사 뒤쪽으로는 철사와 면도날이 설치된 담장이 있었고, 야간 통행금지령까지 내려졌다. 먹을 것조차 제대로 나오지 않았다. 베트남 인권단체인 '베트남 레이버 워치'는 2001년 펴낸 보고서에서, "밥값과 숙박료가 월급에서 공제되면서, 노동자들은 최소한의 액수만을 받을 수 있었다"고 밝히며, "결국 2000년 말 대규모 파업이 벌어졌고, 이 와중에 한 노동자가 눈을 잃기도 했다"고 쓰고 있다. 우여곡절 끝에 회사는 파산하고 말았다. 오갈 데 없이 불법체류자로 전락하게 된 노동자들은 길거리를 헤맬 수밖에 없었다. 결국 그 한국인 사장은 미국 당국에 체포돼 2003년 유죄 평결을 받고, 2년 후 40년형을 선고받았던 것이다.[5]

　이 사례는 물론 극단적인 경우라고 말할 수도 있겠지만, 외국에 진출한 한국기업들의 인권침해 사태는 전혀 놀랄 만한 일이 아니라는 게 중론이다.

　해외에 진출한 한국인들이 아동 성(性) 착취까지 자행하여, 국제적인 망신까지 톡톡히 당하기도 하였다.[6]

　남태평양의 섬나라인 키리바시 공화국에서 한국인 선원과 현지 여성의 성매매가 다시금 기승을 부리는 것으로 나타난 것이다. 해양수산부의 현지조사 결과, 2005년 국제적 물의를 빚은 뒤 일시 중단되었던 일부 한국인 선원들과 현지여성의 성매매가 다시 시작된 것으로 확인되었다. 한국 선원과 관계한 여성 24명 가운데 7명이 18살 미만의 미성년자였으며, 여기엔 14살짜리 소녀도 포함돼 있었던 것으로 나타났다. 조사단은 2005년 성매매 물의가 빚어진 뒤 한국의 수산업체들이 선원의 상륙을 막자 성매매가 중단됐으나, 2006년 선원들의 상륙

5) 〈한겨레〉 2005년 7월 6일.
6) 〈한겨레〉 2007년 2월 25일.

및 여성들의 승선을 다시 허용하자 재개된 것으로 보인다고 밝혔다. 현지 활동가들의 추정으로는, 현지 여성 40~50명이 한국인 선원과 성매매를 하고 있으며, 성매매 여성의 연령도 점점 낮아지고 있다 한다. 조사단은 한국 선원과의 성매매로 임신한 여성 2명과 아이를 낳아 기르는 여성 3명도 확인했다며, '키리바시 2세 지원책'이 필요하다고도 밝혔다. 뿐만 아니라 유엔 아동기금(유니세프) 남태평양 지부까지 나서 '한국인 선원 성매매'를 규탄하는 보고서를 내는 등, 국제사회를 향해 문제제기를 계속하고 있어 국제적 망신거리가 되고 있다고 조사단은 지적했다.

키리바시는 2003년에도 한국인 선원의 성매매가 심각해지자, 한국 어선 정박을 금지한 적이 있었다. 이 나라에선 성매매 여성을 가리켜, '꼬레 꼬레아'라고 부르는 신조어까지 만들어질 정도다. 인구 9만 명에 지나지 않는 미니 국가 키리바시는, 관광사업이 발달하지 않아 국고의 상당부분을 해외 원양어선들의 입어료(入漁料)에 의지하는 편이다. 성매매 피해여성들은 매년 50~80명으로 추산되는데 대부분 18세 미만이며, 경제적으로 열악한 형편 탓에 한국 선원으로부터 성매매 대가로 받은 돈과 현물로 가족들을 부양한다고 전한다. 성매매는 보통 한국선박이 정박하는 부두 근처의 술집이나 선박 안 선실에서 이뤄지는데, 이들은 1회 성매매의 대가로 돈 또는 현물(생선, 담배, 술, 옷 등)을 받으며, 이들이 1회에 받는 1백 호주달러(8만 원 정도; 1호주달러＝8백 원)는 실업률이 50%에 육박하는 키리바시에서 직장인의 평균 2주 수입에 해당한다고 한다.

최근에는 '꼬레 꼬레아' 2세들까지 늘어나면서 상황이 더욱 심각해지자, 키리바시의 여성 NGO들은 '한국 선원들에 의한 아동 성매매'를 2004년 11월 UN의 '아시아·태평양 경제사회이사회'에 보고하기에 이르렀는데, "현지 소녀들의 건강권 및 정신건강의 피해가 심각하다"는 우려를 전달했다. 뿐만 아니라 "한국선원들이 콘돔을 사용하지 않아 에이즈 감염 등으로 소녀들의 건강권이 위협받고 있으며, 키리바시에서도 최근 HIV 감염자가 생겨나면서 이를 더욱 경계하고 있다"고 밝히면서, "버려지는 경우가 많은 '꼬레 꼬레아' 2세들에 대한 지원도 시급한 상황"이라는 볼멘 소리도 드높였다.

더구나 지금은 신자유주의가 범세계적으로 위세를 떨치고 있는 현실 아닌가.

그에 발 맞춰 극심한 경제적 불평등 역시 범세계적으로 확산될 수밖에 없게 되고, 그에 따라 민주주의가 생존할 수 있는 가능성이 점점 희박해질 수밖에 없지 않겠는가 하는 위기감이 고조되기도 한다. 결국 원자화된 개인의 사적 이익이 공동체의 공공이익 위에 군림하게 되는 현실도 만들어졌다. 이를 조장하는 시장주의가 강화되면서, 자본주의적 물신숭배(Fetishism)와 황금만능주의가 바야흐로 인간성 파괴의 주범으로 기승을 부리는 실정이다. 혹심한 경쟁주의는 냉혹한 약육강식의 사회질서를 배태하고, 결과적으로 빈익빈 부익부 현상과 양극화의 심화로 인해 사회적 약자는 점점 더 설 곳을 찾지 못하는 형편이다. 이처럼 세계화는 빈부의 격차까지 세계화시키고 있다.

지난 2005년 유엔 경제사회국(DESA)은 〈불평등의 곤경〉이라는 보고서를 통해, 세계 인구 20%가 지구상의 부 80%를 차지하고 있다고 지적했다. 아울러 지난 10년간 경제가 크게 성장했음에도, 세계화의 급진전 등으로 인해 불평등이 더욱 심화됐다고 덧붙였다. 전 세계 80%의 국내총생산(GDP)을 선진국 10억 명이 차지하고, 남은 20%를 개발도상국 50억 명이 나눠 갖고 있다는 것이다.

보고서를 보면, 세계화의 급속한 진전은 직장과 임금에 부정적 영향을 끼쳐 불평등을 낳았으며, 이런 불평등은 국가 사이는 물론 국가 내부에서도 심각해진 것으로 나타났다. 보고서는 따라서 성장에만 무게를 두고 분배와 평등을 무시하는 것은 매우 위험하다고 경고하기도 했다. 실업문제의 경우, 특히 라틴 아메리카를 비롯한 개발도상국에서 심각한 문제가 되는 것으로 나타났다. 특히 전 세계 실업자 1억 8천 6백만 명 가운데 47%가 젊은 층으로, 청년 실업문제가 심각하다고 보고서는 덧붙였다. 보고서는 또 전 세계 노동자의 4분의 1이 입에 겨우 풀칠할 수준인 하루 1달러의 수입도 올리지 못하고 있다고 개탄하며, "이처럼 가난한 노동자들의 대다수는 법적 보호와 사회의 기초적 지원도 받지 못한 채 비공식 경제부문에 남아 있다"고 지적했다.

유엔 경제사회국의 사무차장은 "비공식 부문 노동자의 60%가 여성"이라며, 여성 노동자가 남성 노동자보다 소수인 것을 감안하면 매우 높은 비율이라고 덧붙였다. 그는 또 개발도상국의 실업률이 선진국보다 훨씬 높을 뿐 아니라, 많은 나라에서 실업률이 급증하고 있다며, 이 점이 가장 심각하게 다뤄야 할 세계적 추세의 하나라고 말했다.

또 하나의 중요한 문제로 거론된 것은, 같은 나라 내부에서 심화되는 소득불균형이다. 1980년대 이래 구체적 자료가 확보된 73개 나라 가운데 48개 나라에서 소득불균형이 악화됐으며, 개선된 나라는 9개 나라에 그쳤다고 설명했다.

결론적으로 이 보고서는 확대되는 불평등 문제를 개선하기 위해 최근 확산되는 세계화와 개방경제로부터 모든 사람이 혜택을 받을 수 있도록 노력할 것을 촉구했다. 또한 민주주의를 진전시키고, 취업기회의 확대 및 사회보호 프로그램의 강화 등을 통해 소외계층을 끌어안아야 한다고 주장했다. 끝으로 이 보고서는 "폭력은 불평등이 만연한 곳에서 꽃 핀다"며, "테러리즘과 관련된 폭력은 사회적 불평등과 분열이라는 맥락에서 봐야 한다"고 매듭지었다. [7]

뿐만 아니라 미국의 민간 인구문제 전문연구기관인 '인구조사연구소'(PRB)가 세계은행 등으로부터 수집한 자료를 분석해 발표한 〈2005 세계인구통계표〉를 보면, 전세계 65억 인구의 절반 이상이 하루 2달러도 안 되는 돈으로 생계를 유지하는 것으로 드러났다. 세계 인구의 53%가 빈곤선에서 허덕이는 것으로 나타난 것이다. 또 농촌 인구의

---

[7] 〈한겨레〉 2005년 8월 26일.

약 3분의 1은 안전하게 마실 물을 공급받지 못하고 있다. 전체 인구의 3분의 2가 농촌지역에 살고 있는 사하라 이남 국가의 경우, 이들의 절반 이하만이 안전한 식수에 접근할 수 있다. 그러나 세계 인구의 20%를 차지하는 것이 부자나라 사람들인데, 이들이 세계 부의 86%를 차지하고, 전 자원의 80%를 소비하며, 이산화탄소의 75%를 배출하고, 전화 회선의 74%를 점하고 있다. 그리고 60억 세계 인구 가운데 11억 내지 12억 명 정도가 기아(飢餓)와 식량부족으로 고통받고 있으며, 다른 한편에서는 정반대로 같은 수의 사람들이 비만(肥滿)으로 고통당하고 있다 한다. 8)

반면 출산율은 빈곤국들이 여성 1명당 7~8명으로 세계 최고수준을 기록하고 있다. 출산율이 가장 낮은 나라는 한국과 대만, 폴란드, 우크라이나로 각각 1.2명 수준이었다. 그리고 아프리카 지역의 평균수명은 48세로 세계 평균치인 67세에 크게 못 미치며, 아프리카의 유아사망률은 8.8%로 선진국에 비해 거의 15배에 이르고, 1인당 에너지사용량은 선진국이 개발도상국에 비해 5배나 된다고 한다. 9)

2) 신자유주의와 '강자'의 신화

무엇보다 공산권의 몰락과 더불어 자본주의 체제의 전제적(專制的) 세계지배가 관철되었다. 그에 편승하여 현재 '세계화'의 폭풍이 또한 이 세계를 휩쓸고 있다. 그 와중에 신자유주의(新自由主義)가 풍미하게 되었다. 그리하여 자유경쟁과 빈부격차와 사회적 불평등까지 세계

---

8) 츠지 신이치 지음/권희정 옮김, 《슬로우 이즈 뷰티풀》(*Slow is Beautiful*) (빛무리, 2003), 47쪽 및 127~128쪽 ; 참고로 말해 미국은 세계 자동차의 32%를 소유하며, 전체 이산화탄소 양의 22%를 배출하고, 세계에서 생산되는 옥수수의 4분의 1을 가축사료로 쓰고 있다(128쪽). 다른 한편 World-watch Institute에 의하면, 미국은 세계 제1의 비만국인데, 전체 인구의 61%가 비만인구에 속한다고 한다(47쪽).

9) 〈한겨레〉 2005년 8월 24일.

화되는 현실이다. 한편에서는 자유민주주의의 궁극적 승리가 예찬되
지만, 또 다른 한편에서는 민주주의의 위기가 소리 높이 절규된다. 10)
　이미 '자유지상주의'(Libertarianism)에 의해 신자유주의의 철학적·
정치적 토대가 충분히 마련되고 있었다. 자유지상주의는 물론 이론적
으로는 다양한 편차가 존재하지만 대략 하이에크(Hayek), 프리드먼
(Friedman) 그리고 노직(Nozick) 등에 의해 대변되었고, 정치적으로
는 대처(Thatcher), 레이건(Reagan) 등에 의해 이끌렸다. 이는 전통
적 자유주의의 후신으로서 재산권과 자유시장정책을 고수하려는 입장
이며, 조세를 통한 국가의 재분배 정책조차 개인의 자유에 대한 침해
로 간주한다. 11)
　다른 한편 '자유평등주의'(Liberalegalitarianism)는 원칙적으로는 재산
권과 시장정책을 지지하나, 사회적 평등의 폭넓은 구현을 위해 국가

10) 이 문제에 관해서는 임혁백, 《세계화시대의 민주주의: 현상·이론·성찰》
　　(나남, 2000), 특히 제1부, 제1장을 참고할 것.
11) 그러나 우리는 자유지상주의자와 대처, 레이건 등의 신보수주의자가 비록 자
　　유시장정책의 지지자들이고 때때로 신우파(New Right)로 한통속 취급을 받
　　긴 했지만, 그들 사이에 엄연한 차이가 있다는 것을 결코 무시해서는 안 된
　　다. 자유지상주의자는 모든 개인은 자신의 능력과 재산을 자신의 판단에 따라
　　자유롭게 처리할 권리를 가지고 있다는 폭넓은 개인적 자유의 원칙에서 출발
　　하여 자유시장정책을 지지하고 있다. 따라서 그들은 예컨대 동성애, 이혼,
　　인공유산 등의 자유를 법적으로 인정해야 한다고 주장하며, 이러한 입장과
　　자유시장의 옹호는 동전의 양면이라는 인식을 갖고 있다. 반면에 신보수주의
　　자는 "주로 전통적 가치의 복원 …, 애국적·가족적 정서의 함양, 강력한 민
　　족적 또는 반공주의적 대외정책의 추구 그리고 권위에 대한 존중심의 강화에
　　관심을 기울인다". 그들이 시장의 원리를 고취시키는 것도 "그것이 제공하는
　　자유보다는 그것이 부과하는 규율 때문이다". 이 신보수주의자들은 "복지국
　　가, 관용적 도덕(permissive morality) 그리고 '불충분한' 군사비 지출 및 전비
　　태세를 서방의 활력을 갉아먹고 있는 과도한 방종의 또 다른 사례들로 간주한
　　다". 따라서 자유지상주의자의 관점에서 보면 신보수주의자들은 "신 스파르타
　　주의자"(New Spartans)이며, 레이건과 대처가 채택한 국수주의적 대외정책
　　및 도덕군자식 사회정책은 자신들이 신봉하는 개인의 자유에 대한 원칙에 위
　　배되는 것으로 비쳤다; 이에 대해서는 S. Brittan, A Restatement of Economic
　　Liberalism (Macmillan: London, 1988), pp. 213, 240~242를 참고할 것.

의 개입과 적극적 복지정책의 추진을 마다하지 않는다. 미묘한 이론적 차이가 있긴 하지만, 대체로 롤스(John Rawls), 드워킨(Ronald Dworkin) 등이 그 대변인들이다. 이 경향은 때때로 사회민주주의와 동일시되기까지 할 정도였다.[12] 어쨌든 이 자유평등주의와 자유지상주의가 자유주의의 큰 물줄기를 형성하다가 결국은 신자유주의 하나로 서서히 흡수통일되는 것처럼 보인다.

그러나 나는 앞으로의 세계가 개인의 자유를 옹호하는 '개인주의'와 개인에 대한 개입을 통해 공동체적 결속을 지향하는 '집단주의'의 대결로 점철되리라 전망한다. 역사발전이 모순과 모순의 충돌, 또는 토인비 식의 '도전'(挑戰)과 '응전'(應戰)의 반복으로 이루어져왔다는 지금까지의 역사적 체험까지 들먹일 필요는 없을 듯하다.

하지만 정글 자본주의는 오늘날 '강자'(强者)의 신화만 창조하였다. '자이언트 개인주의'야말로 가장 총애받는 신자유주의 시대의 총아인 것이다. 예컨대 기업가는 정부의 필수적 협력자일 뿐 아니라, 경우에 따라서는 정부의 권위를 뛰어넘는 권력행사의 실질적 주체로까지 등장한다. 뿐만 아니다. 사회의 여론형성에 결정적 의미를 지니는 언론, 방송매체 역시 바로 이들 기업가들의 수중에 놓여 있다. 그를 통해 자신들의 이해관계와 또 그것을 지원하는 세력들의 입장이 대대적으로 또 교묘하게 홍보·선전된다. 기업가가 이러한 막중한 사회적 특권과 영향력을 걸머지고 있기 때문에, 정치인이나 정당은 이들을 결코 소홀히 할 수 없다. 그들 또한 기업가의 충실한 대변자로 자리잡는다.

이러한 상황에서 자본주의나 시장경제체제 또는 정치와 경제의 유

---

12) 킴리카(Will Kymlicka)는 오늘날의 여러 정치철학적 경향들을 깊이 있고 치밀하게 분석한 그의 개괄적 연구서인 *Contemporary Political Philosophy: An Introduction*〔Oxford: Clarendon Press, 1992(1990)〕에서 현대의 정치철학적 조류에 맑스주의와 페미니즘을 더 추가하고 있다.

36

착 등에 대한 비판은 저지당하거나 실효를 거둘 수 없게 된다. 왜냐하면 — J. S. 밀조차 고전적으로 인정하였듯이, "지배계급(ascendant class)이 존재하는 곳이라면 어디에서건, 그 나라의 도덕의 많은 부분은 그 계급이익과 계급우월성의 감정으로부터 도출"됨으로 해서, 13) — 그들은 자신들의 이해관계를 보호하기 위해 훨씬 손쉽게 동원되는 대부분의 강제적·규범적 사회통제 수단 역시 거의 독점하고 있기 때문이다. 시장경제체제는 다원주의적 정치체제의 기본틀 안에서 움직이고, 다원주의에 뿌리를 두는 자유주의적 정치구조는 결국 지배계급의 이해를 충실히 반영하게 된다. 그러므로 계급적 불평등은 선천적이다. 14)

따라서 '자유경쟁'과 '기회의 균등'이라는 자유주의적 구호에도 불구하고(또한 그 때문에) 빈부격차와 사회적 불평등이 부추겨지고 깊어진다. 그러나 이러한 부정적 현상을 극복하기 위한 국가의 개입은, '개인의 자유'를 보호한다는 명분으로 억제된다. 왜냐하면 국가 자체가 자유주의적 국가이기 때문이다. 아울러 정치·제도적 영역을 벗어난 사회의 다른 분야, 예컨대 산업조직이나 경제구조에서의 민주화도 마찬가지로 기꺼이 받아들여지지 않는다. 예를 들어 기업이나 작업장에서의 의사결정에 근로대중이 동참한다는 것은 자유주의 및 시장경제의 원리와 어긋나는 것으로 인식된다. 뿐만 아니라 복잡한 사회관계와 방대한 관료조직은 국민 개개인의 합리적이고 적극적인 정치참여의 길을 막아버린다. 개인은 무기력하다. 결과적으로 자유주의적 개인은 오히려 자유주의가 그처럼 높이 기려 마지않는 개인주의의 희생

13) J. S. Mill, On Liberty(Penguin Books, 1985), pp. 59~60. 여기서는 김형철 옮김, 《자유론》(서광사, 1992), 14쪽에서 인용. 나는 여기서 '우월한 계급'으로 번역되어 있는 것을 '지배계급'으로 수정하였다.
14) 이에 대해서는 Frank Parkin, Class Inequality and Political Order: Social Stratification in Capitalist and Communist Societies(London: MacGibbon & Kee, 1971), 특히 pp. 181~182를 참고할 것; 다원주의적 민주주의론에 대한 다양한 비판을 보기 위해서는 D. M. Ricci, Community Power and Democratic Theory(Random House, 1971) 참고.

물로 굴러 떨어진다. 왜냐하면 자유주의의 깃발 아래서는 '거인'(巨人)만이 진정한 개인이기 때문이다. 그리하여 구가되는 경제번영의 뒤안길에는 '개인 없는 개인주의'가 음습하게 번져 나가는 것이다.

그러나 지금까지의 '도전과 응전'의 역사는 앞으로 이러한 신자유주의적 '골리앗'을 향한 '다윗'들의 집단적 항거가 다양한 방식으로 전개되리라는 예측을 가능케 한다.

우리 사회도 이러한 자본주의의 범람(氾濫)으로 소중한 공동체적 가치와 인간적 연대의식의 침수(沈水)를 적잖이 겪어왔다. 휴머니즘의 핵심가치라 할 수 있는 자유와 평등이 동시에 다 억눌림당하거나, 또는 자유의 명목으로 평등이 무참하게 파괴되는 사회적 현실은 우리의 일상적 체험세계로부터 그리 멀리 떨어진 것이 아니다. 급속한 산업화와 무조건적 경제성장의 소용돌이 속에서, 정치적 억압과 경제적 착취를 정당화하는 신화가 만들어지기도 하였다. 자유의 철학도, 평등의 윤리도 제대로 충실히 자리잡지 못한 사회 속에서 급기야는 '세계화'의 미명하에 '무한경쟁'의 팡파르가 섬뜩하게 울려 퍼지고 있다. 한마디로 우리는 지금 신자유주의의 파고(波高)가 드높은 시대에 살고 있지 아니한가. 그리하여 사회적 불평등과 민주주의의 위기가 더욱 심화되는 현실이 만들어지고 있다는 개탄의 목소리 역시 드높다.

우리 사회는 과연 어디로 흘러갈 것인가? 더욱이 우리 한반도는 '개인'과 '집단'이 서로 날카롭게 칼을 벼리면서 '통일'을 말하고 있지 않은가. 이른바 남한의 '자유'와 북한의 '평등'은 과연 얼마나 참된 것인가?

한국사회가 안고 있는 최대모순의 하나는, 한편에서는 평등 및 인간적 정(情)으로 진하게 어우러진 공동체의식과, 다른 한편에서는 불평등과 비인간적 상하관계로 잘 길들여진 위계질서가 공존한다는 사실이다. 그런데 이 위계질서는 국가의 관료제도뿐만 아니라 기업, 교육기관 등 사회의 모든 분야에 속속들이 그 뿌리를 드리우고 있다. 이 완강한 위계질서는 사회적 불평등을 끊임없이 재생산해 내고, 공동체적 단합을 뿌리째 뒤흔들어놓는 병원체로 암약(暗躍)한다. 한마디로 말해 우리 사회에는 '이웃사촌'(공동체의식)과 '쌍놈'(위계질서)이 더불어 살고 있다고 말할 수 있다.

이런 의미에서 나는 한국사회에서의 진보는 바로 '쌍놈의 이웃사촌화'라 생각한다. 그렇다. 이러한 사회적 위계질서를 극복하고, 모든 국민이 이웃사촌처럼 수평적으로 연대하며 공생해나갈 수 있는 토대를 구축하는 일, 이것이 바로 현 시점에서 우리 사회의 진보라는 말이다. 이러한 진보의 구현을 위한 자그마한 용트림 같은 것, 이것이 또한 이 저술이 지향하는 목표의 하나가 된다.

그러나 나는 세계사적 성감대(性感帶)인 한국사회가 지금 이중적 시련에 봉착해 있다고 믿는다. 이를테면 한국사회는 현재 복합적 '회복운동'을 과감히 전개하지 않으면 안 되는 역사적 갈림길에 서 있다는 말이다. 요컨대 서로 중첩되는 두 모순적 과업이 동시해결을 촉구하는 엄중한 사회문제로 자리잡고 있는 것이다. 한마디로 개체적 자유회복과 집단적 연대구축을 동시에 구현해야 하는 것, 그것이 바로 그 과제란 말이다. 그리고 이것이 바로 우리의 '신휴머니즘'이 지향해야 할 목표이기도 한 것이다.

한국인은 작게는 가문, 혈연, 문벌, 학연, 크게는 지역공동체와 민족공동체에 이르기까지, 그 규모에 따라 유형과 속성을 달리하는 다양한 공동체에 연루되어 그 집단의 자의식에 지배당하고 있다. 한마디로 한국인의 집단의식 혹은 '군집성'(群集性)은 산업사회 내부에 온존되어 있는 전(前)산업사회적 생활양식 및 의식구조를 일컫는다. 이를테면 가부장적 전통과 신분사회의 유습이라 할 수 있는 것이다.

그러므로 그것은 문벌, 족벌, 붕당, 향당, 지방적 편협성을 극복·청산하지 못하는 소집단 충성심과 소집단 애국심을 일컫는다. 다른 한편 그것은 타 집단에 대해 가지는 불신, 경계심, 공포심과 자기 집단에 대해 지니는 무조건에 가까운 아량, 이해심, 무비판적 종속감 그리고 무분별한 정실주의로 나타난다.

문제는 바로 이러한 부정적 공동체의식이 전체 사회의 윤리적 규범으로 작용한다는 사실이다. 우리 사회에서 정치, 사회, 문화 등 이 집단의식이 침투하지 않는 영역은 거의 존재하지 않는다. 그리하여 모든 사회문제의 밑바닥에는 대부분 바로 이 부정적 공동체의식이 독기(毒氣)를 머금고 똬리를 틀고 앉아 있게 되는 것이다.

그러므로 우리는 지금, 마치 유럽의 근대사에서처럼, 이러한 집단적 신분질서로부터의 개인의 해방, 즉 개체적 자유회복을 도모하지 않으면 안 된다. 그를 통해 우리는 비로소 합리적 현대사회를 건설해 나갈 수 있을 것이다. 그러나 동시에 우리는 사회적 평등과 국민적 연대를 회복하기 위해 개인의 진정한 해방 위에 우뚝 선 공동체주의에 호소하지 않으면 안 된다. 이 두 문제에 동시에 육박해 들어감으로써 우리는 인류사적 과제라 할 수 있는 자유와 평등의 동시적 구현에 근접할 수 있고, 또 그를 통해 진정한 근대화의 완성과 이상적 미래사회 건설을 동시에 추구할 수 있을 것이다. 우리는 요컨대 개인주의와 공동체주의를 동시에 추진함으로써 인간적 해방과 인간적 단합을 동시에 실현하는 균형잡힌 사회체제를 구축해야 하는 역사적 과제를 짊어지고 있다는 말이다.

하지만 개인은 자유에, 그리고 집단은 평등에 집착하는 속성을 지니고 있다.

구성원 상호간의 유기적 연대에 똬리를 튼 공동체의식이 발달한 곳에서는, 전통적으로 자유보다는 평등에 대한 관심이 강하게 드러나는 경향이 있다. 왜냐하면 자유는 개인을, 그리고 평등은 집단을 그 터전으로 하기 때문이다. 이렇게 보면 사회주의는 오히려 개인주의에 대한 반발이라 할 수 있다. 맑스가 러시아의 촌락공동체(Mir)로부터 그나마 사회주의의 싹을 찾아보려 애썼던 것도 실은 이러한 현상과 그 맥을 같이한다고 말할 수 있다. 반면에 자본주의는 본질적으로 평등

보다는 자유에 집착한다. 그 뿌리가 바로 개인에 있기 때문이다. 개인의 능력에 따른 자유경쟁과 무한한 이윤추구, 그리고 그를 통해 축적한 사적 소유물에 대한 보호욕구 등은 자연히 이웃에 대한 고려(평등)보다는 개체의 힘(자유)에 대한 열망으로 이어지기 쉽다. 그러나 자본주의적 개인주의는 '거인주의'(巨人主義)다.

"정의와 평등을 찾아 나서는 것은 언제나 약자"[15]라는 아리스토텔레스의 경구를 새삼 떠올릴 필요조차 없다. 특히 아리스토텔레스는 "친애"(philia/friendship)라는 주제를 동원하면서까지 공동체 구성원 상호간의 굳건한 결속을 지향하는 인간적 유대관계를 강조하기도 했다. 《니코마코스 윤리학》 전체의 두 권 가량을 이 주제에 할당하고 있다는 것은 상당히 주목할 만한 사실이 아닐 수 없다.

그는 '친애' 혹은 '우의'가 국가의 최고선(最高善)이라고 믿었다. 아리스토텔레스는 "둘이서 함께 가면"이라는 문장을 《일리아스》에서 인용까지 해가며, "동포인 인류"에 대한 "사랑"과 국가의 "단합", 요컨대 "친애"를 "정의의 가장 참된 형태"로까지 치켜세우고 있다. 뿐만 아니라 그는 "합심"(unanimity)이라는 개념까지 동원한다. 그는 "어떤 나라의 국민들이 그들의 이익에 관계되는 것에 관하여 같은 의견을 가지고 있고 같은 행동을 선택하고 또 공동으로 결정지은 것을 실행할 때, 우리는 그 나라가 합심하고 있다고 말한다"고 주장하면서, "합심"을 "정치적 친애"로 간주하는 것이다.[16] 이처럼 이미 고대희랍에서부터 공

---

15) Aristoteles, *The Politics* (Penguin Books, 1986), Book Ⅵ, 1318b1 (p. 367) ; 아리스토텔레스 지음/이병길 & 최옥수 옮김, 《정치학》(박영사 2판, 1996), 248쪽.

16) 아리스토텔레스 지음/최명관 옮김, 《니코마코스 윤리학》(서광사, 1994), 230, 268~269쪽 참고 : 아리스토텔레스의 이러한 "합심"의 개념을 루소의 "일반의지"의 개념과 견주어도 큰 무리는 없을 것이다. 요컨대 아리스토텔레스의 "합심"은 고대사회의 "일반의지"라 할 수 있다는 말이다.
　　어쨌든 이런 관점에서 아리스토텔레스는 플라톤의 견해를 공격한다. 아리스토텔레스는 주인과 노예조차도 공동이익을 추구하는 친구가 되어야 한다고 믿었다. 가족간의 애정이 국가에서 중요하다는 이러한 확신 때문에, 아

동체 안에서의 인간적 결속의 확보가 얼마나 바람직하고 중대한 사회
적 과업인가 하는 것이 강조되었다.

　인간의 역사에서 가장 먼저 그리고 가장 영향력 있는 지식의 원천으
로 기록된 지식의 유형은 아마도 사상과 철학 쪽이 아니었을까 짐작한
다. 그렇기 때문에 어쩌다가 우리들이 지극히 사소한 것처럼 보이는
학문적 영역의 한 모퉁이를 슬쩍 건드리게 되는 경우라도, 마치 의무
적 통과의례(通過儀禮)이기라도 한 듯이 언제나 소크라테스, 플라톤,
아리스토텔레스, 또는 공자, 맹자 등과 맨 먼저 맞닥뜨리지 않나 싶
다. 이처럼 지식인과 사상 및 철학은 떼려야 뗄 수 없는 역사적 상관
성을 지니고 있는 것처럼 보인다. 사상은 늘 역사가 물려주는 삶의 흔
적과 발자취를 부지런히 뒤쫓다가, 또 어느새 힘이 축적되면 새로이
다가올 앞날을 예비할 용기도 함께 갖출 수 있어야 하리라 생각한다.
　사상의 역사를 반추해보면, 특히 다음과 같은 물음들이 가장 기본
적으로 먼저 던져지지 않았을까 추측된다.
　이를테면 오늘의 이 마을은 원래 어떻게 만들어져 지금에까지 이르

리스토텔레스는 수호자 계급이 부인들과 자식들을 공유해야 한다는 플라톤
의 신조를 받아들일 수 없었던 것이다. 아리스토텔레스는 구성원들의 일부
가 행복하지 못하면 그 전체도 행복할 수 없기 때문에 플라톤의 견해는 문
제가 심각하다고 주장하면서, 플라톤이 통치자들에게서 행복을 빼앗고 있다
고 비판했다. 그는 《정치학》에서 이렇게 반박하고 있다. "수호자들이 행복
하지 않다면, 도대체 누가 행복하겠는가"? (1264b20/이병길 & 최옥수 옮김,
앞의 책, 56쪽) 부인들과 자식들이 공동소유된다면, "사랑은 무미건조할 것
이다". 규모가 큰 집단에서 사람들에게 주어지는 애정은 산만해지며, 또 인
간관계의 친밀성은 상실될 것이다. 아리스토텔레스가 보는 바와 같이, 아버
지는 '내 아들'이라는 말을 할 수 없고, 자식은 '내 아버지'라는 말을 할 수
없을 것이다. 그는 계속해서 주장한다. "관심과 애정을 갖게 하는 주된 특성
두 가지는 어떤 것이 자기 자신의 소유라는 것, 그리고 그것이 자기만의 것
이라는 사실이다 ― 부인들과 자식들을 공동소유하는 국가에서는 이러한 특
성들 중 어느 것도 찾아볼 수 없다"(1262b15-20/이병길 & 최옥수 옮김, 같
은 책, 49쪽).

42

게 되었는가, 왜 하필 이곳에 어떤 사람들이 모여 살게 되었을까, 그리고 무엇을 먹고 어떻게 살다가 지금처럼 되었는가, 아울러 가까이 있는 다른 마을들과는 어떻게 지냈으며, 천재지변이나 외부 공동체의 침입 등에는 어떻게 맞서 싸웠을까, 나아가서는 어떤 유형의 인간이 그 공동체를 지배했고, 그러한 통치행위를 어떻게 정당화했으며, 또 그에 저항하는 세력들과는 어떠한 관계를 맺고 있었을까, 그리고 도대체 어떤 과정을 거쳐 지금처럼 민족(民族)이라는 이름의 인간공동체가 만들어지고, 또 왜 그걸 둘러싸고 지금까지 숱한 분규와 혼란이 되풀이되고 있는가 하는 등의 물음들이 우선적으로 제기되었으리라는 말이다.

나는 정치사상이 인간에서 시작하여 인간으로 끝나는, 인간에 대한 관심과 탐구로 점철되는 정치학 분야라 생각한다. 예컨대 소크라테스 자신도 '너 자신을 알라'라는 경구로 시작하고 있지 아니한가. 그런데 여기서 문제되는 것은 무엇보다도 어떤 유형의 인간과 어떤 유형의 인간적 생존양식에 보다 더 깊은 애착과 관심을 기울일 것인가 하는 점일 것이다. 왜냐하면 이러한 경로를 통해 다양한 사상적 차이가 만들어지리라 짐작되기 때문이다.

물론 사상 자체만으로는 역사 속에서 좀처럼 기능을 발휘하지 못한다. 정치·사회·경제적 제반상황이 이 이념에 유리한 토양을 공급할 때라야, 그것은 비로소 역사의 전개를 규정하는 힘으로 작용한다. 따라서 우리는 항상 구체적 역사현실에 주목하지 않으면 안 된다. 이론화할 수 없는 현실은 존재하지 않지만, 현실화할 수 없는 이론은 항상 존재하기 때문이다. 그러므로 이론과 현실의 변증법적 상호관계에 유념하지 않으면 안 될 것이다.

그런데 오늘날 우리 한국사회의 현실은 과연 어떠한가?

지금 우리 사회의 현대인들은 아마도 아침에 '현대' 아파트에서 일어나, '현대' 자동차를 타고 출근해서, '현대' 건설이 지은 회사에 들어가 일을 하다가, 퇴근해서는 '현대' 백화점에 들러 쇼핑하고, 다시 '현

대' 아파트로 돌아와 잠자리에 드러눕는 일을 일상적으로 되풀이하지
는 않을까. 그런데 이러한 단조로운 일상생활을 쳇바퀴 돌듯 반복하
는 현대인들의 실존양식은 과연 어떠한 것일까?

최근 김동춘 교수는 《1997년 이후 한국사회의 성찰: 기업사회로의
변환과 과제》라는 주목할 만한 저서에서, 오늘날 우리 사회를 "기업의
모델과 논리에 따라 재조직되는" '기업사회'(企業社會)라 규정하기도
했다.[17] 우리의 주제에 부합하도록 편리하게 재해석하면, 오늘날 우
리 한국인들은 '기업사회' 구성원들의 생활양식과 대단히 흡사한 규범
과 관습에 따라 일상생활을 영위한다고 말할 수도 있겠다.

그런데 한국사회의 정신적 토대는 과연 무엇일까? 우리 사회는 과
연 휴머니즘이 뿌리내릴 수 있는 토양을 갖추고 있는가? 한국은 과연
'법 앞의 평등' 원칙이 준수되는 사회일까?[18]

호랑이와 토끼에게 동일한 법이 적용된다면 어떻게 될까? 그것은
하나의 억압이다. 무엇보다 '법 앞의 평등' 원리는 이른바 '기회균등의
원칙'에 뿌리내리고 있다.

기회의 균등은 오늘날 자본주의 사회에 가장 널리 퍼진 평등의 범
주라 할 수 있다. 그것은 이미 저 프랑스와 미국 혁명에 그 심원한 뿌
리를 대고 있다. 이 기회균등의 원칙은 각 개인은 자신의 소질과 능력
을 자유롭게 개발할 평등한 권리와 기회를 가질 뿐만 아니라, 동일한
업적에 대해서는 동일한 보상이 주어진다고 선언한다. 그것은 곧 모
든 사회적 제도에 대한 접근을 모든 사람에게 균등하게 열어 놓는다는
입장을 밝히는 것이다. 거기에는 혈통이니, 종교적 배경이니, 가문이

---

17) 김동춘, 《1997년 이후 한국사회의 성찰: 기업사회로의 변환과 과제》(도서
출판 길, 2006), 5쪽.
18) 대한민국 헌법 제10조는 "모든 국민은 인간으로서 존엄과 가치를 가지며,
행복을 추구할 권리를 가진다"라고 선언하고 있다. 그런데 우리 헌법은 이
러한 행복추구권이 국민 개개인에게 불평등하게 주어짐으로써 야기될 수 있
는 인간적 존엄과 가치의 결과적 불평등을 어떻게 치유할 것인가 하는 문제
에 대해서는 침묵으로 일관한다.

니 하는 등의 객관적 조건이 아니라, 개인의 주관적 능력이 결정적 규정요소로 등장한다. 비유컨대 모든 사람을—그들이 지체부자유자든 건강한 청년이든, 부잣집 자식이든 철거민의 아이이든 가리지 않고 —100m 출발선 위에 똑같이 세워 놓고 자유롭게 달리기 경주를 시키는 경우와 흡사하다. 채프맨의 말을 빌리면 이 기회의 균등은 "가장 무능한 자와 가장 유능한 자에게 성공을 위한 경주의 평등한 출발을 부여한다". 19)

무엇보다 기회의 균등은 모든 유형의 평등 가운데서 가장 기본적 평등의 지위를 지니고 있다. 그것은 원래 부르주아 혁명의 핵심적 요청이었을 뿐만 아니라, 또 그런 면에서 자본주의 사회질서에 가장 손쉽게 맞아떨어지는 평등의 속성이기도 하였다. 그런 만큼 그 생명력도 실로 강인하여 여러 도전에도 불구하고 아직도 상당한 호소력을 발휘하고 있다. 이 기회의 균등이 간직한 문제점을 따져본다는 것은 곧 자유민주주의와 자본주의가 가지고 있는, —다시 말해 한국사회가 지니고 있는—문제점의 한 가닥을 훑어보는 일이기도 하다.

기회의 균등은 무엇보다 인간사회에 존재하는 불평등을 피할 수 없는 것으로 여긴다. 왜냐하면 특히 각 개인이 지닌 소질이나 재능이 결코 한결같지 않다고 믿을 뿐만 아니라, 그로 인한 불평등이 용인됨으로 해서 자유경쟁이 원천적 의미를 가질 수 있기 때문이다. 그러나 여기서 우선 문제가 되는 것은 개인적 능력의 판정기준이 과연 무엇인가 하는 것이다. 대체로 기존 사회의 요구에 충실한 자질일수록 더욱 귀한 대접을 받을 수밖에 없음은 정해진 이치이다. 그리고 그것에는 그 사회의 경제적 속성과 그 사회를 움직여 가는 지배집단의 특수한 이해관계가 짙게 배어 있을 수밖에 없다. 예컨대 인류적 보편가치를 위한

19) Carl J. Friedrich, "A Brief Discourse on the Origin of Political Equality", in Roland Pennock & John W. Chapman(ed.), *Equality*, Nomos IX(NY: Atherton Press), p. 219에서 재인용.

기회의 제공은 자연히 한데로 밀려나지 않으면 안 된다. 따라서 존 샤르가 적절히 지적했듯이, 오로지 "일정한 시기에 일정한 사람들에 의해 가장 높이 평가받는 재질들"에 대해서만 기회의 균등이 주어진다고 말할 수 있다. 그래서 이 구호는 "대단히 보수적"이다. [20]

현재 우리 사회의 '양극화 현상'에서 보듯이, 재능 있는 사람들만 각광받고 또 그들만을 위해 자유로운 경쟁이 허용된다면, 사회적 불평등의 골이 더욱 깊어질 것은 불 보듯 뻔한 일이다. 경주에서 승리할 수 있는 사람은 소수에 지나지 않는다. 그렇기 때문에 그것은 경주로서의 값어치를 가진다. 또 그렇기 때문에 자유는 궁극적으로 보면 힘 있는 소수만을 위해 봉사하는 것이 된다. 따라서 정당성의 위기에 빠지기 쉽다.

한마디로 말해 이러한 기회균등의 원칙은 상업적 개인주의와 부르주아적 시장원리가 속속들이 파고들어 있는 자유민주주의 체제, 그리하여 "모든 인간관계를 경연(contest)"으로만 간주하는 자본주의 사회의 기본원리다. 그러므로 그것은 "불평등해지기 위한 평등한 권리 및 기회"에 대한 요구일 따름이다. [21] 다시 말해 그것은 "엄청난 불평등이 존재하는 사회를 정당화하기 위해" 활용될 수 있는 이념인 것이다. [22]

무엇보다 기회의 균등은 법률적 속성을 갖고 있다. 왜냐하면 그것은 혈통과 신분의 특권으로 중무장하였던 귀족계급에 대항하여 부르주아계급이 앞세울 수 있었던 가장 호소력 있는 정당화 논리의 하나였

---

20) John H. Schaar, "Equality of Opportunity, and Beyond", in Pennock & Chapman, *Equality*, 앞의 책, p. 230; 이 논문은 대단히 날카롭게 기회의 균등이 지니는 문제점들을 파헤치고 있다. 기회균등 원칙의 명쾌한 정당화 논리는 William Galston, "Equality of Opportunity and Liberal Theory", in Frank S. Lucash(eds.), *Justice and Equality Here and Now*(Cornell University Press, 1986), pp. 89~107, 특히 pp. 96~101에 잘 제시되어 있다.

21) Schaar, 같은 글, pp. 237 및 238.

22) Giles Radice, *Democratic Socialism: A Short Survey*(London: Longmans, 1965), p. 29.

고, 또 그러한 능력본위의 평등논리는 가장 먼저 법에 의해 튼튼히 다
짐받았기 때문이다. 즉 '법 앞의 평등'은 '기회균등'의 필요조건이요,
동시에 충분조건인 것이다. 그러나 예를 들어 루소도 이 면에서 중요
한 사실 하나를 소홀히 하였다. 그는 《사회계약론》에서 법은 만인에
게 골고루 적용되어야 한다고 강조하면서, "일반의지(一般意志)의 진
정한 행위는 모두에게 동일한 의무와 동일한 혜택을 부여한다"고 역설
하였다. 나아가 그는 주권자(the Sovereign)는 "국민(nation)을 하나의
전체로서만 인정할 뿐, 그것을 구성하는 개인들간의 차이를 구별하지
않는다"고 못박고 있다.[23]

　그러나 과연 이것은 현명한 판단일까? 국민 개개인의 직업, 지위,
연령, 능력 및 계급 등에 나타나는 여러 사회적 차이들을 적절히 고려
함이 없이 그들을 한통속으로 단일화시키는 것은 — 아무리 일반의지
의 존엄성을 시인한다 하더라도 — 오히려 불평등한 결과만을 초래하
지는 않겠는가? 그리하여 평등을 위한 그의 진지한 고려가 오히려 불
평등의 길잡이로 뒤바뀌는 모순이 생겨나지 말라는 법이 있는가?

　그런데 왜 기회균등의 이데올로기가 그토록 공정한 것으로 비칠까?
　왜냐하면 그것은 인간의 운명이 그를 둘러싼 객관적 환경이 아니라
스스로의 선택과 능력에 의해 결정된다고 역설하기 때문이다. 만일
내가 이 기회의 균등이 인정된 사회 안에서 나의 개인적 야심을 추구
하려 한다면, 나의 성공이나 실패여부는 내가 속해 있는 계급, 성, 지
역 등에 의해서가 아니라, 나의 개인적 자질에 의해 판가름난다고 여
겨진다. 한국 같은 이른바 자유민주주의 사회에서는, 어느 누구도 그
의 사회적 환경에 의해 특권을 누리거나 손실을 당하지 않도록 법적

---

23) Rousseau, *The Social Contract*, translated by G. D. H. Cole, *The Social Contract and the Discourses*(Everyman's Library, 1982), Book 2, Chap. 4 (p. 188) ; 장 자크 루소 지음/이환 옮김, 《사회계약론》(서울대출판부, 1999), 44쪽.

장치가 마련되어 있다. 그런 탓에 우리의 성공 또는 실패는 우리 자신의 선택과 노력의 결과로 이해될 뿐이다.

기회의 균등이 주어진 사회에서는 예컨대 불평등한 소득 역시 공정한 것이 된다. 왜냐하면 성공은 '능력 있는' 자에 속하는 것이고, 또 그것을 '가질 만한 자격이 있는' 자에게 돌아가는 것으로 간주되기 때문이다. 그리하여 모든 책임은 사회가 아니라 바로 우리 자신이 떠맡아야 하는 것이 된다. 국가와 사회는 원칙적으로 사회적 불평등을 도려낼 아무런 의무를 갖지 않는다.

어쨌든 기회의 균등은 무엇보다 인간사회에 존재하는 불평등을 피할 수 없는 것으로 여긴다. 왜냐하면 특히 각 개인이 지닌 소질이나 재능이 결코 한결같지 않다고 믿을 뿐만 아니라, 그로 인한 불평등이 용인됨으로 해서 자유경쟁이 원천적 의미를 가질 수 있기 때문이다. 그래서 이 구호는 대단히 보수적인 것이다. '법 앞의 평등' 원리도 크게 다를 바 없다.

토니(Tawney)의 번뜩이는 아포리즘 한마디가 백 마디 반박보다 더 힘이 있다.

> 법은 정의롭다. 그것은 빵을 훔친 죄로 부자와 가난뱅이를 평등하게 처벌한다. 24)

예를 들어 프랑스의 소설가 아나톨 프랑스(Anatole France)도 비슷한 경구를 날리고 있다. "법은 장엄한 평등을 구가하면서, 가난한 사람뿐만 아니라 부자에게도 다리 밑에서 자고, 거리에서 구걸하고, 빵을 훔치는 것을 금하고 있다"라고. 25) 이를테면 법이야말로 정의롭게

24) R. H. Tawney, *Equality*, 4th ed. (London: George Allen & Unwin LTD, 1952), p.106.

25) Anthony Arblaster, *The Rise & Decline of Western Liberalism*(Basil Blackwell, 1987(1984), 조기제 옮김, 《서구 자유주의의 융성과 쇠퇴》(나남, 2007)), p.74에서 재인용.

도 부자와 가난뱅이를 평등하게 처벌한다는 야유(揶揄)인 것이다. 비슷한 취지에서 영국의 시인인 윌리엄 블레이크(William Blake)도 "사자와 소를 위한 하나의 법(one law)은 억압이다"라고 역설한다. 26)

우리나라에서 가령 재벌총수와 달동네 노동자가 나란히 법정에 선다면 과연 동등한 대접을 기대할 수 있을까? 얼마 전 실시한 여론조사 결과에 따르면, '모든 국민이 법 앞에 평등하다'는 견해에 대해 우리 국민의 71.4%가 동의하지 않는다고 응답했다 한다. 27)

3) 한국사회의 비인간적 민생과 '시장만능주의'

무서운 현실이다.

사실 이 세계 전체가 다 합심하여 무섭게 비인도적 방향으로 치닫고 있는 듯하다. 무엇보다 자본주의가 화려하게 막을 올린 이후로는, 가난은 실패와 무능의 딱지로 따라다녔다. 심지어 사회적 불안이 엄습할 때면, 가난한 자는 오히려 사회적 불안요인으로 인식되어, '요주의 인물'로 낙인찍히기 일쑤였다. 뿐만 아니라 가난은 사회가 아니라 개인의 책임으로 내몰리고 말았다.

우리나라는 예외일까?

최근 우리 대한민국도 위태롭기 짝이 없는 수준을 과시한다. 보건복지부는 2004년 5월부터 전국 3만 가구를 표본 추출해 2003년의 소득과 재산 등을 설문조사한 결과, 소득만을 기준으로 볼 때 716만 명이 최저생계비의 120% 이하를 버는 빈곤층으로 나타났다고 밝혔는

---

26) Philip Green, *The Pursuit of Inequality*(New York: Pantheon Books, 1981), p.165에서 재인용.

27) 대전 법조비리(法曹非理) 사건에 뒤이은 이른바 '검찰동란'(檢察動亂)에 때맞춰 공보실이 실시한 여론조사에 의하면, 이런 응답이 나왔다 한다(〈세계일보〉 1999년 2월 4일).

데, 이런 빈곤층 규모는 전체 인구의 15%로, 그동안 500만 명대로 알려진 예상치보다 훨씬 많은 것으로 드러났다. 이 가운데 138만 명은 기초생활 수급권자이고, 372만 명의 경우, 소득은 최저생계비 이하이지만 고정재산이 있거나 부양가족이 있는 '비수급 빈곤층'이며, 나머지 206만 명은 소득이 최저생계비의 100~120%인 사람들로 나타난 것이다. 우리의 최저생계비는 4인 가구 기준으로 월 113만 6천 원 가량인데, 이를 기초로 계산하면, 빈곤층의 소득기준은 월 136만 3천 2백 원 미만인 셈이다.[28] 게다가 가난과 낮은 학력이 대물림되고 있다는 연구결과도 공표되었다.

안타까운 현실이다.

빈곤층이 급증하는 것은 두말할 필요도 없이 경기침체와 높은 실업률, 부익부 빈익빈이라는 사회의 양극화 현상 등과 깊은 관련을 맺는다. 문제는 장기불황의 충격파가 고소득층보다는 저소득층에 훨씬 극심하게 미친다는 데 있다. 따라서 빈곤층의 발생원인을 '개인의 나태함'이나 '무능력' 같은 데서 찾으려드는 것은 위험하고도 무책임한 발상이라 할 수 있다. 방치할 경우, 심각한 사회문제를 초래할 개연성이 높다. 의료비와 생계비 지원 등, 정부의 보다 적극적인 대 빈곤정책이 절실히 요구되는 현실이다. 뿐만 아니라 기업과 사회단체를 중심으로 하여 — 정치자금 모금이 아니라 — 빈곤층 지원 기금설립도 적극 검토해볼 만하지 않을까 한다.

IMF 외환위기 이후 우리나라 전체 가구에서 절대빈곤층이 차지하는 비율이 2배 이상 증가한 것으로 나타났다. 절대빈곤층은 가구가 벌어들이는 소득이 최저생계비에도 못 미치는 계층으로, 국가로부터 생계비지원을 받아야만 하는 집단이다. 또한 절대빈곤층이 가난에서 벗어날 가능성도 외환위기 이후 급격히 떨어지는 추세라 한다. 일단 빈곤의 함정에 빠지면 헤어날 길이 막막하다는 게 중론이다. 저소득

---

28) 〈한겨레〉 2005년 8월 11일.

층일수록 고용여건이 더 나빠지면서, 소득이 뒷걸음치기 때문이다. 이러한 현실은 부익부 빈익빈의 사회양극화 현상을 심화시키는 결과를 가져온다. 빈부격차는 필연적으로 사회경제적 갈등을 야기하고, 성장잠재력을 떨어뜨리는 악순환을 낳는다.

이런 상황에서 지금 당장 시급한 것은 경제적 어려움에 처한 빈곤층에 대한 지원이다. 애당초 벌어놓은 것이 없는 빈곤가구에 소득마저 끊겼다는 것은 막다른 길에 내몰렸음을 의미한다. 한 여중생이 가정형편이 어려워 전기료를 못 내는 바람에 전기가 끊겨 촛불을 켠 채 깜빡 잠이 들었다가, 화재로 참변을 당한 일도 있었다 한다.[29]

---

29) 〈한겨레〉에는(2005년 11월 17일) '사람아, 아 사람아!'라는 제목으로 아래와 같은 김정란 교수의 칼럼이 실린 적이 있다. 경청할 만하다:

아홉 살 소년이 혼자서 비닐하우스에서 살다가 개에게 물려 죽었다고 한다. 21세기 한복판, 휘황한 소비의 물결이 화려하고 장려하게 그 위용을 자랑하는 세상에서, 마치 짐승처럼 …. TV를 켜면, 신처럼 아름다운 사람들이 신처럼 아름다운 옷을 입고 천국처럼 아름다운 곳에서 살아가고 있다. 그런데 아이는 굶다가 개에게 물어 뜯겨 죽었다. … 그래도 되는 것일까. 그렇게 비참하게 죽어가는 사람들이 있어도 되는 것일까. 아이는 이혼한 부모에게 버림받고 할아버지 할머니에게 맡겨졌지만, 할아버지 할머니는 먼 곳에서 농사짓느라고 아이를 돌보지 못했다고 한다. 주말에 할머니가 들러 밥을 해놓고 가면, 아이는 혼자서 밥을 챙겨먹고 개밥도 주면서 학교에 다녔다고 한다. 그런데 그 개가 소년을 물어 죽였다는 것이다.

차마 입에 올리기조차 두려운 참혹한 일이다. 이럴 때 나라라는 건 무엇 때문에 있는 것일까. 가난하고 힘없는 이들에게 최소한의 안전장치조차 확보해줄 수 없는 나라라면, 그것을 나라라고 불러야 할까? 참담하고 끔찍하다.

양극화의 골은 나날이 깊이 파이고 있다. 이 비극은 한국사회가 이제 더 이상 가난한 나라가 아니며, 세계 10위권의 경제대국이라는 사실 앞에서 더욱 비참하게 느껴진다. 부자들은 점점 더 부자가 되어 가고 있고, 가난한 사람들은 점점 더 가난해져 가고 있다. 그런 가난한 사람들에게는 상대적 박탈감이라는 말조차 사치스럽게 들린다. 절대적 빈곤층은 여전히 두껍게 존재한다. 어떻게 해도 가난의 사슬을 빠져 나올 희망이 없는 사람들에게는 이제는 기회조차 주어지지 않는다. 사슬의 고리는 점점 더 안으로 깊이 깊이 조여들어 간다. 그들에게 사방은 마치 안쪽으로 밀고 들어오는 철문과 같다. 문은 자꾸 안으로 밀려들어온다. 도망갈 기회도 없고, 도망갈 기력도 없다.

그런가 하면, 한쪽에서는 아무 일도 하지 않고 부동산투기를 해서 천문학적으로 불어난 돈이 돈을 벌고 또 벌고, 점점 더 번다. 그러나 부자들은 가난한 이들을 위해 아무것도 하지 않는다. 국제통화기금(IMF) 위기가 터졌을 때, 우리 착한 국민들은 너도나도 금붙이들을 모아 급한 불을 끄는 데 썼다. 그때 부자동네의 참여율이 가장 적었다는 것은 잘 알려진 이야기다. 어쩌면 평소의 그런 냉혹한 마음 때문에 부자가 되었는지도 모르지만…. 정작 가난한 사람들을 돕는 사람은 가난한 사람들뿐이다. 재벌들은 몇백억씩 정치권에 뇌물로 갖다 바칠 돈은 있어도, 가난한 사람들을 도와줄 돈은 없다. 대형 교회들은 일주일에 몇십억씩 연보를 받으면서도 가난한 사람들에게는 인색하기 그지없다. 신자들에게는 십일조를 강권하는 대형 교회들이 가난한 이웃을 위해 쓰는 돈은 신자들이 바친 돈의 채 몇%도 되지 않는다. 부자들은 세금이 조금만 올라가도 정부를 저주하고 좌파로 몰아붙인다. 보수언론들은 부자들의 그런 심리를 계속 부추긴다.

사람이 사람인 이유는 그가 지성을 가지고 있고, 도구와 말을 사용할 줄 알기 때문만은 아니다. 사람이 사람인 이유는 그가 사익에 앞서 공익을 추구할 줄 아는 존재, 즉 윤리적 존재이기 때문이다. 인간의 윤리적 능력은 종의 유지를 위해서도 대단히 중요한 능력이다. 윤리적 가치판단을 경시하는 힘센 자들만이 살아남는다면, 경쟁은 점점 더 격화될 것이고, 그 결과는 불을 보듯 뻔하다. 지구는 완전히 먹고 먹히는 아수라장이 될 것이다. 오늘의 정복자는 내일의 노예가 될 것이다. 세계는 한 치 앞을 내다볼 수 없는 불안한 싸움터가 되어버릴 것이다. 따라서, 함께 잘살기 위한 노력은 부자들에게도 가난한 사람들에게도 반드시 필요하다. 많이 가진 사람들은 당연히 사회에 더 많은 기여를 해야 한다. 공동체 전체가 불안요인에서 해방되기 위해서는 약한 사람들이 인간다운 삶을 살아갈 수 있게 해줄 최소한의 발판이라도 만들어 두어야 한다. 그렇게 하기 위해서 노블레스 오블리제는 그야말로 오블리제(강요)되어야 한다. 그 룰을 따르지 않는 부자들한테는 노블레스를 누릴 자격을 제도적으로 박탈해야 한다.

그러나 인간은 대단히 이기적인 동물이다. 아무리 당위적 명제를 내걸고 호소해도, 부끄러워하지 않는 사람들이 부끄러움을 느끼는 사람들보다 훨씬 더 많다. 따라서 양극화 해소는 도덕심에 호소해서 해결할 수 있는 문제도 아니며, 어떤 특별히 윤리적인 개인들의 탁월한 개인적 노력으로 해결할 수 있는 문제도 아니다. 이것은 사회제도의 변화로써만 해결할 수 있다. 따라서 공동체의 최고 직능단위인 국가는 가난하고 힘없는 사람들을 보호하기 위한 사회보장 제도들을 정비해야만 한다. 그것은 국가가 존재해야 할 가장 중요한 이유 중의 하나다.

하지만, 이런 문제에 관해서 사회적 합의가 강하게 뒷받침되지 않으면, 정부는 힘차게 제도화를 추진할 수 없다. 더군다나 정책문제를 사사건건 이

뿐만 아니라 가난과 낮은 학력이 대물림되고 있는 실정이라는 연구 결과도 나왔다.

학생의 성적이 부모의 재력(財力)에 달렸다는 건 이제 상식에 속하는 일이다. 무전유죄, 유전무죄에 이어, 이제는 '무전무학'(無錢無學), '유전유학'(有錢有學)이 일상화되고 있다. 이제 더 이상 '개천에서 용 나는' 법은 없다고들 입을 모은다. 수험생의 수능성적이 부모의 재력과 정확하게 비례했다는 조사결과도 나왔다. 학교 교육과 본인의 노력에 대한 믿음을 포기할 수 없는 많은 저소득 가정의 학부모들에게는 이보다 더 참담한 일이 어디 있겠는가. 우리 경제규모가 세계 11위라지만, 빈부격차에 따른 양극화 현상은 우리 사회를 위협하는 가장 심각한 요인으로 등장하고 있다.

우리 국민의 절대다수가 빈부격차를 대단히 중대한 문제로 인식하고 있음이 드러났다. 이 같은 결과는 '보건사회연구원'이 전국 성인 3천 명을 대상으로 실시하여 발표한 국민 의식조사 결과에서 밝혀졌다. 이 조사는 2004년 가을에 실시되었으며, 저소득층(월소득 300만 원 이하), 중산층(300만~500만 원), 고소득층(500만 원 이상)으로 나눠 각각 응답을 받았다고 한다.

조사에 따르면, 빈부격차에 대해 응답자의 63.5%가 "매우 심각하다", 29.5%는 "약간 심각하다"고 답했다. 반면 "보통"이라는 응답은 6.1%에 그쳤고, "별로 심각하지 않다"거나 "전혀 심각하지 않다"는 답

넘논쟁으로 몰고 가는 사회 분위기 안에서는 더더욱 어렵다.

현재 우리나라의 사회보장 제도는 거의 세계 최하위 수준이라 해도 과언이 아니다. 그것을 당장 선진국 수준으로 끌어올릴 수는 없다고 하더라도, 점차적으로라도 올려나가려면, 엄청난 재원이 필요하다. 따라서 국민들이 어느 정도는 세금에 관해 마음을 열어두어야 한다. 사회보장 제도가 발달되어 있는 서구 각국의 세금 비율은 우리나라와 비교가 되지 않을 정도로 높다. 어느 정도 세금이 올라가는 한이 있더라도, 사회가 가난한 사람들을 안정적으로 보호하는 장치를 만들 수 있도록 마음을 모아주지 않으면 양극화 문제는 영원히 해결이 불가능하다. 결국 언제라도 또 다른 어린아이가 비닐하우스에서 개에게 물려죽는 일이 일어날 수밖에 없는 것이다.

변은 각각 0.8%, 0.1%에 불과했다. 말하자면 국민 100명 가운데 빈부격차를 심각하지 않다고 생각하는 사람은 1명도 채 되지 않는 셈이다. 소득수준에 관계없이 빈부격차가 심각하다는 의견이 모두 90%를 넘었다. 이 같은 결과는 극소수를 제외한 대부분이 우리 사회의 부(富) 배분에 이상이 있다는 인식을 갖고 있음을 반증하는 것으로, 향후 사회통합 등에 큰 걸림돌로 작용할 것으로 보인다.[30]

뿐만 아니라 최근 10년 동안 중간층은 크게 줄었지만, 상류층과 빈곤층은 늘어났다는 보고서도 뒤를 이었다. 이 연구결과는 양극화가 어느 정도로 심화되는지를 잘 보여준다. 이 보고서에 의하면, 평균소득의 70~150%를 버는 중간층은 1996년 55.54%에서 2006년 상반기 43.65%로 줄어들었다. 반면에 평균소득의 150% 이상을 버는 상류층은 20.08%에서 25.34%로 조금 늘었고, 평균소득의 50% 이하를 버는 빈곤층은 11.19%에서 20.05%로 갑절 가까이 늘었다. 줄어든 중간층의 일부만이 상류층으로 옮겨갔을 뿐, 대부분이 빈곤층으로 떨어진 것이다. 그러나 빈곤층의 증가는 계층간 소득격차의 확대보다 훨씬 심각한 사회문제로 비친다. 왜냐하면 빈곤층 가계의 적자(赤字)가 갈수록 커지고 있기 때문이다. 금융연구원의 분석결과를 보면, 우리나라 도시 근로자 가구 가운데, 소득 하위 10%계층의 가계적자 규모는 2001년에는 가처분 소득의 31%에 머물러 있었는데, 2005년에는 50%로 높아졌다. 적자비율이 2006년에 와서 46%로 조금 낮아졌다고는 하나, 여전히 높은 상태다.

한편, 소득차이에 따른 건강 불평등도 심각해지는 것으로 조사됐다. 1998년, 2001년, 2005년의 국민건강 영양조사를 통해 소득별 건강수준을 분석한 결과, 하위소득 10% 계층의 건강양호 비율이 1998년 34.67%, 2001년 29.73%, 2005년 22.08%로 계속 떨어진 것으로 나타났다. 반면에 상위소득 10% 계층은 2005년 56.81%가 건강양호로

---

30) 〈한겨레〉 2005년 2월 16일.

드러났다. 아울러 2005년 기준, 1년 입원 일수는 하위소득 10%가 19.36일인 데 반해, 상위소득 10%는 3.04일에 그쳤다. 또 2005년 기준소득 하위 10%는 만성질환 수가 3.61개나 되는 반면, 상위소득 10%는 1.96개로 절반 수준으로 집계되었다. 31)

이러한 빈부격차의 심화 탓으로 추정되지만, 우리나라에서는 최근 10년도 채 안 된 기간 동안 자살률이 두 배로 급증하였다. 국립 서울병원과 이화여대가 2006년에 발표한 〈우리나라 자살의 사회·경제적 비용부담에 관한 연구보고서〉에 의하면, 2004년 우리나라에서 스스로 목숨을 끊은 사람은 11,523명으로, 이로 인한 사회·경제적 손실비용이 3조 856억 원에 달하는 것으로 나타났다. 2005년에는 12,047명으로 전년에 비해 500여 명이 늘어났다고 한다. 급기야는 자살률이 OECD 국가 중에서 1위를 차지할 정도로까지 발전하였다. 32)

한국이 경제협력개발기구(OECD)에 가입한 지도 벌써 10년이 흘렀다. 지난 1996년 10월 11일 OECD 이사회는 한국의 가입을 결정했고, 이에 발맞춰 당시 김영삼 정부는 "이제 우리도 선진국 대열에 합류했다"고 선언하며 환호하는 분위기였다. 그러나 언론은 이렇게 묻고 있다, '그런데 오늘날 우리의 실정은 과연 어떠한가'라고. 33)

OECD 가입 이후 10년 동안 우리 경제의 덩치는 커졌다. 국내총생산(GDP)은 2005년 7,875억 달러로, 1996년의 5,574억 달러에 비해 41.3% 증가했다. 수출액도 1,297억 달러에서 2,844억 달러로 119.3%나 증가했다. 하지만 언론보도에 의하면, OECD 30개 회원국과 비교한 분야별 순위는 별로 변한 것이 없다.

1인당 GDP는 1996년 1만 3,843달러로 22위였으나, 2004년에는 2만 907달러로 23위로 물러섰다. 특히 국민의 삶의 질은 여태 제자리걸

---

31) 〈한겨레〉 2007년 3월 18일.

32) 〈세계일보〉 2007년 2월 20일 및 〈뉴시스〉 2007년 2월 21일자 참고.

33) 〈한겨레〉 2006년 9월 21일.

음이다. OECD의 2001년 공공복지지출 통계에 의하면, 우리나라의 사회보장 및 복지분야 재정지출이 GDP에서 차지하는 비율은 6.1%로 OECD 30개 회원국 가운데 최하위이며, 이들 국가평균인 21.2%의 3분의 1에도 못 미친다고 한다. 전통적 복지국가인 유럽국가들은 스웨덴 28.9%, 덴마크 29.2%, 프랑스 28.5% 등이며, 복지지출이 적은 것으로 평가되는 미국과 일본조차 각각 14.8%, 16.9%나 된다. 멕시코와 터키도 각각 11.8%, 13%이었다.

연간 근로시간 역시 1996년 2,648시간에서 2004년 2,423시간으로 여전히 OECD 회원국 중 1위를 자랑한다. 민간부문의 노동생산성은 10년 동안 평균 3.5% 상승해 4위를 차지했지만, 1인당 보수 증가율은 평균 5.0%로 9위에 머물렀다.

어쨌든 OECD 가입 이후 신자유주의의 물결이 더욱 거세졌고, 이런 흐름이 결국 양극화, 투자부진, 내수침체 등 현재 한국경제가 앓고 있는 병폐를 초래했다는 평가가 지배적이다. 현재 우리나라에서는 특히 IMF 외환위기사태 및 신자유주의로 인하여 사회적 불평등이 날로 심화되고 있다. 우리 경제규모는 세계 11위라지만, 빈부격차에 따른 양극화 현상은 우리 사회를 위협하는 가장 심각한 요인으로 등장했다.

물론 한국인의 삶의 질은 매우 낮은 편이다.

우리나라는 경제·과학기술 분야는 우수한 반면, 국민의 삶의 질은 선진국 수준에 견줘 크게 뒤처지는 것으로 나타났다.

OECD가 30개 회원국의 주요 사회지표를 정리해 발간한 2006년판 《통계연보》에 따르면, 한국은 근로시간과 자동차 사고, 출산율 등도 꼴찌이거나 최하위권을 기록하는 불명예를 안았다. 2004년 우리나라 노동자들의 연간 노동시간은 무려 2,432시간으로 회원국 가운데 가장 길었다. 또 2004년 기준 자동차 100만 대당 사고건수도 147건으로 두 번째로 높았다. 1인당 보건비 지출은 1,074달러로 OECD 회원국 평균의 절반에도 미치지 못해 26위를 기록했다. 평균수명 분야에서도

2003년 기준 76.9세로, 24위를 기록하며 하위권에 머물렀다. 출산율 역시 2003년 기준으로 1.17명으로 29위를 기록했다. OECD평균은 1.56명이다.

반면 GDP 대비 사교육비 비중은 2.9%나 되어 당당히 1위를 차지했다. OECD 평균인 0.7%보다 무려 4배 이상이나 높게 나온 것이다. 공교육비를 포함한 전체 교육비 비중도 7.1%로, 회원국 가운데 3위를 기록했다. 인터넷 활용가구 비중은 전 인구 대비 86%로 회원국들 가운데 최고임이 밝혀졌다. 정보통신기술 부문 비중도 24.6%로 1위를 기록했으며, PC보유 가구비중은 77.8%로 3위로 나타났다. 그러나 15세 이상 인구대비 비만율은 3.2%(2001년 기준)로, 미국(30.6%) 등 OECD 회원국들 가운데 최저수준임을 과시했다. 인구 1천 명당 영아 사망률도 6.2%로 낮은 수준인 것으로 평가되었다.[34]

절박한 현실이다.

그에 걸맞게 정치인들은 입만 열면 자동인형처럼 '민생'(民生)을 절규한다. 얼마나 시의적절(時宜適切)하고 멋들어진 외침인가. 그러나 인간답게 살아가기 위한 기본 토대를 이루는 것이 '민생'임에도 불구하고, 이들의 정치적 외침은 무늬만 그럴 듯이 보이는 화려한 공염불(空念佛)로 끝나고 만다. 하기야 붕어빵에 붕어가 들어있던가.

예를 들어 지난 20년 사이에 주택보급률은 엄청나게 신장하였다. 그러나 자가(自家) 보유율은 오히려 70%대에서 50%대로 급락한 실정이다. 한마디로 말해, '민생'을 위한다는 것이 소수 특권층이나 부유층이 아니라 바로 대다수 가난한 서민계층에 대한 배려를 뜻한다는 것은 상식에 속하는 일이다. 그러나 예컨대 돈의 힘을 빌려 국회의원에 당선된 분들이 과연 누구를 위해 의정활동을 벌일 것인가? 돈을 가진 사람들일까, 아니면 가난하고 소외된 사람들일까.

---

[34] 〈서울신문〉 2006년 3월 29일.

단적으로 말해 '민생'이란 소외당하는 가난한 서민대중의 삶을 사회적으로 보장하는 '공공복지'를 의미하는 것이다. 따라서 이러한 사회복지를 외면한 채 민생을 외쳐대는 것은, 마치 물도 주지 않으면서 꽃이 만발하리라 약속하는 황당무계함, 그 자체다.

"공익(公益)은 아무도 대변하지 않는 이익이다"라는 구호가 저잣거리에 나돌고 있다. [35] 이것은 일반시민의 인권 및 복지향상을 위해 꼭 필요하고 정당한 문제임에도 불구하고, 자신의 이해관계와 무관한 일이라면, 그 어느 누구도 그를 위해 앞에 나서지 않으려는 사회적 관행을 자조적으로 비웃는 말이다. 그런데 아무도 돌보지 않는 이러한 공익을 위해 헌신해야 할 존재가 바로 국가 아니겠는가.

그러나 지금 국가는 어디에 있는가?

오늘날 국가는 '시장만능주의'의 특별 보좌관 역할을 성실히 수행하는 것처럼 보인다.

물론 우리 사회는 특히 1987년 민주화 이후 엄청난 변화를 겪었다.

1987년 이후 우리 정치는 더디기는 하지만 꾸준히 민주적 제도와 관행을 도입했고, 그에 발맞춰 국민들의 시민적 자유와 권리에 대한 인식도 높아졌다. 그러나 동시에 개인의 권리와 사회구성원간의 경쟁이 지나치게 강조됨에 따라, 국가의 권위는 물론 다른 종류의 권위체계도 그 정당성을 크게 잃게 되었으며, 공동체 의식 또한 대단히 약화되었다. 이처럼 민주주의 실현의 불가피한 전제조건이기도 한 개인의 자유 및 권리의식 강화가 오히려 우리 사회의 갈등을 조장하고, 나아가서는 공동체적 연대를 파괴하는 방향으로 작용하는 모순적 현실이 만들어지기도 했다. 무엇보다 권위주의적 국가질서의 유산인 경제성장 제일주의적 생활양식 및 물질주의적 사고방식의 확산 탓이라 할 수 있다.

그러나 이러한 경향은 IMF 외환위기 및 세계화 이데올로기의 확산

---

35) 권오재, "민생을 외면한 공복(公僕)들", 〈월간 참여사회〉, 2007년 4월호, 20쪽.

이후 더욱 심각해지고 있다. 다른 목표보다는 무엇보다 경제성장을, 상호협력보다는 경쟁을, 집단보다는 개인의 능력과 업적을 더욱 열렬히 조장하는 주범이 바로 세계화 이데올로기이기 때문이다. 지나친 경쟁주의로 냉혹한 약육강식의 사회현실이 만들어지고, 이윽고는 다수의 약자들이 소외당하는 비참한 비인도적 상황이 조성된다. 빈익빈 부익부 현상과 양극화의 심화가 그 필연적 부산물이다.

어쨌거나 부유하다는 것은 마시면 마실수록 사람을 더욱 목마르게 하는 소금물과도 같은 것일 수 있다. 혹시 부자의 쾌락은 가난한 사람들의 눈물로 만들어지는 건 아닐는지 …. 지금은 더구나 신자유주의가 범세계적으로 위세를 떨치고 있는 현실 아닌가. 원자화된 개인의 사적 이익이 공동체의 공공이익 위에 군림하게 되는 불행한 현실이 만들어지기도 한다. 이를 조장하는 시장주의가 강화되면서, 자본주의적 물신숭배와 황금만능주의가 바야흐로 인간성 파괴의 주범으로 기승을 부리게 된다.

곤고(困苦)한 현실이다.

이러한 배경을 등에 업고 뜨거운 환호 속에서 참여정부가 등장하였다. 노무현 정부는 수많은 국민들의 기대에 부응하여 인권존중, 민주주의 발전, 평화와 번영 등을 목청껏 외쳐대었다. 하지만 그러한 정부하에서도 예컨대 양심수는 줄어들지 않았다. 참여정부 출범 이후 2005년 4월 30일 현재까지 총 572명의 양심수가 구속되었다.[36] 뿐만 아니라 양심수에 대한 사면조치조차 인색하기 짝이 없었다. 그리하여 "비리사범 놔두고 양심수를 사면해야 한다"는 각계 시민단체의 항의가 거세게 일기도 하였다.

나아가서는 '노동자의 눈물을 씻어주겠다'던 노무현 대통령의 공약과는 달리, 참여정부는 집권 4년 동안 921명의 노동자를 구속시켜,

---

36) 〈오마이뉴스〉 2005년 5월 11일.

문민정부 출범이래 최대 구속자 수를 기록하고 있다. 1996년 노동법 개정에 맞서 노동자 대투쟁이 일어났던 김영삼 정권 시절(632명)이나, 외환위기 직후 기업의 정리해고로 노사갈등이 극에 달했던 김대중 정권(892명) 하에서도, 노동자 구속자 수는 참여정부보다는 많지 않았다.37) 과거 군부독재 시절에 비하면 줄어든 건 사실이지만, 양심에 따른 활동을 이유로 구속되는 사태가 계속된다는 것은, 그 어떤 말로도 합리화할 수 없는 명백한 반민주적, 반인권적 현상이라 하지 않을 수 없다.

결국 민주주의 문제로 귀착한다.

널리 알려져 있다시피 민주주의는 주어지는 것이 아니라 쟁취되는 것이다. 물론 민주주의는 애절한 세레나데가 아니라 우렁찬 함성이다. 그리고 그것은 끊임없는 선전포고요, 지칠 줄 모르는 전투다. 그러나 그것은 항복시켜야 할 적(敵)이 아니라 또다시 구축해야 할 요새(要塞)다. 제거의 대상이 아니라 받들어야 할 목표인 것이다. 그러므로 화려하고 떠들썩한 투사적 무장력이 전부는 아니다. 순박하게 길들여나갈 생활 속에서의 녹진한 다듬이질 같은 것이 더욱 필요하다는 말이다.

즉, 민주주의는 전쟁으로 시작하여 일상생활로 마감되어야 한다. 그래야 민주주의가 실질적 힘이 된다. 적어도 '제도적' 민주화나 법조문 속의 민주주의가 지니는 허구성을 절감한다면, 그것은 더욱더 절실한 요청이 아닐 수 없다. 과연 어느 나라의 헌법이 민주주의를 거부하고 있는가. 그러나 '민주화'의 구호가 '환상적'으로 절규되곤 한다. 민주주의를 하룻밤 새 신기루(蜃氣樓)처럼 나타날 동화 속의 궁전처럼 착각하고 있다. 이 환상의 한 단면이 바로 민주화의 구호와 비민주적 생활양식의 팽배라는 모순 속에 어김없이 드러나고 있다. 이것이

---

37) 〈뷰스앤뉴스〉(http://www.viewsnnews.com) 2007년 2월 9일.

문제의 첫째다.

뿐만 아니라 한편에서는 민족과 민족주의가 통일의 구호로 높이 구가되면서 동시에 문벌, 족벌, 붕당적·지방적 분파의식이 공존하는 모순이 만연하고 있다. 민족통일이 민족적 일체감과 단합의식을 통해 이루어질 수 있는 전 민족적 과제라 한다면, 이러한 분파, 파벌, 파쟁의식은 실로 민족적 통합과 결속을 그 뿌리에서부터 뒤흔들어놓는 암적(癌的) 존재 이상의 것이 될 수 없다. 그럼에도 불구하고 민족과 민족통일을 거창하게 절규하는 무대 뒤에는, 지역감정에 대한 호소 같은 소집단 파벌이기주의가 유령처럼 횡행하고 있다. 이 민족적 구호와 비민족적 의식구조, 이것이 또 다른 문제다.

바로 이러한 불우한 한국적 현실과 세계사적 흐름이 사실은 휴머니즘의 시험대로 작용하고 있다. 그런데 휴머니즘의 기본 가치는 자유와 평등이다.

인류의 역사가 시작된 이래 평등의 존재 그 자체는 한 번도 외면당한 적이 없다. 평등은 박해당하기는 하였으나 부인당한 적은 없다. 다만 평등을 허용하는 폭을 극단적으로 좁혀서건, 또는 그것도 안 되면 저 먼 천국의 복락(福樂) 속으로 그 완성을 기약 없이 미루어 놓든지 간에, 우리 인간은 평등에 대한 열망을 잠시도 게을리한 적이 없다. 어떻게 보면 세계사는 평등의 확장사(擴張史)라 이름 붙일 수 있을지 모른다. 그만큼 평등은 역사의 진전에 따라 그 폭과 넓이와 깊이를 한결 더해 왔던 것이다.

그러나 역설적이게도 평등의 가장 위대한 '적'(敵)은 다름 아닌 자유였다. 그리고 이러한 전통은 아직까지 생생하게 살아 꿈틀거리고 있다. 이런 의미에서 근대 이후의 모든 사회문제는 언제나 자유와 평등 사이의 대립관계를 어떻게 풀 것이냐 하는 데 모아졌다고 해도 지나친 말은 아니다.

우선 자유주의의 역사적 승리는 자유를 일단 절대적 가치로 붙박아

놓은 상태에서 평등에 대해 어느 정도의 관용을 베풀 것이냐 하는 쪽
으로 논의의 흐름을 잡아가도록 만들었다. 따라서 전형적인 자유주의
자에게는 자유가 당연히 평등에 우선한다. 단순히 그러한 정도에 그치
는 것이 아니라, 때에 따라서는 자유와 평등의 대립적 속성을 지나치
게 과장하거나, 또는 평등을 "보복의 도구"로 몰아붙이는 경우도 적지
않다. 38)

  아마도 가장 합리적인 자유주의적 대응의 하나는 자유를 "몸통"으로,
그리고 평등을 "다리"로 간주하는 정도가 아닐까 한다. '몸통' 없는 '다
리'는 있을 수 없어도, '다리' 없는 '몸통'은 있을 수 있기 때문이다. 39)

  이러한 '자유'로부터의 억압에 대한 최초의 본격적인 '평등'의 반발
은 1848년 혁명에서 그 첫 신호탄이 오른다.

  이 혁명은 자유주의적 부르주아 계급들에게 민주주의에 대한 공포
를 새삼 환기시켜 주었다. 그러나 동시에 자유의 운동원리를 새롭게
점검하는 자아비판적 계기를 만들어 주기도 하였다. 자유가 인민대중
의 행복을 보장해주지 못한다는 것이 확연해지자 자유에 대한 반란이
본격적으로 조직화되기 시작하였다. 다양한 공산주의 및 사회주의 조
류들이 대오(隊伍)를 정비하였다. 그들은 수단과 방법의 측면에서는
상당한 이질성을 노정하고 있었지만, 특히 경제적 평등의 구현이라는
궁극적 목표에서는 대체로 견해의 일치를 보이고 있었다.

  이러한 상황에서 자유주의적 부르주아 계급에 의해 고안된 자구책
이 바로 자유민주주의였던 것이다. 그것은 경제적 평등이 아닌 정치
적 평등만을 인민대중에게 허용함으로써, 한편으로는 자유주의적 지
배세력의 경제적 기득권은 계속 온존시키면서 다른 한편으로는 사회

---

38) Andrew R. Cecil, "Equality, Tolerance and Loyalty", *Virtues Serving the
    Common Purpose of Democracy*(The University of Texas at Dallas, 1990),
    p. 45ff.
39) 그러나 사르토리에게는 자유는 "몸통"이고 평등은 "다리"다. Giovanni Sartori,
    Democratic Theory(Detroit: Wayne State University Press, 1962), pp. 332,
    348, 345.

주의 세력의 변혁적 예봉(銳鋒)은 미연에 무력화시키고자 하는, 일종의 절묘한 정치적 타협책이기도 하였다. 그러나 그것마저도 실은 적지 않은 주저와 불안 속에서 이루어졌다. 그 이후 물론 다양한 우여곡절을 겪긴 했지만 자본주의 사회는 오늘날 '자유 속에서의 평등 구현'의 역사적 단계로 진입하였다.

한편 보다 과격한 사회주의 세력들은 자유민주주의 체제의 허구성과 기만성을 폭로하면서, 사적 소유의 철폐와 경제적 불평등의 제거만이 진정한 인간해방의 길임을 역설하였다. 이를 위해서 혁명적 방법만이 유일한 대안으로 제시되었다. 그들은 대체로 평등 속에서 그리고 평등을 통해서만이 자유를 온전히 구현할 수 있다고 믿었다.

러시아의 볼셰비키 혁명은 이러한 신조(信條)의 산물이었다. 그리고 소련은 한때 이러한 이상이 바야흐로 실현되었노라고 선포한 적도 있다. 그러나 그들은 단지 시민의 개인적 자유를 짓누르며 당과 국가의 일방통행식 명령만 복창하도록 만든 '앵무새의 평등'만을 현실화시켰을 따름이다. 하지만 그것조차 얼마나 허구적이었던가 하는 것이 지금 공산정권의 궤멸로 인해 오히려 폭로된 셈이다. 이렇게 하여 '평등 속에서의 자유 구현'을 위한 혁명적 실험은 일단 좌절당하였다. 그것은 거칠게 말해 자유에 대한 평등의 패배를 의미한다.

반면에 자본주의 진영에서는 '힘센 놈이 최고'라는 식의 '호랑이의 자유'만을 찬양한다. 그리하여 우리 시대의 역사적 발전과정은 '자유 속에서의 평등 구현'을 그 최고의 이상으로 하는 단계에 계속 머무르게 되었고, 그 한계를 극복하기 위한 시도들이 부분적으로 비주류의 범주 속에서 행해지고 있다. 그러나 언제까지 이 단계가 지속될 것이며, 또 그것이 어떤 방식으로 지양될 것인가 하는 것에 대해서는 지금 아무도 명확히 예측할 수는 없다.

그런데 나는 왜 이 책을 쓰게 되었는가?

자유가 빵 문제를 해결할 수 없듯이 빵 역시 자유의 문제를 풀지 못한다. 그러나 문제는 어떻게 하면 자유를 한껏 즐기면서도 빵 또한 마음껏 먹을 수 있는가 하는 데 있다. 자유롭게 빵을 먹을 수 있는 권리와 먹을 빵을 충분히 나누어 가질 수 있는 자유는 과연 어떻게 동시에 확보될 수 있는 것인가? 말하자면 평등과 성취, 균형과 능률, 복지와 경쟁 사이의 조화를 어떻게 이루어낼 것인가? 그 해법을 찾아내는 일, 그것이 바로 우리 시대의 인도주의적 과제 아니겠는가.

뿐만 아니라 인권(人權) 개념은 개인과 국가 간의 관계로서, 개인의 지위, 요구, 의무 등이 국가의 사법권과 직결된 탓으로 정치만큼 오래된 주제가 바로 인권이며, 따라서 모든 국가가 인권과 씨름할 수밖에 없었다.[40] 그런데 과연 우리나라의 현실은 어떠한가. 나는 이렇게 나를 닦달질하기 시작했다.

이러한 설익은 철학적 번뇌에, 한국인의 '고아 수출', 해외에 진출한 한국기업의 다양한 인권침해 추태, 특히 양심수 및 노동자에 대한 국내의 열악한 처우문제 등, 앞에 언급했던 한국사회의 갖가지 비인도적 작태들에 대한 개인적인 울분이 덧붙여졌다.

이런 심란한 상황에서 내 머릿속에 새로운 문제의식이 꿈틀거리기 시작했다. 요컨대 이러한 자유와 평등의 실현에 가장 유익하게 동원될 수 있는 바람직한 수단이자 동시에 추구해야 할 이상적 목적으로 간주될 수 있는 것, 뿐만 아니라 가시적 안목에서 한국사회의 지병에 대한 효과적 치유책의 하나로 응당 탐색해보지 않으면 안 되는 것, 그것이 바로 휴머니즘 아니겠는가 하는 쪽으로 내 사념이 달려가게 되었다.

사실 이 저술은 끝없이 되풀이되었던 자문자답(自問自答)의 소산이다. 나는 신자유주의적 현실 속에서 일상생활을 영위하며, 자신의 내

40) Jack Donnelly, "Human Rights in Theory and Practice"(1989), 〈계간 사상〉(1996 겨울호)에 "인권개념의 보편성과 아시아적 가치"라는 제목으로 번역 수록됨(32쪽 참고).

면 속에 솟구치는 다음과 같은 의문과 의구심을 떨치지 못하였다.

자본주의 사회에서 '자유의 불평등'과 그 '불평등한 자유'의 존립요 건이 과연 극복될 수 있을 것인가?

자유주의적 개인주의는 결국 강자의 논리에 영합하는 것이 아닌가?

이러한 개인적 권리의 불평등이 상존하는 현실에서 '신성불가침'을 외치는 '인간의 기본권' 정신은 도대체 어떠한 의미와 가치를 지닐 수 있는 것인가?

뿐만 아니라 이 지구상에 국가와 민족과 계급과 인종과 성별 등의 차이에 따라 엄청난 불평등이 내재할 수밖에 없는데, 이러한 상황에서 절규되는 '보편적 인권' 구호는 과연 어떠한 호소력을 지닐 수 있는가?

자유와 평등의 가치와 인권신장 간에는 떼려야 뗄 수 없는 상관관 계가 있는데, 바람직한 휴머니즘의 수립을 위해 과연 어떠한 유형의 자유와 평등을 확보하지 않으면 안 되는가?

위와 같은 물음으로 나는 참으로 오랫동안 전전긍긍했다. 그러나 무엇보다도 어떻게 하면 자유경쟁과 업적주의에 의해 피폐해질 수 있 는 삶의 주요한 가치들을 새롭게 복원해낼 수 있겠는가, 또 그리고 사 회적 형평을 충실히 되살려내기 위해, 강자의 사회적 완력으로 인해 낙오할 수 있는 사회의 결손 계층을 어떻게 지원하는 것이 바람직한가 하는 문제의식에 골몰하였다. 뿐만 아니라 생태계의 파괴, 자원고갈, 생명과 종(種)의 소멸 등을 촉진하는 무한생산·무한욕구·무한경쟁 체제가 결국 인간의 존엄성을 초토화시키지 않겠는가 하는 우려까지 가세하였다.

나는 이러한 편협한 머리 굴리기를 계속 되풀이하다가, 급기야는 이런 광활한 연구를 감히 넘보게 되었다. 그러나 그 와중에, "당신은 지금 다른 사람을 위해 과연 무엇을 하고 있는가?"라는 물음이 개인의 삶에서 가장 중요한 질문이라는 것을 항상 명심하고자 애써 노력하기 도 했다.

2. 무엇을 쓰는가

한마디로 인문학(人文學)은 인간학(人間學)이라 할 수 있다. 말하
자면 그것은 인간이 우주의 한 인자로서 어떻게 하면 자연과의 조화
속에서 인간답게 살 수 있는가 하는 것을 탐구하는 학문분야라 할 수
있다는 말이다. 그러므로 그것은 인간 역시 자연의 일부로서 어떻게
하면 자연 속에서, 자연과 더불어 참답게 살아 갈 수 있을 것인가 하
는 것을 연구하는 학문인 것이다. 곧 인문학은 '인간의 자연'을 탐구하
는 학문이라 말할 수 있다. 이런 의미에서 '정치학적 인문학'이라 할
수 있는 정치사상(政治思想) 역시, 이러한 인문학과 마찬가지로, 삶의
공학(工學)이자 인간생리학(人間生理學)이라 이를 수도 있을 것이다.
  그러나 지금껏 우리나라에서 이루어진 휴머니즘에 관한 기존의 연구
경향은 ― 논문이나 저서를 가리지 않고 ― 문학, 예술, 역사, 종교 등
어느 특정 분야 하나를 선별하여 그것과 휴머니즘과의 관련성에 관한
일반적 분석에 치우친 경우가 지배적이다. 41) 더구나 한국사회의 문제

---

41) 논문의 경우 대표적 사례로, 양삼석, "휴머니즘적 측면에서 본 카톨릭 정치
    사상의 공과: 16~17세기의 반군주론과 해방신학을 중심으로"(〈한국동북아
    논총〉, 1998) ; 진원숙, "르네상스 휴머니즘의 혁신성"(〈대구사학〉, 1998) ;
    안임수, "버지니아 울프와 포스트 휴머니즘"(〈영어영문학 21〉, 2006) 등을
    들 수 있다. 다른 한편 저서로는 예술, 문학, 문화 분야의 논문모음집인 서
    울대 인문과학연구소 편, 《휴머니즘 연구》(서울대 출판부, 1988) ; 종교적
    차원의 연구서인 박종대, 《진정한 휴머니즘과 사회윤리의 모색》(서강대 출
    판부, 2002) ; 다양한 예술가, 철학가 등의 입장을 정리한 안병욱, 《휴머니
    즘: 그 이론과 역사》(민중서관, 1974) ; 역사적 맥락에서 휴머니즘을 분석한
    김영한, 《르네상스 휴머니즘과 유토피아니즘》(탐구당, 1989) 등이 있고, 그
    외에도 역사, 철학, 종교, 사회사상, 교육 등에 대한 르네상스 휴머니즘의
    다양한 입장을 총괄적으로 다룬, 주목할 만한 합동연구서인 박봉목 외 6인
    공저, 《르네상스 휴머니즘의 현대적 의의》(영남대 출판부, 1990) 등을 열거
    할 수 있겠다.
      외국의 경우는 역사, 사상 및 이데올로기, 인권문제 등 특정 주제와 관련

와 직결된 연구업적은 거의 찾아보기 힘든 편이다. 대체로 문학 및 종
교 차원의 일반론적 휴머니즘 연구에 편중되어 있다고 말할 수 있다.

이 점에 착안하여, 나는 한 번 다른 길을 택해보기로 마음먹었다.
나는 이 글 속에서 휴머니즘의 핵심개념인 인간의 존엄성,[42] 인간성,

된 연구업적이 주종을 이룬다. 그 중 세계사의 전개과정 속에서 르네상스와
휴머니즘의 역사적 의의를 다룬 연구업적이 주류를 형성한다. 대표적으로 야
콥 부르크하르트 지음/안인희 옮김, 《이탈리아 르네상스의 문화》(푸른숲,
1999) 및 이 저술에 대한 비판적 경향을 대변하는 연구업적의 하나로서, 찰
스 나우어트 지음/진원숙 옮김, 《휴머니즘과 르네상스 유럽문화》(혜안,
2003), 그리고 르네상스의 다양한 측면을 총체적으로 분석한 W. K. 퍼거슨
지음/진원숙 옮김, 《르네상스론》(집문당, 1991) 등이 있다. 그 외에 특히
인간개념을 축으로 하여, 르네상스의 사상적 원천을 탐색한 P. O. Kristeller
지음/진원숙 옮김, 《르네상스의 사상과 그 원천》(계명대 출판부, 1995). 그
리고 특히 휴머니즘의 기원을 분석한 Eugenio Garin, *Der Italienische
Humanismus*(Bern: Verlag A. Francke AG., 1947) 등이 있다. 뿐만 아니라
특정 이데올로기적 입장에서 휴머니즘 문제를 분석한, Erich Fromm(ed.),
Socialist Humanism: An International Symposium(Anchor Books, 1966), 아
울러 인권문제의 오늘과 내일에 초점을 맞춘 Norberto Bobbio, *Das Zeitalter
der Menschenrechte: Ist Toleranz durchsetzbar?*(Bern: Verlag Klaus
Wagenbach, 1998; 이탈리아어의 독일어 번역본) 등이 주목할 만하다. 특히
제3세계적 입장에서 휴머니즘을 행동의 철학으로 급부상시킨 인도학자, V.
M. Tarkunde의 *Radical Humanism: The Philosophy of Freedom and Democracy*
(India: Ajanta Publications, 1983)도 유념할 만하다.
  그러나 특별한 주목을 요하는 뛰어난 연구업적이 있다. 이 저서는 무엇보
다 인권의 역사야말로 인류의 역사발전과 궤를 같이할 뿐만 아니라 자유 및
평등의 확장의 역사 그 자체이기 때문에, 진정한 의미에서 인류진보의 역사
라 역설한다. 최근 한국어로 탁월하게 완역되어 출간되었다. Micheline
Ishay, *The History of Human Rights: From Ancient to the Globalization Era*
(Berkeley: University of California Press)/조효제 옮김, 《세계인권사상
사》, 한국어 개정판(도서출판 길, 2005).
42) G. Marcel은 자신이 죽을 수밖에 없다는 것을 알고 있는 유일한 존재가 바로
  인간이며, 이러한 앎이 인간존엄성의 출발이라 주장한다. 그의 *Die
  Menschenwürde und ihr existenzieller Grund*(Frankfurt a. M. 1965)를 참고할
  것. 김용해, "인권의 보편성과 인간존엄성", 한국 철학회, 《탈민족주의 시대

인권 등의 지표에 입각하여, 이론적·실천적 차원에서 구체적으로 자유와 평등의 실현가능성 문제를 따져보고자 시도하였다. 왜냐하면 자유와 평등이야말로 휴머니즘의 기본가치에 속하는 것이기 때문이다.

그리하여 나는 오늘의 한국적 현실에 와 닿기 위해 고대로부터 출발하였다. 왜냐하면 휴머니즘은 장구한 인류의 역사와 그 궤를 같이 하는 것이기 때문이다. 나아가서는 한국사회의 현실과 미래를 진단하기 위해 '신휴머니즘'(Neo-Humanism)이라는 새로운 개념을 도입하였다. 그리고 그에 대한 소개와 분석에 이 책의 4할 정도의 분량을 할당하였다. 그러나 이 '신휴머니즘'에 안착하기 위해, 이전 단계의 역사적 휴머니즘의 장구한 전개과정을 우선적으로 간추릴 수밖에 없었다. 나는 르네상스와 휴머니즘의 시대를 비롯하여 프랑스 대혁명 등에 이르기까지, 휴머니즘의 역사에 결정적 의미를 지니는 몇몇 중요한 역사적 계기를 탐색하였다.

요컨대 휴머니즘의 개념이, 저 고대 및 중세로부터 르네상스와 휴머니즘의 시대, 그리고 프랑스 대혁명을 거쳐 오늘에 이르기까지, 어떻게 역사적으로 변천했는가를 일차적으로 살펴보았다는 말이다. 아울러 휴머니즘의 핵심적 목표가 바로 인권의 보장과 신장에 주목하여, 인권이념(人權理念)이 역사적으로 어떻게 발전했는가도 현실적 관점에서 분석·정리하였다. 휴머니즘의 개념 및 인권이념에 대한 이러한 역사적 고찰을 토대로 하여, 오늘날 우리 세계를 지배하는 세 개의 주요 사상체계인 자유주의, 사회민주주의, 그리고 맑스·엥겔스로 상징되는 맑스주의가 과연 인간을 어떻게 바라보는가 하는 측면도 함께 살펴보았다.

마지막으로 이러한 역사적·사상적 분석에 토대를 둔 지루한 원양항해에서 돌아와, 한국적 현실로 귀항하였다.

그리하여 우리 사회가 요구하는 휴머니즘은 도대체 어떠한 것이 되

의 민족 담론: 제16회 한국 철학자 대회(2003)》(도서출판 인향, 2003), 221쪽에서 재인용.

어야 하는가 하는 나의 원초적 문제제기에 대한 해답을 모색하기 위해, 부족하나마 '신휴머니즘'이란 개념을 동원하게 된 것이다. 그리고 이 '신휴머니즘'의 본질을 '자연주의', '문화주의' 그리고 '공동체주의', 세 개념으로 집약하여 고찰하면서, 결론적으로 이러한 '신 휴머니즘'을 실현하기 위한 현실적이고 구체적인 대안을 미흡하긴 하지만 나름대로 제시해보기도 하였다.

어쨌든 우리의 현실을 밝히기 위해 서양의 고대로부터 출발했고, 실천적 지향을 견지하기 위해 이론적 탐구로부터 시작한 셈이다.

그러나 여의치 않았다. 도처에 복병이 도사리고 있었다.

이러한 탐색의 와중에 나를 가장 힘들게 만들었던 것은, ―"인권의 근저에 자리잡고 있는 최후의 어휘가 만인을 위한 자유와 평등"[43]의 구현이라 할 수 있는데 ― 그런데 이것을 도대체 어떻게 실현할 수 있겠는가 하는 자신에 대한 물음이었다. 물론 대단히 험준한 역사철학적 난제(難題)임에는 틀림없지만, 나는 결코 외면할 수는 없었다.

우리는 도대체 어떻게 평화적이고 합법적인 테두리 안에서 합당한 해결책을 찾아낼 수 있겠는가? 혹시 사회적 특권세력이 스스로 자신을 자율적으로 제어하여, 사회적 약자들을 자신들과 동등한 존재로, 요컨대 '형제'로 처우할 수 있는 방안을 과연 스스로 찾아낼 수 있을까? 그러나 우리는 '형제애'(Brotherhood)와 휴머니티 상호간의 결합이, 마치 "늑대와 양 사이의 그것"과도 같이, 실현 불가능한 현실 속에 살고 있지는 않은가? "대중이 짐 나르는 동물처럼 겨우 겨우 연명하고 있는 데 반해, 그 옆에는 맹수 같은 소수가 자신의 힘을 수호할 뿐만 아니라, 나아가서는 그것을 더욱 증대시켜 나가기까지 하는 곳에서", 과연 박애(博愛)와 휴머니티를 기대할 수 있을까?[44]

---

43) 이에 관련해서는, Ossip K. Flechtheim, "Humanismus und Menschen-rechte" in *Frankfurter Hefte*, Sep. 1976, p. 33을 볼 것.
44) 같은 글, p. 34.

도대체 어떻게 할 것인가?

그러나 그게 전부가 아니었다. 새로운 추궁(追窮)이 줄을 이었다.
르네상스 휴머니즘은 '보편적' 인권만을 선포하지 않았는가. 예컨대
프랑스 대혁명의 인권이념에서도 드러나듯이, 서구의 인권선언은 단
순히 이론적이고 추상적인 구호, 또는 도덕적·윤리적인 신앙고백 정
도에 머물고 있지 않은가. 그것은 결국 공염불에 지나지 않은가.
이런 식상한 현실을 고려할 때, 국가와 민족, 인종, 계급, 성별의
차이 등에서 비롯하는 인간적 불평등은 도대체 어떻게 청산할 수 있는
것인가? 세계시장의 형성으로 말미암아 개개 민족들을 차단시키던 여
러 장애들이 제거되기는 하였으나, 세계시장에서 운동하는 자본논리
는 결코 민족국가의 굴레를 뛰어넘을 수는 없지 않은가. 그리하여 민
족국가를 출항(出港)한 자본의 항해(航海)는 이윤의 바람이 부는 그
어느 곳에도 도달하겠지만, 그것이 이윤을 싣고 귀항(歸港)하는 곳은
결국 민족국가라는 모항(母港) 아니겠는가. 이러한 상황에서 '보편적
인권'에 대한 집착과 호소는 과연 어떠한 의미를 지닐 수 있는가?
나는 지칠 줄 모르고 날아드는 수많은 쟁점들에 포박당할 수밖에
없었다.
나는 관념의 세계를 이탈하여 구체적 현실로 내려앉기로 마음을 가
다듬었다. 한국과 우리 한반도를 둘러싼 특수한 현실에 대해 둔탁하
지만 그런 대로 일상적인 메스를 가해 보기로 길을 잡았다. 한국과 우
리 한반도는 지금 어떠한 대내외적 상황에 처해 있는가, 그리고 우리
가 안고 있는 복잡한 현실문제에 대해 미약한 해결의 실마리나마 엿보
게 할 수 있는 사상적·실천적 처방은 과연 어떠한 것이 있을 수 있겠
는가 하는 등의 새로운 논점들이 나를 새로이 덮쳐왔다.
나는 이렇게 자신을 추궁했다. '인간이 모여 살아온 역사적 전통이
나 구체적 삶의 조건 및 환경 등이 서로 이질적이라면, 그에 걸맞게
요구되는 휴머니즘의 속성 역시 달라질 수밖에 없지 않겠는가, 따라

서 개별 민족과 특정 사회유형에 적합한 휴머니즘의 성향 역시 상이할
수밖에 없지 않은가, 그러나 그럼에도 불구하고 휴머니즘의 보편적
본질은 어떻게 끝까지 고수할 것인가' 하는 식으로 ….

　이처럼 우리들 앞에는 해결을 촉구하는 수많은 문제들이 쌓여 있
다. 그러나 문제의 영원한 해결은 있을 수 없다. 문제의 영원한 존속
만 있을 뿐이다. 하나가 풀리면 또 하나의 새로운 문제가 그 뒤를 잇
는 것이 인간사회의 생존방정식(生存方程式)이다. 이러한 관점에서
나는 모든 문제를 일거에 해결하고자 시도하는 총체적 거대담론(巨大
談論)이 아니라, 오늘날의 한국사회가 요구하는 지극히 '현실적'이라
판단되는 소박한 수준의 실용적 해결방안을 '제언'(提言) 형식으로 제
시하고자 노력하였다.
　나는 사회경제적 요소와 정치적 요인 상호간에는 떼려야 뗄 수 없
는 상관관계가 내재해 있음을 간과하지 않았다. 왜냐하면 사회경제적
요구의 제도화를 위해, 무엇보다 정치적 차원의 결단이 요구되기 때
문이다. 뿐만 아니라 특히 자본주의 사회에서는 경제가 사회적 불평
등의 근본요인으로 작용하지만, 정치가 분배의 평등을 촉진하는 민주
적 도구로 기능할 수 있기 때문이다. 이런 취지에서 나는 우선 정치적
대안으로서 '3생(生) 정치론'과 '제2의 민주화 운동', 그리고 노동운동
과 시민운동의 연대하에 추진되어야 할 '급진적 개혁'을 제창하였다.
나아가서는 사회경제적 대안으로서 복지국가 체제의 수립을 촉구하면
서 글을 닫았다.

　나는 데이비드 흄이 그의 대표작 《인간 본성론》의 서문에서 단언한
바와 같이, "인간학은 다른 학문을 위한 유일하고 견실한 기초"45) 라는
주장에 동조한다. 이러한 믿음에서 출발하여 나는 이 글 속에서 무엇

---

45) 데이비드 흄 지음/이준호 옮김, 《인간 본성에 관한 논고 제1권: 오성에 관
　　하여》(서광사, 1994), 21쪽.

보다도 인간의 공동체적 연대와 결속의 추구를 중대한 역사적 목표의 하나로 설정하였다. 그리고 바로 이런 입장에서, 나는 우선 우리 사회를 지배하는 자본주의 체제의 철학적 기초라 할 수 있는 자유주의적 개인주의를 비판적으로 분석하기로 했다. 아울러 나는 이 글이 부분적으로는 한국사회의 정신적 토대의 문제점에 대한 간접적인 비판서 구실도 감당할 수 있도록 배려하기도 하였다.

그러나 인간 및 인간의 삶을 둘러싸고 있는 분야와 범주가 워낙 방대한 탓으로, 이 저술 속에도 내 능력이 미치지 못해 미처 손대지 못한 부분 역시 방대할 수밖에 없었다.

이 저서에는 다음과 같은 명백한 한계가 내재해 있다.

첫째, 여러 주요 철학자들의 핵심적인 인간론을 상호 비교·분석함으로써 인간적 존엄성의 실체와 인간다운 삶의 가치를 보다 분명히 부각시킬 수 있으리라 믿으면서도, 그에 대한 논의를 소홀히 하였다.

둘째, 무엇보다 우리나라의 지나간 역사 속에 자랑스레 잠재해 있을 여러 다양한 인도주의적 전통 등을 파헤쳐보지 못한 것 역시 큰 아쉬움으로 남는다.

셋째, 한국의 현실적 인권상황 및 그 구체적인 문제점들을 본격적으로 점검하지 못하였다. 뿐만 아니라 남·북한이 처해 있는 인권 현실의 본질적 차이, 나아가서는 양측이 추구하고자 하는 인권개념 및 인간적 삶의 이상적 유형 등에 대한 비교·검토를 시도하지도 못하였다.

넷째, 한반도 분단현실이 남·북한의 인간적 삶에 구체적으로 어떠한 성향의 영향을 끼치고 있는가 하는 측면 역시 도외시되었다.

다섯째, 국제적 환경, 그 중에서도 특히 미국의 대 한반도 정책이 한국의 인권상황에 어떠한 영향력을 행사하고 있는가 하는 점도 배제되었다.

여섯째, 전 인류적 차원의 인권보호 및 신장을 위해 어떻게 국제적으로 협력할 수 있고, 또 해야 하는가 하는 방안 모색 역시 외면하였다.

나는 이러한 한계와 문제점들이 앞으로의 학제간 공동연구를 통해 충실히 보완될 수 있으리라 기대하고 확신하며 감히 말문을 열고자 한다.

3. 어떻게 쓰는가

정치사상은 과거와 현재와 미래의 교직물(交織物)이다.

말하자면 정치사상은 과거의 역사적 체험으로부터 우려낸 거름으로, 현실의 토양 위에서, 미래라는 이름의 나무를 키워나가는 지적(知的) 작업의 하나라 할 수 있다는 말이다. 따라서 정치사상은 '말씀' 또는 절대적 진리에 관한 왈가왈부(曰可曰否)가 아니다. 요컨대 시공(時空)을 초월한 영구불변의 가치체계로서의 정치사상은 존재하지 않는다. 그러므로 그것은 시대적 한계와 공간적 구속에 결박당한 프로메테우스의 절규다. 이런 뜻에서 정치사상은 모순적 현실에 대한 지칠 줄 모르는 고발(告發)이며, 해방될 미래를 향한 자랑스러운 외침이다. 이처럼 역사와 사상, 현실과 이론은 떼려야 뗄 수 없는 상관관계로 묶어져 있다. 휴머니즘 문제만큼 그러한 사실을 적나라하게 보여주는 주제도 그리 흔치 않을 것이다. 왜냐하면 특히 휴머니즘의 문제가 인류사적 관심의 대상일 뿐만 아니라, 동시에 일상적인 정치·사회적 삶의 뿌리와 줄기로 기능하고 있기 때문이다.

휴머니즘에 대한 접근은 특히 다음과 같은 세 개의 질문과 맞닥뜨리지 않으면 안 된다.

첫째, 만약 휴머니즘의 '보편적' 이상과 '특수한' 현실 간에 갈등이 내재한다면, 그것은 과연 어떻게 해소될 수 있는가? 요컨대 휴머니즘에도 보편성과 특수성 간에 알력(軋轢)이 존재할 수 있는가, 그렇다면 그 이유는 무엇인가?

둘째, 휴머니즘의 '사회적 현실'은 어떠한가, 곧 특정적 현실사회에서 휴머니즘은 어떠한 상황에 처해 있고, 또 그 까닭은 어디에 있는가?

그리고 셋째, 현실의 구체적 조건하에서 실현 가능한 휴머니즘은 어떠한 속성을 지닌 것들인가?

요컨대 휴머니즘의 본질 및 이상에 관한 철학적 분석, 그리고 비인도적 현실상황의 진단에서 출발한, 이상과 현실 간의 바람직한 조화 구현을 위한 실천지향적 해법탐구가 휴머니즘 연구의 기본지침이 되어야 한다는 말이다. 나는 이 글 속에서 힘닿는 데까지 이러한 요청들을 가능한 골고루 충족시키고자 노력할 것이다.

정치사상 또는 이데올로기는 자신만의 배타 독점적 절대성 및 정당성을 추호도 의심치 않는 본성을 지니고 있다. 따라서 휴머니즘의 이상을 불변적인 도덕적·정치적 가치의 총화(總和)로서가 아니라 특정적인 역사적 운동 속에서 관찰함으로써, 이론과 현실의 부합 또는 괴리를 보다 선명히 판독해낼 수 있다. 나는 개념의 추상적 명징성(明澄性)을 통해서보다는, 오히려 흙먼지 이는 삶과 역사 속에서의 그 꿈틀거림 속에서 사상의 힘을 찾을 수 있다고 믿는다. 이런 의미에서 정교한 휴머니즘론은 비인도적인 투박한 현실에 의해 되새김질되어야 한다. 왜냐하면 "삶은 제비로되 이론은 달팽이이기" 때문이다.[46]

이러한 관점에 입각하여, 나는 인간에 대한 가장 나쁜 죄는 인간에 대한 증오가 아니라 인간에 대해 무관심이라는 사실, 그리고 이 세상을 살아가는 데 중요한 것은 우리가 어디에 있는가 하는 것이 아니라, 우리가 어디를 향해 움직이는가 하는 데 있다는 사실에 특히 유념하였다. 이러한 취지에서 '인간론'(人間論)뿐만 아니라 동시에 '인간사'(人間事)에 대한 탐구도 병행함으로써, 이론과 실천의 조화를 도모하고자 노력하였다. 무엇보다 정치사상을 공부하는 학도의 직접적 연구대

---

46) R. H. Tawney, *Equality*(London: George Allen & Unwin, 1952(1931)), 제4판, p. 75.

상은 텍스트가 아니라 동시대인(同時代人)이라 스스로 믿기 때문에, 더욱 그 길로 나아갈 수밖에 없었다.

그러나 인간이 스스로 인간임에도 불구하고, 무엇보다 인간 자신에 대한 연구성과가 가장 저조한 편에 속한다는 말들을 한다.

이론의 발달사는 '개념' 발달의 역사라 말할 수 있다. 기존 개념의 폐기·수정·보완과 새로운 개념의 도입·창조를 통하여 이론 및 학문의 발전이 촉진되는 것이다.

무엇보다도 사회과학적 개념은 시대와 역사적 조건의 차이에 따라 상이해질 수밖에 없다. 그러므로 개념에 대한 약속 없이는 학문적 토론의 기본장이 설정되지 않는다. 그러나 개념규정은, 특히 그것이 사회과학적 개념일 때, 현실적 실천의 문제와 직결된다. 말하자면 어떤 현상과 사물에 대한 동일한 개념규정은 사회에 대한 동일한 인식을 전제한다. 즉 동일한 이념적 인식에 입각한 동일한 실천방향을 제시한다는 말이다.

그러나 이론의 세계사적 수출입 과정에서, 이 개념의 유통구조에는 많은 혼란이 수반된다. 상이한 역사적·사회적 조건 속에서 생성된 개념을 무비판적으로 이질적 사회에 획일적으로 적용하려는 무리나, 또는 개념의 세계사적 상호관련성을 무시함으로써 독단적이고 폐쇄적인 개념의 무인도 속에 고립되고 마는 경우 등이 그 좋은 예이다.

지상에 존재하는 엄청난 인구, 인종의 수적 다양함과 그에 기초하는 사회구조 및 역사조건의 잡다한 이질성을 고려한다면, 휴머니즘에 대한 보편적 개념규정 시도는 실로 혼란스러운 양상을 띨 수밖에 없을 것이다. 말하자면 시대적·역사적 특성과 사회구조적 상이성(相異性)을 논리전개의 출발점으로 삼아 보편적 개념틀로 접근하지 않는다면, 그 개념 규정은 주관적·비역사적 오류에 빠질 위험성이 농후하다는 말이다.

마키아벨리 역시 《군주론》에서 이렇게 을러대었다.

인간이 어떻게 살아야 할 것인가 하는 문제와, 실제로 어떻게 살고 있는가 하는 문제는 매우 거리가 멀다. 따라서 인간이 어떻게 살 것인가만 논하고 실제로 인간이 살고 있는 양상을 직시하지 않는다면, 현재 가진 것을 보전하는 것은 고사하고 모든 것을 상실하여 파멸로 향하는 수밖에 없게 된다. [47)]

마키아벨리의 협박성 주장에 주눅이 들기도 하여, 나는 윤리적이고 당위론적인 '공자 왈, 맹자 왈' 대신에, 다소 쓰라리더라도 우선은 우리 한국인들이 현재 구체적으로 어떠한 처지에 놓여 있는가 하는 것을 엄중히 그려보고자 애썼다. 궁극적으로는 당연히 '걸림돌을 디딤돌로' 만들어나가기 위해 최선의 노력을 다해야 하겠지만, 일단은 눈앞에 펼쳐지는 여러 못마땅한 현실적 양태들을 가능한 한 냉혹하게 파헤치고자 애썼다. 따라서 일단 부정하고 거부하는, 날 세운 시각과 몸짓이 전면에 부각될 수밖에 없었다. 그러나 동시에 부정을 딛고 긍정의 세계로 나아가고자 하는 꿋꿋한 행보를 멈추지 않으려고 발버둥치기도 했다.

그러나 이러한 미숙한 우격다짐 탓인지, 나는 학술적 이론이 '상아탑'(象牙塔)에 유폐되는 낌새를 별로 탐탁하게 여기지는 않는다.

인류의 역사는 시장(市場)과 광장(廣場)의 역사다. 시장을 사익(私益)을 위해 흥정하는 곳이라 한다면, 광장은 공익(公益)을 위해 절규하는 곳이라 이를 수 있다. 정의의 함성을 내지르며 뜨거운 연대의 손을 서로 맞잡을 수 있는 곳이 바로 광장 아니겠는가. 그리하여 역사는 시장에서 시작하여 광장에서 일단락된다.

이런 의미에서 나는 이론은 오히려 광장 같은 곳을 즐겨 찾아야 한

---

47) 신복룡 역주, 《군주론》(을유문화사, 2006), 118~119쪽을 참고할 것(마키아벨리의 《군주론》제15장에 나오는 문구인데, 편의상 번역을 다소 고쳐보았다).

76

다고 우기는 편이다. 한마디로 나는 이론의 '상아탑주의'가 아니라 이론의 '광장화'가 성공적으로 이루어지길 고대한다. 말하자면 내 가슴속이 허공에 장중히 피어오르는 강단(講壇)의 밀어가 아니라, 거리의 순박한 외침으로 채워지길 꿈꾼다는 말이다.

평소에 나는 이처럼 아카데미즘의 경직성과 폐쇄성을 뛰어넘어야 한다고 생각해왔다. 그리하여 그야말로 사무치는 형태로 대중을 향하여 증언(證言)하는 사유(思惟)의 힘으로써 대중과 함께 하는 글을 쓸 수 있다면 하고 늘 꿈꾸었다. 이런 취지에서 나는 — 과연 그러한 정도의 수준과 경지에 도달했는지에 대해서는 물론 전혀 자신이 없긴 하지만 — '아카데믹한 분석'(*academic analysis*)과 '저널리스틱한 접근'(*journalistic approach*) 자세를 학문적 연구 및 저술의 지침으로 삼고자 노력했다.

말하자면 구체적 삶의 현실 속에서 이론의 광맥(鑛脈)을 탐사하고, 동시에 이론의 힘을 빌려 삶의 여러 흔적들을 과학적으로 체계화하는 작업방식에 매달리고자 애썼다는 말이다. 다시 말해 이론 속에서 삶을 찾고 생활 속에서 이론을 관조하는, 이론과 현실의 유기적 상관성 추적에 매진하고자 노력한다는 말이 되겠다.

사상 속에서 삶을 찾고 생활 속에서 사상을 들여다보고자 애써온 오래된 나의 학문적 취향의 발로가 결국 이 책에도 그대로 드러난 셈이 되었다. 나는 여기서 이론과 실천 양면에 초점을 맞추어, 인간이 살아온 이야기, 살아가는 모습, 그리고 살아가야 할 행로들을 함께 풀어나가도록 애썼다. 이런 취지에서 나는 아카데미즘과 저널리즘의 공생(共生), 공존(共存)을 적극적으로 추구하였다.

어쨌든 "유령보다 훨씬 더 유령 같은" 이론과 논리에서 멀어지고자 애는 쓰고 있다. 이른바 '기지촌(基地村) 지식인'의 굴레와 허물을 벗고자 항상 분투하고 있음을 부끄럽게 고백한다. 이런 의미에서 알제리의 민족해방 운동가였던 프란츠 파농과 우리 신채호 선생의 채찍 같은 목소리를 늘 가슴에 새겨두고 있다. 파농은 오히려 프랑스인을 닮

아가려는 동료 흑인들을 "백인보다 얼굴이 더 흰 흑인"이라 질타하였
다. 그렇게 긴 시차(時差)를 두지 않고 활약했던 우리의 신채호 선생
은 "조선에 주의(主義)가 들어오면, 왜 조선의 주의가 되지 않고 주의
의 조선으로 전락하는가!" 하고 개탄한 적이 있다. 그 시대에 전화나
인터넷이 있을 리 만무했지만, 동업에 종사하다보니 자연스레 공감대
가 형성된 듯하다. 그런데 나 역시 백인보다 얼굴이 더 흰 황인종은
아닐는지, 그리고 우리나라를 '백색 공화국'으로 만들어 가는 데 앞장
서고 있지나 않은지 …. 주위의 눈이 무섭다.

　사회과학은 예언의 이론체계가 아니다. 단지 예측할 수 있을 뿐이
다. 예언은 신적(神的)인 목소리로 우주의 조화를 점치는 행위이다.
반면에 예측은 과학의 시각으로 가시적 삶의 행방을 뒤쫓는 작업이
다. 마찬가지로 학문은 결론에서 출발하는 것이 아니라 단지 결론을
찾는 과정에 지나지 않는다. 나는 이 점을 놓치지 않으려 한다.
　나는 추상적 도덕률(道德律)과 불변적인 보편적 구조문제 등에 집
착하기보다는, 인간의 구체적 삶과 일상적 생활이 지니는 가치에 더
욱 강한 애착을 갖는다. 이런 취지에서 나는 나의 관심을 보편적인 것
에서 '특수한' 것으로, 일반적인 것에서 '국지적인' 것으로, 그리고 초
시간적인 것에서 '일시적인' 것으로 돌려놓고자 노력하였다. 48)

---

48) Stephen Toulmin, *Cosmopolis: The Hidden Agenda of Modernity* (New
　　York, 1990) /이종흡 옮김, 《코스모폴리스: 근대의 숨은 이야깃거리들》(경
　　남대 출판부, 1997), 302~312쪽 참고; 여기서 툴민은 나름대로 철학에 임
　　하는 입장의 역사적 변모과정을 그리고 있다. 그는 예컨대 17세기 이래 철
　　학자들은 "실천철학의 구체적이고 일시적이고 특수한 주제들을 무시하는 대
　　신, 추상적이고 초시간적이고 보편적인(즉, 이론적인) 주제들에 헌신"했는
　　데, "이론에 치중된 300년의 일정은 이제 매력을 상실했다"고 단정지었다.
　　그에 따라 특히 1945년 이후 새로운 실천지향적 양상이 전개되고 있음을 역
　　설한다. 이를테면 그는 핵전쟁, 의학기술, 환경문제 등이 각별한 관심사로
　　부상한 탓으로, 인간적 삶의 가치뿐만 아니라, 인간세계와 자연세계를 함께
　　보호해야 할 책임이 논의의 전면으로 부상하였음을 강조한다. 이런 취지에

78

이런 식으로 짜증나고 골치아픈 언쟁을 나 자신과 수없이 되풀이하긴 했지만, 그런 와중에도 나는 스스로 설정한 두 개의 내면적 계율에 충실하고자 애써 노력하기도 했다. 우선 '원칙 없는 타협은 야합이며, 타협 없는 원칙은 독선'이라는 다짐이 그 하나요, 비가 올 가망이 없을 때는 '낙관적 신념을 불태우며' 마냥 하늘을 바라보고 기도하며 서 있기만 할 것이 아니라, 허리를 굽히고 자신의 발아래 땅, 땅을 파야 한다는 소신이 그 둘이다.

서 툴민은 "17세기 전환의 특징이 인문주의로부터 이성주의에로의 '정신적 변화'에 있었다면, 오늘날에는 역방향의 전환이" 일어나고 있다고 주장한다. 요컨대 17세기 이래로 "기록된 것, 보편적인 것, 일반적인 것, 초시간적인 것에 초점을 맞추어온 '근대' 철학자들은, 다시금 구전적인 것, 특수한 것, 국지적인 것, 일시적인 것을 포괄하는 방향으로 나아가고 있다"고 역설한다 (특히 302~303쪽). 이러한 툴민의 견해에 비춰볼 때, 이러한 나의 관점 역시 크게 시대적 조류에서 벗어난 것처럼 보이지는 않는다.

제1부 개념사

제1장 휴머니즘의 개념사

제 1 장

휴머니즘의 개념사

1. 휴머니즘이란 무엇인가

거시적으로 볼 때, 오늘날까지 인류의 정신세계를 지배한 두 개의 전통적인 세계사적 흐름이 있다고 말할 수 있다. 그 하나는 헤브라이즘이고, 다른 하나는 헬레니즘이다.

이 두 개의 사조는 서구 인간학에서 인간을 정의하는 대표적인 두 개의 정신사적 개념과 직결되어 있다. 첫째는 기독교가 전수받은 헤브라이즘의 인간관으로서, "인간은 하느님의 모상이다"(*homo, imago Dei*)라는 정의 속에 그 본질을 드러낸다. 그것은 인간을 하느님의 아들딸로 인식함으로써 비주체적·비자율적인 존재로 이해한다. 둘째는, 헬레니즘의 인간관으로서, 소피스트 철학자인 프로타고라스(Protagoras)의 "인간은 만물의 척도다"(*anthropos metron panton*)라는 언명 속에 잘 드러나 있다. 그것은 인간을 만물의 중심으로 간주한다. [1]

---

1) 성염·김석수·문명숙 공저, 《인간이라는 심연: 철학적 인간학》(철학과 현

이런 맥락에서 볼 때, 지금까지 인류는 바로 이 두 개의 인간학적 관념에 의해 순환적으로 규정된 역사과정을 밟았다고 말할 수 있다.

이를테면 고대희랍을 지배했던 헬레니즘적 인간(人間) 중심주의가 중세 로마시대에 오면 헤브라이즘적 신(神) 중심주의로 뒤바뀌었다가, 르네상스와 휴머니즘에 의해 서서히 열리기 시작한 근대 이후에 와서는 다시 합리주의 정신으로 무장한 인간 중심주의로 환원되었다는 말이다. 그리고 각각의 세계사적 전개과정 중에 우리 인류는 세 개의 상이한 국가유형을 체험했다. 고대의 도시국가(Polis), 중세의 제국(Empire), 그리고 근대 이후의 민족국가(Nation-State)가 바로 그것이다.

그런데 이러한 역사과정을 거치며 발전한 휴머니즘은 실은 대단히 다양한 의미를 지닌 복잡한 개념이다. 휴머니즘을 흔히 인간주의, 인본주의, 인도주의, 인문주의, 인간 중심주의 등으로 다양하게 풀이해 쓰는 것만 보더라도, 이러한 사정을 짐작할 수 있다.

우선 넓은 의미의 휴머니즘은 인간의 가치와 존엄을 강조하고 인간의 삶과 그 조건에 우선적으로 관심을 집중시키는 사상적 흐름을 가리킨다고 말할 수 있다. 그러나 인간의 존엄과 가치가 무엇인가 하는 문제와, 그리고 인간의 삶의 의미와 조건 등을 어떻게 규정할 것인가 하는 것 등에 관한 입장과 관점의 차이가 다양할 수밖에 없다. 그렇기

실사, 1998), 18쪽 참고: 이 기회에 인간과 우주를 바라보는 서양사상의 세 가지 서로 다른 관점을 덧붙여 소개하면 다음과 같다. 첫째, 하느님에 초점을 맞추면서, 인간을 신의 피조물의 하나로 간주하는 초자연적·초월적 방식인 '신학적 인간관'을 들 수 있고, 둘째, 자연에 초점을 맞추면서, 인간을 다른 유기체와 마찬가지로 자연질서의 일부로 보는 '과학적 인간관'이 있고, 셋째, 인간 자신 그리고 하느님과 자연에 대한 인간 지식의 출발점으로서 인간 경험에 초점을 맞추는 '인문주의적 인간관'이 마지막을 이룬다. 그런데 첫째 방식은 중세에 지배적이었고, 셋째 방식은 르네상스 시대에, 그리고 둘째 과학적 접근방식은 17세기에 들어와서야 그 모습을 드러내기 시작하였다. 이에 대해서는 앨런 블록 지음/홍동선 옮김, 《서양의 휴머니즘 전통》 (범양사 출판부, 1989), 23~24 및 200~205쪽을 볼 것.

때문에, 일관성 있고 모두가 동의할 수 있는 휴머니즘의 개념규정은 대단히 어려워질 수밖에 없다.

인간을 예컨대 신학적이고 종교적인 관점에서 보는가, 아니면 자연적이고 사회적인 입장에서 보는가에 따라 휴머니즘의 내용은 달라질 수밖에 없다. 또한 자유주의적 관점을 택할 것인가, 아니면 맑스주의적 입장을 취할 것인가에 따라 또 서로 상이한 결론이 도출될 수밖에 없을 것이다. 기독교적 휴머니즘도 있고 맑스주의적 휴머니즘, 실존주의적 휴머니즘 등도 있을 수 있기 때문이다.

우리는 인간을 신에 대비할 수도 있고, 반대로 동물과 비교할 수도 있다. 뿐만 아니라 인간 전체, 즉 인류적 의미에서 접근할 수도 있고, 인간 개체적 차원에서 따져볼 수도 있다. 그렇기 때문에 인간이 인간이면서도 인간에 대한 연구와 이론정립이 가장 낙후한 상태라는 비판이 제기되기도 하는 것이다.

사실 이 지구에 인간이 생존하기 시작한 이래 휴머니즘이 존재하지 않은 적이 없었다고 말할 수 있을 정도다. 2)

---

2) 사회주의 개념도 유사하다. 우리는 예컨대 '사회주의'하면 흔히 맑스주의 하나만을 생각하는 습관이 있다. 우리가 물론 자본주의 사회에 살고 있기 때문에 그것에 대한 가장 체계적이고 적나라한 비판사상이 맑스주의라는 것에 대해 이의를 제기할 사람은 드물 것이다. 그러나 맑스주의가 사회주의의 한 유형인 것은 사실이지만, 모든 사회주의가 곧 맑스주의라는 논법은 성립하지 않는다. 달리 말하면 맑스주의는 19세기 이후의 사회주의적 사상 및 이론체계에 지나지 않는다고 말할 수 있는 것이다.

그러므로 여기서 문제되는 것은 사회주의를 도대체 어떻게 개념 규정할 것인가 하는 것이다. 사회주의를 자본주의의 다양한 극복시도로 풀이한다면, 사회주의는 분명히 자본주의의 본격적 출현 이후의 현상일 수밖에 없다. 그러나 사회주의를 보다 정의롭고 평등하고 행복한 인간적 공동생활의 최선의 형태가 무엇인가 하는 것을 끝없이 찾아 헤매는 인간적 노력의 일환으로 폭넓게 이해한다면, 사회주의는 인류사적 전통을 지니는 것으로 파악할 수 있다. 그러므로 서양사상사의 범주 속에서는 의당 저 플라톤으로부터 사회주의의 사상적 흔적을 더듬어볼 수 있을 것이다. 이런 면에서 볼 때, 사회주의의 역사는 휴머니즘과 그 궤를 같이한다고 말할 수도 있다.

왜 이런 휴머니즘에 대한 '초역사적' 개념규정이 가능해지는가 하면, 사회적 불평등과 갈등이 존재하고 또 이로 인해 인간성에 대한 왜곡과 억압이 발생하는 곳에서는 어떤 식으로든지 항상 인간의 존엄과 해방, 자유와 평등을 옹호하는 이념이 출현할 수밖에 없기 때문이다. 그러나 인간과 관련되는 모든 분야에 획일적으로 휴머니즘의 개념을 확대 적용할 때, 우리는 개념의 혼란과 더불어 그것의 본래의 의미를 퇴색시키는 결과를 초래할 수 있다.

둘째로 좁은 의미의 휴머니즘은 서양의 근대문화와 지성사적 전통을 형성하는 데 중요한 요소로 작용한 특정한 교육·문화 운동을 일컫는다. 그것은 14세기 이탈리아에서 시작하여 전 유럽으로 전파된 운동으로, 이른바 르네상스 휴머니즘을 말한다.

이 운동의 지적 기원은 멀리 고대희랍으로 거슬러 올라간다. 희랍인들은 '파이데이아'(*paideia*: 문학과 철학 학습을 강조한 고대 그리스의 교육)를 교육의 목표로 삼았는데, 그것이 추구한 것은 '인간성'과 '뛰어남'이었다. [3] 이러한 파이데이아의 이상이 로마에 계승되어 '후마니타스'(*humanitas*)로 표현되었고, 르네상스 시대에는 '스투디아 후마니타티스'(*studia humanitatis*)를 통해 부활함으로써 휴머니즘의 꽃이 피게 되었다. [4]

---

3) 앨런 블록 지음/홍동선 옮김, 앞의 책, 18쪽을 볼 것: 로마 세계에서도 그리스와 마찬가지로 인쇄된 서적이나 신문을 비롯한 의사전달매체가 존재하지 않았다. 따라서 집회와 법정에서 얼굴을 맞대고 공무를 집행할 수밖에 없었기 때문에, 권력과 영향력을 행사하기 위해서는 웅변술이 절대적으로 요구되었다. 그리하여 말솜씨뿐만 아니라 어떤 주장을 제시하고 비판할 수 있는 논리적인 사고력이 필요했다. 그에 따라 그에 적합한 학예과목에 대한 원만한 교육이 필요하다고 보았다. 여기에 적합한 그리스 어구가 바로 '엔키클리아 파에데이아'(*enkyklia paedeia*: '백과사전'이라는 영어 encyclopaedia가 여기서 나왔다고 한다)였다. 그것이 결국 로마인들에 의해 '후마니타스'(*humanitas*)라는 라틴어로 연결되었고, 이것이 "인간의 독특한 인간미를 자아내는 자질을 개발하는 방법"이라는 그리스인들의 견해를 따른 결과였다.

무엇보다 르네상스 휴머니스트들이 가장 열렬히 예찬했다고 일컬어
지는 키케로(Cicero)가 '후마니타티스와 학문'에 대해 언급하기도 했으
며, '후마니타스'를 "소년들이 인간으로서의 잠재성을 충분히 개발하기
위해 배워야 할 교과목들의 범위" 정도로 이해했던 흔적이 남아 있다.
키케로는 '후마니타스'를 "모든 자유 학예(學藝), 즉 자유인(自由人)의
교육에 적절한 주제들을 포함하는 용어"로 사용했던 듯하다. 여기서
'자유인'이란 "로마 공화국 정부에 참여할 권리와 의무를 가지며, 기계
적이며 비천한 기술을 사용하는 육체노동으로 생계를 이어가지 않는
로마의 자유 남성시민"을 의미했고, 이런 젊은이들이 받은 일반적 교
육은 대개 "라틴어 웅변기술의 습득(즉 문법과 수사학) 및 자신의 특권
적 신분과 정부에 참여하는 자로서의 의무에 대한 자각(즉 로마 역사
와 도덕철학)에 집중되었다".

   이러한 키케로적 이상이 널리 확산되면서 '스투디아 후마니타티스'
란 말은 "공화국 및 제국의 지배층 엘리트를 위한 교육 프로그램"을
의미하게 되고, 동시에 "지배층 엘리트에 절대적으로 필요한 웅변술
과 사교적 태도에 대한 강조"를 뜻하였다. 구체적으로는 문법, 수사
학, 수사학을 특별히 적용하는 작시법(作詩法), 대개 정치 및 도덕적
결정의 결과물로 간주되었던 역사학, 정치적 의무 문제도 포함하는
도덕철학 등을 포괄했다.[5]

   한마디로 말해 좁은 의미의 휴머니즘은 고대 희랍인들의 교육적 이
상인 '파이데이아' 부활의 역사였다고 말할 수 있다.[6]

---

4) 문법, 수사학, 시학, 역사, 도덕철학 등 studia humanitatis를 전문적으로 연
   구하는 계층을 '휴머니스트'라 불렀고, 이들의 정신세계가 곧 르네상스 휴머
   니즘의 세계라 할 수 있다. 백승대, "르네상스 휴머니즘의 사회사상", 신구현
   외 6인 공저, 《르네상스 휴머니즘의 현대적 의의》(영남대 출판부, 1990),
   187쪽을 볼 것.
5) 찰스 나우어트 지음/진원숙 옮김, 《휴머니즘과 르네상스 유럽문화》(혜안,
   2003), 39~40쪽.
6) 이에 대해서는 르네상스 이후 휴머니즘 개념사를 살피게 될 이 책 1장의 2절

휴머니즘의 역사를 개관해볼 때, 서양의 근대문화는 르네상스 휴머니즘의 산물이라 할 수 있다. 르네상스 휴머니즘은 인간을 신의 세계로부터 해방시켜 자연과 인간 역사의 세계로 끌어들였고, 고대문화와 기독교 문화, 즉 헬레니즘과 헤브라이즘을 결합하여 서양의 독특한 인문주의 전통을 수립하는 데 기여하였다. 뿐만 아니라 이 전통은 근대세계의 전개과정에서 추진된 산업화와 근대화의 물결을 타고 전 세계로 퍼져나갔다.

어쨌든 이렇게 복잡하고 다양한 성격을 가진 휴머니즘에 공통적으로 흐르는 정신은 인간을 중심으로 세계를 인식하고, 세계 속에서 인간의 지위를 확고히 하며, 모든 개인을 독립된 개체로서 존중하는 자세라 할 수 있다.

'휴머니즘 개념의 변천사' 중 2) 르네상스 이후에서 보다 구체적으로 살펴볼 것이다.

2. 휴머니즘 개념의 변천사 [7]

1) 고대 및 중세

후기 로마공화국에 오면, 상층 귀족들이 '후마니타스'(humanitas) 개념을 즐겨 애용하게 되었다. 그 용어는 최초로 "친절하고 인간적인 행위"라는 의미로 통용되었다. 후마니타스는 키케로(Cicero)의 핵심적 개념으로 자리를 굳혔다. 그러나 그는 인간의 창조적 힘을 힘주어 강조하긴 하였지만, 이 개념을 특히 '동물성'에 반대되는 '인간적 본성'의 의미로는 좀처럼 사용하지 않았다. 오히려 그는 후마니타스를, 비이론적 차원에서, 주로 귀족성에 종속되어 있는 귀족적 이상의 핵심개념으로 사용하였던 것이다.

본질적으로 후마니타스는 개화되고 자유로운 귀족적 생활양식과 지성적 교육의 범주를 포괄하는 관념으로 떠올랐다. 이를테면 키케로는 그런 식으로 양육된 인간이 되어야 비로소 인간이라는 칭호를 받을 자격이 있다고 본 것이다. 말하자면 인간이라고 다 후마니타스를 소유하는 것은 아니라는 말이다. 단지 로마제국 및 그 사회질서가 표방하는 문화세계와의 관련성 속에서만 후마니타스가 교양적 가치와 사회윤리적 덕망을 지닌 존재로 이해될 자격이 있다는 것이다. 그러므로 그 외곽에 사는 모든 사람들은 아직 완전한 '인간'이 아니라, 단지 야만인, 미개인에 지나지 않는다. 본질적으로 귀족적 품격 복합체로서의 후마니타스가 로마공화국의 법률 및 사회질서와 연결된 것이다.

이런 와중에 점차 윤리적이고 박애적인 성향을 지닌 지배자적 이상

---

7) 이 내용은 주로 "Menschheit, Humanität, Humanismus", in Otto Brunner, Werner Conze, & Reinhart Koselleck(Hg.), *Geschichtliche Grundbegriffe: Historisches Lexikon zur politisch-sozialen Sprache in Deutschland*, Bd. 3 (Stuttgart, 1982)의 pp. 1063~1128을 요약·정리하였다.

의 핵심을 가리키는 개념으로 후마니타스가 활용되기도 했다. 그리하여 후마니타스 개념은 지배자의 의무를 강조하기 위한 가장 함축적인 표현으로 이해되었던 것이다. 그러다가 후마니타스는 2, 3세기경에 와서는 황제를 지칭하는 필수적 요소로 승격하고, 이윽고는 신격화된 황제 자신이 스스로 후마니타스와 박애를 입증하는 존재로 인식되게 되었다. 결국 후마니타스는 법률 속에서 신민(臣民)의 복지를 배려하는 제국통치의 목표로 강조되기도 한 것이다.

그러나 3, 4세기 이래 성서적이고 신학적인 인간상의 영향으로 인해, 후마니타스 개념에는 지금까지의 범주를 뛰어넘는 새로운 의미가 첨가되었다.

기독교는 신의 피조물이라는 인간관념에 입각해, 인간의 불완전성을 '신의 완전성'(divinitas = divine nature)에 대비되는 것으로 날카롭게 구별하였다. 신의 모상(模像)으로서 인간의 무조건적 종속과 비자율성이 강조될 수밖에 없었다. 결과적으로 후마니타스는 신성(神性)에 적대되는 것으로서 육욕성(肉慾性)과 동일시되었다. 인간의 덧없음을 강조하게 됨으로써 결국 인간적 삶과 직접적으로 연결되는 의미로 변질하게 된 것이다. 후마니타스는 점차 인간의 '성장', '자태'나 인간의 '양육' 등을 뜻하게 되었다.

다른 한편 후마니타스는 교부(教父)들에 의해 기독교의 보편주의적 경향에 맞물려, 죄악에 빠진 인류를 묘사하는 용어로 활용되기도 하였다.

중세에 들어오면, 인간성 또는 인간다움의 의미는 "기독교적 후마니타스"(humanitas Christi)에 의해 규정되었다. 그것은 우선 죽을 수밖에 없는 유한적 존재로서뿐만 아니라, 신학적으로 이해된 신과의 차이에 의해서도, 신성에 반대되는 인간적 피조물성을 뜻하였다.

특히 십자군 전쟁 이후 정치, 경제, 사회, 문화 구조 등이 변모함

에 따라, 후마니타스는 기사(騎士) 중심의 궁정시대로 넘어가는 상황
에서, 원래 지녔던 내용과 유사한 의미를 지니게 된다. 그리하여 그
것은 자기완성 및 자기계발을 위한 도덕적 덕망으로서 교양, 인간애,
기품, 도야(陶冶) 등을 뜻하게 되었다.

　이 와중에 토마스 아퀴나스(Thomas Aquinas)는 기독교 신학의 관
점에서 그리스도의 강생(降生)을 역설하였다. 이윽고 그리스도의 영
혼 속에서 인간이 거듭 태어날 수 있다는 주장도 제기되었다. 요컨대
예수의 강생은 일회적 속성을 지니는 것이 아니며, 따라서 인간 역시
신의 인간화에 구현된 보편적 인간의 본성에 걸맞게, '그리스도화'될
수 있는 존재로 인식되었다. 이에 힘입어 후마니타스를 인간의 본성
개념과 일치시키는 경향이 대두하기도 했다.

2) 르네상스 이후

　르네상스 휴머니스트의 시조라 불리는 페트라르카(Petrarca)에게조
차 후마니타스가 아직 핵심개념으로 떠오르지 않았을 때, 플로렌스의
"시민적 휴머니즘"(civic humanism)의[8] 선구자로 알려진 살루타티
(Salutati), 브루니(Bruni) 등은 고전적 고대에 의식적으로 다가감으로
써, 이 개념에 대해 인간적 존재 및 그의 본질적 품성의 전개를 가리
키는 핵심적 의미를 부여하였다.

　이윽고 후마니타스는 자신의 운명을 스스로 창출하는 인간의 윤리
적이고 지성적인 능력의 통일체로서, 상류사회 성향의 공화주의적 국
가의식과 연결되었다. 그것은 급기야 인간의 본성이라는 의미를 획득
하게 되었다.

　말하자면 후마니타스(humanitas)와 신성(神性, divinitas) 간에 의도
적으로 부추겨져온 전통적인 기독교적 이중성이 인도주의적 신학이

---

8) 페트라르카 및 '시민적 휴머니즘'에 관해서는, 김영한, 《르네상스 휴머니즘
　과 유토피아니즘》(탐구당, 1989), Ⅰ, Ⅱ장 및 Ⅳ장을 각각 참고할 것.

대두하면서 점차 신에 대한 인간의 유사성을 강조하는 쪽으로 방향을 틀었다는 말이다. 그 와중에 중세에 전형적이었던 양자간의 적대적 대립성이 점차 빛을 잃게 되면서, 신성(*divinitas*)으로 승화할 수 있는 후마니타스의 신적(神的) 근원이 파헤쳐지기 시작했다. 나아가서는 인간은 신성으로 승화함으로써 비로소 인간으로서의 고유한 소명을 다할 수 있게 된다는 관념이 널리 퍼지게 되었다. 이러한 상황에서 '스투디아 후마니타티스'(*studia humanitatis*)의 전통이 본격적으로 체계화되기 시작하였다.

휴머니스트(*humanist*)를 뜻하는 라틴어의 후마니스타(*humanista*)와 이탈리아어의 우마니스타(*umanista*)라는 용어가 처음 등장한 시기는 대략 15세기 후반으로 알려져 있다. 이 말은 당시 이탈리아 대학생들 사이에서 통용되던 일종의 은어로서, 고전언어와 고전문학을 가르치는 대학교수나 중등학교 교사를 지칭하는 용어였다 한다. 그러다가 16세기경에는 교사뿐만이 아니라 고전학문을 배우는 학생과 연구자 일반에게도 이 호칭이 적용되었다. 요컨대 고전학문에 바탕을 둔 '스투디아 후마니타티스'를 가르치고 배우는 사람을 '후마니스타' 또는 '우마니스타'라 부르게 되었다는 것이다.

한마디로 '스투디아 후마니타티스'는 오늘날의 인문학(*humanities*) 정도로 번역될 수 있는데, '후마니타스'를 연구하고 가르치는 학문 분야를 일컫는다.[9]
'후마니타스'는 '인간성', '인간다움'의 뜻을 지니고 있는데, 본래 이 말은, 앞에서도 잠깐 살펴본 바대로, 희랍어의 '파이데이아'(문학과 철

---

[9] '스투디아 후마니타티스'의 의미를 참고하기 위해서는, 찰스 나우어트 지음/전원숙 옮김, 《휴머니즘과 르네상스 유럽문화》(혜안, 2003), 39~41쪽을 볼 것: 한때 동양사회를 풍미했던 文-史-哲도 혹시 이러한 '스투디아 후마니타티스'와 궤를 같이하는 것은 아닐까?

학 학습을 강조한 고대 그리스의 교육)를 로마인들이 라틴어로 옮긴 것
이다. 한때 이 파이데이아를 '야만성'(barbaritas)의 반대개념으로 사용
한 적이 있었다. 따라서 후마니타스는 '야만'과 '무지'에 반대되는 '교
양', '지성', '교육', '학식', '학문' 정도의 의미를 지니게 된 것이다.

결과적으로 '인간성'과 '인간다움'을 소유한 사람이란 곧 교양 있고
학식 있는 사람을 의미하게끔 되었다. 다른 말로 하면 학식과 교양이
있는 존재만이 '사람다운 사람'(homo humanus)이 될 수 있으므로, 교
양만이 인간의 덕성과 우월성을 가늠하는 척도가 될 수밖에 없다는 말
인 것이다.

고대의 라틴 문필가 중에서 '후마니타스'라는 말을 가장 많이 활용
한 사람은 역시 키케로였다. 그는 이상적 인간상을 웅변가에서 찾았
다. 웅변가는 폭넓은 학식과 경험 그리고 남을 설득하는 뛰어난 능력
을 지니지 않으면 안 된다. 그래야 남을 선도하고 남에게 덕행을 권장
할 수 있기 때문이다. 따라서 키케로에게는 후마니타스에 대한 연구
와 교육이야말로 웅변가의 육성에 가장 적합한 주제로 비칠 수밖에 없
었다. 이런 맥락에서 그는 후마니타스에 관한 학문인 '스투디아 후마
니타티스'야말로 인간정신을 고귀하고 완전하게 해주는 것이며, 인간
에게 가장 가치 있는 연구라고 극찬하게끔 되었다.

그러나 이처럼 고대에서 후하게 대접받았던 '후마니타스'는 중세에
와서는 부정적으로 평가받을 수밖에 없었다. 왜냐하면 고대에서의 '후
마니타스'는 인간보다 열등한 동물에 비교된 개념이었으나, 중세에서
의 후마니타스는 인간보다 우월한 신(神, divinitas)에 대비된 개념이
었기 때문이다. 기독교의 관점에서 보면 인간은 타락하기 쉬운 허약
한 존재에 불과하였고, 현세는 죄악과 고통으로 얼룩진 눈물의 계곡
같은 것이었다. 따라서 중세에는 '인간적'이 되면 될수록, 그리고 '인
간다워'지면 질수록 그것은 신으로부터 점점 멀어지는 것으로 이해될
수밖에 없었다. 이처럼 고대에서 숭상받았던 인간의 현세적 영광이

결국은 허망한 것으로 폄하(貶下)되었기 때문에, 인문과 교양관련 교육도 제대로 평가받을 수 없게 된 것이다.

그러다가 르네상스 시대에 와서야 비로소 이러한 후마니타스에 대한 고대의 관념이 부활하고 인문학이 활기를 띠기 시작했다. 르네상스 휴머니스트들은 로마 작가들, 특히 키케로의 영향을 받아, 후마니타스를 "인간의 품위에 가장 잘 어울리는 교양"으로 규정하였고, 이에 대한 학문인 '스투디아 후마니타티스'를 매우 중시하게 되었다. 그리하여 '스투디아 후마니타티스'는 "인간을 완전하게 만들어주는 최고의 학문"이며, "인간의 정신을 고귀하게 하고 신체의 재능을 최고도로 발휘하게 하는 학문"으로 높이 평가받게 되었던 것이다.

이런 의미에서 르네상스 휴머니즘을 일차적으로 교육과 학문운동으로 이해할 수 있다. 그것은 오늘날의 인문교육에 해당한다. 그것은 인간의 정신과 신체의 조화 있는 발전, 지혜와 수사(修辭) 및 웅변의 결합, 교양과 덕성의 함양을 목표로 했다. 그리고 그 시대의 휴머니스트들은 이와 같은 교육을 통해 국가에 필요한 건전한 시민과 정치 엘리트들을 배출해낼 수 있다고 믿었다.

이러한 학문운동으로서의 휴머니즘의 성격은 교과과정에서도 잘 드러난다.

'스투디아 후마니타티스'의 기본분야로서, 언어학(문헌학), 수사학, 역사, 시학, 도덕철학 등이 강조되었다. 특히 도덕철학은 휴머니즘적 교육개념의 본질적 배경을 이루었다. '스투디아 후마니타티스'는 스스로 이상적인 것으로 추앙해온 수사학적·언어적·철학적 정신도야의 종합적 통일을 이루어냄으로써 대단히 신속하게 이탈리아 외부에까지 퍼져나가게 되었다.

그 와중에 '스투디아 후마니타티스'는 이 분야의 주요 센터의 하나로 부상하기 시작한 대학으로 진입할 수도 있게 되었다. 그에 따라 '스투디아 후마니타티스'는 인간의 절제되고 교화된 본성으로서의 후마니타스로 나아가야 한다는 믿음이 확산되었다. 이러한 맥락에서 교육이란 것이 원래 선천적인 것이 아니기 때문에 우선 인간 스스로가 그것을 획득하려고 노력하지 않으면 안 되고, 또 그렇게 함으로써 인간은 자신의 욕구를 스스로 충족시킬 수 있게 된다고 믿었다. 그를 통해 교육이야말로 참된 인간존재가 되도록 인간을 이끌어주는 필수적 도구라는 인식이 널리 퍼지게 되었다. 그리하여 교육받은 인간만이 참다운 인간이 될 수 있다는 믿음이 널리 확산되었다. 이러한 현상은 당대인의 관심이 신(神) 중심에서 인간 중심으로, 그리고 내세에서 현세로 뒤바뀌고 있음을 극명히 드러내 보여주는 것이라 말할 수 있다.

결과적으로 ─ 마치 우리 조선시대의 실학파가 보여준 경향과도 유사하게 ─ 인간의 실제생활과 직결된 실용적이고 실천적인 가치에 보다 많은 관심이 일어나게 되었다.

그에 따라 휴머니스트들은 중세의 전통적 학문분야인 논리학, 자연철학, 형이상학 등을 배척하였고, 신학-의학-법학 같은 전문직종을 위한 학문과 자신들의 학문을 차별화하였다. 그들에게는 중세의 학문이 지나치게 추상적이고 전문적이어서 현실과 유리된 것으로 비칠 수밖에 없었다. 그러나 이러한 경향의 중세학문과는 전혀 다르게, '스투디아 후마니타티스'는 일상생활과 직접 관계가 있는 생활의 지혜와 기술을 가르치는 학문으로 이해되었다. 예컨대 문법(文法)은 정확한 표현법을 가르치는 기초과목이고, 시(詩)는 도덕적 진실을 깨우쳐주며, 수사(修辭)는 올바른 판단과 선택을 하도록 이끌어주는 학예이고, 역사(歷史)는 실례를 통해 교훈을 주며, 도덕철학은 현명한 지혜를 제공하는 품목으로 추앙받았다.

당대의 휴머니스트들은 바로 이와 같은 학문을 통해 인간은 개인적으로 지혜와 덕성을 겸비한 교양인(教養人)이 될 수 있고, 아울러 사회적으로는 자유정신과 책임의식이 조화된 건전한 시민과 정치 엘리트로 육성될 수 있다고 확신하였던 것이다.

그런데 이러한 '스투디아 후마니타티스'가 선포되고 찬양받았다는 사실은 종래의 신성(神性)지향적인 '스투디아 디비니타티스'(*studia divinitatis*)에 대립적이며 본질적으로 세속적 성향을 띠는 새로운 혁신 교육이 창출되었음을 의미하는 것이었다.

다른 한편 사회사적으로 보면, '스투디아 후마니타티스'는 시민적 문화의 선포를 뜻하는 것이었다. 말하자면 기득권 세력이라 말할 수 있는 기존의 신학자 주변에, 나아가서는 이들과 맞서서, 휴머니즘적으로 교육받은 평신도와 지식인 그리고 학자 등 새로운 계층이 엄연히 공존한다는 것을 선언하는 것이었다는 말이다.

그러나 본질적으로 보면 '스투디아 후마니타티스'는 수준 높은 교육을 전제하는 엘리트적 특성을 띤다. 이런 의미에서 당시 유럽의 지식인은, 그가 어떤 사회적 지위에 속하든지 간에, '스투디아 후마니타티스'의 시민적 담당계층이 지니고 있던 개인주의적 지식과 덕망에 대한 자부심에 불타 있었다. 그에 따라 이들은 자신들이야말로 귀족적 자의식을 독점하는 주체세력이라 으스대면서, 비교육자 계층을 멸시하며 그들과 차등을 두고자 하는 오만한 태도를 견지했다. 그리하여 자신들이 교육적 '노빌리타스'(*nobilitas, noble birth, nobility*), 즉 귀족성을 지닌 존재, 요컨대 '지적 귀족'(*nobilitas litteraria*)임을 스스로 표방함으로써, 자신들이 전통적 혈통귀족과 전혀 다를 바 없다는 주장까지 내세우게 되었다. 마침내는 '후마니타스'와 '노빌리타스'가 나란히 서로 사이좋게 손을 잡았다.

다른 한편 16세기 전반기 유럽 휴머니즘 세계에서 주도적 역할을 수행했던 에라스무스(Erasmus)는 후마니타스 개념을 사려깊게 심화시키고자 애썼다. 이런 면에서 그는 동시대인을 앞지르는 성과를 보여주기도 했다.

에라스무스는 인간적 자율성 측면은 중시하였지만, 그 자신이 대단히 높이 평가한 인간의 본성을 나타내는 말로서 후마니타스 개념에 대해서는 별반 큰 관심을 보이지는 않았다. 하지만 그는 인간의 사회적 · 지성적인 천부적 재질을 이상적으로 완성하는 능력이 바로 후마니타스라는 것을 확신하고는 있었다. 이런 차원에서 에라스무스는 '훌륭한 사회적 관습의 보호'로 이해되었던 '오피치아 후마니타티스'(*officia humanitatis*)를 수행하기 위한 윤리적 의무를 인간의 본성으로부터 도출했다. 그리하여 그는 공공의 안정과 평화를 저해하는 행위를 최악의 '반(反) 후마니타스'(*inhumanitas*)라 단정지었다. 그리고 이러한 취지에서 후마니타스의 본질적 목표가 바로 '오피치아 후마니타티스'의 성취에 있음을 명백히 하였다. 이윽고 후마니타스의 실현과 공공질서의 평화적 유지문제가 직접적 상호관계로 묶이게 된 계기가 만들어졌다.

3) '휴머니티' 개념의 성립과 '휴머니즘' 용어의 등장

16세기가 전개되면서 후마니타스 개념이 점차 그 전래의 의미를 고스란히 담은 상태로 '휴머니티'(*Humanity*)로 전화되어 쓰이면서, '인간적 품성', '인간적 도리 및 의무' 등을 가리키는 말로 자리잡기 시작했다. 그 와중에 귀족사회와 궁정에서는 'honnêteté'(정직, *honesty*), 'civilité' (예절, *civility*), 'courtoisie'(예의, *courtesy*) 및 'humanité'(인간성, *humanity*) 등속의 개념들이 궁정신분의 품격을 드러내기 위해 같은 의미로 두루 혼용되었다. 말하자면 후마니타스, 즉 휴머니티 개념이 귀족적 덕망이나 품위를 과시하는, 대단히 긍정적 의미를 지닌 용어로 쓰이기 시작했다는 말이다. 10)

그러다가 17세기 말엽 이래 휴머니티의 속성이 귀족적이고 궁정적인 굴레를 벗기 시작한다. 점차 부르주아적이고 기독교적인 초기 계몽시대의 인간상으로서, 사려깊고 삶에 영민한 기독교적 시민을 휴머

---

10) 인문주의에 대한 영주의 깊은 관심과 입장을 보기 위해서는, 야콥 부르크하르트 지음/안인희 옮김, 《이탈리아 르네상스의 문화》(푸른숲, 1999), 특히 273~281쪽을 참고할 것.

니티의 개념과 연결시키는 풍조가 만들어지기도 했다.

이러한 과정을 밟으며 인간을 신학적이고 기독교적으로 고찰하던 오래된 습속이 급격히 퇴조하기 시작했다. 인간의 본질을 신학적으로 고찰하는 대신에 기능적으로 탐구하는 경향이 나타났던 것이다. 결과적으로 인간이 무엇인가 하는 것을 따지고 드는 해묵은 관행이 뒷전으로 물러나고, 인간은 인간이 되기 위해 무엇을 해야만 하는가 하는 새로운 문제의식이 본격적으로 전면에 부각되었다.

이런 상황에서 일, 소유, 향락, 종족번식, 존재, 자유, 안정, 자기완성 등을 향한 충동과 의지로 이루어진 인간의 본성, 그것이 바로 휴머니티라는 새로운 각성이 일어나게 되었다. 이러한 인식태도로 말미암아 전통적인 신학적 속성은 말할 것도 없고, 인간을 불안하고 나약한 존재로 이해하던 고루한 습성 역시 멀리 떨어져 나가게 되었다. 이윽고 '휴머니티'란 인간이야말로 자신이 지니고 있는 고유한 능력에 의거해 소유와 향락 등을 당당히 추구할 수 있는 자율적 존재라는 인식이 널리 퍼지고, 이에 따라 인간을 부르주아적으로 주조된 주체성, 자립성, 소유욕 등을 자율적으로 추구하는 존재로 해석하는 경향이 확산되었다. 바야흐로 인간의 본성이 다이내믹한 속성을 지니는 것으로 이해되었다.

말하자면 '휴머니티'란 인간이 그 속으로 태어나는 피동적 환경이나 조건을 가리키는 것이 아니라, 인간 스스로가 자신의 역량을 주체적이고 역동적으로 개발하고 발전시켜나가야 하는 하나의 존엄한 소명이라는 능동적 인식이 지배하게 되었다는 말이다.

전통적으로 '인간성', 또는 '인간다움'을 의미하는 '휴머니티'라는 용어는 본질적으로 두 개의 의미를 내포하고 있다.

첫째는 인간의 본성(human nature)을 가리킨다. 그러나 이것은 다시 인간성의 변증법적 측면이 드러나는 두 개의 의미군으로 나뉘는데, 한편으로는 반대개념인 동물성 및 신성(神性)에 대비되는 논리적 종(種)의 의미로서 인간의 본질을 포괄한다. 자연적으로 규정되는 인간의 인간성 개념으로서 자연적 존재로서의 인간을 뜻한다. 그리고 다른 한편으로는 인간 스스로가 설정하고 또 지향하고자 하는 목표와 목적의식을 뜻하기도 한다. 이런 의미에서의 인간성(人間性)이란 인간 스스로가 규정하는 휴머니티를 향한 자율적 충동과 의지를 가리킨다. 따라서 언제나 인간 자신에 대한 다양하게 변화하는 이해 및 해석 가능성을 소지할 수밖에 없기 때문에, 결코 주어지거나 불변인 속성을 띠는 것은 아니다. 이렇게 이해되는 인간성 개념은 본원적 인간의 자연적 본성을 토대로 하여 스스로 지향하고자 하는 인간적 이상을 포괄하는 목표개념이라 할 수 있다.

둘째로는 전체 인간의 총화(*mankind, human race*)를 뜻하기도 한다.

인간성(人間性)이란 원래는 신학적 개념으로서, 기독교론적 관념이 그 밑바닥에 깔려 있는 기독교 전문용어라 할 수 있다. 기독교 신학은 인간의 본질적 속성을 단지 구세주 예수 속에서, 그리고 그를 통하여 인식되고 실현되는 것으로 보았다. 따라서 이런 범주에서 볼 때 인간성이란 결국 불완전한 신의 피조물로서의 인간적 존재를 의미할 수밖에 없다. 인간성 개념은 18세기에 이르기까지 지배적이었던 이러한 신학적 규정을 뛰어넘어 점차 동료 인간성, 요컨대 이웃사랑이라는 본성적 범주로 접근하기 시작하였다.

그리하여 그 이전에는 좀체 쓰이지 않았던 양적이고 집단적인 속성을 포괄하는 범주로 확산되었다. 이를테면 '인간성' 개념은, 예컨대 '전체 기독교도'와 같은 특정적 집단개념의 틀에서 벗어남으로써 종국에는 '모든 인간'을 포괄하는 세속적 개념으로 서서히 정착하게 된 것이다.

지금까지 살펴본 바대로 이러한 '인간성' 개념의 뿌리는 역사적으로 저 멀리 떨어진 로마시대의 '후마니타스' 개념에 그 맥이 닿아 있음을 알 수 있다. 그리고 이러한 장구한 역사적 흐름과 배경을 등에 업고, 이윽고 '휴머니즘'(*Humanism*) 용어가 출현하기 시작한다.

휴머니즘 개념은 1800년경 독일의 교육학자인 니트함머(F. J. Niethammer)가 처음으로 사용하였다. 11)

그는 1808년《우리시대 교수법 이론에서 박애주의와 휴머니즘 간의 논쟁》(Der Streit des Philanthropismus und Humanismus in der Theorie des Erziehungs-Unterrichts unserer Zeit)이란 책을 출간하였다. 여기서 그는 중등학교의 인성교육을 위해 고전교육을 강화할 필요가 있음을 역설하면서, 고전교육의 중요성을 강조하고자 하는 의도에서 교육 시스템과 관련된 새로운 용어를 하나 창안하게 되었다. 그런데 그것이 바로 '휴머니즘'(Humanismus)이었던 것이다. 여기서 이 개념은 희랍의 문화 및 교육의 갱신이라는 뜻과만 연결되면서, 협소한 범주에 한정지어졌다. 그에 따르면 고대가 생동적으로 교육적 영향력을 발휘하는 곳이라면 어디에라도, 항상 휴머니즘이 함께 하는 것으로 이해되었다.

다른 한편 1859년 뮌헨대학 교수로 있던 포이크트(Georg Voigt)는 처음으로 앞에서 언급한 '스투디아 후마니타티스'를 독창적으로 면밀히 연구하였다. 12) 그는 최초로 이 '스투디아 후마니타티스'를 휴머니즘이라는 개념으로 표기하면서 역사서술에 도입하였던 것이다. 뿐만 아니라 포이크트는 르네상스를 휴머니즘의 시대라 규정하기도 하였다. 그는 르네상스의 '재각성'(再覺醒) 시도를 고대에 대해 한 번도 화해의 손길을 건넨 적이 없었던 교회의 수세기에 걸친 전통으로부터의 이탈 움직임으로 간주하였다. 나아가서는 그는 이러한 '재각성'이야말로 고대를 독립적이고도 특별한 정신적 유산으로 완벽히 받아들이는 획기적 계기를 만들었다고 확신하였다. 이 주장은 1년 후《이탈리아

---

11) E. Kessler, Das Problem des frühen Humanismus(München: Wilhelm Fink Verlag, 1973), p. 10 및 앨런 블록 지음/홍동선 옮김, 《서양의 휴머니즘 전통》(범양사 출판부, 1989), 18~19쪽을 참고할 것.

12) 포이크트에 대해서는, W. K. 퍼거슨 지음/진원숙 옮김, 《르네상스론》(집문당, 1991), 197쪽 이하를 볼 것.

르네상스의 문화》(*Die Kultur der Renaissance in Italien*) 라는[13] .역사적
인 책을 쓴 스위스의 부르크하르트(J. Burckhardt) 에 의해 전격적으로
다시 수용되었다.

---

13) 부르크하르트 지음/안인희 옮김, 앞의 책.

제2부 정신사*

제2장 르네상스와 휴머니즘의 시대
제3장 인권 이념의 역사와 본질

---

* 양승태 교수에 의하면, '정신'이란 "원초적이면서 감각적인 활동과 더불어 고도로 분화되고 발전된 지성 및 추상적 사변(思辨) 활동 등 인간활동의 주체적 측면 모두를 총체적으로 포괄할 수 있는 말"이다. 이런 의미에서 그는 '정신의 역사'가 "무의식적이거나 본능적인 행위를 비롯한 개별적이고 일회성에 그치는 활동을 포괄해 다루는 것은 아니며, 어디까지나 집합적 자의식의 형태로 시간적 연속성 속에서 변화·발전하는 주체적 정신세계가 그것의 대상이 된다"고 밝히고 있다〔양승태, 《앎과 잘남: 희랍 지성사와 교육과 정치의 변증법》(책세상, 2006), 45~46쪽〕. 이런 관점에 입각해 볼 때도, 르네상스 및 휴머니즘의 시대 그리고 인권 이념의 역사를 총괄적으로 '정신사'의 틀 속에 묶어 고찰하는 것이 크게 정도를 벗어난 것처럼 보이지는 않는다.

제 2 장

르네상스와 휴머니즘의 시대

1. 르네상스와 새로운 세계관의 형성

널리 알려진 대로, 근대문화의 선구를 르네상스(*Renaussance*)라 규정하고, 그것이 이성적 사유와 합리적 생활습성을 견인(牽引)함으로써 결국 인간성의 해방과 인간의 재발견을 이룩할 수 있는 길을 열어주었다는 해석의 기초를 확고히 닦은 학자는 스위스의 문화사가(文化史家) 부르크하르트(J. Burckhardt)였다고 말할 수 있다. 그는 1860년에 발표한 《이탈리아의 르네상스 문화》에서 '시대'로서의 르네상스라는 관점을 표방함으로써 현재까지의 연구에 지대한 영향을 끼치게 되었다. 그는 르네상스와 중세를 완전히 대립된 것으로 파악하고, 근세의 시작은 중세가 아닌 고대라고 주장하기에 이르렀다. 이런 관점에서 그는 중세를 지극히 정체된 암흑시대(暗黑時代)라고 혹평한 것이다. 주지하다시피 부르크하르트의 이 저술은 르네상스와 휴머니즘이라는 핵심적이고도 지배적인 개념을 정립시킨 '문화사의 기념비적 걸작'으로 평가받기도 한다.

그에 의하면, 르네상스는 "조금씩 모방하고 수집하는 것만이 아니라 (본격적) 재탄생"을 의미하는 것으로서, 세계와 인간에 대한 새로운 발견과 인식이었다. 부르크하르트는 "세계사적 필연"인 르네상스의 도래와 더불어, 인간을 단지 인종, 민족, 파당, 그 어떤 형태의 협동체나 보편적 단위의 하나로 간주했을 뿐만 아니라, 또한 인간을 신앙과 소아병적 편견 그리고 환상 속에서 인지하고자 했던 중세가 소멸을 고(告)하게 되었다고 선언하였다. 이런 기본입장에서 출발하여, 그는 바야흐로 세계에 대한 객관적 관찰이 이루어지게 되고, 나아가서는 주체, 개체, 개성에 대한 관념이 완벽하게 떠오르게 되는 새로운 시대가 출현하였다고 주장한 것이다.

부르크하르트는 그 "필연적 전제"로서 "도시생활의 발전"이 이루어지는 가운데, 고대문학이 부활하고, 세속적이며 심지어는 반종교적 가치체계가 정립되는 토대가 닦였다고 보았다. 그런데 "중세의 환상세계"에서 벗어나기 위해서는 "안내자"가 필요했는데, 그것이 바로 "고전적 고대세계"였던 것이다. 그를 통해 세속생활자와 세속생활을 찬미하는 새롭고도 명백히 근대적 생활철학이 등장하게 되었다.[2]

르네상스 휴머니즘을 바라보는 이러한 입장은 부르크하르트의 책이 출간된 이래 20세기에 이르기까지 사실상 독보적 관점으로 위세를 떨쳤다. 그러나 차츰 그 주장에 대해 이의를 제기하기도 하면서, 르네상스의 싹을 고대에서 구할 것이 아니라 중세에서 찾아야 하며, 르네상스를 근대적이라 해석하는 것 역시 잘못이라는 반론도 피력되기 시작했다. 어쨌든 부르크하르트 식의 해석에 "중대한 약점"이 내포되어 있다는 반론이 줄기차게 제기되는 실정이다.[3]

무엇보다 '암흑의 야만적 중세'라는 전통적 관점이 거부되고 있다.

---

2) 부르크하르트 지음/안인희 옮김, 앞의 책, 227쪽.

3) 이에 대해서는, 찰스 나우어트 지음/진원숙 옮김, 《휴머니즘과 르네상스 유럽문화》(혜안, 2003), 특히 19쪽 이하 및 W. K. 퍼거슨 지음/진원숙 옮김, 《르네상스사론》(집문당, 1991), 제10장 및 11장을 참고할 것.

말하자면 문화적으로 '암흑'인 중세와 계몽되고 '근대적인' 르네상스 사이에 그어졌던 명확한 차단벽이 이른바 "중세주의자들"에 의해 허물어지기 시작했다는 말이다. 중세주의자들은 요컨대 중세 안에서 근대의 전형으로 여겨졌던 핵심적 특징들을 찾아냈고, 나아가서는 르네상스가 개막된 이후에도 중세가 지속되었다는 사실을 입증해줄 많은 전통적 요소들을 르네상스 속에서도 발견한 것이다. 그리하여 "12세기의 르네상스"가 역사적 어휘로서 확고하게 자리를 잡았다. 뿐만 아니라 르네상스가 14세기 말엽 이탈리아에서 일어난 것이 아니라, 이미 12세기 프랑스에서 발생했다는 주장까지 대두되었다.

르네상스(Renaissance)는 '재생'(再生) 또는 '부활'(復活)을 의미하는 프랑스어인데, 원래는 종교용어로서 14세기에 '생명을 잃었던 사람이 새로 태어난다'는 의미로 처음 사용되었다 한다.

그러나 단순한 '부활'이 아니라 '새로운 기반 위에서 이루어지는 새 출발'을 의미한다고 보는 편이 더 적절하다는 게 중론이다. 당대인들은 처음에는 철학적·문학적·예술적 대발견에 대한 열정 속에서 자신들이 단지 새로운 봄을 맞이했다는 정도가 아니라, 새로운 영적(靈的) 갱생(更生)의 시대가 도래했다고 믿었다. 이런 의미에서 종교개혁과 예술사상의 혁신은 불가분의 것으로서, 르네상스의 동시대적인 동전의 양면이라 할 수 있다. 일반적으로는 고대의 찬미(讚美) 혹은 이탈리아적 취향의 찬미라는 뜻으로 축소되어 사용되기도 하지만, '고대의 부활'이라는 의미는 제한적인 르네상스 해석에 불과하다고 말할 수 있다.

그러나 역사적 개념으로 이 말을 사용할 때는 일반적으로 두 가지 의미가 있다.

좁은 의미의 르네상스는 14~16세기 유럽에서 일어난 새로운 문화운동을 가리킨다. 이 운동은 처음 이탈리아에서 시작하여 15세기 후

106

반에는 알프스 이북의 유럽으로 전파되었고, 학문·예술·사상 등에
서 고대의 그리스-로마 문화를 부활하여 이를 본받으려 한 점에 특징
이 있다. 그러나 고대문화의 부활은 단순히 고대세계로의 복귀를 의
미하지는 않는다. 인간적이고 현세적인 성격이 강한 고대문화로 관심
의 방향을 돌린 것이 사실이긴 하지만, 그것은 중세의 초월적 종교문
화에 대한 거부감의 표시였다. 바로 이 점에서 고대문화의 부활은 새
로운 근대문화 형성에 중요한 기반을 제공할 수밖에 없게 된 것이다.

다른 한편 넓은 의미의 르네상스는 역사적 시대개념을 뜻한다. 14~
16세기는 중세에서 근대로 넘어가는 과도기로서, 문화적인 면에서뿐만
아니라 정치·경제·사회면에서도 큰 변화가 일어난 시기였다. 정치적
으로는 지방분권적 봉건제가 무너지고 중앙집권적 국민국가가 출현하
기 시작하였으며, 경제적으로는 장원(莊園)제도가 해체되면서 자본주
의가 생성되었다. 사회적으로는 상업과 도시의 발달로 시민계급이 새
로운 사회세력으로 등장하였고, 신(神) 중심의 세계관이 인간 중심의
세계관으로 뒤바뀌고 있었다. 이처럼 르네상스 시대는 중세적 요소가
쇠퇴하고 근대적 요소가 대두하는 획기적 전환기였다.

한마디로 르네상스는 고대의 그리스-로마 문화를 이상으로 하여 이
들을 부흥시킴으로써 인간중심의 새 문화를 창출해내려는 운동으로
서, 그 범위는 사상·문학·미술·건축 등 다방면에 걸친 대대적 규
모였다. 요컨대 인간성을 억누른 구시대적 야만성을 극복하기 위한
신시대적 혁신운동이었던 것이다. 르네상스를 새로운 문화운동으로
본다면, 그 운동의 지도이념이 바로 휴머니즘이었다. 그리고 르네상
스를 과도기라는 시대개념으로 파악한다 하더라도, 그 시대정신을 이
끌어간 지적(知的) 운동이 바로 휴머니즘이었던 것이다. 한마디로 휴
머니즘은 근대문화 탄생의 지적 토양이었다고 말할 수 있다.

어쨌든 지적 정열과 예술적 창조력이 용솟음친 르네상스 시대는 중
세를 밀어내고 근대세계의 도래를 위한 발판을 제공했다. 그것은 사

회적 불안, 정치적 소요, 종교적 분쟁으로 점철된 어지러운 시기이기
도 했다. 르네상스는 당시 사람들에게 고전문명의 '부활'로 일컬어졌
지만, 다른 한편으로 중세 전성기의 균형잡혔던 문화가 붕괴하면서
나타난 혼란의 시기이기도 했다.

이러한 르네상스의 혼란상에 직면하여 당대인들은 대단히 이질적인
두 가지 사회적 성향을 드러냈다.

한편으로는 오랫동안 익숙했던 신앙이 주었던 안정감을 상실하는
데서 오는 공포와 불안감으로 인해 극단적 비관론과 절망감이 야기되
었다. 그러나 다른 한편으로는 — 일반적으로 르네상스에서 연상하는
내용이긴 하지만 — 전통과의 모든 연결고리가 끊기고 부가 넘쳐나며
국경선이 바다 건너 미지의 땅으로 무한히 뻗어가는 상황이 도래하
여, 이제야 비로소 진정한 자유를 만끽할 수 있게 되었다는 극단적 낙
관론이 표출되었다.

그리고 이러한 혼란스러운 변화양상에 직면하여 두 유형의 상호모
순적 인간군(人間群)이 출현하기도 했다. 하나는 르네상스의 영광을
찬양하는 과감한 탐험가, 뛰어난 예술가, 부유한 자본가, 강력한 군
주 같은 유형이었고, 다른 하나는 깊은 비관주의에 빠진 몽테뉴 같은
유형으로서, 인간의 기본성향에 대한 불신으로 인해 선한 생활을 추
구하려는 이상에 이끌려 자신들만의 유토피아로 숨어들어간 부류들이
있었다. 4)

어쨌든 인간이 살아가는 유일한 목표는 내세에서 구원받는 것이라

---

4) 이에 대해서는, 로버트 램 지음/이희재 옮김, 《서양문화의 역사 Ⅱ: 중세~
   르네상스 편》(사군자, 2000), 322 및 332쪽을 볼 것: 그런데 나는 당시의
   상황을 '세계화 이데올로기'가 풍미하는 오늘날의 현실과 견주어볼 필요가
   있다고 생각한다. 왜냐하면 세계화 역시 한편으로는 전통과의 유대를 단절
   하고 미지의 열린 세계를 향하여 무한히 뻗어나갈 수 있다는 부와 자유의
   의지를 살찌우기도 하지만, 동시에 다른 한편으로는 민족국가적 전통과 민
   족공동체적 결속력을 동요케 함으로써 불안과 공포를 심어주기도 하는 상호
   모순적 속성을 지니고 있기 때문이다.

굳게 믿었던 중세 기독교 세계의 신념은 지상의 삶이 그 자체로서 가치 있는 것이며, 개개인의 삶에는 그 나름의 고유한 가치가 있다는 생각에 조금씩 밀려날 수밖에 없었다. 아무튼 르네상스인들은 중세인들보다는 개인주의적이었고, 물질주의적이었으며, 회의적이었다. 그러한 상황에서 고대 유산을 맹렬히 부활시킴으로써 멋진 신세계를 창조할 수 있는 남다른 개인적 능력에 대한 자부심이 불타오르기도 했다.

그 와중에 부(富)에 대한 추구와 찬미, 예술적·종교적 개인주의, 민족의식, 다재다능함을 지향하는 호기심, 주해·의식(儀式)·타성 등에서 벗어난 원전 자체에 대한 믿음, 사치와 육체에 대한 사랑, 다시 말해 생(生)에 대한 사랑과 독특한 자유정신이 다양하게 발현되어 나왔던 것이다.

2. 르네상스 휴머니즘의 본질

근대 유럽 정신의 핵심은 신본주의(神本主義), 즉 신(神) 중심사상
으로부터 인본주의(人本主義), 즉 인간 중심사상으로의 발전으로 특
징지어진다. 이러한 현상은 이탈리아 르네상스에서 비롯한다고 말할
수 있다. 어쨌든 인간 중심주의라는 속성을 지닌 휴머니즘 정신은 근
대정신의 근본적 특성을 아우른다. 유럽에서 중세가 신 중심적이었던
시대였음에 반해, 근대는 인간 중심적인 시대라는 것은 재차 강조할
필요조차 없을 정도이다.

앞에서도 살폈듯이 르네상스가 근대세계에 공헌한 가장 큰 업적은
'인간의 발견'에 있다고 말할 수 있다. 그리고 이 '인간의 발견'은 르네
상스 휴머니즘과 직결된다. 그런데 휴머니스트들은 인간의 보편적 특
성에 대한 새로운 깨달음에서 출발하여, 이윽고는 독립적이고 자율적
인 존재로서의 주체적 자아에 대한 새로운 각성에 이르게 된다.

예컨대 대표적인 르네상스 시대의 휴머니스트로 손꼽히는 페트라르
카(Petrarca)는 자아에의 몰입을 극찬한다. 그에게는 "고독 속으로 빠
져드는 것은 곧 자기 고유의 내면성이 지닌 엄청난 부를 재발견하고,
신과의 만남을 다시 만들어내며, 동료 인간들과 활발히 접촉하기 위
한 길을 닦아나간다는 것"을 의미하는 것이었다. 요컨대 그에게 고독
이란 수도자의 은둔 같은 것이 아니라, 보다 더 진실한 사회의 도래를
예비하는 적극적 행위였던 것이다. 그리하여 자신의 내면세계에 침잠
해 들어가는 일은 "(인간의) 가치와 행위와 언어, 그리고 이 모든 것
을 하나로 묶는 사회로 이루어지는 세계, 즉 인간적 세계를 찬양하는
것"과 다를 바 없었던 것이다.

이런 상황에서 페트라르카가 '벤투'산을 오르며 아우구스티누스의
《명상록》(暝想錄)을 떠올리는 장면은 인간의 정신세계에 경탄하는 그
의 빼어난 자태를 엿보게 한다. 역설적으로 그는 통탄에서 시작한다.

인간은 산의 높이, 바다의 거대한 파도, 강의 광활한 흐름, 대양의
광막한 넓이, 그리고 천체의 운행 등에 대해 경탄하는 데 진력하다
가, 급기야는 자기 자신을 상실해 버린다. … 이처럼 인간은 자신의
내면 속에 스스로 지니고 있는 것을 외부세계의 그릇된 환상 속에서
찾으려 애쓰다가 결국에는 진정으로 가치 있는 것을 모두 다 잃어버
릴 정도로 어리석은 존재니라. 5)

여기서도 알 수 있듯이, 페트라르카는 인간 스스로가 자신을 숨기
기 위해 둘러쓴 환상의 가면을 찢고 고귀한 정신세계를 찾아 발벗고
나설 것을 진지하게 촉구하는 것이다. 말하자면 참답게 살아가기 위
해 인간은 항상 자신의 참다운 본성의 세계를 열심히 찾아 나서지 않
으면 안 된다는 말이다.

페트라르카는 대단히 적극적으로 인간의 내면세계와 자아(自我)문
제에 관심을 기울인다. 이러한 측면이 사실상 르네상스 휴머니즘의 본
질이라 할 수 있다. 왜냐하면 참다운 인간으로 살아가기 위해서는 항
상 참된 자아를 탐색하지 않으면 안 될 뿐만 아니라, 동시에 자신의 현
존상태를 줄곧 진지하게 점검하지 않으면 안 되기 때문이다. 이러한
자신의 내면세계에 대한 탐구 및 자아에 대한 애착으로 귀결되는 르네
상스 휴머니즘은 결과적으로 개인주의적 특성을 강하게 띠게 된다.

그러나 다른 한편으로는, 자신의 내면세계에 몰두하는 것이 결국은
동료 인간들과의 활발한 접촉을 예비하기 위한 노력의 일환이라는 앞
에 나온 페트라르카의 진술에서도 엿볼 수 있듯이, 르네상스 휴머니
스트들은 동료 인간들과의 유대관계에 역시 깊은 관심을 기울였다.
한마디로 그들은 참다운 인간 공동체 속에서 비로소 참된 인간성이 완
성될 수 있다는 믿음을 지니고 있었던 것이다. 휴머니스트들은 인간
을 사회적 동물로 인식함으로써 상부상조와 상호보완이 절실히 요구

---

5) Eugenio Garin, *Der italienische Humanismus* (Bern: Francke AG., 1947),
   pp. 14~15.

된다는 것을 잘 깨닫고 있었고, 나아가서는 공동체의 목적을 개개인의 잠재력 실현으로 간주하기도 했다.[6]

이처럼 르네상스인들은 자아의식을 각성함으로써 개성적이 되고, 인간을 '정신적 개체'로 인식하게 되었으며, 나아가서는 인간의 덕성과 능력을 적극적으로 평가하게 되었다. 이 같은 '인간의 발견'으로 말미암아 다채롭고 개성적인 르네상스 문화가 꽃피게 되었고, 근대 개인주의가 발전하게 되는 토대가 구축되기도 하였다.

이러한 르네상스인들의 강한 자아의식과 개성은 그들의 명예 추구욕에서도 잘 드러난다. 르네상스의 문인, 학자, 예술가, 군주들은 한결같이 불후의 명성을 얻으려는 열망에서 학문과 예술에 몰두하였고, 또 이를 적극적으로 후원하기도 하였다. 개성의 발달로 말미암아 다재다능한 만능인(萬能人), 이른바 '르네상스적 인간'이 출현하기도 하였다. 레오나르도 다빈치와 미켈란젤로가 회화, 건축, 시, 음악 등에 두루 통달한 만능의 천재(天才)라는 것은 널리 알려진 사실이다. 이 점에서 르네상스는 다재다능한 천재의 세기이며, 개성이 최고도로 발휘되는 개인의 완성시대였다고 말할 수 있을 정도다.

개인에 대한 자각은 마침내 인간 전반의 문제로 관심을 확대시키게 되었고, 그 결과 인간의 자유와 존엄성 관념이 대두하게 되었다.[7]

결국 스스로의 자유의지에 따라 성장·발전할 수 있는 가능성이 오직 인간에게만 주어져 있다고 강조함으로써 신의 피조물 가운데 오로지 인간만이 자유의지에 따라 신의 경지에 도달할 수도, 아니면 동물

---

6) 이에 대해서는 백승대, "르네상스 휴머니즘의 사회사상", 신구현 외 6인 공저, 《르네상스 휴머니즘의 현대적 의의》, 앞의 책, 197~202쪽을 참고할 것.

7) P. O. Kristeller 지음/진원숙 옮김, 앞의 책 중 '르네상스의 인간 개념'을 다룬 제4부를 참고할 것. 여기서 저자는 르네상스 사상의 인간강조 및 인간의 우주에서의 위상 인식방법 등이 "전적으로 새로운 것은 아니었다"고 주장하면서도(209쪽), 르네상스가 중세에 비해 "보다 '인간적'이고 세속적"이었다는 점에 대해서는 이의를 제기하지 않는다(210쪽). 인간의 존엄성 및 자유에 대한 르네상스의 입장은 특히 제9장(212~226쪽)에 잘 기술되어 있다.

의 상태로 전락할 수도 있다고 역설하는 철학적 신조가 확산되기 시작
했다. "인간은 원하기만 하면 그 무엇이든 될 수 있다"는[8] 자부심과,
인간은 자신의 의지로 자기의 운명을 극복할 수 있다는 믿음 같은 것
이 중세의 부정적 인간관을 자신에 찬 긍정적인 근대적 인간관으로 바
꾸어놓게 되었던 것이다. 인간의 존엄과 고귀함은 혈통과 가문이 아
니라 바로 개인의 덕성과 능력 그 자체에 달려 있다는 믿음이 널리 확
산되었다. 근대정신의 여명이 밝아오기 시작한 것이다.

　근대정신(近代精神)이란 보다 높은 초월적 존재나 초자연적 매개물
로부터의 인간의 독립을 주장하고, 인간존재의 뿌리를 이 물질적 세
계에서 찾으며, 세속적 환경 속에서 자신의 구원과 행복을 추구하는
자연적 존재로 인간의 특성을 파악한다. 요컨대 개인주의, 세속주의
그리고 물질주의가 근대정신의 요체라 할 수 있다. 개인주의는 인간
의 개체성과 개인적 자유 및 권리의 정당성을 옹호하며, 세속주의는
인간의 이성과 인간 사회의 자족성을 설파하고, 물질주의는 인간적
행복과 성취를 자연 속에서 또는 인간의 노동에 의해 획득한 대상의
소유와 향유로부터 찾아낸다. 르네상스 휴머니즘은 이러한 근대정신
의 기반을 서서히 닦아나가기 시작한 것이다.
　그런데 근대에서의 인간의 발견은 그와 동시에 세계의 발견이기도
하였다. 종교적 권위가 부정되고 초자연적 질서가 점차 뒤로 물러남
에 따라 세속적 · 자연적 세계가 정면에 부각되었다. 이와 동시에 인
간 스스로를 이성적 존재 또는 사유하는 주체로 인식함으로써 신(神)
대신에 등장한 자연에 대해 인간본위의 주체성을 실현하고자 하는 움
직임도 본격적으로 대두하였다. 이를 통해 인간이성에 의한 자연지배
의 길이 열리기 시작했다. 자연을 대상으로 이를 관찰하고 측정하여
어떤 법칙적 관계를 찾아내고자 노력하기도 하였다. 나아가서는 자연

---

8) 부르크하르트, 앞의 책, 189쪽에서 인용.

의 부(富)를 끌어내고, 그를 통해 살기 좋은 행복한 인간세계를 만들어 나가려는 시도가 행해졌다. 이처럼 근대의 과학정신은 자연에 대한 합리적·기술적 지배를 통해 휴머니즘 정신과 연결되기도 한다.

이러한 르네상스 휴머니즘의 역사적 기원은 대학에서 법학연구의 심화를 요구하던 이탈리아의 사회·경제적 삶의 현실에서 찾을 수 있다. 성장하는 도시중심의 상업경제를 조직하고 그것을 또 질서 있게 통제할 수 있도록 하기 위해 법률관계 직업이 크게 요청되었던 것이다. 법률가와 공증인, 그리고 의사 등속은 근대 최초의 속인(俗人) 전문직업인으로서 큰 영향력을 행사할 수 있었다. 법학연구가 인기를 끌게 됨으로써 문학과 도덕철학에 대한 관심이 진작되기도 하였다. 이런 의미에서 르네상스 휴머니즘의 탄생이 법률계통 직종의 후원하에 촉진되었다는 평가도 가능해진다.

교육·학문 운동으로서의 휴머니즘이 지향하는 것은 결국 인간의 교양과 덕성의 함양이었다. 지성사적 운동의 관점에서 볼 때 교양과 덕성이란 것이 대단히 소극적 개념에 불과해 보이지만, 현실은 전혀 달랐다. 왜냐하면 앞에서도 살펴본 바와 같이, 고대에서의 교양이 야만상태로부터의 해방을 뜻하는 것이었다면, 르네상스 시대의 교양은 초월적인 신의 세계로부터의 해방을 지향하는 웅대한 자활(自活)정신을 의미하는 것이기 때문이다. 그렇다면 교양과 해방의 원리로서 르네상스 휴머니즘이 지니는 역사적 특성은 무엇인가?

휴머니스트들은 우선 고대의 역사와 학문을 탐구하고, 그리고 그를 통해 현실에 적용할 수 있는 정치와 도덕의 원리를 찾아내기 위해 몸부림쳤다. 그리하여 고대인의 생각과 생활에 대한 정확한 이해가 필수적으로 요청되었다. 그를 위해 무엇보다 사본(寫本)을 비교하고 정확한 텍스트를 확정하는 일이 급선무였는데, 그 와중에 언어문헌학이 발달하게 되었다. 휴머니스트들에게는 이 방법이 단순히 연구의 보조수단이라기보다는, 인간성에 대한 총체적 탐구를 가능케 함으로써 인

간에 대한 참다운 자각에 이르도록 이끄는 핵심적이고도 본질적인 수
단으로 인식되었던 것이다.

특히 수사학(修辭學)은 문명의 모든 영역에 침투해 들어가면서 르
네상스 시대에 큰 폭으로 확산되고 발전하였다. 9) 무엇보다 수사학은
인간 중심사상이나 실용주의와 밀접한 관련을 맺고 있었다.

휴머니스트들은 언어, 문학, 도덕 등 수사학 커리큘럼에 입각한 교
육이 오히려 엄격한 논리학에 기초한 교육에 비해 실제생활에 보다 더
큰 도움을 주는 직관과 정신적 융통성을 부여한다고 생각했다. 수사
학자들은 인간에 관심을 집중하였기 때문에 인간의 영역을 넘어선 문
제에 대해서는 대체로 무관심으로 일관하였다. 이 점에서 그들은 일
반적 철학자들과 구분된다.

철학자들도 학문의 출발점과 강조점을 인간에 두고 있다. 그러나
그들의 궁극적 관심은 인간과 초월적 세계, 그 모두에 놓여 있다. 이
에 비해 수사학자들이 관심을 갖는 것은 인간과 구체적 현실사회였
다. 그 가운데서도 그들이 추구하고자 한 것은 인간의 본질이나 궁극
적 목적이 아니라, 실제생활에 드러나는 효용과 가치의 문제였다. 따
라서 수사학자들은 궁극적인 것보다는 직접적인 것을, 분석과 추론보
다는 적용과 기술을 더 중시하였던 것이다. 그들이 우선시했던 것은
덕(德), 선(善), 정의(正義), 행복(幸福) 등 인간사회의 기본 가치에
대한 올바른 인식이었다기보다는 실제생활을 통하여 그러한 상태에
도달하고자 하는 뜻과 그것을 실천하려는 의지, 그 자체였다. 철학자
들이 진리의 추구와 개인의 완성을 위하여 고독한 내면생활과 명상생
활을 좋아하였다면, 수사학자들은 사회적 출세와 성공을 위해 실천적
이고 행동적인 생활을 더욱 선호하였다.

---

9) P. O. Kristeller 지음/진원숙 옮김, 앞의 책, 제5부(263쪽 이후)를 참고할
  것. 여기서 저자는 고대부터 르네상스까지의 철학과 수사학의 특성을 상호
  비교하고 있다(르네상스 부분은 298쪽 이후).

요컨대 철학자들의 목표가 현인(賢人)이 되는 데 있었다 한다면, 수사학자들의 목표는 다재다능한 예인(藝人)이 되는 데 있었다고 말할 수 있다. 따라서 르네상스 휴머니스트들 가운데 체계적인 대철학자를 발견하기는 힘들어도, 백과사전적 만능인을 보다 쉽게 찾아낼 수 있는 것도 이러한 이유에서였다.

이런 의미에서 휴머니스트들이 지식의 기능을 진리의 증명보다는 진리의 실천으로 간주했던 것은 지극히 자연스러운 현상이었다. 그러므로 그들에게 중요했던 것은 인간의 의지를 움직이고 심성을 감동시킬 수 있는 효과적 설득이었다. 휴머니스트가 수사학을 존중하게 된 것도 그것이 가장 효과적인 설득술(說得術)을 가르쳐주는 학문이라고 믿었기 때문이다. 그리하여 르네상스 이래 휴머니스트들의 시각은 논리학에서 수사학으로, 형이상학에서 윤리학으로, 자연철학에서 문학과 교육 방면으로 옮아가게 되었다.

뿐만 아니라 예술의 발전과 기술의 진보가 불가분의 관계에 있었다는 점도 주목할 필요가 있다. 예컨대 미켈란젤로가 그처럼 큰 대리석 덩어리를 움직일 수 있었던 것도 광산에서의 채광기술과 새로운 운송기술의 발전에 기인한다고 볼 수 있다. 이런 맥락에서 15세기 이탈리아 예술을 화약, 나침반, 인쇄술의 이른바 3대 발명과의 직접적 관련성 속에서 풀이해보는 것도 대단히 의미 있는 시도가 되리라 생각한다. [10]

다른 한편 알프스 이북의 휴머니즘은[11] 이탈리아 휴머니즘에 비해 사회비판적·종교개혁적 성향이 보다 강하였다. 이런 취지에서 흔히 이탈리아 르네상스는 예술과 학문을 낳았고, 알프스 이북의 르네상스

---

10) 참고로, 화약, 나침반, 인쇄술 같은 것들이 이미 수세기 전부터 중국에 존재했었는데, 왜 중국에서는 이러한 유형의 '르네상스'가 일어나지 않았던가 하는 점을 따져보는 것도 나름대로는 역사적 의의가 있으리라 여겨진다.

11) 알프스산맥 북쪽의 휴머니즘에 대해서는, 찰스 나우어트, 앞의 책, 제 3장 및 퍼거슨, 앞의 책, 제 9장 등을 참고할 것.

는 종교 및 사회개혁을 배태했다는 주장이 널리 공감을 얻는 것이다.
이런 현상은 알프스 이북의 유럽에서는 아직도 봉건제도와 교회의 힘
이 강력하게 잔존해 있어 갈등요소가 보다 많이 내재해 있었기 때문에
가능했으리라 추정된다. 예컨대 '휴머니스트의 왕'으로 불리는 네덜란
드의 에라스무스(Erasmus)는 《우신예찬》(愚神禮讚)을 써서 당시의
교회와 성직자의 타락을 혹독하게 풍자하기도 하였고, 그의 절친한
친구로 알려진 영국의 토머스 모어(Thomas Moore)도 《유토피아》라
는 저서를 통해 기존 현실을 날카롭게 비판하기도 하였다.

　나아가 사회적 부에 대한 인식도 전반적으로 뒤바뀌기 시작했다.
　14세기의 휴머니스트들은 일반적으로 프란체스코 교단의 청빈(淸
貧)이념을 바람직한 이상으로 여겼고, 부와 세속적 지위를 경멸해 마
지않던 스토아 철학의 교리에도 적잖이 물들어 있었다. 하지만 15세
기에 와서는 부(富)를 적극적으로 평가하여 부를 시민생활의 토대로
여겼을 뿐만 아니라, 심지어는 덕을 실행하기 위한 필요조건으로까지
간주하기 시작했다.[12] 이윽고 사상과 예술적 창조에 필요한 여가는
부를 획득함으로써 비로소 가능해질 수 있다는 믿음이 널리 퍼져나가
게 되었다. 당시 역동적이었던 북부 이탈리아를 지배했던 것은 봉건
귀족이나 성직자가 아니라 부유한 도시상인과 소상인, 공인(工人)들
이었다. 사유재산 및 사적 계약에 뿌리내린 그런 사회에서 가장 중요
한 지식인층은 상업과 산업활동을 영위하는 사람들이었다.[13]
　예컨대 로렌초 데 메디치는 예술에서의 금융이론을 만들어낸 사람
으로 널리 알려져 있다. 그는 귀족의 피를 가진 사람들, 성공한 상인
의 아들 같은 사람들만이 완벽하게 일할 수 있다는 소신을 지니고 있
었다. 이윽고 부를 신의 축복으로 간주하는 관행이 확산되었다. 도처

---

12) 김영한, 앞의 책, 145쪽.
13) 나우어트, 앞의 책, 24쪽.

에서 르네상스는 개인주의자와 그들의 교리가 승리하는 것을 목도했
다. 예전의 사회관계들이 끊어지는 대신, 용기, 탐욕, 혹은 천재성을
가진 사람들이 자신들의 사회적 이해를 충족시킬 수 있었다. 그 대표
적 사람들이 발명가들이었다. 야망을 품은 사람들은 살기 위해 새로
운 전문화를 추구해야 했던 것이다.

어쨌든 사회적 부를 적극적으로 평가하기 시작하면서, 휴머니스트
들은 희로애락의 감정에 내포된 도덕적 가치를 인정하였으며, 야망과
명예의 추구가 높은 뜻을 실현하기 위한 원동력이라 역설하였다. 이
와 같은 휴머니스트들의 도덕적 · 심리적 태도의 변화는 모름지기 인
간이란 사회적 책임을 지는 실천적 행동을 수행해야 하는 존재라는 믿
음에서 비롯하는 것이었다. 그에 따라 적극적 사회참여와 시민으로서
의 정치활동 역시 높이 평가되었다.

한마디로 르네상스 휴머니즘은 서양 근대세계에 지대한 영향을 끼
쳤다. 우선 그것은 오늘날 서양문명의 토대가 된 고전문화를 부활하
여 전승시켰다. 이런 의미에서 르네상스 휴머니즘이 없었다면, 서양
문화에서 고전주의 전통은 대부분 사라졌을지 모른다고 말할 수 있
을 정도다.

뿐만 아니라 휴머니즘은 유럽 각국의 자국어 문학 또는 국민문학의
발전에도 크게 기여하였다. 물론 자국어 문학의 발생은 민족의식의
성장과 중앙집권국가의 출현이라는 정치적 배경과도 밀접한 관계가
있다. 단테(Dante)는 이탈리아어로《신곡》을 써서 불후의 명성을 남
겼고, 보카치오(Boccaccio)의《데카메론》은 근대적 단편소설의 효시
로 알려져 있다. 영국의 초서(Chaucer)는《데카메론》의 영향을 받아
《캔터베리 이야기》를 저술하였고, 셰익스피어는 많은 희곡작품을 써
서 영국의 국민문학에 초석을 놓았다. 프랑스의 몽테뉴(Montaigne)는
인간성을 깊이 있게 성찰함으로써 근대 수필문학의 선구자가 되었다.
스페인의 세르반테스(Cervantes)는《돈키호테》에서 중세의 기사도(騎

士道)를 풍자하면서, 햄릿과는 대조되는 낙천적이고 행동적인 인간형을 묘사하였다. 이 모든 게 이 시대정신의 산물이었다.

뿐만 아니라 르네상스 휴머니즘은 비판정신과 새로운 역사의식을 심어주기도 하였다. 휴머니스트들은 문헌을 수집하여 고증하고 유물을 판정하는 가운데, 문헌과 역사적 사실에 대한 비판정신을 기르게 되었다. 이와 같은 비판정신은 현실사회에 대해서도 그대로 적용되었다. 교회와 성직자들의 타락에 대한 휴머니스트들의 신랄한 비판은 종교개혁의 정신적 풍토를 조성하게도 되었다.

이와 같은 비판정신과 현실주의는 새로운 역사인식과 역사관에 영향을 주었다. 중세의 역사관은 한마디로 신의 섭리사관(攝理史觀)이었기 때문에, 모든 역사현상을 초자연적 인과관계로 설명하였다. 그러나 휴머니스트들은 역사를 인간적 동기에 의해 발생하는 인간행위의 기록으로 보았다. 이와 같은 현세적이고 인간중심적인 역사관은 시대구분 문제에서도 전통적 기독교 사관(史觀)과 현격한 차이를 보여준다. 중세의 교부들은 예수의 탄생을 기점으로 하여, 그 이전을 암흑과 죄악의 시대로, 그리고 그 이후를 광명과 진리의 시대로 이분하여 역사를 기술하였다. 반면에 르네상스 휴머니스트들은 그리스-로마의 고전문화를 높이 평가하고, 고전문화가 부활한 자신들의 시대를 '새로운 시대'로 인식함으로써 고대-중세-근대라는 3분법의 토대를 마련하기도 하였다.

나아가 휴머니즘에 내포된 현세주의는 세계와 자연으로 눈을 돌리게 하였다. 새로운 세계에 대한 호기심과 미지의 세계에 대한 모험심에 이끌려 많은 사람들이 여행을 하게 되었고, 이것은 결과적으로 지리상의 발견을 초래하였다. 이처럼 르네상스 시대에는 인간 스스로에 대해 강렬한 탐구력을 지니고 있었을 뿐만 아니라 동시에 인간을 둘러싼 자연세계에 대해서도 깊은 관심을 기울였던 것이다. 결과적으로 이미 알고 있던 인간은 재확인되었고, 미지의 대륙은 새로이 발견되었다. 르네상스는 요컨대 '인간의 발견'과 더불어, '세계의 발견'을 가능케 한 것이다.

자연에 대한 관심은 한편으로는 자연의 아름다움을 있는 그대로 표현하려는 문학활동과 예술활동을 자극하였고, 다른 한편으로는 자연을 관찰하고 탐구하려는 과학적 정신을 일깨움으로써 근대과학과 기술발달의 밑바탕이 되었다. 코페르니쿠스(Copernicus)의 지동설과 이를 지지한 케플러(Kepler)와 갈릴레이(Galilei)의 학설에 의해 우주의 신비가 하나씩 밝혀지면서, 마침내 중세의 우주관을 뒤엎는 과학혁명이 일어나게 되었다. 이와 같은 새로운 천문학적 지식은 천여 년 동안 확고부동하게 군림하던 신학적 학설과 성서(聖書) 중심의 세계관을 점차 뒤흔들어 놓게 되었다. 그에 덧붙여 구텐베르크의 활판인쇄술은 새로운 지식과 사상의 전파에 획기적으로 공헌함으로써 17세기의 지적(知的) 혁명을 가능케 하였던 것이다.

어쨌든 르네상스에 이르러서는, 고대에서와 같이, 인간중심으로 자연을 규정하게 되었다. 일찍이 아테네 소피스트들의 구호였던 '인간은 만물의 척도'라는 구호가 다시 르네상스인의 좌우명으로 부활하게 되었다. 더욱이 휴머니즘은 그리스·로마인의 현실긍정적 생활신조와 낙관주의를 다시 불러일으켰다. 사람들은 지상의 생에 강한 보람을 느꼈고, 이 세상의 생활을 적극적이고 자신 있게 이끌게 되었다.

이러한 르네상스의 현실주의와 낙관주의의 전환점이 된 것은 무엇보다도 15세기 이래의 지리상의 발견이라든가 혹은 근대적 인쇄술의 출현 등이었다. 새로운 대륙을 발견하고 미지의 땅으로 항해하게 되었으며, 나아가서는 인간의 신체에 관한 정확한 지식을 밝히고 기술 및 기계의 발달을 통하여 시야를 심화·확대할 수 있게 됨으로써 활기찬 삶에 대한 낙관과 인간능력에 대한 무한한 자신감을 획기적으로 쟁취하게 되었다. 근대적 인쇄술은 무지를 깨우치고 전통적 권위를 뒤흔들었으며, 자연과학적 계측과 합리적 사고는 돈과 시간에 대한 관념을 현실화하였다. 유럽 밖에서 들어오는 많은 진기한 상품들이 현실생활을 다채롭게 하고 향락을 즐기도록 이끄는 다양한 토대로 작용하였다.

결과적으로 삶에 대한 낙관과 자연극복에 대한 자신감이 팽배하게 되었다. 그리하여 르네상스는 인간에게 자신감과 자만심을 불어넣었다. 중세와는 달리, 사람들은 내세와 피안(彼岸)에 기대를 거는 대신, 자신이 처해 있는 시대와 사회, 즉 '지금 여기에서' 욕망을 충족시키며 생을 즐기려드는 현실주의자로 돌변한 것이다. 그들은 자기 시대에 야망을 달성하고 업적을 펴내고, 또 기존사회에서 칭송과 명예를 획득하려 했지, 죽은 뒤의 일에는 무관심으로 일관하였다.

그리고 이와 같은 세속적 생활태도로 인하여 독립적·자주적 개인으로서의 자아를 각성하는 기회를 갖게도 되었다. 고대 그리스 이래로 가장 뚜렷하고 강렬하게 개인의 능력을 낙관하는 풍조도 만들어졌다. 휴머니스트들이 인간의 자유의지에 절대적 지위를 부여한 것도 이에 대응하는 현상이었다. 한편 취득과 물욕이 죄의식과 밀접하게 연결된 탓에 경제활동에 대한 태도가 매우 소극적일 수밖에 없었던 중세와는 달리, 금전이나 이윤과 같은 경제적 이해관계의 추구가 현실화되고, 또한 경제관념도 근대화하였다. 자본주의의 출범을 서서히 예고하기 시작한 것이다.

제 3 장

인권 이념의 역사와 본질

1. 인권 개념의 성립과 전개

어느 누구도 감히 침범할 수 없는 고유한 권리를 개별 인간이 소유하고 있다는 믿음은 정치행위의 가장 오래된 이상(理想)의 하나라 할 수 있다. 그러나 이러한 인권(human rights) 이념이 최초로 형성된 때로부터 그에 부합하는 정치질서가 올곧게 구현될 때까지 무려 2000년 이상이 소요된 셈이다. 역사적으로 볼 때 인권 개념은 민주주의에 앞서 출현하였다.[1]

물론 이념은 자체의 역량만으로는 역사 속에서 좀처럼 기능을 발휘하지 못한다. 정치·사회·경제적 제반상황이 이 이념에 유리한 토양을 공급할 때라야 그것은 비로소 역사의 전개를 규정하는 힘으로 작용할 수 있게 되는 것이다. 그리하여 17세기 영국의 부르주아지가 개인

---

[1] 인권과 민주주의의 상관관계에 대해서는 임혁백, "한국 민주주의의 발달과 인권의 변화 발전", 〈인권평론〉(*Human Rights Review*) 2006년 12월 창간호 (한길사), 51~56쪽을 참고할 것.

적·정치적 자유를 관철시킬 수 있을 정도로 충분히 강력해졌을 때, 인권 이념은 비로소 구현될 실마리를 찾기 시작하였다. 영국, 미국, 프랑스 등지에서 자유주의적 정치질서가 형성되면서 인권 이념을 실현코자 하는 다양한 시도가 행해지게 된 것이다.

원래 인권 이념은 고대의 자연법(自然法) 사상에서 유래한 것이다.

그러나 여기서 우리가 주목할 만한 사실은 B. C. 5세기의 문헌들에 이미, 후세의 인권 관념과 연루될 민주적 헌정질서의 특징으로서, 평등과 더불어 '자유' 개념이 등장한다는 점이다.[2] 그와 아울러 평등 개념 또한 정치적 차원에서뿐만 아니라 경제적 측면에서도 활발히 논의되었다. 아리스토텔레스를 통해 알 수 있는 사실이지만, 예컨대 카르게돈(Chalcedon) 사람 팔레아스(Phaleas)는 기원전 4세기경에 이미 토지의 균등한 분배, 모든 시민의 평등한 교육, 그리고 수공업의 집단적 경영에 대한 요구를 공식적으로 제기하였다. 팔레아스는 소유의 불평등이 모든 정치적 혼란의 근본 원인임을 설파했던 것이다.[3] 이러한 견해는 당시의 가장 과격한 민주적 평등사상으로 손꼽힐 만하다. 그리고 그것은 사회경제적 차원으로까지 폴리스의 정치적 동등권을 확장하려는 진지한 시도를 담고 있었던 것이다.

---

2) 자유 개념의 역사를 살펴보기 위해서는 Jürgen Schlumbohm, *Freiheitsbegriff und Emanzipationsprozess*: *Zur Geschichte eines politischen Wortes* (Göttingen, 1973); Donald W. Treadgold, *Freedom*: *A History*(New York University Press, 1990); Orlando Patterson, *Freedom*: *Vol. 1*, *Freedom in the Making of Western Culture*(Basic Books, 1991); 특히 고대 아테네에서의 자유와 평등 그리고 민주주의의 상호 관련성을 보기 위해서는 Mogens Herman Hansen, *Was Athens a Democracy?*: *Popular Rule, Liberty and Equality in Ancient and Modern Political Thought*(Copenhagen, 1989)를 참고할 것.

3) 아리스토텔레스 지음/이병길 & 최옥수 옮김, 앞의 책, 제2편 제7장(62~66쪽) 참고.

그러나 이러한 관념은 명백한 사회적 한계를 지니고 있었다. 요컨대 그것은 오직 폴리스만을 대상으로 하고 있을 뿐만 아니라, 주민의 특정한 부분, 즉 정치적 권리를 온전히 지니고 있는 시민만을 고려의 범주에 포함시키고 있을 뿐이었다. 따라서 노예라든가 주로 농공업 등 생산노동에 종사하던 이주민들은 정치적 동등권의 고려대상에서 제외될 수밖에 없었던 것이다. 이런 점에서 폴리스는 인권의 사각지대에 속한다고 말할 수도 있다.

그러나 처음으로 폴리스의 한계를 뛰어넘는 자연법적 평등관의 첫 모습을 우리들에게 제시한 것은 대체로 외국인으로 구성되었고, 또 그 때문에 시민권으로부터도 배제되었던 아테네의 소피스트들이었다.

그런데 이 소피스트(sophistes)들은 기원전 5세기 희랍인들의 대표적인 정신적 반항아들이었다. 소피스테스란 지혜를 뜻하는 말인 희랍어 소피아(sophia) 또는 그것의 형용사인 소포스(sophos)에서 유래한 것인데, 문자 그대로 '지혜를 가진 사람'을 뜻하는 말이었다 한다. 이들은 희랍사회 최초의 아르바이트 가정교사와 유사했다. 이들은 전통적 학문과 교육방식을 비판하면서, 새로운 지혜를 가르치고 학생들을 훌륭한 사람으로 교육하노라 선전하며 전 희랍을 떠돌아다녔던 것 같다. 그런데 그 중에서도 특히 부유하고 교육열이 높은 아테네에는 희랍 각처에서 올라온 이른바 '일류'급 소피스트 스타들로 들끓었던 모양이다.

그런데 이들은 희랍형 '실학파'였던 것 같다. 이들의 주목표는 형이상학적인 것이 아니라, 인간의 구체적 삶에 대한 지식과 지혜였다. 요컨대 '잘사는 것'(eu zen), 요즘 시쳇말로 하면 웰빙을 위한 지혜, 그것이 소피스트들이 팔고 다녔던 지혜였던 것이다. 여기서 잘산다는 것은 행복하게 사는 것, 또는 삶에서 성공하고 출세하는 것을 뜻하였고, 이것은 결국 권력을 얻는다는 것을 의미하였다. 그리하여 소피스트들은 젊은이들에게 정치의 광장에서 성공할 수 있는 기술을 가르치노라 선전하며 다녔던 것이다. 그 기술이 바로 변론술(rhetorike) 또는 웅변술(雄辯術)이었다.

그들은 인간 스스로에 의해 만들어지고 강자의 권리에 기초하는 법
(*nomos*)과 만인에게 똑같은 방식으로 적용되는 자연의 불변적 법
(*physis*)을 서로 대비시킴으로써, 과연 어느 쪽이 더 바람직한 것인가
를 드러내기 위해 분투하였다. 그리하여 폴리스의 공적 삶을 규정하
는 법(*nomos*)은 가차없이 평가절하되고(이것은 시민적 권리를 향유하
지 못한 당시의 소피스트들에게는 지극히 자연스러운 현상이긴 하였지
만), 그 대신 새로운 유형의 평등의 기초가 되는 자연 개념(*physis*)이
새롭게 도입되었다. 플라톤의 입을 빌려 예컨대 히피아스(Hippias)는
이렇게 말하고 있다.

> 나는 … 우리가 법을 통해서가 아니라 자연에 의해 친척이요, 친구
> 며, 동료시민이라 생각한다. 왜냐하면 평등한 것은 자연에 의해 평
> 등한 것과 친화하기 때문이다. 그러나 인간의 폭군인 법은 많은 것
> 을 자연에 거슬러 강제한다. 4)

여기서 자연은 서로 같은 자연적 종(種)에 속함으로써 얻어지는 인
간적 평등의 토대로 작용한다. 이를 통해 인간은 그의 개인적·사회
적 차이에도 불구하고 모든 것을 포괄하는 자연의 관점에서 서로 평등
한 존재로 나타날 수밖에 없다. 그러나 이러한 사고방식은 상당한 추
상적 인식능력을 전제하는 것이기 때문에 주로 철학자와 지식인 사이
에 통용되었다. 그러다가 훗날 스토아 학파에 의해 계승되어 새로운
발전의 기틀이 닦이기 시작한다.

---

4) O. Dann, *Gleichheit und Gleichberechtigung: Das Gleichheitspostulat in der
alteuropäischen Tradition und in Deutschland bis zum ausgehenden 19.
Jahrhundert*(Berlin: Duncker & Humblot, 1980), p. 38에서 재인용.

인권 이념은 그리스·로마의 스토아(Stoa)철학자들이 최초로 발전시켰다.

특히 세바인은 스토아 철학이 활짝 꽃핀 배경을 제대로 추스르기 위해서는, 아리스토텔레스 사후 200여 년 동안의 정치·사회적 역사발전 과정에 주목할 필요가 있다고 강조한다. 폴리스가 파멸의 길을 걷게 됨으로써 도시국가의 "자기중심적 지방근성"(self-centered provincialism), 시민과 외국인 사이의 현격한 차별, 그리고 통치에 동참할 수 있는 자들에게만 한정된 시민권 허용과 같은 관행이 더 이상 통용될 수 없게 된 새로운 역사적 상황이 스토아 철학자들로 하여금 "대국가"(the Great State)에 적합한 새로운 정치사상을 개발토록 종용하게 되었다는 것이 세바인의 평가였다. 이러한 현실에서 스토아 철학자들은 모두를 충분히 포괄할 수 있을 만큼의 폭넓은 정의(正義)로 결속한 범세계적인 "인간적 형제애"(human brotherhood) 관념을 제시하게 되었다. 이러한 관점이 인종, 지위, 재산의 차이에도 불구하고 인간은 "본성적으로"(by nature) 평등하다는 신념으로 나아가게 된 것이다.[5]

스토아 철학자들에 의하면, 이 세계 전체는 자연과 인간, 그리고 그 모두의 창조물들로서 신적(神的)인 힘으로 충만해 있다. 그런데 그들은 이러한 신적인 힘을 이성(理性)으로 보았다. 인간은 보편적 이성을 소유한 존재라는 점에서 동물과 차이가 난다. 물론 인간의 행위가 항상 이러한 이성적 본성에 부합하는 것은 아니지만, 이성은 근본적으로 진정한 인간적 본질이다. 따라서 인간이 만약 이성에 부합하는 생활을 영위한다면, 인간은 자신의 본성뿐만 아니라 신 및 자연과도 일체를 이루게 되는 것이다. 그리하여 인간은 스스로 보편적 이성의 일부가 됨으로써 궁극적 평화를 발견할 수 있게 된다.

말하자면 모든 인간에게 보편적 이성이 생동하고 있기 때문에, 모

---

5) George H. Sabine, *A History of Political Theory*, 3rd ed. (NY-Chicago-San Francisco-Toronto-London: Holt, Rinehart and Winston, 1961), pp. 157~158.

든 인간은 가난하든 부자든, 노예든 자유시민이든, 아테네인이든 야
만인이든지를 가리지 않고, 누구나 인간으로서의 불가침적 존엄성과
존중받을 권리를 똑같이 소유하게 되는 것이다. 이러한 인간들 사이
에는 신과 인간이 모두 다 함께 그 구성원이 되는, 모든 이성적 존재
로 구성된 공동체가 존재한다. 그리고 이 공동체의 모든 구성원에게
는 특정적인 최고의 법규범이 공통적으로 작용하는데, 바로 이것이
인간의 진정한 본성인 이성에 부합하는 자연법(自然法)을 이루게 된
다는 것이 스토아 철학자들의 믿음이었다.

이 스토아 철학자들은 인간의 생득적 권리로서 자유, 평등, 존엄을
강조하였고, 개인을 국가의 상위에 두는 개인주의를 표방하였다. 뿐
만 아니라 이들은 '인류 평등'관에 입각하여 그리스인의 우월의식과 노
예제도를 신랄히 비판하기도 하였다.6)

다른 한편 인간의 본성적 평등과 자연법이라는 최고의 법규범에
관한 보편적 사상은 — 모든 인간은 동일한 이성적 법 아래 살아야
한다는 식으로 — 로마의 세계지배를 철학적으로 정당화하는 수단으
로 기능하기도 했다. 그러나 고대에서는 더 이상의 사회적·정치적
결실이 나오지는 않았다. 키케로(Cicero), 세네카(Seneca), 에픽테투
스(Epictetus), 마르쿠스 아우렐리우스(Marcus Aurelius) 등이 대표적
인 로마의 스토아 철학자들이었다.

이윽고 이러한 스토아 학파의 사상과 기독교적 자연법이 접맥하기에 이른다.

기독교는 인간을 신의 모사물(模寫物)이며 동시에 원죄를 저지른
죄인으로 인식하였기 때문에, 모든 인간을 평등한 존재로 간주하였다.
그리하여 모든 인간에게 최고의 법 원칙을 함유하는 자연법이 적용된
다고 믿었다.

---

6) 김홍우 지음, 《한국정치의 현상학적 이해》(인간사랑, 2007), 189쪽.

가장 중요한 기독교적 자연법 사상가인 토마스 아퀴나스(Thomas Aquinas)는 특히 다음과 같은 세 개의 법을 서로 구별한다. 7)

우선 우주를 관장하는, 신적(神的) 정신으로 충만한 이성이라 할 '영구법'(das ewige Gesetz = lex aeterna)이 있고, 그 다음 이러한 영구법에 인간이 동참함으로써 생성되는 '자연법'(Naturgesetz = lex naturalis)이 있는데, 인간은 자신의 이성과 양심에 의해 이 자연법에 동참할 능력을 소유한 것으로 인식된다. 이어서 인간과 인간이 더불어 살아가는 과정에서 발생할 수 있는 여러 개별적 문제들을 처리하기 위해, 인간에 의해 만들어졌으며 자연법에 위배되지 않을 때만 유효한 '인간의 법'(das menschliche Gesetz = lex humana)이 가장 밑바닥에 위치한다.

토마스 아퀴나스는 이러한 법 관념에 입각하여, 인간의 법, 즉 '실정법'(positives Gesetz)이 자연법이나 신법에 배치될 때 불복종의 원리를 인정하는 진취적 입장을 보여주기도 한다(훗날 예컨대 존 로크는 또 다른 맥락에서 '저항권'을 인정하기도 했다). 하지만 아퀴나스 역시 사회적 현실에 나타나는 인간의 부자유와 불평등을 신에 의해 주어진 불가피한 현실로 용인하는 전통적 입장을 숨기지는 않고 있다. 아퀴나스는 요컨대 신 앞의 평등으로부터 법적, 혹은 사회적 평등을 도출하지는 않았다. 자유는 일차적으로 신의 의지를 행하는 내면적 자유로 이해되었다. 그리고 오직 신에 대한 헌신과 희생이 본질적인 것으로 인식되었을 뿐, 세속적 고통과 외면적 생활상황 문제는 비본질적 것으로 차치될 수밖에 없었던 것이다.

그런데 근대적 인권 개념의 또 하나의 다른 원천을 우리는 중세의 신분적 자유 전통에서 찾을 수 있다.

중세적 봉건국가에서는 지배자의 권력이 항상 전래의 법, 봉건적

---

7) Hans Maier, Heinz Rausch, & Horst Denzer(Hg.), *Klassiker des politischen Denkens*, 1. Bd., pp. 114~146을 볼 것.

주종 예속관계, 타 신분들과의 협약 등을 통해 제한받도록 되어 있었다. 요컨대 군주의 지배가 정당한가 아닌가는, 그가 전래의 법을 준수하는지 여부에 달려 있었다는 말이다. 만약 군주가 전래의 법과 특권을 침해한다면, 그는 복종의무의 해약을 각오해야만 했다. 예컨대 마그나 카르타(Magna Charta)의 경우처럼, 타 신분들은 군주가 약해졌을 때를 이용하여 그로부터 부가적 양보를 얻어내기도 하였다. 이처럼 신하의 자유, 재산, 일상생활 등에 대한 간섭과 개입은 단지 전래되거나 혹은 신분들에 의해 인정된 법에 따른 법률적 심판에 의해서만 가능하다든지, 혹은 신분들의 동의 없이는 어떠한 새로운 세금이나 관세의 인상이 불가능하다는 계약과 타협이 이루어지기도 했다. 급기야는 신분의 동의 없이는 어떠한 전쟁도 개시할 수 없다는 양보를 군주로부터 얻어낼 수도 있었고, 심지어는 법을 깨뜨리는 군주에 대한 신분들의 저항권까지 쟁취하기도 하였다.

그러나 유럽 대륙의 여러 나라들에서는 신분들의 이러한 중세적 자유권이 절대왕권하에서 거의 외면당하는 실정이었다. 예컨대 프랑스혁명이라는 세계사적 대사건이 다른 지역이 아닌 바로 프랑스에서 발발할 수 있었다는 것도, 봉건적 · 절대주의적 횡포와 착취가 유독 프랑스에서 타의 추종을 불허할 만큼 극심하게 자행되었다는 반증이 될 수도 있다. 그러나 영국에서는 사정이 전혀 달랐다.

예컨대 루이 14세가 유럽대륙에서 확고한 절대주의 체제를 유지하는 동안, 영국에서는 의회세력이 자주 왕권을 곤경에 빠뜨렸다. 13세기 이래 영국에서는 대의정치(代議政治)가 상당한 영향력을 발휘했기 때문에, 왕이 의회의 눈치를 보지 않으면 안 될 경우가 적지 않았다. 프랑스에 비해 외세의 침투로부터 비교적 안전한 지정학적 유리함을 지니고 있었다는 사실로 인하여, 영국은 프랑스와는 달리, 군대유지 및 과세, 또는 강력한 권력집중 문제 등의 측면에서 왕의 자의적 권한 행사에 대한 견제를 보다 용이하게 수행할 수 있었다.

그러나 17세기에 오면 영국도 점차 절대주의(絶對主義)를 체험하게 되면서, 강력한 왕권 집중화 시도가 행해지기도 했다. 이윽고 영국의 절대주의는 튜더(Tudor) 왕조에서 성립하여, 스튜어트(Stuart) 왕조에서 완성되었다. 하지만 스튜어트 왕조는 입헌주의적 전통에 입각한 의회의 강력한 반발에 부딪쳐 두 번의 혁명을 겪게 된다. 그런데 바로 그 혁명을 통해 영국은 인권을 존중하는 시민적 민주주의로의 거보(巨步)를 내딛으며, 가장 진취적인 근대국가로 발돋움하는 획기적 계기를 만나게 되었던 것이다.[8] 이런 의미에서 중세의 신분적 자유 전통이 존속할 수 있었다는 것 역시 영국역사의 특수성에 기인한다고 말할 수 있다.

이러한 영국에서 17세기 말~18세기에 걸쳐 전통적인 제반 자유 관념과 계몽사상이 결합하여, 개인적·정치적 자유의 근대적 개념이 발생하게 된다. 중세적 자유를 보장한 가장 유명한 문서 중의 하나는 1215년에 반포된 '대헌장'(Magna Carta)이다.

과세(課稅)에 반대한 영국의 귀족들은 당시 존(John) 왕에게 자신들의 봉건적 권리를 주장하고 그것을 확인시키기 위해, '마그나 카르타'를 서명·공포토록 하였다. 물론 이 '마그나 카르타'는 영국 헌정사상 중요한 문서이긴 하지만, 봉건귀족들이 자신의 권리를 지키기 위한 자위적 수단으로 채택한 것으로서, 인간의 기본권을 주장한 18세기의 혁명적 문서와는 근본적으로 그 성격을 달리 한다. 일종의 '집단적 이기주의'의 표출이라 할 수도 있는 이 문서에 의해 비록 자의적 왕권행사에 경고가 발해진 것은 사실이지만, 왕권이 심각한 타격을 입지는 않았던 것으로 알려져 있다.

무엇보다 "자유민(自由民)은 그 누구도 연행, 투옥, 재산몰수, 추방 혹은 어떠한 방식의 괴로움도 받지 아니한다. 다만 그의 동(同) 계급 사람들(peers)의 판결에 의해서거나, 혹은 영국 국법에 의한 경우는 이에서 제외한다"고 선언한 39조는 특히 주목할 만하다. 그러나 여

---

8) 차하순, 《서양사 총론》(탐구당, 1986 전정판), 304쪽 이하를 볼 것.

기서 '자유민'은 물론 당시 인구의 대부분을 차지한 비특권층이 아니라, 성직자 계급 및 대귀족층을 가리킨다. 이런 맥락에서 볼 때, '마그나 카르타'의 역사적 의의는 그 본래의 목적보다는 그것을 적절히 적용하고 확대해석한 역사의 재창조 노력에 있다고 볼 수 있다.[9)]

그 이후 영국의회는 ─ 비록 강력한 튜더 왕조와 스튜어트 왕조가 일시적으로 신분의 제반 권리를 위축시킨 적이 있긴 했지만 ─ 계속 성공적으로 마그나 카르타의 기본 원칙들을 관철시켰다. 예컨대 의회의 동의 없는 조세 및 관세 부과금지, 그리고 법관의 판결 없는 인신구속(人身拘束) 금지를 요구하는, 찰스(Charles) 1세에 대한 1628년의 '권리청원'(Petition of Rights)은 이 마그나 카르타의 기본 원칙에 기초하고 있었고, 1679년의 '인신보호법'(Habeas Corpus Acte) 역시 중세적 법 관념과 연결된다. 이 '인신보호법'은 "어느 누구도 영장 없이는 체포할 수 없고, 체포 후 20일 이내에 재판관에게 인도해야 한다"고 규정하고 있다.

이윽고 합리주의가 대두하게 되면서, 르네상스, 휴머니즘, 계몽사상의 전통은 자연법의 세속화로 연결되었다.

자연법은 점차 기독교의 틀에서 벗어나기 시작하면서, 스토아 철학에서와 마찬가지로 자신의 토대를 다시 이성에서 찾게 되었다. 그 와중에 합리주의적 자연법이 생성하게 된다.

근대적 자연법 개념의 기초를 최초로 체계화시킨 사상가는 네덜란드의 휴고 그로티우스(Hugo Grotius)였다. "근대적 자연법의 아버지" 또는 "국제법의 아버지"로도 일컬어질 만큼, 그로티우스는 합리주의적 토대 위에서 근대적 자연권 이론과 국제법 사상의 새로운 시대를 개막한 것이다.

---

9) 같은 책, 178~179쪽을 참고할 것.

그는 인간의 제반 천부적 권리를 더 이상 신의 의지라든가 신의 계율로부터가 아니라, 세속적으로 이해되어진 인간의 본성으로부터 도출하기 시작하였다. 이런 맥락에서 그로티우스는 "자연권이란 신조차도 그것을 변경할 수 없을 정도로 불변적인 것"이라 선언하기까지 하였다.[10] 그는 모여 살기 좋아하는 인간의 사회적 성향과 충동에 주목하면서, 인간의 이성이 보편적 행복을 보장하는 사회를 건설할 수 있는 통찰력과 힘을 지니고 있다고 보았다. 이것은 당시 특징적으로 나타나는 현상으로서, 인간이성의 자율성에 뿌리내린 세속적 도덕의 형성과정과 밀접히 관련된 것이었다. 그를 통해 자연권 이론의 대표자들은 왕권신수설의 반동적 옹호자들을 포함하여 기존 사회의 권력상황을 신적 의지의 표현으로 정당화하고자 했던 봉건적 제 세력들에 대해 결정적 타격을 가하기도 하였다.

다른 한편 '해양(海洋)의 자유' 이념 역시 그로티우스와 밀접하게 연결되어 있다.

그로티우스는 물론 자신의 조국인 네덜란드의 이해관계를 옹호하기 위해 최선의 노력을 경주한 사상가이기도 했다. 그는 국제법 이론가로서, 네덜란드가 무제한적으로 세계무역에 자유로이 동참할 수 있다는 것은 두말할 여지없이 당연한 민족적 권리라 강력히 주장하였다. 스페인과 포르투갈 두 나라가 세계무역을 독점적으로 장악하고 있었던 점이 당시의 국제정치적 특성이었다. 따라서 당시의 자유무역 이론은 다른 민족들에게도 해양에서의 동참권(同參權)이 당연히 부여되지 않으면 안 된다는 것을 정당화하는 논리로 활용되었다. 그것은 말하자면 배타적이고 독점적인 체제에 맞서, 다원적이고 개방된 체제를

---

10) Hans Maier, Heinz Rausch, & Horst Denzer(Hg.), *Klassiker des politischen Denkens*, 1. Bd. (München: Verlag C. H. Beck, 1972), p. 314 에서 재인용. 참고로 말해, 이러한 그로티우스의 사상적 편린이 프랑스 혁명 선언에 나타나는 '신성 불가침의 인권' 이념으로 도약하는 발판으로 작용하지는 않았을까 추론해볼 수도 있을 듯하다.

132

옹호하는 정당화 논리로 작용하였던 것이다. 그리하여 자유무역 원칙의 선두투사로 나선 한 민족이 그로티우스에 의해 전 인류의 복지와 이해관계를 위해 투쟁하는 정의의 사도처럼 비치게 되었던 것이다. 11)

어쨌든 근대적 국제법의 창시자인 그로티우스는 이성에 의해 발견된 자연법은 비록 신(神)이 존재하지 않는다 하더라도, 그 정당성에는 추호의 의심도 있을 수 없다는 입장을 고수하였다. 요컨대 인간은 자율적 인격체로 이해되기 시작하였다. 인간은 이성적 존재이고, 따라서 이성에 걸맞게 자신의 생명과 자신의 주위환경을 변화시킬 수 있는 자유를 소유하지 않으면 안 되는 존재로 인식될 수밖에 없었다. 그리하여 비이성적인 정치·사회적 속박으로부터의 자유는 이성에 맞게 사고하고 비이성적 고통의 질곡(桎梏)으로부터 해방될 수 있는 자유와 동등하게 인식되었다.

이러한 합리주의적 자연법 사상과 밀접한 관련이 있는 것은 16세기 말엽이래 정치적 힘으로 부상하기 시작한 합리주의적 사회계약론(社會契約論)이다.

국가에 대한 시각은 역사적으로 굴곡을 보이고 있다. 예컨대 국가와 개인의 관계를 몸과 몸의 각 부분 간의 관계에 비유하여 국가를 본질적으로 가족이나 개체에 선행한다고 주장한 아리스토텔레스는 국가를 인위적 존재가 아닌 "자연의 창조물"로 간주한다. 바로 이러한 관점에서 "국가 또는 정치공동체는 어떤 다른 공동체보다도 가장 많이 선을 지향하며, 그리고 최고의 선을 목표로 한다"고 선언한다. 12) 따

---

11) Heinz Gollwitzer, *Geschichte des weltpolitischen Denkens*; Bd. 1, Vom Zeitalter der Entdeckung bis zum Beginn des Imperialismus(Göttingen: Vandenhoeck & Ruprecht, 1972), p. 68 이하를 참조할 것; 정확하게 말하면, 이러한 논리를 주장하였던 영국과 네덜란드의 의도는 사실상 스페인과 포르투갈이 장악하고 있던 무역 독점체제를 자신들의 그것으로 교체하려는 저의의 발로였던 것이다. 다른 한편 그러한 의도는 동시에 개신교적 해양세력과 가톨릭적 이베리아세력 간의 쟁투라는 국제정치 현실을 반영하는 것이기도 했다.

라서 국가는 아리스토텔레스에게는 인간의 자족적인(self-sufficient) 최선의 삶을 보장하고 실현시킬 수 있는 최고단계의 결합으로 나타난다. 그러나 홉스, 로크, 루소 등 사회계약론자들은 국가의 '자연 창조론'에 반기를 들고, 계약에 의한 국가의 인위적이고 의도적인 수립을 주창한다. 그러나 헤겔에 오게 되면 아리스토텔레스로의 복귀현상이 다시 나타난다. 헤겔은 국가라는 것이 결코 개인의 자의적 의지에 따른 계약의 산물일 수 없다는 것을 명백히 함으로써 사회계약론자들의 주장을 반박한다. 그에게 국가는 절대적 필연성의 산물인 것이다. 요컨대 국가는 초계급적 공동선(共同善)을 구현하는 절대정신(絶對精神)의 표상으로 군림한다는 말이다.

근대적 사회계약론에 따르면, 원천적으로 자유로운 인민은 지배자가 안전, 질서, 특정적 권리 등을 보장하는 한에서 그에 대해 복종할 의무를 진다는 계약을 체결한 것으로 나타난다. 즉 계약의 목표는 시민의 생명, 자유, 재산의 보호인 것이다. 만일 지배자가 이 권리를 침해했을 때, 그에 대해서는 계약위반으로 저항이 허용된다. 예컨대 로크는 이러한 저항권을 '하늘에 대한 호소'라 규정하기도 하였다.

어쨌든 사회계약론은 절대주의에 대항하는 무기였으며, 더욱 높은 자유를 희구하는 여러 집단들이 적극적으로 활용하였다. 가령 종교의 자유, 사상의 자유, 재산보호 등을 문제시했던 영국과 프랑스의 칼뱅주의자(Calvinist) 같은 종교적 소수파들, 그리고 법률적 안정과 경제적 팽창에 폭넓은 관심을 지닐 수밖에 없었던 도시의 신흥 부르주아지 등이 그들이었다. 자연법과 사회계약론의 정치적 영향력이 최고조에 달했던 것은 17세기 영국의 혁명에서였다.

물론 괄목할만한 정치적·정신사적 의의를 지니는 것은 1688년 명예혁명(名譽革命)의 철학자라 불리는 존 로크(John Locke)의 탁월한 저작들이다. 로크를 통해 인권 이념은 그 고전적 형태를 띤다. 그는

---

12) 아리스토텔레스 지음/이병길 & 최옥수 옮김, 앞의 책, 제 1편, 제 1~2장 (13 및 16~17쪽)을 볼 것.

한마디로 합리주의적 자연법과 영국적 자유 전통을 결합하고자 노력한 사상가였다. 이를테면 그는 개인적·정치적 자유에 대한 영국적 관념을 합리주의의 철학적 수단을 동원하여 정당화하고자 시도했던 것이다. 그를 통해 로크는 인권 이념의 고전적 대변자가 되었을 뿐만 아니라, 근대적 자유주의의 건설자로 등장하게 된다.

의심할 여지없이 로크는 인간의 합리성(合理性)에서 출발한다. 그는 아직 아무런 국가도 존재하지 않고, 인간이 완전히 자유로우며 평등한 자연상태를 가상한다. 나아가 스스로가 존중하지 않으면 안 되는 권리의 제반 원칙, 요컨대 생명, 자유, 재산에 대한 모든 인간의 권리가 존재한다고 말하는 것은 인간의 이성 그 자체라 선언한다. 로크는 이러한 권리의 제반원칙이 인간에게는 영원하고 불변적인 자연권(自然權)이라 확신하고 있었다. 생명에 대한 권리는 그 어느 누구도 결코 시비를 걸 수 없는 근본적으로 명백한 것이며, 자유란 이성에 따라 살 수 있다는 것을 의미하기 때문에, 자유에 대한 권리는 인간의 합리성에서 유래할 수밖에 없는 것으로 이해했다. 재산권 문제13) 역시 함께 다루긴 하지만, 그 개념을 명확히 하지는 않았다.

그러나 로크는 시민사회로 들어오면서 자연적 평등이 아니라, '생명, 자유, 재산'이 인간의 기본권으로 기림을 받게 되었다고 주장한다. 자연적 평등은 이제 연령, 덕, 재능과 장점(parts and merit), 출생 등에서의 자연스러운 불평등으로 뒤바뀌었다. 그리고 평등은 단지 "사법(jurisdiction)의 관점에서", 요컨대 "자연적 자유"(natural freedom)에 대한 "평등한 권리"(equal right)라는 의미로 이해되었다.14)

물론 논리의 전개방식은 서로 다르지만, 홉스와 로크의 경우에서 보듯이, 시민사회의 수립과 더불어 지배-피지배 관계가 생겨나고, 그

---

13) 이에 대해서는 이 글 뒤에 나오는 제4장 '자유주의가 바라보는 인간에 대한 시각'을 참고할 것.
14) John Locke, *The Second Treatise of Government*, 3rd ed. (Basil Blackwell, 1976), 54/p. 28.

로 인해 사회적 불평등이 제도화되는 것으로 간주된다. 말하자면 자연적 평등은 사회의 성립과 함께 인간들이 서로 동의하는 사회적 불평등으로 뒤바뀌게 되는 것이다. 그리하여 자연권적 평등 개념은 사회적 불평등을 필수적 대전제로 깔면서, 다만 그 범주 속에서의 법률적 평등, 정치적 동등권에 대한 요청으로 스스로를 한정시켜 나갔다. 한마디로 자연상태에서의 원초적 평등은 시민사회에서의 재산의 안전한 보호라는 지상명령으로 탈바꿈한 것이다. 이처럼 17세기 및 18세기 초의 자연권 이론가들은 기존 사회질서의 옹호자로서 시민적 유산계층의 물질적 이해관계를 법적·정치적으로 정당화하는 사명을 떠맡고 있었다. 그 가장 전형적인 예를 우리는 존 로크에게서 찾아 볼 수 있지 않을까 한다.

계약이론은 하나의 픽션이라 할 수 있다. 그러나 실제적 역사체험은 아니지만, 규범적 이념으로서 계약이론은 실질적 의미를 획득하게 된다. 말하자면 계약이론은 국가적 권위라는 것이 항상 시민의 명시적이거나, 최소한 묵시적 동의에 기초하지 않으면 안 된다는 규범을 제시하고 있다는 말이다. 로크 역시 이런 방식으로 이해하고 있었다. 결국 국가건설의 필요성을 제기한 토대로 기능한 것이지만, 국가 이전의 권리를 인간이 소유하고 있다는 로크의 주장은 후세에까지도 적잖은 영향을 끼치고 있다. 이러한 이론을 통해 로크는 국가에 대해 시민의 생명, 자유, 재산의 보호라는 근본의무를 부여하고 있는 것이다.

물론 국가는 이러한 권리를 인간에게서 박탈할 수는 없다. 왜냐하면 국가가 이 권리를 인간에게 부여한 것이 아니라, 그것은 국가건립 이전부터 이미 존재했던 것이기 때문이다. 그러므로 그 권리를 국가가 침해할 때, 국가는 자신의 기초와 토대를 스스로 허물어뜨리게 되는 결과를 빚게 되고, 그에 대해 인민은 자연스레 저항할 권리를 가질 수밖에 없게 되는 것이다.

2. 프랑스 대혁명과 인권 이념의 특성

이러한 합리주의적 자연권 이념의 정점에 도달한 것이 바로 프랑스 대혁명의 '인권 및 시민권 선언'이었다. 그리고 그 혁명의 기치(旗幟)는 다름 아닌 자유주의(自由主義)였다.

근대 이후의 역사는 자유주의의 역사라 해도 지나친 말은 아니다. 그리고 자유주의는 자유의 대헌장(大憲章)이다. 그러나 자유주의는 인권실현의 근본토대를 이루는 자유와 평등의 긴장관계를 전통적으로 과장하는 습성이 있다. 평등의 침투로부터 자유의 '성역'을 올곧게 하려는 의도임은 의심의 여지가 없다. 과연 어떠한가?

자유와 평등 사이에는 필연적 갈등이 있을 수 있다. 자유를 옹호하는 쪽은 개인이야말로 자신의 특수한 욕구와 이해관계를 가장 잘 알고 잘 표현할 수 있다고 확신한다. 그러므로 국가나 기타 다른 공동체가 사적 시민의 삶과 자유에 개입한다는 것은 이롭지 못할 뿐만 아니라 온당치도 않다고 주장하는 것이다. 여기서도 드러나듯이 자유는 개인주의와 굳게 뭉쳐 있다. 반면에 평등은 개인적 결핍이나 결함을 밖의 도움을 빌려 보충하고자 하는 속성을 지니고 있다. 따라서 국가 등의 개입을 당연시하는 것이다. 기존의 특권을 제거하고 사회적 조건을 골고루 하기 위해서는, 다시 말해 불평등을 없애기 위해서는, 국가나 사회의 개입이 필연적이기 때문이다. 그러나 이러한 개입은 즉시 개인적 자유의 자유로운 행사를 방해한다고 여겨진다. 왜냐하면 기존의 개인적 부(富)와 특권이 그로 인해 흔들릴 수밖에 없기 때문이다. 15)

---

15) 자유와 평등 간의 상관관계를 밝히는 데는 크게 보아 두 개의 시각이 있다. 그 하나는 이 둘은 서로 양립할 수 없다는 입장이다. 그 대표적인 저술로는, F. A. Hayek, *The Constitution of Liberty*(London, 1960), 특히 chap. 6; Milton Friedman, *Capitalism and Freedom*(Chicago and London, 1962), ch. 10; Robert Nozick, *Anarchy, State and Utopia*(New York, 1974), 특히 Part II; Keith Joseph and Jonathan Sumption, *Equality*

그런데 자유와 평등의 이러한 야릇한 상호관계는 이 두 개념이 실질적 실천의 강령으로 떠올랐던 프랑스 대혁명으로 거슬러 올라가 보면 더욱 일러주는 것이 유별남을 알 수 있다.

'시민권'(citizens' rights)은 부르주아 혁명의 와중에 그리고 그 결과로 여러 선언 및 법률들에서 "인간 및 시민의 권리"(rights of man and citizen)로 자리잡게 되었다. 16) 맑스는 이미 '유태인 문제'에서 '인권'과 '시민권'의 구별이 만들어지게 된 근본원인이 ― 한편으로는 자본주의적 시민사회의 구성원으로서의 "지옥적 생활"과 다른 한편으로는 정치적 국가의 국민으로서의 "천국적 생활"을 영위할 수밖에 없는 ― 인간의 삶이 지니고 있는 이중성에 있다고 단언한 바 있다. 17)

구체적으로 말해 프랑스 혁명 선언은 추상적이고 보편적인 인간의 기본권과, 시민계급의 구체적이고 특수한 계급적 이해관계 둘 다를 동시에 포괄하고 있다. 그러나 인권 개념은 한편으로는, 시민계급의 특수한 이해관계를 추상적 포장 속에서 보편적 인간의 권리인 것처럼 꾸며내는 기능을 떠맡고 있고, 다른 한편으로는, 실제로는 시민계급의 이해관계만이 지배적으로 관철됨으로써 그 자체가 상대화·허구화되는 궁지에 빠지기도 한다. 18) 예를 들어 '거주이전의 자유'나 '직업선

(London, 1979), 특히 ch. 3: 이와는 대조되는 견해로서 자유와 평등은 서로 조화를 이룰 수 있다는 입장이 있다. 그 대표 격으로는, R. H. Tawney, *Equality*, 4th ed. (London: George Allen & Unwin LTD, 1952), 특히 ch. 5(ii) 및 7(iii); John Rawls, *A Theory of Justice*(Oxford, 1971); Michael Walzer, *Spheres of Justice: A Defense of Pluralism and Equality* (New York: Basic Books, 1983); Kai Nielsen, *Equality and Liberty: A Defense of Radical Egalitarianism*(New Jersey, 1985) 등이 있다.

16) Imre Szabo, "Fundamental questions concerning the theory and history of citizens' rights", in *Socialist Concept of Human Rights*(Budapest: Akademiai Kiado, 1966), p. 27.

17) Marx, "Zur Judenfrage", *MEW1*, p. 354f.

18) 부르주아 계급과 '인권'의 상호관련성을 보기 위해서는, W. -D. Narr & K. Vack, "Menschenrechte, Bürgerrechte, aller Rechte", in Freiheit & Geleichheit, *Streitschrift für Demokratie und Menschenrechte*, Heft 1, Dez.

택의 자유' 등은 프랑스 혁명 선언뿐만 아니라, 우리나라를 포함한 거의 대부분의 민주국가 헌법에 신성불가침의 천부적 인권으로 엄숙히 기림을 받고 있다. 그러나 이러한 '인권'은 실은 농촌 노동력을 자본주의적 산업화 현장인 도시로 이끌어내려는 당시 프랑스 부르주아지의 특수한 계급적 이해관계를 반영하는 것이었다고 말할 수 있다.

어쨌든 바로 이러한 인권과 시민권의 분리가 정치 및 법 이론에서 자유와 평등의 이원화(二元化)로 나타나게 된 것이다.[19]

말하자면 자유는 애초부터 자본주의적 생산관계가 지배하는 부르주아 사회에서의 사적 소유 및 자본주의적 경제활동에서의 자유를 일컬었다. 반면에 평등은 자본주의 사회의 정치적 공동체, 즉 국가에 대한 참여의 평등한 권리를 뜻하였다. 그것은 곧 '법 앞의 평등'으로 구체화되었던 것이다. 그러나 흥미로운 것은 평등이 1789년 프랑스 혁명 선언의 '양도할 수 없는 천부적 인권' 가운데는 전혀 포함되지 않았다는 사실이다. 여기서는 단지 자유, 소유, 안전 및 억압에 대한 저항권(抵抗權)만이 보편적 권리로 선포되어 있을 뿐이었다. 봉건적 횡포의 타도를 위한 비상수단으로 간주되었던 마지막의 저항권을 빼놓는다면, 나머지는 다 사실 재산과 직결된 것들이었다. 즉 '재산의 자유와 안전', 바로 이것이 최대의 관심사였던 것이다.

그러나 평등은 1793년 헌법에 가서야 비로소 포함되게 되었다. 자유와 평등의 첫 관계가 사적 영역, 곧 자유로운 영업활동과 계약을 통한 사유재산 취득에서의 '자유의 평등'(equality of freedom)으로 맺어지게 되었다는 것은 지극히 자연스러운 일이었다. 어쨌든 자유는 재산의 취득과 활용에서의 평등한 기회로, 그리고 평등은—그 실제적 실행 여부는 정치상황에 따라 지극히 유동적일 수밖에 없는—정치적 참여에서의 자유로 이해되었다. 이렇게 볼 때 자유는 국가 이전의 '무조건

___
1979, p. 6을 참고할 것.
19) Szabo는 앞의 글에서 대단히 흥미롭게 이 측면을 조명하고 있다. 그에 대해서는 p. 38 이하를 볼 것.

적'(*unconditional*) 권리로서의 절대적 지위를, 반면에 평등은 정치적·
법률적 상황에 따라 이리저리 흔들릴 가능성이 짙은 '조건적' 권리로서
의 상대적 위상을 각각 지니고 있었다고 말할 수 있다. 이것이 프랑스
혁명 당시의 형편이었다. 비록 국가의 개입을 통해 인권을 신장하고
사회적 불평등을 완화시키려는 노력이 역사의 흐름에 발맞추어 치열하
게 베풀어지지 않은 것은 아니지만, 적어도 아직까지 자본주의권을 지
배하는 일반적 운동논리는 바로 이 프랑스 혁명의 기본정신인 것이다.

그러나 평등(平等)은 그 본질 속에 이미 적잖은 강점을 품고 있다.
평등을 그리 기꺼워하지 않는 사르토리조차도, 오히려 자유를 측은히
여기는 듯한 느낌까지 자아내면서 그다운 명쾌함을 가지고 이 점을 고
백하지 않을 수 없었다. 평등은 자유와 달리 다수의 힘에 의존하므로
정당화가 손쉽다는 것, 평등의 이념은 그 의미전달에 있어 구체적이
고 서술적이라는 것, 평등의 이상은 가장 모자라는 것을 가장 많이 원
한다는 평범한 진리를 채워주는 심리적 이점을 줄 수 있다는 것, 평등
의 실현은 과학적·이성적 심성에 맞아떨어질 수 있다는 것 등이 그것
이다.

그러나 사르토리에게 자유는 "몸통"이고 평등은 "다리"다.[20] 그러나
아마도 가장 합리적인 자유주의적 대응의 하나는 사르토리처럼 자유
를 "몸통"으로, 그리고 평등을 "다리"로 간주하는 정도가 아닐까 한다.
'몸통' 없는 '다리'는 있을 수 없어도 '다리'없는 '몸통'은 있을 수 있기
때문이다. 하지만 온전한 인간의 권리는 '다리'와 '몸통'을 다 구비한
온전한 인간에게서만 기대할 수 있다는 것은 그 어느 누구도 거부할
수 없는 너무나 명백한 진리에 속한다.

마찬가지로 자유가 빵 문제를 해결할 수 없듯이 빵 역시 자유의 문
제를 풀지 못한다. 그러나 문제는 어떻게 하면 자유를 한껏 즐기면서
도 빵 또한 마음껏 먹을 수 있는가 하는 데 있다. 자유롭게 빵을 먹을

---

20) Giovanni Sartori, *Democratic Theory*(Detroit : Wayne State University
    Press, 1962), pp. 332, 345, 348.

수 있는 권리와 먹을 빵을 충분히 나누어 가질 수 있는 자유는 과연 어떻게 동시에 확보될 수 있는 것인가? 말하자면 평등(平等)과 성취 (成就), 균형(均衡)과 능률(能率), 복지(福祉)와 경쟁(競爭) 사이의 조화를 어떻게 이루어낼 것인가? '빵'과 '자유'를 동시에 만끽할 수 있을 때 온전한 인간의 권리가 비로소 가능해질 수 있지 않겠는가?

바로 이것이 우리의 문제인 것이다.

전형적 자유주의자의 입장에서 보면 자유는 당연히 평등에 우선한다. 평등은 오히려 자유에 종속적이다. 그러므로 그들은 자유의 이름으로 '위험한' 평등을 물리치기 위해 자유와 평등의 대립관계를 지나치게 부추기는 경향이 있다. 그들이 눈감아 줄 수 있다고 생각하는 것은 고작 '법 앞의 평등'이다. 그러나 이 법률적 평등이 봉건시대의 마지막 특권계급에게 공포를 불러일으켰듯이, 경제적 평등 요구는 이 자유주의자들에게 끊임없는 공포를 불러일으키고 있다. 그들에게는 평등이 단순히 "보복의 도구"(vehicle of vindictiveness)로만 비친다. 21)

그러나 문제는 그리 단순치만은 않다. 우리에게 던져져 있는 당혹스러운 과제는, 버트런드 러셀도 고전적 어투로 읊조렸듯이, "진보를 위해 필수적인 개인적 이니셔티브와 생존을 위해 필수적인 사회적 결속을 어떻게 결합할 것인가" 하는 데 있다. 22) 요컨대 '평등'과 '성취' (achievement) 또는 '경쟁'(competition)과 '복지'(welfare) 사이의 조화를 어떻게 이루어낼 것인가가 문제인 것이다. 립셋이 자성적으로 털어놓았듯이, "성취는 기회의 균등이 행하는 기능"이며 이에 대한 강조는 "새로운 신분의 불평등 그리고 높은 지위를 지키고 보호하기 위한 타락한 수단"으로 활용된다. 그는 이러한 현상을 "미국의 딜레마"로 표기

---

21) Andrew R. Cecil, "Equality, Tolerance, and Loyalty", *Virtues Serving the Common Purpose of Democracy* (The University of Texas at Dallas, 1990), p. 45ff.

22) Bertrand Russell, *Authority and the Individual* (London, 1949), p. 11.

했다. 23) 그러나 이것이 어찌 미국만의 문제이겠는가. 미국을 비롯한 대부분의 자본주의 국가들은 이 '성취'에 지나치게 매달리고 있고, 과거 소련과 동유럽 공산권은 주로 '평등'에 매진하였다. 결과는 우리가 지금 목격하는 바대로다.

정치적 자유가 빵 문제를 해결하지 못하는 것이 사실이듯이, 빵이 정치적 자유 문제를 풀지 못하는 것 역시 사실이다. 24)

우리에게는 '자유냐, 평등이냐'가 아니라 '자유도, 평등도'가 문제다. 말하자면 '빵도, 자유도'가 문제라는 말이다. 우리는 물론 자유와 평등 사이에 내재하는 대립적 속성을 외면하지 않는다. 그러나 중요한 것은 마이클 왈쩌의 주장처럼 자유와 평등이 "함께 설 때 그들은 가장 잘 설 수 있다"는 것을 확신하는 일이다. 25) 그렇기 때문에 일정한 타협(妥協)은 피할 도리가 없는 것처럼 보인다. 그리고 그러한 타협의 내용과 방향은 당연히 주어진 역사발전의 수준에 의해 규정될 수밖에 없다.

그런데 역사의 발전에 목표가 있는가?

여기서 목표는 궁극적 도달점, 그리하여 더 이상 나아갈 수 없는 마지막 극한을 의미한다. 그 지점은 따라서 일체의 변화 없이 영원히 지속되는 무한의 세계이거나 또는 반대로 영원한 소멸이 비롯하는 최

---

23) Seymour Martin Lipset, *The First New Nation: The United States in Historical and Comparative Perspective* (Garden City, New York: Doubleday, Anchor Books, 1967), p. 2 및 여러 곳; B. S. Turner는 *Equality*, 앞의 책 (p. 51)에서 자본주의적 민주주의의 일반적 딜레마는 '경쟁'과 '복지'를 어떻게 결합시킬 것인가 하는 데 있다고 말한다.

24) Sartori, 앞의 책, p. 333.

25) Michael Walzer, "In Defense of Equality", in *Dissent 20* (Fall 1973), p. 408.

142

후의 기점으로 기록될 수 있다. 목표는 원초적 생성을 전제한다. 그러나 생성과 궁극적 목표에 관한 논설은 불가피하게 추상적이고 관념적일 수밖에 없다. 무엇보다 우리의 체험세계를 초월하는 영역에 속하기 때문이다. 예컨대 '왕권신수설'이나 '사회계약론'도 그러하고 '공산주의'에 관한 구상도 다를 바 없다. 이런 의미에서 사회과학은 예언의 이론체계가 아니다. 단지 예측할 수 있을 뿐이다. 예언은 신적인 목소리로 우주의 조화를 점치는 행위이다. 반면에 예측은 과학의 시각으로 가시적 삶의 행방을 뒤쫓는 작업이다. 마찬가지로 학문은 결론에서 출발하는 것이 아니라 단지 결론을 찾는 과정이다.

어쨌든 자유와 평등의 실현은 인간해방(人間解放)의 구현과 불가분의 관계를 맺고 있다.

최초의 공산주의자로 알려진 바뵈프(Babeuf)는 이미 프랑스 혁명의 와중에 다음 세기에 본격적으로 터져 나올 인간적 착취와 억압상황을 미리 예고라도 하는 듯, 이렇게 외친 적이 있다.

인민에게 나이나 성적 차이 이외의 다른 차별이 없도록 하라. 모든 사람이 다 동일한 욕구와 동일한 능력을 갖고 있기 때문에 지금부터는 동일한 교육과 동일한 식사를 갖도록 하라. 그들은 만인을 위해 마련된 똑같은 태양과 똑같은 공기에 만족하고 있다; 그런데 왜 도대체 똑같은 양과 똑같은 질의 음식이 그들 각자에게 주어지지 못하는가?26)

물론 바뵈프의 이런 주장은 과학적으로 잘 다듬어지고 사상적으로 잘 가꾸어진, 심오한 이론적 체계의 산물은 결코 아니었으되, 당시 숨죽이고 있던 수많은 사람들의 가없는 불만을 그대로 드러낸 것임은

26) Steven Lukes, "Socialism and Equality", in Leszek Kolakowski & Stuart Hampshire, eds., *The Socialist Idea: A Reappraisal* (London: Weidenfeld and Nicolson, 1974), p. 75, 각주 4에서 재인용.

분명하다. 결국 이러한 경향은 맑스와 엥겔스에 와서 획기적으로 체계화되기 시작한다.

역사적으로 볼 때, 예컨대 1848년 혁명은 점차 자유주의적 부르주아계급들로 하여금 노동대중에 뿌리를 드리우기 시작하는 민주주의에 대한 공포를 새삼 환기시켜 주는 계기가 되었다. 그러나 동시에 프랑스 대혁명의 혁명구호의 하나이기도 했던 '자유'의 운동원리를 새롭게 점검하는 자아비판적 기회를 만들어 주기도 하였다.

자유가 인민대중의 행복을 보장하지 못한다는 것이 확연해지자 자유에 대한 반란(叛亂)이 본격적으로 조직화되기 시작하였다. 다양한 공산주의 및 사회주의 조류들이 대오를 정비하였다. 그들은 수단과 방법의 측면에서는 적잖은 이질성을 노정하고 있었지만, 특히 경제적 평등의 구현이라는 궁극적 목표에서는 대체로 견해의 일치를 보이고 있었다.

이러한 상황에서 결과적으로 자유주의적 부르주아계급에 의해 고안된 자구책이 바로 자유민주주의(自由民主主義)였다. 그것은 경제적 평등이 아닌 정치적 평등만을 인민대중에게 허용함으로써, 한편으로는 자유주의적 지배세력의 경제적 기득권은 계속 온존시키면서, 다른 한편으로는 사회주의 세력의 변혁적 공세는 미연에 무력화시키고자 하는, 일종의 절묘한 정치적 타협책이기도 하였다. 그러나 그것마저도 실은 적지 않은 주저와 불안 속에서 이루어졌다.

이처럼 인간해방의 실현과 직결되어 있는 자유와 평등의 상호관계는 갈등과 알력으로 점철되어온 장구한 전통을 과시한다. 예컨대 사회주의는 개인주의를 사회적 불평등을 감싸고도는 반동적 원리라고 윽박지르고, 거꾸로 자유주의는 개인의 자유에 대한 사회주의적 통제를 전체주의적 발상이라 사정없이 내몰아치는 갈등의 역사를 뒤로하고 있다. 어쨌든 지금까지 다양한 우여곡절을 겪어오긴 했지만 자본주의 사회는 오늘날 '자유 속에서의 평등구현'의 역사적 단계로 진입하였다고 말할 수 있다.

한편 보다 과격한 사회주의 세력들은 자유민주주의 체제의 허구성과 기만성을 폭로하면서 사적 소유의 철폐와 경제적 불평등의 제거만이 진정한 인간해방의 길임을 역설하고 있었다. 이를 위해서 혁명적 방법만이 유일한 대안으로 제시되었다. 그들은 대체로 평등 속에서 그리고 평등을 통해서만이 자유를 온전히 구현할 수 있다고 믿었다. 러시아의 볼셰비키 혁명은 이러한 신조의 산물이었다. 그리고 소련은 한때 이러한 이상이 바야흐로 실현되었노라고 선포한 적도 있다. 그러나 그들은 당과 국가를 통해 단지 개인의 자유와 창발성(創發性)을 획일적으로 짓누른 '앵무새의 평등'만을 현실화시켰을 따름이다. 하지만 그것조차 얼마나 허구적이었던가 하는 것이 지금 공산권의 궤멸로 인해 결정적으로 폭로된 셈이다.

이렇게 하여 '평등 속에서의 자유구현'을 위한 혁명적 실험은 일단 좌절당하였다. 그것은 거칠게 말해 자유에 대한 평등의 패배를 의미한다.

그런데 사회주의적 체험은 우리에게 무엇을 말해주고 있는가?

우리가 이미 살펴보았듯이, 부르주아 사회에는 국가와 사회 그리고 공민과 개인의 분리가 이루어진다. 그러나 자본주의에서 공산주의에로의 혁명적 이행기라 이해되는 사회주의 사회에는 이론적으로는 이러한 분리가 이미 철폐되어 있다. 따라서 여기서는 시민권(市民權)의 개념도 자본주의의 그것과 본질적으로 차이가 난다. 27)

사회주의 사회는 생산의 사회적 성격과 생산수단의 사적 소유 사이에 존재하는 모순이 극복되어 있다고 주장된다. 즉 노동의 사회화와 소유의 사회화가 서로 조화를 이루고 있다는 것이다. 따라서 생산자가 곧 생산수단의 소유자가 된다. 그에 따라 근로인민의 생산과정 참여는 바로 국가를 매개로 한 정치권력의 행사와 직결된다. 말하자면

---

27) 사회주의 사회에서의 시민권 개념을 보기 위해서는 Imre Szabo, 앞의 글, pp. 53~81, 특히 pp. 54~57을 참고할 것.

사회주의 사회에는 정치와 경제가 분리되어 있지 않다는 말이다. 근로인민의 정치적 조직체로 이해되는 사회주의 국가에서는 주민의 압도적 다수가 전 인민의 재산의 대부분을 소유하고, 전체 국가경제의 조직과 통제를 책임맡고 있다. 그러므로 부르주아 사회가 필요로 하는 상부구조적 왜곡이나 기만이 불필요하게 된다. 국가와 시민 사이에 일체감이 확보되어 있다고 믿기 때문이다.

요컨대 생산영역의 구성원과 정치영역의 구성원은 동일한 시민으로 통일되어 있다. 그러므로 정치와 경제의 분리 그리고 국가와 사회의 분리로 인해 인간의 권리와 시민의 권리가 이중적으로 분리되는 부르주아 사회에서와는 정반대로, 사회주의 사회의 시민은 경제적 권리와 정치적 권리의 동시적 구현체로 등장한다. 시민은 곧 생산자이고 국가는 이들의 의지를 좇아 움직이므로, 시민권은 곧 "국가의 권리"다. 그러나 시민권은 국가의 명령에 의해 만들어지는 것이 아니라, 사회의 경제체제에 의해 규정된다. 28)

이처럼 국가 사회주의의 통상적 이론은 공산국가에서 이미 국가와 사회의 통일로 인한 시민권의 진정한 구현이 온전히 이루어지고 있음을 밝히고 있다. 인간의 권리는 시민권이오, 시민권은 곧 국가의 권리다. 그러나 이것은 말을 바꿔서 하면, 국가에 대한 저항은 반시민권적이며, 나아가서는 반사회주의적이 될 수도 있다는 말이다.

어떤 의미에서는 소련은 부르주아 사회에 대한 근원적 비난에도 불구하고, 자본주의적 인권 또는 시민권의 긍정적 측면을 '변증법적'으로 수용한 듯이 보인다. 예를 들어 1977년의 소련 헌법은 부르주아적 기본권을 전폭적으로 받아들이고 있다. 29) 그것은 우선 언론 및 결사

---

28) 같은 글, p. 60f.

29) 헤겔적 의미에서의 '지양'(*aufheben*)은 원래 두 개의 의미를 동시에 지니고 있다. 맑스도 이런 용어법을 충실히 따랐다고 말할 수 있다. 그것은 첫째는, '제거하다'(*beseitigen*), '부정하다', '끝내다'라는 뜻으로 자본주의의 부정적 유산을 철폐하는 것을, 그리고 둘째는 '보존 · 유지하다'(*aufbewahren*)라는 뜻으로 자본주의의 긍정적인 측면을 '한 단계 더 높은 곳으로 끌어올린다'(*Auf-*

의 자유, 집회 및 시위의 자유(50~51조)와 양심의 자유, 곧 종교의
자유(52조), 그리고 통신의 자유(56조) 등을 철저히 보장한다고 선언
한다. 그러나 동시에 이 모든 자유들을 한꺼번에 우스꽝스럽게 만들
어버릴 수 있는 독소조항이 버젓이 뒤따른다. 62조는 이렇게 규정하
고 있다. "소연방의 시민은 소련국가의 이해관계를 보호하고 그 권력
과 명예를 고양할 의무를 진다."[30] 그러나 현실정치에서 과연 어느
법조문이 더 큰 위력을 발휘할 것인가? 언론의 자유에 대한 보장일까,
아니면 이른바 국가의 '이해관계'와 '명예'의 수호일까?

소련 인민의 자유와 권리에 대한 소련당국의 공식 견해를 해명한
메드베데프와 쿠리코프는 "자유와 사회주의적 민주주의는 사회주의
국가에 대항하는 우리들의 적들을 위한 자유라기보다, 공산주의 사회
를 이룩하고 있는 전체 인민의 자유를 말한다"고 역설한다. 왜냐하면
"인간의 진정한 자유"는 "사회의 이해관계 속에서 또한 사회의 고귀한
목표를 위해 활동하는 자유, 그리고 모든 편견과 계급적대로부터의
자유"를 의미하기 때문이다. 만일 이러한 진정한 자유의 고귀한 목표
를 제대로 이해하지 못하거나 또는 그것에 거역하는 경우, 국가는 당
연히 그러한 사람들을 "자유롭게" 만들거나 "잘못을 저지르지 않도록"
그들을 "재교육시킬" 수 있어야 한다.[31]

말하자면 국가 사회주의하에서는 인민적 자유와 권리가 언제든지
사회주의 수호의 명분을 내건 국가의 자의적 개입에 의해 형해화(形

---

eine-höhere-Stufe-heben)는 것을 각각 의미하였다. 이를 위해서는 예컨대
Rudolf Bahro, *Die Alternative*(Köln: Frankfurt A. M., 1979), p. 28f를 참
고할 것.

30) Constitution(Fundamental Law) of the Union of Soviet Socialist Republics,
adopted in 1977(Moscow: Novosti Press Agency Publishing House,
1977), pp. 46~51.

31) F. Medvedev & G. Kulikov, *Human Rights and Freedoms in the USSR*,
trans. L. Lezhneva(Moscow: Progress Publishers, 1981), pp. 190, 203~
205.

骸化)될 수 있는 길이 열려 있었던 것이다.

이러한 소련의 현실은 우리들에게 두 개의 중요한 사실을 일깨워 준다. 첫째, 사회주의에 의해서도 부르주아적 인권 및 자유가 원칙적으로 수용되고 있다는 점이다. 그러나 그것은 물론 사회주의적으로 재해석된 자유요, 권리다. 따라서 자유와 권리는 국가 사회주의적 현실에서는 더 이상 단지 형식적이고 상징적인 의미만을 지니는 상부구조적 현상의 일부로 기능하지는 않는다. 그것은 사회주의적 토대의 직접적 반영이기 때문에, 인민 스스로가 만들어내고 인민 스스로가 향유하는, 인민의 진정한 이해관계의 표출로 이해된다. 이 사실은 권리와 자유가 사회주의에 의해서도 받아들여질 정도의 보편적 가치 및 규범체계를 지니고 있다는 것을 반증한다.

둘째로, 이 권리와 자유의 체계가 자본주의 사회에서는 경제적 토대(사회)에 의해 구체적 적용과정에서 근본적 제약에 부딪친다면, 소련과 같은 사회주의 사회에서는 반대로 정치적 상부구조(국가) 스스로에 의해 규제당한다고 말할 수 있다. 도식적으로 말해 자본주의 사회에서는 토대가 상부구조를 배반한다면, 국가 사회주의에서는 상부구조가 토대를 억압한다고 말할 수 있다.

사회주의적 평등 또한 부르주아 사회의 형식적 평등을 초월하고 있다고 주장되었다. 무엇보다 생산수단에 대한 사회적 소유가 실현되었기 때문에, 모든 시민은 원칙적으로 정치적·사회적·경제적 평등을 향유하고 있는 것으로 인식되었던 것이다. 즉 소련은 "모든 경제적, 정치·사회적, 문화적 문제들의 결정에 모든 사람이 동참할 권리"를 보장한다. 말하자면 "법 앞의 평등, 경제적, 정치·사회적, 문화적 삶에서의 모든 시민의 기본적 권리와 의무의 평등성"이 철저히 인정된다. 32) 그러나 이러한 사회주의적 평등은 영구적인 것이 아니라, 사회

---

32) 사회주의적 평등의 개념과 현실을 살펴보기 위해서는 Jozsef Halasz, "Civic equality and equality before the law", in *Socialist Concept of Human Rights*, 앞의 책, 특히 pp. 181~189를 참조할 것 (인용은 p. 181).

주의 사회의 발전과정에 따라 다양해질 수 있다. 분명한 것은 사회주의 사회의 기본가치가 모든 인민에게 일괄적으로 강요된다는 사실이다. 바로 이런 관점에서 새로운 사회의 이해관계와 그 공고화를 위한 권리에서, 이전 사회의 착취계급과 노동자계급 간에 내재하는 차별이나 제한, 곧 불평등이 정당화되었다. 예를 들어 이전 착취계급의 구성원들로부터는 선거권과 피선거권을 박탈한 반면에, 노동자들에게는 선거권에서의 다양한 특권을 인정하였다. 소련의 경우 이러한 권리의 합법적 불평등은 1936년 스탈린에 의해 사회주의 사회의 확립이 선포될 때까지 계속되었다. 33)

여기서도 알 수 있는 것처럼 사회주의 사회가 출범하면서부터 — 비록 사회주의의 적을 제거한다는 명분을 내걸긴 하였지만 — 불평등이 정당화되었다. 아울러 국가 사회주의는 결코 모든 사람의 무차별적 평등, 즉 "기계적 평등"(*mechanical egalitarianism*)을 목표로 하지는 않는다고 선언하였다. 레닌 역시 "모든 사람을 평등하게 만들겠다고 큰소리치는 것은 가장 무의미한 구호이며, 때로는 성실하게 말로 주거니 받거니, 그러나 아무런 내용 없이 티격태격하는 지식인의 공허한 발명품"에 지나지 않는다고 단언하였다. 사회주의적 평등은 단지 모든 시민의 평등한 권리 및 의무의 평등을 의미할 뿐이다. 이 권리의 평등은 사회의 모든 구성원에게 동일한 법률적 규제가 통용되고, 어느 누구도 특권을 향유할 수 없으며, 또 어느 누구에게도 특별한 의무가 부과되지 않는다는 것을 뜻한다. 그리고 의무의 평등은 부르주아적 평등권을 보완하는, 따라서 부르주아적 평등 개념을 뛰어넘는 특별한 사회주의적 노력의 표현으로 해석된다. 34)

---

33) 같은 글, p. 183f.

34) 같은 글, pp. 186, 188f(레닌 재인용은 p. 186) ; 엥겔스는 사민당 강령을 비판하는 글 속에서(1891) "모든 사람의 평등한 권리라는 말 대신에 나는 모든 사람의 평등한 권리 및 의무라는 말을 쓰기를 제안한다. 평등한 의무는 부르주아 민주주의적 평등권을 보완한다. 그리고 이러한 보충은 후자에게서 특수한 부르주아적 의미를 박탈하기 때문에 우리에게는 특히 중요하다"고

지금까지 살펴본 바대로, 문제는 인권의 근저에 자리잡고 있는 최후의 어휘가 만인을 위한 자유와 평등의 구현이라는 점이다.[35]

불교의 〈장아함 소연경〉(長阿含 小緣經)에는 이러한 가르침이 있다.

> 세상에는 왕족과 바라문과 평민과 노예 등 네 가지 계급이 있다. 그러나 왕족이라 해서, 남의 생명을 해치고 재산을 약탈하거나 음란한 짓을 하고 거짓말과 이간질 악담을 하며 탐욕과 성냄과 그릇된 소견을 가지고 있다면, 그들도 또한 죄를 범하게 되며 그 갚음을 받게 된다. 바라문이나 평민, 노예도 이와 마찬가지다…. 네 가지 종족이나 계급은 그 사람의 혈통이나 신분으로서 차별되는 것이 아니다. 우리는 모두가 똑같은 사람이다.[36]

기독교의 신약성서도 '갈라디아서' 3장 28절에서 "유다인이나 그리스인이나, 종이나 자유인이나, 남자나 여자나 아무런 차별이 없습니다. 그리스도 예수 안에서 여러분은 모두 한몸을 이루었기 때문입니다"라고 선포하고 있다. 평등의 종교적 대헌장이다.

인류의 역사가 시작된 이래 평등의 존재 그 자체는 한 번도 외면당한 적이 없다. 평등은 박해당하기는 하였으나 부인당한 적은 없다. 아리스토텔레스가 평등을 '비례적 평등'과 '산술적 평등'으로 애써 나누어보고자 했던 것이나, 또는 토크빌이 '평등'의 확산에 공포를 품었던 것도 실은 다 평등을 원칙적으로 받아들였기 때문에 가능한 반응들이었다. 평등을 허용하는 폭을 극단적으로 좁혀서건 또는 그것도 안 되면 저 먼 천국의 복락 속으로 그 완성을 기약 없이 미루어 놓든지 간에, 우리 인간은 평등에 대한 열망을 잠시도 게을리 한 적이 없다. 어떻게 보면 세계사는 평등의 확장사(擴張史)라 이름 붙일 수 있을지 모

강조하고 있다(같은 글, p. 188에서 재인용).
35) Ossip K. Flechtheim, "Humanismus und Menschenrechte", in *Frankfurter Hefte*, Sep. 1976, pp. 27~34 참조.
36) 김성우 발행, 《불교성전》, 제30판(동국역경원, 1988), pp. 102~103.

른다. 그만큼 평등은 역사의 진전에 따라 그 폭과 넓이와 깊이를 한결 더해 왔던 것이다.

그러나 역설적이게도 평등의 가장 위대한 '적'은 다름 아닌 자유였다. 그리고 이러한 전통은 아직까지 생생하게 살아 꿈틀거리고 있다. 근대 이후의 모든 사회문제는 언제나 자유와 평등 사이의 대립관계를 어떻게 풀 것이냐 하는 데 모아졌다고 해도 지나친 말은 아니다. 그러나 자유주의의 역사적 승리는 자유를 일단 절대적 가치로 붙박아 놓은 상태에서 평등에 대해 어느 정도의 관용을 베풀 것이냐 하는 쪽으로 논의의 흐름을 잡아가도록 만들었다.

지금은 더구나 신자유주의가 범세계적으로 위세를 떨치고 있는 현실 아닌가. 그에 발 맞춰 극심한 경제적 불평등 역시 범세계적으로 확산될 수밖에 없게 되고, 그에 따라 민주주의가 생존할 수 있는 가능성이 점점 희박해질 수밖에 없지 않겠는가 하는 위기감이 고조되고 있기도 하다.

결과적으로 원자화된 개인의 사적 이익이 공동체의 공공이익 위에 군림하게 되는 현실이 만들어졌다. 이를 조장하는 시장주의가 강화되면서, 자본주의적 물신숭배(Fetishism)와 황금만능주의가 바야흐로 인간성 파괴의 주범으로 기승을 부리고 있다. 혹심한 경쟁주의는 냉혹한 약육강식의 사회질서를 배태하고, 결과적으로 빈익빈 부익부 현상과 양극화가 심화됨으로써 사회적 약자(弱者)는 점점 더 설 곳을 찾지 못하게 된다. 이러한 상황에서 절규되는 인권이 과연 어떠한 가치와 의미를 지닐 수 있겠는가.

더구나 이러한 현상이 '세계화'된 지 이미 오래다. 여기저기서 인권선언이 한갓 '정치적 구호'로 전락하지 않았는가 하는 개탄의 목소리가 난무한다. 근래의 예를 들면, 예컨대 인권보호와 인민의 해방을 명분으로 내건 미국의 아프가니스탄 및 이라크 침공 같은 군사행위와 미국이 자신의 노선을 따르지 않는다고 몇몇 주권국가를 '악의 축'으로 선언하여 국제적으로 고립시켜 나갈 때, 서구적 인권 개념이 한낱 "제국

주의의 통제 수단"으로 비치지는 않겠는가 하는 비판의 소리 역시 거
세다.37) 바로 이러한 관점에서 "인권 제국주의"의 횡포를 질타하는 목
소리가 드높을 수밖에 없음은 자연스러운 이치라 할 수 있다.38)

  뿐만 아니라 이러한 국제적 환경에서 특히 아시아의 인권 증진이라
는 측면과 연관지어 미국의 도덕적 권위가 심각하게 실추하고 있음을
지적하기도 한다. 예컨대 다니엘 벨 같은 정치철학자는 "높은 마약 사
용률, 가족붕괴, 범죄증가, 경제불평등 증가 및 정치과정으로부터의
소외 등"과 같은 미국 내의 사회문제 때문에 미국은 "더 이상 과거에
그랬던 것과 같은 매력적인 정치적 모델이 되지 못한다"고 비판한다.
예를 들어 베트남전에서와 같이 "자유를 증진한다는 이름하에 혐오스
러운 일을 수행하는 경향, 미국 사업이익의 압력에 대한 반응으로 중
국에 대한 최혜국 대우를 재검토하는 경우", 그리고 "동티모르의 경우
에서와 같이 총체적 인권위반에 대한 적극적 지지는 아닐지라도 수동
적 묵인을 하는 경우" 등등과 같이, 인권이 상업적·안보적 이해관계
등과 갈등을 일으킬 때, 미국은 줄곧 "인권을 종속시키는 경향"을 과
시해온 것이다. 또한 1995년 6월에 미국이 마약거래에 대한 투쟁에서
버마의 군사정권과 협력하기로 한 결정에서와 같이, 미국 국내의 마
약문제가 정부로 하여금 "악랄한 인권 기록을 가진 체제"를 지지하도
록 유도하기도 하였다. 실은 바로 이러한 사실들 모두가 "인권 분야에
서 미국의 도덕적 신뢰성과 권위를" 허물어뜨릴 수밖에 없다고 다니엘
벨은 준엄히 경고한다.39)

37) 김용해, "인권의 보편성과 인간존엄성", 《탈민족주의 시대의 민족담론》(3) :
    제16회 한국 철학자대회 2003(도서출판 인향, 2003), 212쪽.
38) 이동희, "동아시아적 컨텍스트와 인권 그리고 보편윤리", 사회와 철학 연구
    회, 사회와 철학 5; 《동아시아 사상과 민주주의》(이학사, 2003), 63쪽.
39) Daniel Bell, "The East Asian Challenge to Human Rights: Reflections on
    an East West Dialogue"의 일부가 〈계간 사상〉에 번역 수록됨. 본문의 인용
    을 보기 위해서는 다니엘 벨, "서구적 인권 체제에 대한 동아시아의 도전",
    〈계간 사상〉(1996 겨울호), 51~52쪽.

이처럼 곤고한 대내외적 난관에 직면하여 우리는 도대체 어떻게 평화적이고 합법적인 테두리 안에서 합당한 해결책을 찾아낼 수 있을까? 이것은 물론 대단히 험준한 역사철학적 난제임이 틀림없다.

혹시 사회적 특권세력이 스스로 자신을 자율적으로 제어하여 사회적 약자들을 자신들과 동등한 존재로, 요컨대 '형제'로 처우할 수 있는 방안을 과연 스스로 찾아낼 수 있을까? 그러나 우리는 '형제애'(Brother-hood)와 휴머니티 상호간의 결합이 늑대와 양 사이의 연대처럼 실현 불가능한 현실 속에 살고 있지는 않은가? "대중이 짐 나르는 동물처럼 겨우 겨우 연명하고 있는 데 반해, 그 옆에는 맹수 같은 소수가 자신의 힘을 수호할 뿐만 아니라 나아가서는 그것을 더욱 증대시켜 나가기까지 하는 곳에서" 과연 박애(博愛)와 휴머니티를 기대할 수 있을까?[40]

어떻게 할 것인가?

이러한 우리의 문제의식에 더하여, 오늘날 인권에 관해 제기되는 주요한 철학적 쟁점을 몇 마디 덧붙일 필요가 있으리라 여겨진다.[41]

(1) 일반적으로 '권리', 특히 '인권'이란 무엇을 의미하는가?

'권리'가 목표, 의무, 이해관계 및 욕구 등과 다른 점은 어떠한 것인가?

'인권'과 다른 윤리적 규범과의 차이는 무엇이며, 어떤 가치가 더 중요한가?

(2) 인권은 어떤 종류의 재화, 이득, 이해관계들을 보호하는가?

(3) 그러한 권리는 상호 관련이 있는 의무를 수반하는가, 그리고 정부가 그 의무를 제정하는가?

나아가서 이런 의무를 수행해야 하는 존재는 과연 누구이며, 그리

---

40) Flechtheim, 앞의 글, p. 34.

41) 이에 대해서는, Morton E. Winston, *The Philosophy of Human Rights* (Belmont, California: Wadsworth Publishing Company, 1988), p. 6~7을 볼 것.

고 과연 누가 그 권리를 강제하고 보호하고 실행할 책임을 지는가?

(4) 인권의 위상은 어떠하며, 과연 '절대적 권리'라는 것이 존재할 수 있는가? 만약 그렇지 않다면, 어떤 상황에서 인권이 제한·축소· 보류될 수 있는가?

그리고 인권이 다른 권리와 충돌할 경우, 어떤 권리가 우선권을 갖는가? 나아가서는 개인의 권리가 사회의 보편적 이해관계와 충돌할 경우, 개인의 권리를 어느 정도 보호할 것이며 사회의 일반적 이해를 어느 정도까지 추구할 것인지를 어떻게 결정하는가?

(5) 인권이 단순히 서구의 철학적·정치적 전통의 수호에 지나지 않는다는 주장에 대해 어떤 해답을 제시할 수 있는가? 인권에 대한 다른 문화권의 이질적 이해가 보편적인 도덕적 기준을 저해하는가?

(6) 무엇이 인권의 존재에 대한 신념을 궁극적으로 정당화할 수 있는가?

(7) 비인간적 동물, 사회 조직, 초개체적 존재 등이 전혀 갖지 못하는 권리를, 인간이라고 해서 모두 보편적으로 그리고 동등하게 소유한다고 주장할 수 있는가?

뿐만 아니라 모든 인간이 이런 권리를 가질 자질이 있다는 것은 과연 올바른 주장인가? 혹시 인간에 따라 서로 다양한 차별적 권리를 갖는 것이 정당한 것은 아닐까?

어쨌든 이 지상에 금(金) 본위제도보다는 인간(人間) 본위제도가 널리 확립될 수 있도록 함께 힘을 모아야 한다는 사실에 대해 이의를 제기할 사람은 드물 것이다. 그를 위해 강자에게는 강하게, 그리고 약자에게는 약하게 대응하는 사회체제의 수립이 필요하리라 여겨진다. 강자가 밑에 있고 약자가 위로 올라서는 '인간 피라미드'를 구축하는 것은 어떨까.

제3부 현대사상과 인간

제 4 장

자유주의가 바라보는 인간에 대한 시각 1)

1. 소크라테스와 자유주의

플라톤은 그의 《국가론》 제 8권에서, 소크라테스의 입을 빌려 잘못된 정체들의 네 가지 유형을 차례로 분석한다. 2) 그 가운데 특히 '과두정체'(*oligarchia*)의 속성에 대한 언급은 자유주의의 본질을 이해하는 데 대단히 흥미로운 관점을 제시한다.

'과두정체'(寡頭政體)는 "평가재산(評價財産)에 근거한 정체로서,

---

1) 서강대 〈사회과학연구〉 제 10집 (2002. 02)에 "자유주의적 인간론 서설"로 이미 발표된 논문을 이 책의 전체 흐름에 맞춰 수정·보완하여 다시 이 책에 싣게 되었음.

2) 요컨대 그것들은 '최선자 정체'가 점차 쇠퇴해감으로써 생겨나는 형태들이다. 첫 단계의 변질 형태로 나타나는 것이 '명예지상(至上) 정체' 또는 '명예지배 정체'라 불리는 것이고, 그 다음으로 생겨나는 것이 '과두정체', 그리고 그것이 타락하여 '민주 정체'를 초래하고, 마지막으로는 '민주 정체'의 몰락과 더불어 '참주 정체'가 태어난다. 박종현 역주, 《플라톤의 국가·정체》(서광사, 1997) pp. 505~561을 볼 것.

158

이 정체에서는 부자들이 통치하고 가난한 사람은 통치에 관여하지"3)
못하도록 되어 있다. 따라서 "돈벌이를 좋아하는 사람들"과 "돈을 사랑
하는 사람들"이 자연스레 찬양받고 고위관직을 독차지하며, 결과적으
로 "가난한 사람은 멸시"당하게 된다. 그리하여 마치 초기 자유주의 체
제하에서 재산에 따른 정치적 불평등을 용인한 것과 마찬가지로, "자
산이 정한 평가액에 미달하는 사람에겐 관직에 관여하지 못하도록 선
언한 다음, 이를 무력에 의해 관철하거나, 또는 그러기에 앞서 공포감
을 조성"함으로써, 결과적으로 '과두정체'를 수립하게 되는 것이다. 4)

곧 이어서 소크라테스 특유의 날카로운 비유가 등장한다. 말하자면
"가령 어떤 사람이 선박의 조타수(操舵手)들을 뽑으려 하면서, 평가
재산을 근거로 삼는다면, 그래서 가난한 사람이 비록 조타술에 더 능
하다고 할지라도 그에게 배를 맡기려 하지 않는다면", 얼마나 "형편없
는 항해(航海)"가 자초될 것인가 하고 개탄하는 것이다.

소크라테스는 이러한 현상이 그대로 정치세계에서도 재현될 수밖에
없다고 단언한다. 마침내 그는, 마치 맑스와 엥겔스를 연상이라도 시
키듯이, "이런 나라는 필연적으로 하나 아닌 두 나라, 즉 가난한 사람
들의 나라와 부유한 사람들의 나라일 것이니, 같은 곳에 거주하면서
언제나 서로에 대해서 음모를 꾸미는 사람들의 나라"로5) 전락할 수밖
에 없다고 힘주어 강조한다. 6) 극심한 빈부격차와 경제적 불평등이 이
러한 '과두정체'를 지배한다는 것은 자명한 이치다. 소크라테스는 "어
떤 사람들은 지나치게 부유한 자들인 반면, 어떤 사람들은 아주 가난
한 자들일"7) 수밖에 없다고 못박는다.

3) 같은 책, 523쪽.
4) 같은 책, 524쪽.
5) 같은 책, 524~525쪽.
6) 물론 다른 맥락이긴 하지만, 예컨대 맑스도 자본주의 발달과정에서 민족은
   "재산 소유자의 민족과 노동자의 민족"이라는 두 종류의 민족으로 분열한다
   고 개탄한 적이 있다(Marx, "Junirevolution", *MEW* 5, p. 133).
7) 플라톤, 같은 책, 526쪽.

그러나 소크라테스는 여기서 논의를 중단하지 않는다. 그는 더 나아가 "과두정체적 인간" 유형의 특성까지 끄집어내는 것이다. 이 과두체제하에서는 이성적이거나 명예를 소중히 여기는 심성을 '옥좌'(玉座)에서 "잽싸게" 끌어내려 "욕구적인 부분 아래 땅바닥 양쪽에 쪼그리고 앉게 하여, 노예 노릇을 하게" 한다. 결국 "명예를 사랑하는" 사람이 "재물을 사랑하는 자로" 돌변하는 현실이 지배하게 된다. 이를테면 이들은 "재물을 가장 귀하게 여긴다는 점에서", 그리고 "인색하며 부지런히 일하는 사람이라는 점에서도, 즉 자신의 필수적 욕구들만을 충족시킬 뿐, 다른 비용은 전혀 대지 않고, 다른 욕구들은 공연한 것들로서 노예의 처지로 만들어 버린다는 점에서" '과두정체'를 닮았다는 것이다.

이 "과두정체적 인간"은 "어딘가 지저분하고, 무엇에서나 이윤을 남겨 창고에 쌓아두는 사람"으로서, "대중이 칭찬하기까지 하는 그런 유형의 사람"인 것이다. 요컨대 이런 사람에게서는 "한마음이며 조화된 혼(魂)의 참된 훌륭함(덕)은 멀찌감치 달아나" 버린다. 한마디로 여기서는 "장님", 곧 "부(富)의 신(神)"이 "선도자"의 지위를 향유하게 된다는 것이다.[8]

이러한 소크라테스의 분석틀을 자유주의적 자본주의가 지배하는 현대 세계의 개념구조에 대입시킨다면 대략 다음과 같이 정리될 수 있을 것이다. 이를테면 '과두정체' 지배하에서는 첫째, 자본가 계급의 계급적 지배가 관철되고, 둘째, 빈부격차와 경제적 불평등이 필연적으로 생성되며, 셋째, 황금 만능주의와 배금사상(拜金思想)이 사회적 지배윤리로 자리잡게 된다는 식으로 말이다.

소크라테스는 혹시 고대의 맑스는 아니었을까 … ?

---

8) 같은 책, 528~530쪽.

2. 자유주의적 인간관

한마디로 자유주의는 독단과 결정론적 사고체계에 적대적이다.
샤피로는 이렇게 말하고 있다.

> 사회과학에서 보듯이 사회문제에 대한 과학적 접근은 명백히 자유주
> 의적이다. 그것은 초자연적 개입을 통한 진리의 계시에 대한 반(反)
> 명제 그 자체이다. 모든 형태의 독단주의(dogmatism)에 대한 혐오
> 만큼, 그렇게 특징적인 자유주의적 성향은 아무것도 없다. [9]

자유주의는 계몽주의와 합리주의의 후예로서, 그 기본적 정향에서
경험적이고 과학적이다. 또한 개인의 자유로운 정신활동에 집착하기
때문에, 자유주의는 국가나 사회로부터 주어지는 전통적 가치나 획일
적 지침들에 대해 본능적으로 반발한다. 요컨대 전통(tradition)과 획
일성(uniformity)은 개인적 자유에 대한 전면공격으로 받아들여지는
것이다. 그러므로 이해관계뿐만 아니라 행동양식, 사고방식 등의 다
양성 그리고 이러한 다양성에 대한 '관용'(tolerance)은 자유주의의 본
질적 원칙으로 존중된다.

물론 가장 중요한 자유주의의 기본가치는 뭐니뭐니 해도 '자유'
(freedom or liberty)다. 한마디로 자유주의는 개인의 자유를 그 핵심적
본질로 삼는다. 물론 개인의 자유는 본질적으로 사적 소유의 자유를
일컫는다. 또 다른 자유주의 기본가치는 이 자유와 연결된 것들로서,
자유의 연역 또는 확장이라 일컬을 수 있는 '관용'(寬容)과, 나아가서
는 개인 또는 시민의 자유를 지키고 보장하는 실질적·제도적 원칙으

---

9) L. Schapiro, "Liberalism and the Challenge of Fascism", in Thomas P.
Neill, *The Rise and Decline of Liberalism*(Milwaukee: The Bruce Publishing
Company, 1953), 19쪽에서 재인용.

로서, '입헌주의'(*constitutionalism*) 및 '법의 지배'(*rule of law*) 등을 들 수 있다. 10)

이러한 기본적 가치체계에 입각하여 우리는 자유주의적 인간관을 다음과 같이 유추할 수 있다.

첫째, 자유주의는 인간의 존재가치를 당연히 자유의 쟁취와 향유(享有)에서 찾는다.

자유는 자유주의자들에게 "보다 높은 정치적 목적을 달성하기 위한 수단이 아니라 그 자체가 최고의 정치적 목적이다."11) 그러나 자유는 습관적으로 '무엇을 하기 위한 자유'(*freedom to*) 라는 적극적 의미보다는, '무엇으로부터의 자유'(*freedom from*) 라는 소극적 의미로 해석되었다. 이러한 현상은 자유주의의 반봉건적 출신성분을 고려할 때 손쉽게 이해될 수 있는 부분이다. 자유주의는 바로 '외부적 장애나 간섭 또는 강제로부터의 벗어남'을 뜻하는 자유의 이념으로 무장한 채 봉건적 전횡과 맞붙어 싸운 빛나는 이력을 지니고 있기 때문이다. 이 경우 무엇보다 '국가의 통제, 강제, 구속, 개입으로부터의 자유'가 가장 지배적인 자유주의적 자유의 개념이었다고 말할 수 있다. 국가로부터의 개인적 자유의 보호야말로 전형적인 자유주의자들의 행동강령이었던 것이다.

같은 맥락에서 자유주의는 국가로 대변되는 공동체나 또는 사회집단 및 조직(예컨대 노동조합 등)에 대해 전통적 거부감을 갖고 있다. 심지어는 이러한 조직체들을 개인의 자유와 권리에 대한 위협으로 간주하는 경향이 두드러진다. 12)

---

10) Anthony Arblaster, *The Rise & Decline of Western Liberalism*(Basil Black-well, 1987), pp. 59~91에는 이 문제에 대한 저자의 탁월한 분석이 들어 있다.

11) 같은 책, 56쪽.

12) 물론 이러한 경향에서 일탈하여 '집단적 행동' 또는 '사회와 개인의 유기적 상호관계'를 역설하는 T. H. Green, L. T. Hobhouse, J. A. Hobson 등

이러한 유형의 자유에 대한 집착은 자연스럽게 인간의 모든 행위에 대한 책임을 개인에게서 찾는다. 따라서 예컨대 국가의 개입을 필연적으로 요청할 수밖에 없는 복지체제의 건설은 전통적인 자유주의적 장벽에 부딪쳐 적지 않은 곤욕을 치러야 한다. 이러한 "거대 정부"의 패악(悖惡)을 가령 빌다브스키 교수 같은 이는 다음과 같이 확신에 찬 목소리로 설파하고 있다.

> 거대 정부를 꺼려하는 이유는 무엇인가? 거대 정부는 시민의 도덕적 정신력에 좋지 않은 의존심을 키워주며 불명예스러운 결과를 낳도록 만든다. … 정부기관의 비정상적 비대증(肥大症)에 대해 치러야 하는 값비싼 대가는 바로 민주주의에 대한 모독(冒瀆)이다. 13)

말하자면 전통적 자유주의자에게는 국가의 적극적 역할이 "민주주의에 대한 모독" 같은 것으로 비치는 것이다.

특히 국가와의 직접적 연관성 속에서 파악된 이러한 '무엇으로부터의 자유'는, 이사야 벌린의 표현을 빌리면, '소극적 자유'(negative freedom)를 뜻한다. 이 자유는 결코 침해받아서는 안 될 최소한의 개인적 자유로 반드시 보호되지 않으면 안 된다. 반면에 벌린은 '무엇을 하기 위한 자유'를 '적극적 자유'(positive freedom)로 표기한다. 그는 이렇게 말한다.

> 그것은(적극적 자유; 역자 주) … '소극적' 자유의 추종자들이 이따금 잔혹한 폭정(brutal tyranny)을 그럴듯하게 꾸며대는 것 이상의 것으

1880년에서 제1차 세계대전 연간에 이른바 '신자유주의'(New liberalism)를 표방한 세력이 없었던 것은 아니다. 그러나 이러한 일탈적 경향조차도 지배적인 개인주의의 철옹성을 깨뜨리지는 못하였다. 이에 대해서는, 같은 책, 66쪽을 참고할 것.

13) Aron Wildavsky, *How to Limit Government Spending* (Berkeley: University of California, 1980), p. 7.

로 쳐주지 않는, 이미 지정된 형태의 삶으로 이끄는 … 자유다. 14)

타인의 방해를 받지 않고 내가 원하는 대로 선택할 수 있는 자유를 '소극적 자유'라 한다면, '적극적 자유'는 내가 내 자신의 '주인'이 되는 자유이다. 겉으로 보기엔 비슷한 것 같지만 이 두 자유는 역사적으로 상반된 방향으로 발전했다. 왜냐하면 벌린에 의하면 두 번째 '적극적 자유'는 어느 "특정적 목표"(정의라든가 공공의 건강 등)를 향하여 자신의 "참되고", "이상적인" 자아(自我)의 이름으로 다른 사람들을 강제할 수 있다고 믿기 때문이다. 따라서 그것은 타인의 선택이나 희망과 상관없이, 일방적으로 특정적 방향을 지정하고 강요하는 반(反)개인주의적 "폭정"(暴政)으로 전락할 수도 있다. 벌린은 이러한 우려를 지니고 있었기 때문에 적극적 자유에 대해 소극적 태도를 보였다. 그리고 이런 경향은 어떤 의미에서는 자유주의적 전통에 더욱 맞아떨어진다고 말할 수 있다.

둘째, 자유주의는 '관용'(tolerance)을 인간의 개인적·사회적 덕목으로 간주한다.

---

14) Isaiah Berlin, *Four Essays on Liberty* (Oxford University Press, 1984), p. 131; 이미 1900년대 초부터 이 '소극적', '적극적' 자유의 개념을 활용한 드 루기로는 "소극적 자유는 모든 권위와 모든 법을 부인함으로써 존재한다. 반면에 새로운 적극적 자유는 권위와 법의 근원을 자기 자신의 심성의 내면으로 이동시킴으로써 존재한다"고 서로를 구별하고 있다. 즉 적극적 자유는 칸트에게 나타나는 것처럼 "자기 자신에 대한 법이 되는 것, 혹은 다른 말로 자율적이 되는 것", 또는 "양심의 판단으로 인정한 권위에 복종하는 것" 등을 의미하는데, 이것이야말로 "진정으로 자유롭다." 다른 곳에서 드 루기로는 이 두 개념을 보다 구체화시키고 있다. 소극적 자유는 "개인의 활동이 그 본연의 발전을 위해 방해받지 말아야 한다는 형식적 보증"을 뜻하는 것이라면, 적극적 자유는 "자신의 국가를 만들기 위한 자유로운 개인의 효율적인 힘의 표현"을 의미하는 것으로 간주한다. 이에 대해서는, Guido De Ruggiero, *The History of European Liberalism*. translated by R. G. Collingwood〔Beacon Press, 1959(1927)〕, pp. 352, 370을 볼 것.

164

물론 관용은 오히려 소극적 자유의 개념에서 비롯한다. 관용은 한 마디로 "국가, 사회, 또는 개인의 편에서 볼 때, 누구나 선택한 대로 행동하고 믿을 수 있는 타인의 평등한 권리를 침해하지 않는 한, 비록 그것이 마음에 들지 않고 동의할 수 없는 것이라 하더라도, 어떠한 행위나 신념도 받아들여야 하고 방해놓지 말아야 할 의무"를[15] 일컫는다. 말하자면 공적인 일에서나 또는 개인적 사안에서 서로가 가지고 있는 견해나 신조를 절대적인 것으로 고집하지 않는 태도가 곧 관용인 것이다.

그러나 사회에 대한 다원론적 시각이 활발히 논의되기 시작하면서 이 관용은 개인의 다양성에서 집단의 다양성으로 강조점이 이동하게 된다. 요컨대 다원주의(pluralism)는 사회의 자연적 불일치, 말하자면 일반의지나 공통이해 등이 존재하지 않음을 역설한다. 이에 따르면 사회는 서로 이해관계를 달리하는 여러 이질적 집단의 집합이다. 따라서 이해관계의 대립은 필연적이고 그 가운데 어떠한 것도 절대적인 것이 되지 못하기 때문에, 경쟁하는 개별집단 사이의 타협이 필수적 덕목으로 등장한다. 이 경우 관용은 대립적 이해관계의 존재를 서로 인정하면서, 협상과 타협을 통해 그 대립성을 풀어 나가려는 호혜적 자세를 가리킨다.

관용은 이처럼 자유주의에 내재한 상대주의적 회의주의의 단면을 여실히 드러내 보인다. 이렇게 볼 때 "자유주의적 관용의 적(敵)은 광신(fanaticism)"이다.[16] 그러나 이 관용은 합리적이고 이성적인 판단 및 자기규율을 요구하는, 따라서 사회의 문화적 발전수준이 높은 곳에서나 기대할 수 있는 공적이고 개인적인 덕목이라 할 수 있다.[17]

---

15) Arblaster, 앞의 책, 66쪽.
16) 같은 책, 69쪽.
17) '똘레랑스' 구호가 마치 유행가처럼 한때 우리 사회에서 대중적 인기와 관심을 끌 수 있었던 것도, 실은 한국이 아직도 이러한 차원의 관용을 기대하기 어려운 정도의 수준에 처해 있음을 여실히 입증하는 조그만 사례의 하나라

셋째, 자유주의적 인간학의 철학적 토대는 한마디로 개인주의다. 요컨대 개인주의는 자유주의의 철학적 기초인 것이다.

봉건적 신분질서로부터의 개체의 해방을 기치로 내걸었던 부르주아지는, 개인이야말로 자신의 이해관계를 가장 잘 알고 있을 뿐만 아니라, 그것을 또 가장 잘 합리적으로 추구할 능력을 소유하고 있다고 확신하였다. 따라서 자유주의는 애초부터 이러한 개인의 자유로운 정치·경제적 활동이 철저히 보장되지 않으면 안 된다고 역설하였던 것이다. 이런 뜻에서 국가의 역할과 기능을 최소한의 범주에 묶어 두고자 했다. 그리하여 국가조차도 결코 침해할 수 없다고 선포한 인간의 기본적 권리체계를 만들어내었다. 재산권의 보호가 그 핵심을 차지한다는 것은 두말할 나위도 없다. 바로 이러한 개인주의에서 자유주의의 기본가치인 자유, 관용, 기타 개인적 권리들의 내용이 규정되는 것이다.[18]

이런 의미에서 소크라테스에 의해 비판당하던 소피스트인 트라시마코스의 주장이 자본주의적 현실에는 훨씬 부합하는 것이라 말할 수 있다. 트라시마코스는 이렇게 항변한다.

> 올바름(올바른 상태, 정의) 및 올바른 것(정의로운 것)이란 실은 '남에게 좋은 것', 즉 더 강한 자 및 통치자의 편익(便益)이되, 복종하며 섬기는 자의 경우에는 '자신에게 해가 되는 것'인 반면에, '올바르지 못함'은 그 반대의 것이어서, 참으로 순진하고 올바른 사람들을 조종하거니와, 다스림을 받는 사람들은 저 강한 자에게 편익되는 것을 행하여, 그를 섬기며 그를 행복하게 만들지, 결코 자신들을 행복하게 만들지는 못한다는 사실을 잊지 말아야 한다.

따라서, "올바른 이는 올바르지 못한 자보다 어떤 경우에나 '덜 가

할 수 있다.

18) 이에 대해서는 이 책 제7장 2절의 3) 공동체주의에서 (2) 개인주의에 대한 비판적 성찰 부분을 참고할 것.

진다'고 생각"해야 마땅하다고 주장한다. 19)

요컨대 정의란 '강자의 이익'이며, 많이 가진 자는 언제나 정의롭지 못하다. 뿐만 아니라 다스림을 받는 자들은 항상 자신이 아니라 강자의 행복을 위해 스스로를 희생하는 존재라는 말인 것이다.

어떻게 보면 자유주의적 인간관은 '심지어' 개인적 자유의 차별마저 어쩔 수 없는 것으로 체념하는 비자유주의적 경향으로까지 뻗어나가는 것처럼 보인다. 예컨대 이사야 벌린은 "쇠꼬챙이의 자유가 피라미의 죽음"을 의미한다는 것을 잘 알고 있으면서도, "옥스퍼드 대학교수의 자유는 이집트 농부의 자유와는 전혀 다르다"는 것을 덧붙이는 것을 잊지 않는다. 그에게는 개인적 자유가 "모든 사람의 일차적 필요"는 아닌 것이다. 벌린은 마침내 자유의 차별 그 자체가 아니라, 자유의 취득 및 행사방법이 오히려 문제의 본질임을 솔직히 털어놓는다.

> 서구 자유주의자의 양심을 괴롭히는 것은, 내 생각으로는, 사람들이 찾는 자유가 사회적 또는 경제적 조건에 따라 차이가 난다는 사실이 아니라, 그 자유를 소유한 소수가 그걸 지니지 못한 거대한 다수를 착취하거나 최소한 그들을 외면하고서 그것을 획득하게 되었다는 점이다. 20)

다시 말해 자유주의의 전도사 벌린도 자유라는 것이 사회적 소수의 손에 독점적으로 장악될 수도 있고, 동시에 착취나 사회적 무책임 등 부당한 방법으로 획득될 수도 있다는 것을 솔직히 시인하고 있는 것이

---

19) 박종현, 앞의 책, 93~94쪽.

20) Isaiah Berlin, *Four Essays on Liberty* (Oxford University Press, 1984), pp. 124~125 참고; 여기서 벌린은 J. S. 밀의 논리를 충실히 따르는 것처럼 보인다. 밀은 "인종 전체가 미성년의 단계에 있는 후진사회에 살고 있는 사람들"에게는 자유가 유보될 수 있음을 명백히 하고 있다. 나아가 그는 "그들의 발전이 목적이라는 조건" 밑에서는 "독재는 야만인을 대하는 정당한 방법"이 될 수 있다고 덧붙였다. J. S. Mill, *On Liberty* (Penguin Books, 1985), 김형철 옮김, 《자유론》(서광사, 1992), 23쪽.

다. 그렇다면 자본주의 사회에서 이러한 자유의 불평등과 그 불평등
한 자유의 존립요건이 과연 극복될 수 있을 것인가.

앞에 등장한 트라시마코스의 주장처럼, 자유주의적 개인주의 역시
결국 강자의 논리에 영합한다. 그렇기 때문에 그것은 자본주의적 시
장원리와 걸음을 나란히 할 수 있는 것이다. 이런 의미에서 '소유적
개인주의'(possessive individualism) 21) 는 자유주의적 전통과 늘 더불어
있다고 말할 수 있다. 사적 소유는 이 개인주의의 사회경제적 표현인
것이다.

넷째, 따라서 자유주의적 인간의 종교는 사유(私有)의 철칙일 수밖
에 없다.

"가장 위대한 자유주의 철학자"로 추앙받는 존 로크의 핵심적 정치
사상 역시 바로 소유(property)의 개념에서 출발한다. 그는 '시민정부
이론'에서 특별히 한 장(章)을 할애하여 소유의 문제를 다루고 있긴
하지만, 그 개념을 명확히 하지는 않았다. 그러나 논지의 펼쳐짐을
따라가면, 소유는 대략 '자연에 인간의 노동을 투입함으로써 얻는 획
득물'이다라는 정도의 의미를 끌어낼 수 있지 않을까 한다.

로크는 성서에 나오는 쓰임새를 본떠, "신은 이 세계를 인간에게 공
동으로 하사"22) 함으로써 그것을 인간의 삶에 가장 이롭게 사용되도록
하였다고 말문을 열고 있다. 이 땅과 그곳에 널려 있는 온갖 것들은
모두 인간의 공동소유물이다. 그렇다고 해서 신은 그것들이 계속 공
동의 것으로, 그리고 경작되지 않은 채 내버려지기를 바란다는 것은
결코 아니다. 신은 그것들을 "근면하고 이성적인" 사람들이 활용하도

21) C. B. Macpherson, *The Life and Times of Liberal Democracy* (Oxford University Press, 1977), 이유동 역, 《소유적 개인주의의 정치이론》(인간사랑, 1991) 참고.
22) Locke, *The Second Treatise of Government*, 3rd ed. (Basil Blackwell, 1976) 26절, 15.

록 당부하였다. 23) 그리하여 노동이 요구되는 것이다. 노동이 없으면 모든 것이 "좀처럼 값어치(worth)를 지니지 못하게" 된다. 그리고 노동은 "모든 것에 가치의 차이가 생기도록" 만든다. 24)

이윽고 "순수하게 자신의 것이라 말할 수 있는 자기 몸과 손의 노동(labour)"을 통해, 자연상태로 놓여 있던 것들이 비로소 인간의 소유가 된다. 왜냐하면 "노동은 노동하는 사람(labourer)의 의심할 바 없는 소유물(property)"이기 때문이다. 그러므로 그는 자신의 노동의 산물에 대해 사적 소유권을 갖는다. 25)

그렇다고 해서 이러한 사적 소유가 무한정 받아들여지는 것은 아니다. "신은 어떠한 것도 인간으로 하여금 썩히거나(spoil) 망가뜨리도록(destroy) 만들지는 않았다."26) 로크가 문제삼았던 것은 소유가 얼마나 많은가 하는 것이 아니라, 어떤 것들이 쓸모 없이 썩어 문드러지는가(perish) 하는 것이었다. 27) 그래서 사람들은 남는 것을 남에게 주어도 좋고, 서로 맞바꾸어도 좋다. 그러나 이런 골칫거리들은 화폐가 만들어지면서 아무 문제없이 풀리게 되는 것이다.

"화폐의 발명"은 이제 재산의 무한한 증식에 도움을 줄 뿐만 아니라, 또한 그러한 행위를 자연스러운 것으로 받아들이도록 만들었다.

---

23) 같은 책, 34절, 18.

24) 같은 책, 40절 23, 22, 43.

25) 같은 책, 27절 15. 그러나 로크는, 의도적으로 그랬는지 실수로 그랬는지는 알 수 없으나, 계속 이어나가는 글 속에서 "나의 하인이 자른 뗏장도 … 어느 누구의 지시나 동의 없이 나의 소유가 된다"(같은 책, 28절 16) 라고 쓰고 있다. 자연상태하에서 어떻게 하인이 존재할 수 있었는가 하는 기이한 가정을 제쳐놓는다 하더라도, 하인의 노동의 산물이 왜 하인에게 돌아가지 않고 주인이 가로채는가 하는 의문은 풀리지 않는다. 바로 이러한 '사소한' 예들은, 아블라스터가 날카롭게 꼬집고 있듯이, 로크의 이론체계가 철저한 일관성을 결여하고 있음을 나타내는 증거들이다. 이런 문제들과 아울러 특히 로크의 소유 개념에 대한 간결하지만 참신한 비판을 보기 위해서는 Arblaster, 앞의 책, pp. 162~167을 참고할 것.

26) Locke, 같은 책, 31절, 17.

27) 같은 책, 46절, 25.

로크가 애초부터 문제삼았던 것은 소유의 양이 아니라 소유물의 훼손
이었기 때문에, 화폐의 도입으로 인해 재산의 격차가 크게 벌어진다
한들 그것이 달리 문제될 리 없었다. 자연상태의 초기단계에서 인간
이 누렸던 자연의 평등한 공유는 — 화폐라는 것이 서로간의 동의를
통해서만이 가치를 지니게 되는 것이기 때문에 — 이윽고 사람들이 서
로 인정하는 "불균형하고 불평등한 소유"로 변질되었던 것이다. 28)

　이제 소유의 불평등은 사회적 필연이 되었다. 그리하여 바로 이 "재
산의 보호"를 위해 사람들은 사회로 들어오기로 작정하였다. 그리고
재산의 보호는 "정부의 목적" 그 자체다. 29) 이처럼 시민사회로 들어오
면서 자연적 평등이 아니라 '생명, 자유, 재산'이 로크에 의해 인간의
기본권으로 기림을 받게 되었다. 자연적 평등은 이제 연령, 덕, 재능
과 장점(parts and merit), 출생 등에서의 자연스러운 불평등으로 뒤바
뀌었다. 그리고 평등은 단지 "사법(jurisdiction)의 관점에서", 요컨대
"자연적 자유"(natural freedom)에 대한 "평등한 권리"(equal right)라는
의미로 이해되었다. 30)

　다른 한편 이러한 사적 소유에 관한 신앙은 근래 '자유지상주의'의
대표적 저술이라 할 수 있는 로버트 노직의 《아나키, 국가 그리고 유
토피아》에 이르면 엽기적(獵奇的) 맹신(盲信)의 차원으로 비약한다.

　예컨대 사회 밑바닥 계층에 대해 베풀어지는 조그마한 사회적 배려
조차 노직에게는 한마디로, 타인의 권리와 자유를 규제하고 타인의
행동들을 유용(流用)하는 비도덕적 간섭행위로 비치는 것이다.

　어떤 사람으로부터 노동의 결과를 점유한다 함은 그에게서 시간을
빼앗고, 그로 하여금 여러 다양한 활동을 이행하도록 지시하는 것과
다를 바 없다. 사람들이 그대에게 일정 시간 동안 어떤 일, 또는 보상

28) 같은 책, 50절, 26.
29) 같은 책, 138절 71.
30) 같은 책, 54절 28.

170

없는 어떤 일을 하도록 강제할 경우, 그들은 그대의 결정과는 상관없이 그대가 무엇을 해야 하고, 그대의 일이 어떤 목적에 봉사할지를 결정한다. 그들이 그대로부터 이러한 결정권을 빼앗아 가는 과정은 그들을 그대의 부분적 소유자(part-owner)로 만든다. 그것은 그들에게 그대가 가지고 있는 재산권의 일부를 주는 것과 마찬가지다. 마치, 정당하게, 동물 또는 무생물체에 대한 부분적 통제권과 결정권을 갖는 것이 그것들에 대한 재산권을 갖는 것처럼.[31]

노직은 바로 이러한 개인적 권리와 자유에 대한 절대성에서 출발하고 있기 때문에 "근로소득에 대한 과세를 강제노동과 동등한" 것이라고까지 단정짓는다.[32] 그도 그럴 수밖에 없는 것이 노직의 정의관(正義觀)은 앞으로의 분배문제가 아니라, 지금까지의 취득과 이전이 어떻게 이루어져 왔는가 하는 문제에만 집중적으로 매달리고 있기 때문이다.[33] 결과적으로 노직은 사회적 불평등을 순수하게 개인적 능력과 선택의 책임으로 미루어 놓는다. 그리하여 개인이 소유한 모든 것 ― 그것이 천부적 재능이든 물질적 재산이든지를 가리지 않고 ― 에 대한 부분적 재분배조차 개인적 권리에 대한 침해로 간주하는 것이다.

---

31) Robert Nozick, *Anarchy, State, and Utopia*(New York: Basic Books, 1976). 이 글에서는 남경희 옮김, 《아나키에서 유토피아로: 자유주의 국가의 철학적 기초》(문학과 지성사, 1983)를 따랐으며, 번역이 어색한 부분은 내가 다소 수정하였다(인용문은 218쪽).

32) 같은 책, 214쪽.

33) 노직은 보수주의자의 전형이 그러한 것처럼 결코 미래지향적이지 않다. 그는 오직 최초의 취득부터 지금까지 흘러온 과정이 옳았는지 어떠했는지 하는 것에만 관심을 쏟고 있다. 이런 뜻에서 노직의 정의는, 어떻게 취득이 이루어져 왔는가 하는 것만을 따지는 "뒤를 돌아다보는 덕망"이라고 말할 수 있다(Kai Nielsen, *Equality and Liberty: A Defense of Radical Egalitarianism*(Totowa: Rowman & Allanheld, 1985), p. 199); 보수주의가 미래에 대한 비전을 제시하지 못하는, 그리고 그럴 필요도 없는 이념체계라 할 때, 노직의 이론은 이러한 성향을 유감없이 드러내 보여준다고 말할 수 있다.

3. 글을 닫으며

역사적으로 볼 때, 초기 고전적 자유주의는 재산의 유무에 따라 정치적 평등조차 거부하였다. 소유의 불평등이 천부적 인권 개념으로 신성시되었던 것이다. '평등'은 단지 구체제의 특권계급이 누리던 모든 지위와 특권을 이제는 부르주아계급도 동일하게, 그러나 합법적으로 향유할 수 있다는 의미로 통용되었다. 이것이 프랑스 혁명의 역사적 한계였다. 그것은 말하자면 힘있는 자를 위한 '호랑이의 자유'만을 옹호한 것이다.

자유가 인민대중의 행복을 보장해주지 못한다는 것이 확연해지자, 자유에 대한 반란이 본격적으로 조직화되기 시작하였다. 다양한 공산주의 및 사회주의 조류들이 대오(隊伍)를 정비하였다. 이러한 상황에서 자유주의적 부르주아계급에 의해 고안된 자구책이 바로 자유민주주의였다. 그것은 경제적 평등이 아닌 정치적 평등만을 인민대중에게 허용함으로써 한편으로는 자유주의적 지배세력의 경제적 기득권은 계속 온존시키고, 다른 한편으로는 사회주의 세력의 변혁적 예봉(銳鋒)은 미연에 무력화시키고자 하는, 일종의 절묘한 정치적 타협책이기도 하였다.

어쨌든 사회주의 사회의 출현은 개인주의에 뿌리내리고 있는 자본주의적 '호랑이의 자유'에 대한 전면적 도전이었다. 그러나 그것은 결국 '앵무새의 평등'으로 막을 내렸다. 자본주의의 '평등 없는 자유'를 뒤쫓는 긴장된 추격전은 결국 국가 사회주의의 '자유 없는 평등'으로 끝맺음하게 되었던 것이다. 사회주의권의 몰락은 바로 이 '자유 없는 평등'의 좌절을 의미한다. 이를테면 몰락한 공산권은 사회적 평등을 펼쳐 보인다는 명분으로 인민의 개인적 자유를 짓누르며 당과 국가의 일방통행식 명령만 복창하도록 만든, '앵무새의 평등'을 구현하고자 애썼다는 말이다. 반면에 자본주의 국가들은 개인의 자유를 철저히 보장한다는 허울을 내세우며, 결과적으로 힘센 자들만 활개치도록 함으로써 사회적 불평등을 심화시키는, '호랑이의 자유'만을 구가하는 셈이다.

제 5 장

사회민주주의가 바라보는 인간에 대한 시각 [1)]

독일 사회민주당(SPD)을 중심으로

한마디로 대한민국에서는 '울타리 정치론'이 통용된다.

말하자면 자신이 속해 있는 조직의 '울타리' 밖에서는 민주주의가 거들먹거려지지만, 그 '울타리' 안에서는 비민주주의, 권위주의, 위계질서가 성행하고 있다는 말이다. '울타리' 안팎이 이를테면 표리부동(表裏不同), 즉 겉과 속이 다르다는 얘기다. 예컨대 노동자들은 자신의 조직 울타리 '밖'에서는 '심지어' 최고 통수권자인 대통령까지 직접 뽑을 수 있는 장엄한 권리를 향유하지만, 자신이 일하는 공장이나 기업체 안에서는, 거의 아무런 발언권도 없다. 자신의 임금문제나 노동조건 개선 등 최소한의 기본적 복지문제에 대해서도 거의 상명하복식의 일방적 통제에 따라야 하는 실정이다. 자율권(自律權)이 없다.

이를테면 노동자, 사무직원, 대학생, 공무원 등 주요 사회조직 및 단체 구성원들은 자신의 조직 울타리 '밖'에서는 '심지어' 최고 지도자인 대통령까지 직접 뽑을 수 있는 권리를 누리지만, 그 울타리 '안'에서는 자신의 운명을 직접 결정할 수 있는 권리를 거의 갖지 못하고 있

---

1) 서강대 〈동아연구〉 특별호(2004. 09)에 이미 발표된 바 있는 논문을 이 책의 전체 흐름에 맞춰 수정·보완하여 다시 이 책에 싣게 되었음.

는 형편이라는 말이다. 나는 우리나라의 이러한 모순적 사회현실을 '울타리 정치론'이라 규정한다.

그런데 이러한 '울타리 정치론'과는 판이하게, "노동하지 않을 때는 시민으로서의 민주적 권리를 인정하고, 노동하는 현장에서는 그들을 민주적 미성년 상태로 내모는" 모순적 현실을 고발한다고 선언하는 존재가 있다. 그것은 바로 사회민주주의(社會民主主義)다.[2]

이런 맥락에서 볼 때, 사회 모든 분야에서의 민주화를 지향한다고 선언함으로써, 마치 우리의 '울타리 정치론'을 극복하고자 노력하는 듯이 보이는 사회민주주의 노선이, 우리의 관심을 끌기에 충분한 요소를 지니고 있다. 이 글 속에서는 사회민주주의가 과연 우리의 대안이 될 수 있는가 하는 문제의식에 입각하여, 사회민주주의의 인간관을 분석해보고자 한다.

무엇보다 공산권의 몰락과 더불어 자본주의 체제의 전제적 세계지배가 관철되었다. 그에 편승하여 '세계화'의 폭풍이 또한 이 세계를 휩쓸고 있다. 그리하여 자유경쟁의 미명하에 빈부격차와 사회적 불평등까지 세계화되고 있는 현실이다. 이러한 신자유주의의 돌풍을 배경으로 하여, 한편에서는 자유민주주의의 궁극적 승리가 예찬되지만, 또 다른 한편에서는 민주주의의 위기가 소리 높이 절규된다.

'자유 경쟁'과 '기회의 균등'이라는 자유주의적 구호에도 불구하고 (또한 그 때문에), 빈부격차와 사회적 불평등이 부추겨지고 깊어진다. 그러나 이러한 부정적 현상을 극복하기 위한 국가의 개입은 '개인의 자유'를 보호한다는 명분으로 억제된다. 아울러 정치·제도적 영역을 벗어난 사회의 다른 분야, 예컨대 산업조직이나 경제구조에서의 민주화도 마찬가지로 기꺼이 받아들여지지 않는다. 예를 들어 기업이나

2) Marie Schlei & Joachim Wagner, "Freiheit-Gerechtigkeit-Solidarität", *Grundwerte und praktische Politik* (Bonn-Bad Godesburg: Verlag Neue Gesellschaft GmbH, 1976), pp. 132~133 참고.

작업장에서의 의사결정에 근로대중이 동참한다는 것은, 자유주의 및 시장경제의 원리와 어긋나는 것으로 인식된다. 뿐만 아니라 복잡한 사회관계와 방대한 관료조직은 국민 개개인의 합리적이고 적극적인 정치참여의 길을 막아버린다. 개인은 무기력하다. 왜냐하면 자유경쟁을 물신(物神) 숭배하는 자유주의의 깃발 아래서는 힘센 자, 즉 '거인'(巨人)만이 진정한 개인이기 때문이다.

그런데 바로 이러한 "심각한 불평등과 만인의 만인에 대한 투쟁이 자리하고 있는" 상황에서, "자유주의의 오류"야말로 특히 "인간적 연대"를 외면하고 사회적 불의와 부자유, 그리고 분열을 조장하는 점에 있다고 자유주의를 매섭게 질타하고 있는 존재가 있다. 그것이 바로 사회민주주의다.[3] 이런 의미에서 사회민주주의의 인간관을 탐색해보는 것은 적잖은 시대적 의의가 있으리라 생각된다. 뿐만 아니라 그것은 오늘날 이른바 '세계화 시대'가 발산하는 역사적 모순의 일단을 해부해보는 한 방편이 될 수도 있을 것이다.

그러나 이 좁은 글 속에서 사회민주주의의 전체 역사 및 그 본질 등을 둘러싼 여러 성과와 논쟁들, 그리고 국가별 다양한 발전경로들을 일일이 다 섭렵할 수는 없다. 여기서는 일단 독일 사민당(SPD)을 중심으로 하여, 사회민주주의의 본질적 가치에 견주어본 사회민주주의적 인간관을 점검하기로 한다.

---

3) Miller & Potthoff, *Kleine Geschichte der SPD: Darstellung und Dokumentation 1848~1983* (Bonn: Verlag Neue Gesellschaft GmbH, 1983), p. 419.

1. 사회민주주의의 '기본가치'(*Grundwerte*)

특히 소련 및 동유럽 공산권이 몰락의 와중에 있을 무렵, 사회민주주의는 새로운 역사적 조명을 받는 듯이 보였다. 그 당시 우리나라에서도 이러한 현상은 예외가 아니어서, '한때' 사회민주주의가 갑자기 뜨거운 관심의 대상으로 떠올랐다가 ― 물론 우리에게는 대개의 경우가 그러하듯이 ― 이내 또 소리 없이 시들해져버린 적도 있었다.

아마도 한편으로는 사회주의권의 붕괴에 따른 또 하나의 새로운 대안체계가 될 수 있지 않겠는가 하는 기대감에서, 그리고 다른 한편으로는 소련과 동유럽 여러 나라들의 개혁이 결국 지향하는 것이 바로 이것이 아니겠는가 하는 심정적 예단(豫斷)으로 인해, 사회민주주의는 예전에 볼 수 없었던 '호황'을 누렸던 듯하다. 이런 분위기에서 사회민주주의는 때로는 자본주의와 사회주의 사이에 놓여 있는 독자적 생산양식 개념처럼 여겨지기도 하고, 또 때로는 자본주의적 자유민주주의와 진배없는 것으로 받아들여지기도 했다.

이를 통해 짐작할 수 있듯이, 사회민주주의는 사회주의 또는 자유주의와의 관련성 속에서 적잖은 개념적 혼란에 휩싸이기도 한다. 그러나 이러한 개념적 혼란은 대체로 사회민주주의의 생성 및 전개과정과 연루된 것이기 때문에, 그 흘러온 역사를 총체적으로 돌이켜 봄으로써 많은 부분을 제대로 추스를 수 있을 것이다. 그러나 나라마다 추구하는 사회민주주의적 노선에 차이가 있고, 또 그로 인해 사회민주주의의 기본가치에 대한 권위 있는 합의가 이루어지지 못한 상태이기 때문에, 이마저도 그렇게 쉽지는 않다. 그 역사의 흐름에 개별국가들의 특수성이 배어 있는 까닭이다. 따라서 여기서 우리는 일단 최소한의 합의를 이끌어내는 것으로 만족해야 할 듯하다.

사회주의 인터내셔널(SI)에 속한 사회민주당은 자신들이 추구하는 규범적 원칙 또는 정향들을 당강령(黨綱領)에 명기하고 있다. 요컨대 그러한 '기본가치'들(Grundwerte)은 당의 일상적 정책이나 실천뿐만 아니라, 동시에 당의 진로와 목표까지 규정하는 당의 근본지침이자 정신으로 작용한다. 그러므로 그 당의 기본가치는 그 당의 존재이유(raison d'etre)라 할 수 있다.[4] 특히 독일 사회민주주의의 경우 기본가치에 대한 철학적·이데올로기적 논쟁의 전통은 상당히 치열하고 장구한 편이다. 그리고 그들은 바로 이 기본가치에 의거해 비로소 그들의 구체적인 사회경제적 프로그램을 설정할 수 있다고 믿는다.

서유럽의 사회민주당 및 사회당은 반드시 '기본가치'라는 명칭이 아니라 하더라도, 예를 들어 '기본 지주(支柱)', '이상', 또는 '이념' 등의 다양한 이름으로 자신들의 이러한 규범적 지향을 밝히고 있다. 예컨대 독일 사민당은 '고데스베르크 강령'(1959)에서 '자유'(Freiheit), '정의'(Gerechtigkeit), '연대'(Solidarität)를, 오스트리아 사민당(1958)은 '사회적 정의', '보다 높은 복지', '자유', '세계평화'를, 영국 노동당(1973)은 '민주주의', '경제적·사회적 평등'을, 이탈리아 사회당(1973)은 '정의', '평등', '평화'를, 스웨덴 사회민주노동당(1975)은 '자유', '평등', '민주주의', '연대', '노동'을 각각 자신들의 기본가치로 삼고 있다.[5]

따라서 이들이 이상화하는 이러한 기본가치들 속에는 사회민주주의가 필연적으로 품고 있고 또 지향하고자 하는 인간적 삶과 인간 사회의 이상이 녹아들어 있을 수밖에 없다.

---

[4] '기본가치'와 구체적 정책 사이에 내재하는 철학적·정신사적 상관성을 다각도로 살펴보기 위해서는 Schlei & Wagner, 앞의 책, pp. 1~27을 참고할 것.

[5] Autorenteam der HDS, *Zur Einführung in die Theorie des Demokratischen Sozialismus*(Frankfurt/M.-Köln: Europäische Verlagsanstalt, 1977), pp. 20~21 참조.

사회민주주의의 주요 특성 중의 하나는 세계관적 다원주의(多元主義)라 할 수 있다.

독일 사회민주주의도 '고데스베르크 강령'을 기점으로 하여 '세계관적 노동자 정당(Arbeiterpartei)'에서 '다원주의적 국민정당(Volkspartei)'으로 탈바꿈하였다. 이를 통해 독일 사민당은 종말론적 사회질서나 결정론적 이데올로기 또는 특정적 사회계급의 가치관 등을 거부하고, 다양한 신념체계와 이질적 세계관을 골고루 수용하는 폭넓은 다원주의를 받아들이게 되었다. 고데스베르크 강령도 이를 명백히 밝히고 있다.

기독교 윤리와 휴머니즘과 고전철학에 뿌리를 드리운 유럽의 사회민주주의는 "최종 진리"(letzte Wahrheit)를 선포하려 하지 않는다. 세계관이나 종교적 진리에 대한 몰이해와 무관심 때문이 아니라, 정당이나 국가가 그 내용을 규정할 수 없는, 신념에 따른 인간적 결정을 존중하기 때문이다.6)

요컨대 지향해야 할 공통의 신념이나 세계관이 사라진 자리에 바로 다원주의에 입각한 기본가치의 체계가 들어선 것이다. 그리고 이러한 기본가치의 신봉은 각 개인의 세계관이나 종교 또는 도덕적 관점의 차이에 따라 다양하게 풀이되고 해석될 수 있다고 본다. 그러나 사회민주주의가 '최종 진리'를 거부한다고 해서 그 기본가치 역시 어떠한 특정적 이론체계나 세계관의 틀에 전혀 얽매이지 않으리라는 일반적 주장은 설득력이 떨어진다. 사회민주주의 자체가 자본주의적 굴레 속에서 운동하는 '실천 및 이념체계이기 때문에, 사회민주주의의 기본가치도 어쩔 수 없이 자유주의 또는 자유민주주의적 정향을 강하게 띨 수밖에 없다는 것은 자연스러운 이치라 할 수 있다.

다른 한편 사회주의 운동에서 국가에 대한 입장은 언제나 중요한

---

6) Miller & Potthoff, 앞의 책, p. 386.

의미를 지녔다. 왜냐하면 사회주의적 목표를 달성하기 위해 기존의
국가체제를 어떤 식으로든지 변경하는 것이 필연적이라고 믿었기 때
문이다. 무정부주의자들처럼 국가의 존재 자체를 근본적으로 부인하
는 세력도 있었고, 맑스주의자들처럼 부르주아 국가의 계급성을 이론
적·실천적으로 폭로하면서, 그것을 혁명을 통해 프롤레타리아 국가
로 변질시키고자 했던 부류도 있었다.

그러나 전통적 사회민주주의의 경우, 이론적으로는 부르주아적 계
급국가와의 철저한 결별을 촉구하면서, 실천적으로는 바로 그러한 부
르주아 국가와의 화해 속에서 자신의 사회주의적 목표를 추구하고자
했던 이중성을 여실히 보여주기도 하였다. 특히 제1차 세계대전을 전
후해서는 국가 속에서 그리고 국가를 통하여 사회주의적 개혁작업을
전개해 나가고자 하는 쪽으로 방향을 굳히게 되었다. 따라서 국가는
더 이상 특수한 계급적 이해관계가 아니라, 공통적·보편적 이해관계
의 담지자(擔持者)로 인식되게 되었다.

말하자면 사회민주주의적 의미에서 국가는 사회로부터 초탈한 중립
적 기구도 아니고, 동시에 특정적 사회세력 또는 계급(예컨대 자본)의
도구도 아니다. 그러므로 그것은 자본주의적 생산양식의 운동법칙에
일방적으로 종속된 존재도 물론 아닌 것이다.[7] 국가는 오히려 사회의
총체적 조직으로서 다양한 사회세력의 영향력에 골고루 종속되어 있
기 때문에, 원칙적으로 정치적 다수에 입각하는 민주적 정통성의 확
보를 통하여, 이들의 의사를 특수한 소수의 이해관계에 맞서 관철시
킬 수 있다고 믿는다.

사회민주주의가 추구하는 국가는 한마디로 '사회적 국가'(Sozialstaat)
이다.

7) Hans Kremendahl, "Demokratischer Sozialismus versus sozialistische
Demokratie", in H. Horn et al. (Hg.), *Sozialismus in Theorie und Praxis:
Festschrift für Richard Löwenthal* (Berlin-New York: Walter de Gruyter
1978), pp. 112~113을 참고할 것.

180

이 사회적 국가는 고전적 자유주의에서 말하는 '야경(夜警)국가'와는 달리 보다 많은 자유와 보다 많은 사회적 정의의 확보를 위하여, 사적 영역에 대한 개입도 주저하지 않는다고 선언한다. 특히 사회적으로 보다 불리한 환경에 처할 수밖에 없는 노동자들의 사회적 지위향상을 위해 여러 경제적 단위에서 공동결정권의 증진을 도모한다.

어쨌든 국가는 자본주의의 점진적 변형, 곧 사회민주주의적 개혁을 위한 결정적 도구로 이해되고 있다. 구체적으로는 사회적 기본권, 특히 노동할 권리, 교육받을 권리, 충분한 의료혜택을 받을 권리, 사회보장을 받을 권리 등의 보호, 완전고용의 실현, 공정한 소득분배, 시민권의 확대 등을 위해 노력한다. 이러한 측면은 무엇보다 사회민주주의가 지향하는 새로운 경제질서에 대한 구상과 깊은 관련이 있다.

생산수단의 사회화는 사회주의의 요체로 알려져 왔다. 그러나 사회민주주의는 "공정한 사회질서의 건설을 방해하지 않는 한, 생산수단에 대한 사적 소유는 보호받고 장려받아야 한다"고 선언한다. 사유재산권을 원칙적으로 인정하지만, "다른 수단으로 경제적 역학관계의 건전한 질서를 보장할 수 없는" 경우, 공유재산(Gemeineigentum)이 "합목적적이고 필수적"이라는 것 역시 부인하지 않는다.[8] 이러한 구상도 사회민주주의가 설정하는 경제적 목표와 직결된다. 사회민주주의적 경제정책의 목표는 "꾸준히 증대하는 복지와 국민경제의 소득에 대한 모든 사람의 공정한 참여, 즉 비인간적 예속과 착취가 없는 자유 속에서의 삶"이다. 그리고 이러한 목표를 달성하기 위해 사회민주주의는 현대의 "중심문제"인 "경제세력"(wirtschaftliche Macht), 요컨대 거대기업 등에 대한 민주적 통제를 촉구한다.[9] 왜냐하면 경제력의 집중은 그것이 사적 개인의 손에 놓여질 경우, 국가의 통제를 무색하게 할

8) '고데스베르크 강령', Miller & Potthoff, 앞의 책, pp. 390~391.
9) 같은 책, p. 389, 391.

수 있을 정도로 거대한 사적 기업의 정치적 힘을 증대시킬 수 있으며, 만일 그것이 국가의 수중에 있을 경우, 통제가 용이치 않은 국가 관료체제의 횡포 또한 야기할 수 있기 때문이다.

무엇보다 엄청난 부와 수많은 노동자를 거느린 대기업은 단순한 경제행위를 넘어서, 인간을 지배하고 인간을 예속시킬 힘까지 장악하게 된다. 뿐만 아니라 이러한 대기업이 존재하는 곳에는 자유경쟁이 발붙일 틈을 찾지 못한다. 나아가 연합된 대기업의 힘은 급기야는 국가권력의 탈취로까지 이어진다. 이것은 곧 민주주의적 원칙의 훼손을 뜻한다. 사회민주주의는 이러한 모순된 자본주의적 발전경향을 잘 깨닫고 있다. 그러므로 '고데스베르크 강령'도 "대기업의 힘을 억제하는 것은 자유경제정책의 중심과제다. 국가와 사회는 강력한 이익단체의 제물이 될 수 없다"고 선언한다.[10]

'고데스베르크 강령'은 이러한 '경제세력', 즉 대기업을 저지하고 통제하는 수단을 다각적으로 강구하고 있다. 보다 강화되고 보다 능률적인 국가의 개입(조세정책 등), 노동자의 공동결정권 확립, 보다 공정한 소득 및 재산분배, 필요한 경우 생산수단의 공유화 등이 그 주요 품목들이다. 비록 국가의 개입을 당연한 것으로 정당화하고 있긴 하지만, 사회민주주의는 "진정한 경쟁이 이루어지는" 자유시장경제를 원칙적으로 옹호한다. 그러나 시장이 개인이나 집단의 독점적 지배하에 놓이는 경우, 외부로부터의 적절한 개입 역시 거부하지 않는다.

그러므로 "가능하다면 경쟁(競爭)을, 필요한 경우 계획(計劃)을!", 이것이야말로 사회민주주의 고유의 본질적 자세라 할 수 있다.[11] 이런 뜻에서 사회민주주의는 시장경제나 계획경제 어느 것도 절대화하지 않는 혼합경제체제를 지향한다고 말할 수 있다. 사회민주주의는 한편으로는 전면적 국유화 정책을 거부하고, 사적 소유의 원칙에 입

---

10) 같은 책, p. 390.
11) 같은 곳.

각한 부분적 공유화 또는 국유화를 지지하며, 다른 한편으로는 통제적 계획경제를 포기하고, 간접적 계획 및 조절에 기초하는 자유경쟁 체제를 채택한다.

그렇다면 이와 같은 독일 사민당의 기본가치 및 경제적 이상에 잠재해 있는 인간관을 어떻게 해석할 것인가?

2. 사회민주주의적 인간관

독일 사민당의 〈장기지침 '85〉(*Orientierungsrahmen '85*)는 한마디로 '자유'(*Freiheit*), '정의'(*Gerechtigkeit*), '연대'(*Solidarität*), 이 세 기본가치들의 "필연적 관련성"과 "동등한 서열"(*Gleichranggigkeit*)을 강조하고 있다. 그리고 이러한 사실을 무시할 경우, 그것은 이 기본가치들을 "위축시키고 형해화시키며, 마침내 전체주의적 운동에서 보듯이 이들을 파괴할 위험까지 치러야" 하리라 경고하고 있다. 나아가 〈장기지침 '85〉는 이러한 사회민주주의적 소신을 다시 한 번 명확히 드러내기 위해, 이 문제와 관련된 다른 이데올로기들의 오류를 다음과 같이 질타하고 있다. [12]

자유주의의 오류는 심각한 불평등과 만인의 만인에 대한 투쟁이 자리하고 있는 사회에서, 전체 사회를 포괄하는 인간적 연대 없이 자유와 정의를 만들어내고 보존할 수 있다고 믿는 데 있다.

보수주의의 오류는 부자와 가난한 자, 권력이 있는 자와 없는 자, 유식한 자와 부족한 자 사이에 진정한 연대가 있을 수 있고, 소수의 경제적, 사회적, 문화적 자유를 유보시킨다면, 만인을 위한 법적·정치적 자유가 보존될 수 있다고 믿는 데 있다.

반 권위주의적 낭만주의자의 오류는 자유롭고 정의로운 질서는 사회적 의무와 결속력 있는 공속감 없이도 가능하며, 그것은 단지 무제한적인 개인적 자유의 필연적 결과라 믿는 데 있다.

맑스-레닌주의적 공산주의 운동의 오류는 자유 없이도 동등한 권리가 있을 수 있으며, 연대는 강제될 수 있다고 믿는 데 있다.

파시즘의 오류는 결속력 있는 인민공동체를 인간의 원칙적 불평등의 기초 위에서, 그리고 개인적 자유 없이도 건설할 수 있다고 믿는 데 있다.

---

12) 같은 책, p. 419.

184

이처럼 사회민주주의는 자유주의, 보수주의 또는 맑스-레닌주의 등이 자유, 정의, 연대의 상호 불가분성을 무시한 채, 그중 어느 것을 거부하거나 외면하기도 하고, 또는 그 셋의 우선순위를 자의적으로 설정하기도 하는 등의 근본적 잘못을 저지르고 있다고 비판한다. 반면에 사회민주주의만이 이 기본가치들의 등가성(等價性)과 동급성(同級性)을 신봉한다고 역설한다. 그러나 과연 그러한가? 그것은 단지 관념적 우격다짐에 지나지 않으며, 사회민주주의 스스로가 배격하는 또 하나의 다른 유토피아적 발상은 아닌가?

슈라이와 바그너도 이 세 기본가치들 사이의 '긴장관계'(Spannung-sverhältnis)를 잘 깨닫고 있다. 그러나 그들은 이 긴장관계를 해소하는 유일한 길은 오직 이 가치들의 "등가성과 동급성"을 인정하는 것이며, 그렇지 않을 경우, 기본가치의 전체 체계를 "불신에 빠뜨릴 위험성까지" 안고 있다고 말한다. 그러나 그들은 곧 이어 "현실정치의 과제는, 규범적 목표로서의 동등하고 등가적인 기본가치들과 사회적 현실 속에서의 기본가치들의 상호모순 사이에 내재하는 긴장관계를, 기본가치들에 일련 서열을 매김으로써 해소하는 것이다"라고 주장한다.13) 말하자면 이론적으로는 이 세 가치가 다 동등한 지위를 갖고 있는 것이지만, 구체적 현실정치와 개별 사례들 속에서는, 그것들에 적절한 등급과 서열이 부여되지 않으면 안 된다는 완곡한 해명인 것이다. 이것은 도대체 무엇을 말하고자 하는 것인가?

한편으로는 이 기본가치들은 앞에서도 언급했듯이 사전에 확정된 개념을 지니고 있지는 않다. 그 내용은 일상적 실천 속에서 꾸준히 채워져야 하는 것이다. 그러나 다른 한편으로는 이 기본가치들은 이론적 차원에서는 동등한 지위를 갖고 있으나, 실천적 과정에서는 우선순위가 매겨질 수밖에 없다. 이처럼 독일 사회민주주의자들은 이론적으로는, 그들이 자유, 정의, 연대, 이 세 기본가치들을 총체적으로

---

13) Schlei & Wagner, 앞의 책, p. 95.

종합하고 동등하게 포괄하기 때문에, 자신의 이념체계가 가장 탁월하고 바람직한 것임을 과시하고자 한다. 그러나 현실적으로는, 이 세 가치들에 등급을 매길 수밖에 없음을 실토하고 있다. 슈라이와 바그너도 다른 곳에서, "대부분의 경우, 특히 민주사회주의에서 자유가 차지하는 높은 지위를 고려할 때, 연대에 앞서 이것에(자유의 기본가치에; 필자 주) 우선권을 양도할 수밖에 없다"고 자인하고 있다. 14)

여기서도 다시 한 번 자본주의적 가치질서에서 벗어나려 발버둥은 치면서도, 다시 그대로 주저앉을 수밖에 없는 사회민주주의의 곤혹스러움 또는 사회민주주의적 이중성(二重性)이 그대로 드러나고 있다. 이러한 이론과 실천의 괴리현상은 기회주의의 발로인가, 아니면 이념적 불철저함의 소산인가, 또는 역사발전 수준의 객관적 한계에 기인하는 불가피한 사회적 제약의 표출인가?

우리는 사회민주주의가 표방하는 기본가치에 이러한 문제점이 내재한다는 것을 전제하면서, 그 기본가치가 드러내는 인간에 대한 사회민주주의의 시각을 다음과 같이 요약해볼 수 있다.

첫째, 자유주의와 마찬가지로 사회민주주의 역시 자유를 인간의 본질적 기본가치로 상정한다.

'자유'는 "굴욕적 예속(隷屬)으로부터 벗어남"을 의미할 뿐만 아니라, 동시에 보다 적극적 의미에서 다른 기본가치들인 "정의와 연대의 요구에 의해 경계가 지워지는, 자신의 개성을 자유롭게 발휘할 수 있는 가능성"을 뜻하기도 한다. 사회민주주의도 자유주의와 마찬가지로 이러한 개성의 자기구현을 위한 최대한의 자유를 보장한다. 그러나 사회민주주의는 이러한 목적을 달성하기 위해, 개인적 자유뿐만 아니라 동시에 '사회적 자유'도 함께 고려하지 않으면 안 된다고 주장한다. 왜냐하면 "자유는 모든 인간이 자유로운 자기발현을 위한 참다운 (경

---

14) 같은 책, p. 78.

제적, 정치적, 사회적, 문화적) 가능성을 지니고 있을 때라야만, 환상이나 소수를 위한 특권이 아니라 사회적 현실"이 될 수 있다고 보기때문이다.[15] 사회민주주의는 개인의 자유란 자유로운 사회에서만 확보될 수 있고, 또 자유로운 사회는 개인적 자유의 토대 위에서만 가능하다고 믿는다. 이처럼 개인적 자유와 사회적 자유는 불가분의 상관관계로 맺어져 있다. 이런 관점에서 언론, 집회 및 결사, 사상의 자유등 개인적 기본권의 보장뿐만 아니라, 경제적 결핍, 실업, 사회적 불안, 질병 등으로부터의 물질적 자유도 역시 확보되지 않으면 안 된다고 역설하는 것이다.

따라서 사회민주주의는 특히 이러한 물질적 자유의 결핍으로 고통받는 사회적 저변집단 및 소외계층을 위한 법적·제도적 장치를 충실히 마련하지 않으면 안 된다고 강조한다. 나아가 이러한 소극적 대처에만 만족할 것이 아니라, 물질적 결핍 그 자체를 일소하기 위한 생활수준 및 삶의 질의 향상을 적극적으로 모색하도록 촉구하고 있다.

사회민주주의자들은 현대사회가 국가권력을 축소함으로써만 자유의극대화를 기약할 수 있는 가능성을 더 이상 갖지 못하게 되었다고 생각한다. 국가 자체도 그를 둘러싸고 있는 여러 다양한 사회적, 경제적 집단들과 끊임없이 영향을 주고받지 않으면 안 될 정도로, 국가와사회의 역학관계도 변하고 있다고 믿는다. 말하자면 국가와 사회는상호 규정적이 되었다. 그러므로 이러한 사회의 각 분야에 대해 적절한 민주적 통제가 이루어지지 못한다면 자유는 온전해질 수 없다는 것이다. 무엇보다 가장 강력한 사회적 영향력을 지니고 있는 집단의 하나인 경제조직 및 단위, 특히 대기업의 민주화야말로 더할 나위 없이절실한 시대적 요청이라 확신한다. 이것은 그 집단 구성원들의 '공동결정권'(*Mitbestimmungsrecht*)의 확보 및 확대를 통해 가능해질 수 있

---

15) Die Ziele des demokratischen Sozialismus, *Auszug aus dem ökonomisch-politischen Orientierungsrahmen für die Jahre 1975~1985*(Orientierungsrahmen '85), in Miller & Potthoff, 앞의 책, p. 418.

다고 믿는다. 요컨대 사회의 민주화를 개인적 자유의 신장을 위한 수단으로 간주하는 것이다.

이처럼 사회민주주의적 자유의 특성은 무엇보다 개인과 집단 상호 간의 긴장관계에 대한 인식에서 비롯한다.

한편으로 자유의 사회적 책임을 강조한다는 점에서, 그것은 개인주의적 자유에 묻히지 않는다. 그러나 다른 한편으로는 개인적 자유의 기초에서 출발한다는 면에서, 그것은 집단주의적 자유와도 거리가 멀다. 한마디로 인간의 자유를 바라보는 사회민주주의적 시각은 집단적 통제를 통한 개인적 자유의 신장으로 요약될 수 있다.

적어도 이념적으로는, 인간의 자유란 요컨대 개인적 자유와 사회적 자유의 조화로운 확보를 통해 충족될 수 있는 것이며, 아울러 그를 통해 국가 구성원 전체의 단합이 도모될 수 있다는 믿음에 입각해 있다고 말할 수 있다. 마치 플라톤이 소크라테스의 입을 빌려, "모든 시민이 최대한으로 비슷하게 즐거워하거나 괴로워할 경우의 이 즐거움과 고통의 공유(함께함)가 나라를 단결시키"는 상황으로부터 국가의 "최대선"(to megiston agathon)을 찾고자 한 것과 유사하다 할 수 있다. 16)

둘째, 앞의 것과 직결된 것으로서, 사회민주주의는 '정의'로운 인간 관계의 수립을 지향한다.

사회민주주의자들은 자신들의 정의가 "사회에서의 평등한 권리와 동등한 삶의 기회를 각 개인들에게 열어줌으로써, 이들의 자유를 실현"하는 데 있다고 주장한다. 17) 즉 정의는 평등이 자유의 전제가 되는 한 그것의 실현을 의미하며, 반면에 평등이 인간의 자연적 불평등을 부인함으로써 인간의 자유 그 자체를 위협하는 순간 그것의 저지를 뜻한다는 말이다. 18) 곧 정의는 자유의 토대를 튼튼히 하고 자유의 확

---

16) 플라톤의 《국가·정체》, 박종현 역주(서광사, 1997), 342쪽(제5권, 462a).
17) Orientierungsrahmen '85, Miller & Potthoff, 앞의 책, p. 418.
18) Schlei & Wagner, 앞의 책, pp. 59~60.

대를 지원하기 위해 동원되는 평등의 구현을 가리킨다.

요컨대 사회민주주의는 자유를 기본 토대로 하여 인간 상호간의 사회적 평등을 추구한다는 말이다. 즉 평등한 인간은 자유로운 인간 이후에 오는 것이다. 이런 의미에서 인간 상호간의 정의는, 절대적인 개인적 자유의 토대 위에 구축되는 상대적인 사회적 평등체제하에서 비로소 확보될 수 있는 가치라 할 수 있다.

셋째, 사회민주주의는 개인과 개인, 개인과 사회 상호간의 '연대' (*solidarity*) 구축을 기본 목표로 한다. 고데스베르크 강령은 연대의 의의를 다음과 같이 밝히고 있다.

> 지배계급의 특권을 제거하고 만인에게 자유와 정의와 번영을 가져다주는 것 — 이것이 과거와 현재를 통한 사회주의의 의미이다. 노동자들은 그들의 투쟁에서 오직 자기 자신만을 의지하였다. 그들의 자의식은 자기 자신의 상황에 대한 인식을 통해서, 그러한 상황을 개혁하려는 단호한 의지를 통하여, 그들의 연대적 행동을 통하여, 그리고 그 투쟁의 가시적 성과를 통하여 각성되었다. [19]

그러나 연대는 오늘날 단순히 노동자계급만의 투쟁수단을 뜻하지는 않는다. 그것은 시민사회의 발전으로 말미암아, 이제 사회 각 분야의 필수적 덕목으로 자리를 굳혔다. 그러나 그것은 자유주 또는 자유민주주의적 기본가치와 확연히 구별되는 전통적 노동운동의 산물이며, 고유한 사회민주주의적 요청이라 할 수 있다.

한마디로 말해 독일 사회민주주의는 자신의 포기할 수 없는 목표의 하나로서, '균등한 인간적 삶의 기회' 쟁취에 본질적으로 집착한다. 이런 맥락에서 독일 사민당은 "균등한 삶의 기회는 균등한 출발 기회

---

19) Miller & Potthoff, 앞의 책, p. 397.

의 결과가 아니라, 그 전제"가 되어야 한다고 강조한다. [20]

독일 사민당은 바로 이러한 문제의식에 입각하여, 균등한 삶의 기회를 제공하기 위해 무엇보다 다음과 같은 방안이 필수적이라 확신하면서, 그에 부응하는 투쟁목표를 다음과 같이 설정하고 있다. [21]

첫째, 사회의 가장 약한 자들, 특히 아동, 노인, 장애자들을 위해 인간의 존엄성을 회복할 수 있는 삶의 공간 및 발전의 기틀을 마련한다.

둘째, 모든 시민들을 위해 필요한 보건상의 예방조처를 준비하고, 질병이 발생했을 때 동등한 치료를 받을 수 있도록 배려한다.

셋째, 지역공동체 및 밀집지역의 생활조건을 보다 인간적으로 개선해 나간다.

넷째, 불리한 입장에 놓여 있는 모든 사회 집단들에게 균등한 삶의 기회와 사회적 노동분화에서의 동등한 지위를 보장하도록 노력한다.

다섯째, 전래된 여성의 불평등한 사회적 대우를 청산하고, 남성과 여성에게 똑같이 직업, 가정, 관직 및 공공 역할에서 자기구현을 위한 동등한 가능성을 보장한다.

여섯째, 모든 사람에게 그의 능력에 적합한 일자리를 보장하고, 노동조건을 보다 인간적으로 꾸려 나간다.

일곱째, 학교제도와 직업훈련 및 성인교육 기관을 계속적으로 건설, 발전, 개혁함으로써 — 출신과 사회적 지위의 차이를 고려하지 않고 — 모든 사람에게 자유로운 발전 및 사회적·정치적 자결을 위한 평등한 가능성을 부여한다.

여덟째, 소득과 재산 등을 출신, 사회적 지위, 성별에 상관없이 보

20) Peter von Oertzen, "Gesellschaftliche Gleichheit in der Sicht der SPD", in Zeitschrift für Politik, 3-1975 (Jg. 22), p. 256. 참고로 말하여, 사회민주주의는 자유민주주의와는 달리, 기회균등의 원칙을 대략 두 갈래로 나누어 따지고 있다. 그 하나는 이른바 '출발에서의 기회균등'(*Startchancen gleichheit*)이고, 다른 하나는 '삶의 기회균등'(*Gleichheit der Lebenschancen*)이다. 그러나 특히 '출발에서의 기회균등'은 전형적인 자유민주주의적 요구인 것이다.
21) Orientierungsrahmen '85, Miller & Potthoff, 앞의 책, pp. 425~426.

다 정당하고 보다 균등하게 분배한다.

아홉째, 경제적 처분권을 민주적으로 통제할 뿐 아니라 동시에 사회에 널리 퍼져 있는 타율적 규제의 관행을 극복하는 데 기여하기 위해서도, 경제의 모든 분야에서 노동자의 공동결정권을 실현한다.

사실상 독일 사민당의 당면목표 중 적지 않은 부분이 바로 이 '삶의 기회균등'을 실현시키기 위한 방안으로 채워져 있다고 해도 지나친 말은 아니다. 이러한 노력 속에는 한편으로는 자유경쟁과 업적주의에 의해 피폐해질 수 있는 삶의 주요한 가치들을 새롭게 복원하고, 다른 한편으로는 그러한 강자의 논리로 인해 낙오될 수 있는 사회의 결손계층을 사회 정책적으로 지원함으로써 사회적 형평을 충실히 되살려내려는 의지가 깃들어 있다고 말할 수 있다.

이런 의미에서 무엇보다 경제, 사회, 국가에서의 보다 직접적인 공동결정권의 확대는 실질적 삶의 기회균등을 위한 본질적 수단이 된다. 따라서 이 공동결정권은 자유, 정의, 연대의 기본가치 셋 모두와 직결되고, 또한 노동과정에서 이 모두의 요구를 동시에 충족시킬 수 있는 사회민주주의의 전략적 무기 역할을 맡고 있다고 해도 지나친 말은 아니다.

사민당은 생산수단의 소유권은 사물과 인간 양쪽을 동시에 다 포괄하는 것이기 때문에, 그것의 무제한적 사용은 결코 용인될 수 없다는 점을 분명히 하고 있다. 따라서 노동과정의 민주화 요구는 생산수단에 대한 사적 소유를 침해하는 반자본주의적 작태가 아니라, 오히려 그것을 보다 바람직하게 사회윤리에 접합시키는 민주적 행위로 나타난다. 뿐만 아니라 기업가의 사유재산권 행사는 개인적 의미만을 지니고 있는 것이 아니라 엄청난 사회적 영향력을 동시에 동반하기 때문에, 재산이나 자본의 논리로써만 정당화될 수 없는 특성을 가지고 있다. 이런 의미에서 그것이 사회의 민주적 규제에 놓여야 한다는 것을 정당한 사회적 요구의 표출로 이해한다. [22)]

3. 결론적 평가

앞에서도 잠시 훑어보았듯이 사회민주주의는 가치의 다원주의에 그 바탕을 둔다. 이것은 명백히 자유주의적 전통의 유산이다. 사회민주주의는 '최종 진리'를 거부하듯이, 특정적 가치의 절대성 또한 물리친다. 말하자면 '절대적' 자유나 '절대적' 정의 등을 인정하지 않는다. 단지 상대적 자유와 상대적 정의만을 받아들일 뿐이다. 이것은 구체적인 정치적 실천과정에서는 곧 "보다 많은" 자유, "보다 많은" 정의, "보다 많은" 연대로 나타난다.

이러한 기본가치들의 본성에 입각하여 우리는 지금까지 특히 독일 사회민주주의자들이 머릿속에 그리고 있는 인간에 대한 관점, 그리고 그것에 나타나는 몇몇 주요 특성들을 훑어보았다. 적어도 이론적 원칙의 측면에서, 우리는 그것을 다음과 같이 정리해 볼 수 있다.

첫째, 사회민주주의가 확보하고자 하는 인간적 삶 속에서의 평등은 결코 절대적·필연적 가치범주가 아니다. 사회민주주의적 다원주의와 개량주의는 언제나 "보다 많은 평등"을 요구한다. 그러므로 평등은 점진적으로 구현되리라고 기대하는 보다 나은 미래를 향한 규범적 지침으로서, 상대적 가치만을 지닐 따름이다. 따라서 그것은 여타의 다른 사회민주주의적 기본가치들과의 직접적 상관관계 속에서 끊임없이 자신의 위상과 경계를 새롭게 점검하지 않으면 안 되는 한계를 지니고 있다.

둘째, 인간적 삶 속에서의 평등추구 의지는 따라서 인간적 자유와 결코 대립적일 수 없다. 오히려 개인적 자유를 보다 철저하게 보장하기 위한 사회적 전제로 인간 상호간의 평등가치를 규정하고 있는 것이다. 그러므로 그것이 보다 자유로운 삶의 기회를 확보할 수 있도록 만드는 사회적 수단으로 이해되는 한, 그것은 결코 동일성이나 획일성

---

22) Schlei & Wagner, 앞의 책, pp. 132~133 참고.

을 추구할 수 있는 권능이나 가능성을 지니지 못한다고 말할 수 있다. 그것은 개인적·집단적 연대를 소중히 여기고 민주주의적 기본구조 속에서 사회적 구성원 상호간의 동등성을 지향하기 때문에, 그것이 바람직하게 성취된다면 오히려 집단적 형평성을 지향하는 잠재력을 보다 충실히 동원할 수 있는 원동력이 될 수 있을 것이다.

셋째, 독일의 사회민주주의자들은 "삶의 기회균등"이라는 용어를 즐겨 사용하고 있다. 그 구체적 내용은 결국 단순한 자유주의적 '기회균등'의 차원을 넘어서서, '조건의 평등' 실현을 실질적 목표로 하고 있다. 요컨대 그것은 한편으로는 자유경쟁과 업적주의가 망가뜨린 주요한 인간적 가치를 새롭게 복원하고, 다른 한편으로는 또 그로 인해 절망적 타격을 받고 있는, 무엇보다 사회적으로 가장 혜택을 받지 못하는 개인 및 집단의 생존권 보장과 인간적 존엄성의 회복에 필요한 사회적 조건을 만들어내기 위해 노력한다. 이 경우 국가의 개입을 통한 소득의 재분배가 특히 중요한 수단으로 부각된다.

넷째, 그러나 사회민주주의자들은 "삶의 기회균등"을 온전히 구현하기 위해서는, 위로부터의 국가적 통제만으로는 미흡하다고 생각한다. 그를 위해서는 아래로부터의 사회적 참여가 함께 자리하지 않으면 안 된다고 믿는다. 이들의 판단으로는, 사회의 거의 모든 부문에서 기승을 부리는 위계적 지배질서로 인해, 사회구성원간의 결속력 있는 교류가 차단되고 그들 사이의 불평등이 심화된다. 이것은 결과적으로 사회적 적대감을 강화시키는 원인으로 작용한다. 그러므로 보다 많은 인간화와 보다 많은 민주화를 위해, 다시 말해 보다 많은 사회적 형평과 보다 많은 '조건의 평등'을 위해, 특히 사회적 평등의 지표가 되는 기업에서의 노동자 공동결정권의 확장은 무엇보다 의미 있는 사회민주주의적 평등의 실현수단이 될 수 있다고 확신한다. 요컨대 그것은 사회적 종속과 전통적인 관료주의적 위계질서를 극복케 하고, 궁극적으로는 사회구성원들의 동등권 확립을 가능케 할 수 있는 효율적 방책으로서, 사회민주주의의 오래된 대안으로 자리를 굳혀 왔다고 말할 수 있는 것이다.

다섯째, 사회민주주의의 본질과 직결된 문제이기도 하지만, 사회민주주의가 추구하는 인간적 평등은 그 실현을 위해 자본주의적 방안에 호소할 수밖에 없는 한계를 지닌다. 말하자면 사회민주주의적 정신에 입각하여 사회적 형평을 달성하기 위해서는, 사회적 부를 거의 독점하고 있는 자본주의적 소수의 불평등한 특권을 제거하지 않으면 안 된다. 그러나 동일한 사회민주주의적 정신은 그를 위해, 다름 아닌 바로 이 동일한 자본주의적 소수의 도움에 호소하는 방안 이외의 것을 찾지 못한다. 사회민주주의는 이러한 모순적인 딜레마에서 본질적으로 벗어날 수 없다.

이런 면에서 코헨의 언급은 사태의 본질을 날카롭게 꿰뚫고 있는 것으로 보인다. 그는 "지나치게 단순화시키고 과장해도 좋다면" 하고 겸손히 토를 달면서 입을 열고 있다. 그러나 "사회민주주의자는 비록 민중에 대한 착취의 결과에 대해서는 민감하지만, 착취의 사실 그 자체에 대해서는 그렇지 않다"라는 그의 예리한 지적 역시 바로 이러한 '제3의 길'이 지니고 있는 진정한 실체를 간파한 것이라 할 수 있다. "착취하는 자들과의 대결을 최소화하면서 착취당하는 자를 구제하려는"[23] 사회민주주의자의 안간힘은, '자본주의와의 대결을 최소화하면서 자본주의적 모순의 극복을 지향하는' 사회민주주의의 행로를 우리에게 귀띔해주는 것처럼 보인다.

이렇게 보면 사회주의의 구현이 "지속적 과제"(dauernde Aufgabe)로 간주되는 것과 마찬가지로[24], "삶의 기회균등"을 실현하고자 하는 사회민주주의적 이상 역시 동일한 굴레에서 벗어날 수 없는 숙명을 지니고 있는 것인지 모른다.

---

23) Gerald Allan Cohen, *History, Labour, and Freedom: Themes from Marx* (Oxford: Clarendon Press, 1988), p. 301.

24) 독일 사민당의 '고데스베르크 강령'은 "사회주의는 지속적 과제"라 선언하고 있다. 박호성, 같은 책, 210쪽 참고.

제 6 장

맑스가 바라보는 인간에 대한 시각 [1]

1. 지옥과 파라다이스

사회주의가 근대정신의 일부이면서 그 지향성과 잘 맞아떨어진다는 것은 명백하다. 그러나 그것은 근대정신이 더욱더 많은 물질주의(물질적 부 자체를 위한 물신숭배 등), 더욱더 완고한 개인주의(개인적 행복의 이기적 충족), 더욱더 강력한 세속주의(인간에 의한 인간의 억압과 착취)를 향해 나아가기 시작하면서부터는, 그의 가장 단호한 적대자로 떠올랐다.

사회주의는 이러한 근대적 발전경향에 대해 두 가지 측면에서 비판을 퍼부었다.

첫째는 일종의 양적인 것으로서, 자유주의적 자본주의 사회에 의해 만들어진 물질적·제도적 성과의 불충분성에 대한 비판이다. 말하자

1) 서울대 철학연구소, 〈철학사상〉 24호(2007.06)에 '맑스의 인간론 소고'라는 주제로 이미 발표된 바 있는 논문을 이 책의 전체 흐름에 맞춰 수정·보완하여 다시 이 책에 싣게 되었음.

면 계몽주의와 고전적 자유주의는 18세기의 경제적·정치적 혁명을 통하여 모든 사람들에게 개인적 행복과 물질적 풍요를 약속하였으나, 사실은 새로운 형태의 대중적 빈궁과 비참함을 조성했다고 사회주의는 공격을 퍼부은 것이다. 요컨대 한 유형의 억압이 보다 치명적인 새로운 억압으로 대체되었다는 비판인 것이다. 마침내 고전적 자유주의와 그에 의해 만들어진 사회는 오히려 모든 인류의 발전과 복지를 위한 지속적인 진보에 걸림돌로 작용하고 있다는 인식이 사회주의자들을 사로잡았다.

둘째는 앞의 것과 직결된 것으로서, 일종의 질적 비판이 제기되었다. 사회주의자들은 보다 많은 물질적·문화적 재화의 공급뿐만 아니라, 그의 보다 공정한 분배를 요구하였다. 그들은 가치의 근본적 혁신, 말하자면 경쟁적 개인주의에 탐닉하기보다는 인간적 공동체와 미래세대를 위해 헌신할 것과, 물질적 행복을 일방적으로 추구하기보다는 이기심을 제거하고 박애 및 희생 정신을 자발적으로 수용할 것을 촉구하였던 것이다.

우리는 이러한 사회주의를 보다 정의롭고 평등하고 행복한 인간적 공동생활의 최선의 형태가 무엇인가 하는 것을 끝없이 찾아 헤매는 인간적 노력의 일환으로 폭넓게 이해할 수 있다. 이렇게 본다면 사회주의는 인간 공동체의 생성과 그 궤를 같이 하는 장구한 인류사적 전통을 지니는 이상(理想)의 하나로 해석할 수 있다. 이런 맥락에서 우리는 사회주의를 개략적으로 공동체 구성원 상호간의 집단적 평등 수립을 추구하는 체제 및 이데올로기라 규정할 수 있을 것이다. 사회주의란 한마디로 인간 공동체 내부에 집단적 연대를 수립하고자 하는 정신적 결의라 할 수 있다. 이런 의미에서 사회주의는 원칙적으로 개인주의에 대해 부정적 시각을 지닐 수밖에 없다.

한마디로 자유주의적 개인주의는 '거인(巨人)주의'다. 요컨대 사회적 권력, 부, 명예 등을 배타 독점적으로 장악한 사회내부의 보다 힘센 세력의 자유만을 우선적으로 비호하는 불평등 체계라는 말이다. 반면에 사회주의는 무엇보다 사회적으로 소외당하고 억눌림 당하는 사회적 저변집단의 해방을 일차적 목표로 삼는다고 선언한다.

널리 알려져 있다시피, 현대 사회주의 진영에서 본원적 인간해방을 지향하는 가장 체계적인 과학적 이론을 제시한 것으로 평가받는 인물은 맑스와 엥겔스다. 그들은 반자본주의적 계급혁명에 의해 프롤레타리아트의 계급적 해방이 달성되고, 또 그를 통해 비로소 진정한 인간해방의 길이 열릴 수 있음을 역설하였다. 에리히 프롬이 적절히 지적했듯이, 맑스의 철학이 저항 이데올로기로서, 서구의 "인간 중심적인 철학적 전통"(humanistische philosophische Tradition)에 깊이 뿌리박고 있음은 명백하다. 맑스의 사상은 인간의 자기소외 및 자기상실 그리고 물화(物化)에 대한 저항이며, 동시에 자본주의적 산업화에 의해 빚어진 비인간화와 인간의 기계화에 대한 저항인 것이다.[2]

20세기는 자유주의, 맑스주의 그리고 사회민주주의, 이 세 개의 주요 패러다임의 각축(角逐) 속에서 닻을 올렸다. 그러나 역사의 흐름은 세기말에 와서는 자유주의의 '반명제'(Antithese)라 할 수 있는 맑스주의적 사회주의에 대해 판정패(判定敗)를 선언하고 말았다. 그리고 사회민주주의는 최소한 이론적 차원에서는 여러 면에서 '종합'(Synthese)의 속성을 보이고 있다.

현실정치적 차원에서 볼 때 앞으로의 세계는 당분간 자유주의 또는 자유민주주의와 사회민주주의 상호간의 화합과 충돌로 점철되리라 예측된다. 다시 말해 사회주의 혁명은 이제 새로운 시대의 촉망받는 대안으로서의 지위를 오랫동안 상실할 가능성이 지극히 높다는 말이다. 그것은 혁명적 목표의 유실이 아니라, 혁명적 방법론의 퇴각을 의미한다고 말할 수 있다. 후세에 이러한 역사적 교훈을 남겨준 것은 다름

---

2) E. 프롬 & H. 포핏츠 지음/김창호 옮김, 《맑스의 인간관》(동녘, 1983), 11~12쪽 참조.

아닌 공산권의 몰락인 것이다.

소련과 동유럽의 사회주의 체제는 붕괴하였다. 불우한 환경에서 태어난 소련 및 동유럽 공산정권은 또 역시 급작스러운 객사(客死)로 자신의 삶을 마감하였다. 그리고 그 사망의 원인에 대해서, 그리고 그 주검의 정체에 대해서 수많은 증언이 뒤따랐다. 통곡도 있었고 박장대소도 있었다. 여기서 그 길다란 조문(弔問) 행렬을 일일이 수소문할 여유는 없다.

그러나 오늘날 특히 신자유주의적 이데올로기가 범세계적으로 확산됨으로써 결국 극심한 경제적 불평등 역시 범세계적으로 확산될 수밖에 없게 되고, 결과적으로 민주주의가 생존할 수 있는 가능성이 점점 희박해질 수밖에 없지 않겠는가 하는 위기감이 고조되고 있기도 하다.[3] 결과적으로 원자화된 개인의 사적 이익이 공동체의 공공이익 위에 군림하게 되는 현실이 만들어졌다. 이를 조장하는 시장주의가 강화되면서 민주적 공동체에 대한 충성심을 약화시키고 경쟁의 미덕만을 강조함으로써, 결국 '승자 독식 사회'(winner-take-all society)가 배태되었다. 그에 따라, 계급, 민족, 인종, 지역 간의 불평등이 심화되고 있는 실정이다.

이러한 상황에서 마치 "파라다이스에 가는 올바른 길은 지옥에 이르는 길을 배우는 것"이라는 마키아벨리의 언명처럼,[4] 자본주의가 보다 더 참다운 인간적 삶을 기약하는 체제로 발전할 수 있는 길을 모색해 본다는 의미에서도, 그 정반대편에 서서 자본주의적 인간상을 혹독하게 파헤치는 맑스의 인간관을 되새겨본다는 것은 적잖은 시대적 의미를 지닌다고 말할 수 있다.

---

3) 대단히 설득력 있는 한 참고사례로 임혁백, 《세계화시대의 민주주의: 현상·이론·성찰》(서울: 나남, 2000)을 들 수 있다.

4) Machiavelli/Allan Gilbert(translated), *The Chief Works and Others* (Durham, North Carolina: Duke University Press, 1965) Vol II, Familiar Letters No. 179, p. 971.

하지만 여기서 맑스주의적 인간론의 역사적 변모과정 및 여러 성과와 논쟁들을 일일이 다 섭렵할 수는 없다. 그러나 맑스의 인간관을 살펴보기 위해서는 무엇보다 그의 혁명사상과 더불어 국가 및 사회에 대한 그의 기본적 입장을 선행적으로 따져보는 작업이 절실히 요구된다.[5] 왜냐하면 바로 그곳으로부터 특히 인간해방을 둘러싼 그의 본질적인 이론적 탐색이 발원하기 때문이다. 여기서는 일단 맑스의 역사인식에 대한 총체적 검증에 기초하여, 그의 자본주의 및 공산주의적 인간관에 대한 간략한 분석에 국한하고자 한다. 그러나 동시에 우리는 이를 통해 사회주의적 인간론의 사상적 원형을 음미해볼 기회 역시 갖게 될 것이다.[6]

5) 맑스의 인간관에 대한 기존의 국내 연구 성과를 일별 하면 다음과 같다. ① 양승태, 《맑스의 인간본성문제 재고》(한국정치학회보, 1996, Vol. 30, No. 4) ; ② 이태건, 《맑스의 인간관과 인간소외론》(국민윤리연구, 2000. Vol. 45) ; ③ 권순홍, 《인간의 자연성과 자연의 인간성: 맑스의 경제학-철학 수고를 중심으로》(현대이념연구, 1998, Vol. 13) 등이다. 그러나 이 논문들은 대체로 맑스의 인간론을 맑스의 총체적인 사상체계와의 직접적인 관련성 속에서 거시적으로 분석하고 있지는 않다. 다른 한편 맑스의 인간관에 대한 기존의 다양한 해석 경향들은, 박주원, 연구노트:《맑스의 '공동체적' 인간관과 '윤리적' 정치이념 — 그의 박사학위 논문 데모크리투스와 에피쿠로스 자연철학의 차이(1840~1841)를 중심으로》에 일목요연하게 체계적으로 잘 정리되어 있다(〈정치비평〉 1997, Vol. 2, 340~346쪽).

6) 미국 덴버대학의 Micheline Ishay 교수는 사회주의, 특히 맑스주의가 인권 담론 발전에 중요한 공헌을 했음에도 불구하고, 오늘날 사회주의적 인권 유산의 전통이 부정되고 있음을 개탄한다. 미셸린 이샤이 지음/조효제 옮김, 《세계인권 사상사》, 한국어 개정판(도서출판 길, 2005), 44~45쪽.

2. 혁명 사상

널리 알려져 있다시피, 맑스-엥겔스의 학설은 정치적 행동에 대한 교의(敎義)와 지침으로서의 혁명사상, 관념과 물질적 현실의 상호관계에 대한 철학적 교의, 그리고 경제와 사회에 대한 사회경제적 이론이라는 세 가지 기본 토대에 뿌리내리고 있다.

특히 혁명사상(革命思想)이야말로, 그들 이론의 모든 냇물과 강물이 바로 거기서 흘러나오고 또 그 속으로 다시 흘러 들어가는 하나의 원천(源泉)이자 대해(大海)와도 같은 것이라 할 수 있다. 이런 의미에서 이 혁명사상은 그들의 이론적 탐구의 출발점일 뿐만 아니라 동시에 그 귀착점이기도 하다. 그것은 그들이 특히 "세계의 해석"이 아니라 "세계의 변혁"을 필생의 과업으로 인식하였기 때문에 더욱 그러하다.[7] 혁명사상은 두말할 나위도 없이 그들 이론체계의 본질에 속하는 것이다. 따라서 맑스주의의 실질적 내용은 "폭발적 혁명이론에 입각한 인간사회에 대한 역동적 사상"이라 요약할 수 있다.[8]

맑스는 혁명의 궁극적 목표를 소외로부터의 인간해방, 즉 "유적 존재"(Gattungswesen)로의 인간의 회복, 인간과 인류의 완전한 자기실현으로 이해한다. 그러나 맑스는 "정치적" 해방을 불충분한 것으로 인식하였다. 왜냐하면 그것은 인간을 한편으로는 "시민사회의 일원으로, 즉 이기적이고 고립적인 개인으로", 다른 한편으로는 추상적인 "국민, 도덕적 인간"으로만 환원시키기 때문이다. 이런 취지에서 현실의 개인이 "유적 존재"로 발전하고 사회와 하나로 합치되는 것, 즉 공동체로부터의 인간의 분리가 철저히 극복되는 것이야말로 인간해방의 실

---

7) Marx, "Thesen über Feuerbach", *MEW 3*, 6.

8) Robert Heiss, "Die Idee der Revolution bei Marx und im Marxismus", in *Archiv für Rechts-und Sozialphilosophie*(1949~1950), v. 38.

질적 완성을 나타내는 진정한 징표라 역설하였다.

맑스에 의하면, 그러나 이러한 완전한 인간해방은 오로지 "철학"의 실현을 통해서만 이룩될 수 있다. 그리고 철학은 "비판의 무기"로 이해된다. 그런데 철학적인 것은 맑스에게 지극히 인간적인 것이지만, 그 실현을 위해서는 철학적 영역의 초월, 즉 물질적 폭력이 필수적으로 요청된다. 왜냐하면 "비판의 무기는 물론 무기의 비판을 대신할 수 없으며, 물질적 폭력은 물질적 폭력을 통하여 붕괴되어야 하기 때문이다. 그러나 이론도 그것이 대중을 사로잡는 즉시 물질적 폭력이 된다."9)

이러한 주장 속에서도 드러나듯이, 맑스의 경우 철학의 문제는 바로 혁명과 직결된다. 요컨대 혁명은 지극히 구체적인 "물질적 폭력을 통한 무기의 비판", 즉 폭력적 실천을 통한 철학의 실현 이외의 아무것도 아닌 것이다. 맑스는 이를 근거로 하여 혁명의 수행 주체가 과연 누구여야 하는가 하는 문제로 나아간다.

혁명을 위해서는 "수동적 요소", 즉 "물질적 기초"가 필요한데, 이것은 물론 철학과 직접 연관을 맺고 있다. 맑스는 이렇게 강조한다.

> 철학이 프롤레타리아트에게서 물질적 무기를 발견하듯이, 프롤레타리아트는 철학에서 자신의 정신적 무기를 발견한다…. 이 해방의 두뇌는 철학이며, 그 가슴은 프롤레타리아트이다. 철학은 프롤레타리아트의 지양(aufheben) 없이는 실현될 수 없으며, 프롤레타리아트는 철학의 실현 없이 지양될 수 없다.10)

이런 맥락에서 맑스는 "철저히 예속된 계급, … 모든 신분의 해체를 가져오는 계급, 그 보편적 고통으로 인해 보편적 특성을 보유하는 영

---

9) Marx, "Zur Kritik der Hegelschen Rechtsphilosophie. Einleitung", *MEW 1*, p. 385.

10) 같은 책, p. 386, 391.

역, … 마지막으로 … 완전한 인간상실의 영역, 따라서 완전한 인간회
복을 통함으로써만 자신을 획득할 수 있는 영역의 형성", 다시 말해
맑스는 프롤레타리아 계급의 형성 속에서 혁명의 "긍정적 가능성"을
찾아내는 것이다.[11] 한마디로 프롤레타리아트는 철저히 예속된 계급
으로서 완전한 인간상실의 표상이며, 따라서 종국적 해방의 길을 걷
게될 최후의 신분으로 인식된다.

바로 이러한 관점에서 맑스는 폭력적 전복으로 가 닿을 수밖에 없
는 프롤레타리아 혁명을 통하여, 계급지배의 해체와 더불어 완전한
인간해방을 위한 궁극적 토대가 구축되리라 확신하였던 것이다.

이러한 혁명사상을 견지하는 맑스에게 계급과 사회가 핵심적인 이
론적 · 실천적 개념으로 떠오를 수밖에 없음은 자명한 이치다. 뿐만
아니라 이러한 개념적 도구들을 집중적으로 파헤치는 궁극적 목적이
바로 인간해방 그 자체에 있다는 것 역시 부인할 수 없는 사실이다.

이러한 배경에서 보면, 맑스가 이미 초기 저작들에서부터 바로 인
간의 문제 그 자체에 본격적 관심을 기울이기 시작했다는 것은 지극히
자연스러운 일이라고 말할 수 있다. 요컨대 맑스의 사상은 본질적으
로 인간주의적인 것이다.

---

11) 같은 책, p. 390.

3. 국가와 시민사회에 대한 맑스의 시각

헤겔은 처음으로 국가(Staat)와 시민사회(bürgerliche Gesellschaft)를 구분하여 인간의 삶과 정치세계의 전개를 고찰하였다. 그에 따르면 시민사회는 개인적 삶이 그 뿌리와 줄기를 이루는 보편적 이기주의가 지배하는 영역이다. 반면에 국가는 착취, 억압, 갈등, 이기주의 등 시민사회에 가득 찬 현실적 모순의 지양을 떠맡는 절대정신(絶對精神)의 표상으로 이해된다. 그리하여 시민사회가 "보편적 이기주의"의 영역이라 한다면, 헤겔의 국가는 "보편적 이타주의(altruism)"의 범주라 할 수 있다[12]

그러나 맑스는 헤겔로부터 국가와 시민사회의 상호대립성 논리는 받아들이면서도, 그 상호관련성의 질적 논리는 전도시키고 있다.

맑스에게 국가와 시민사회는 인간으로 하여금 "이중생활, 즉 천상적 생활과 세속적 생활"을 영위하도록 강요하는 모순적 대립물로 나타난다. 말하자면 정치적 국가에서의 삶은 천국적이다. 왜냐하면 여기서 인간은 — 예컨대 '법 앞의 평등' 원칙에서 상징적으로 드러나듯이 — 실제로는 "환상적 주권을 가진 가상의 구성원"임에도 불구하고 이론적으로는 "유적 존재"(Gattungswesen), 곧 상호 평등한 존재로 기림을 받기 때문이다. 반면에 시민사회에서의 생활은 지옥적이다. 왜냐하면 여기서 인간은 "개인으로서 활동하며, 다른 사람을 수단으로 간주하고 자기 자신을 수단으로 격하시키며, 낯선 권력의 노리개"가 되기 때문이다.

이로부터 한편으로는 부르주아지이며 다른 한편으로는 공민(Staats-

---

12) Shlomo Avinery, "The Hegelian Origins of Marx's Political Thought", in Avinery(ed.), *Marx's Socialism*(New York: Lieber-Atherton, 1973), p. 4.〈색인〉

bürger)인, 자본주의 사회의 시민적 존재의 '이중화'가 나타난다. 그러나 실제로는 부르주아지는 이 추상적 국민인 공민에 대립하여, 이기적 개인의 구체적 형상을 지니고 사회적 현실 속에 군림하는 존재로 등장한다. 임금노동자 역시 자본주의적 상품교환을 원활하게 만들기 위해, 자유로운 법률적 주체, 곧 "공민"이 되지 않으면 안 된다.

결국 국가는, 맑스에 의해, 시민사회에 실재하는 모순, 착취, 억압, 불의 등을 은폐하는 기만적이고 환상적인 지배도구로 규정당하는 것이다. 이렇게 하여 헤겔의 전도(顚倒)가 이루어진다.

맑스는 국가와 시민사회의 대립이 자본주의 사회에서 그 극단적 형태를 취하게 된다고 주장한다. 왜냐하면 자본주의 사회는 상품생산 사회이기 때문이다.

맑스에 의하면, 자본주의적 생산양식의 모든 "기만"(*Mystifikationen*)은 "노동력의 가치와 가격이 임금형태나 노동 그 자체의 가치와 가격으로 변화"되는 데, 다시 말해 노동력의 상품성에 근거한다. 자본가와 노동자 사이에는 동등한 상품인 자본과 노동의 교환으로 맺어지는 상품관계가 성립한다. 자본주의 국가는 바로 이러한 자본과 노동의 교환, 즉 상품관계를 마치 "등가교환"(等價交換)인 것처럼 보이게 만드는 여러 정치적·법률적·이데올로기적 장치들, 예를 들어 자유와 평등의 관념 등으로 무장한다. 한마디로 자본주의적 시민사회에 실재하는 계급적 착취관계를 "자유롭고", "평등한" 상품소유자간의 평화적 등가교환 관계로 보이게 만드는 기만적 도구, 그것이 바로 국가인 것이다. 13)

다른 한편 맑스에게는 생산수단의 사적 소유에 기초하는 자본주의적 착취야말로 자본가와 노동자간의 계급갈등을 격화시키는 본질적 요인의 하나로 인식된다. 또한 자본주의 경제질서의 본성에서 유래하

---

13) Marx, "Das Kapital", *MEW* 23, pp. 562~563 및 Grundrisse, p. 409.

는 무정부주의적 무한경쟁은 자본가와 자본가 그리고 노동자와 노동자 간의 적개심까지 끝없이 부추긴다. 사회적 소외가 그 필연적 귀결이다.

그리하여 자본주의는 인간의 "물화"(物化, *Verdinglichung*)를 촉진한다. 생산활동은 인간의 필요를 충족시키기 위해서가 아니라 이윤을 획득하기 위해 추구될 따름이다. 결과적으로 노동자는 단지 자신과 무관한, 오히려 스스로를 억압하는 물질적 부의 생산을 떠맡은 인간적 도구에 지나지 않게 된다. 즉 노동자는 억압당하고 착취당하기 위해 생산한다. 노동은 노동자의 진정한 소유물이 아닌 것이다.

따라서 자본주의는 모순의 체계일 수밖에 없다.

노동의 사회화와 착취의 사유화 간에, 그리고 선포된 이상과 구체적 현실 사이에 좁힐 수 없는 간극(間隙)이 심화된다. 한편에서는 자유와 평등과 박애, 그리고 '최대다수의 최대행복'이 구가되지만, 다른 한편에서는 예속과 불평등과 상호 적개심, 그리고 '최대다수의 최대불행'이 엄존할 뿐이다.

맑스에게 자본주의 사회 속의 인간은 이처럼 억압당하고 착취당함으로써 인간성을 박탈당하는 사회적 도구인 동시에 물질의 노예로 비칠 수밖에 없었던 것이다.

206

4. 자본주의와 인간

헤겔에게서와는 정반대로, 맑스는 포이어바흐(Feuerbach)로부터 존재(*Sein*)가 사유(*Denken*)를 규정한다고 믿는 유물론적(唯物論的) 사고를 전수받았다. 이때 존재는 추상적·관념적 물체가 아니라, 인간적 존재 그 자체를 가리킨다.

그러나 맑스에 의하면, 포이어바흐는 비록 인간을 자신의 전 철학 체계의 중심에 자리매김하기는 하였으나, 인간을 단지 자연의 순수한 산물, 그리하여 자연법칙에 일방적으로 지배당하는 고립된 존재로 파악했을 따름이다. 맑스는 포이어바흐가 "종교적 존재를 인간적 존재"로 해체한 공적은 인정하지만, 인간을 단지 "개별적 개체에 내재하는 추상"으로 인식한 한계에 대해서는 비판을 아끼지 않는다. 그는 '포이어바흐 제6테제'에서 이렇게 역설한다.

포이어바흐는 (헤겔 식의) 종교적 존재를 인간적 존재로 해체한다. 그러나 인간적 존재는 개별적 개체에 내재하는 추상이 아니다. 인간적 존재는 그의 실제적 모습에 있어서 사회적 제 관계의 앙상블이다.

요컨대 맑스는 포이어바흐의 이론체계의 출발점은 사회가 아니라 개인이라 단정지으면서, 포이어바흐는 역사과정 속에서 영위되는 인간의 사회적 생활을 추적하지는 않는다고 비판하였던 것이다.[14] 결과적으로 포이어바흐의 '의식' 역시 개인적 차원의 의식에 머무르지만, 맑스에게는 사회적 산물로서의 의식으로 이해될 수밖에 없었다.

한마디로 말해 맑스는 인간을 포이어바흐 류의 순수한 자연적 존재로부터, 단지 사회 속에서만 그리고 사회를 통해서만 살 수 있는 사회적 존재로 변모시킨 것이다.

---

14) Marx, "Thesen über Feuerbach", 앞의 책, p.6.

맑스에 의하면 인간은 단순히 자연(Natur)의 산물일 뿐만 아니라 동시에 사회적·인간적 노동(Arbeit)의 산물이기도 하다. 그리하여 자연의 존재이유 또한 인간과의 직접적 상호관련성 속에서만 그 의미를 지닐 수 있었던 것이다. 맑스는 자연을 곧 인간화·사회화한 자연으로 이해했던 것이다. 그러므로 변화시킬 수 없는 자연은 존재하지 않는다. 자연은 인간에 의해 변화하고, 인간은 또 그를 통해 자신의 자연, 곧 본성을 변화시킨다. 인간은 자연의 일부일 뿐만 아니라 동시에 자연을 변형시키는 힘인 것이다. 맑스는 《자본론》에서 다음과 같이 인간과 자연의 상관관계를 파헤치고 있다.

> 노동은 우선 인간과 자연 사이의 과정(Prozeß)이다. 즉 인간이 그 속에서 자신의 행위를 통하여 자연과 자신과의 신진대사(Stoffwechsel)를 중개하고 규제하고 통제하는 과정이다. 인간은 자연적 소재 자체에 하나의 자연적 힘으로 맞선다. 그는 자연적 소재를 자신의 삶에 유용한 형태로 획득하기 위해 자신의 육신에 속하는 자연력, 즉 팔과 다리, 머리와 손을 활용한다. 인간은 이러한 활용을 통하여 자신의 밖에 있는 자연에 작용을 가하고 그것을 변화시킴으로써 동시에 자신의 본성(Natur)을 변화시킨다. 15)

인간은 자연에 노동을 투여한다 그리고 노동을 통하여 자연을 변형시키면서, 동시에 자신의 본성도 변화시키는 것이다. 이처럼 인간의 삶 그 자체는 노동, 즉 생산활동을 매개로 하는 인간과 자연 간의 "신진대사"로 해석된다. 여기서 인간과 자연의 변증법적 통일, 즉 '자연의 인간화'(Vermenschlichung der Natur)와 '인간의 자연화'(Vernatürlichung des Menschen)가 동시에 이루어짐을 볼 수 있다. 그러나 인간이 사회적 존재로 인식되면 자연의 인간화란 곧 '자연의 사회화'(Vergesellschaftung der Natur)를 의미하며, 그것은 말하자면 인간적 노동의 지속적 투여

---

15) Marx, MEW 23, p. 192(198쪽 이하도 참고).

과정을 일컫는다. 노동은 곧 사회를 위해 자연을 변형시킬 수 있는 실질적 힘으로 인식되는 것이다.

맑스에 의하면 동물과 비교할 때 인간에게 특징적인 것은, 인간이 자신에게 필요한 생존 및 노동수단을 생산한다는 점이다. "개인의 본질이란 곧 그의 생산에 조응한다. 즉 그것은 그들이 '무엇을' 생산하며 '어떻게' 생산하느냐에 달려 있다는 말이다. 따라서 개별적 인간의 본질은 곧 그들의 생산을 제약하는 물질적 조건에 의존한다."[16] 요컨대 인간의 본질은 생산 및 물질적 조건에 따라 가변적이라는 말이다.

그러나 '자연의 사회화' 과정, 다시 말해 인간적 노동의 지속적 투여를 통한 자연의 개조과정은, 필연적으로 물질적 조건, 즉 개조된 자연에 대한 인간의 종속을 야기한다. 말하자면 인간은 스스로 노동하지만, 동시에 자신의 노동의 결과에 스스로 종속당하는 존재이기도 한 것이다.

그러나 인간은 이러한 종속으로부터의 해방을 필연적으로 시도한다. 그리하여 사회화한 자연의 인간화를 지향하게 된다. 말하자면 물질적 조건에 예속당할 수밖에 없게 된 인간은 이윽고 사회를 개조하는 일, 곧 '사회의 인간화'(*Vermenschlichung der Gesellschaft*)를 추구하는 일에 매달리게 된다는 말이다. 맑스에 의하면 인간의 역사과정이란 바로 이러한 자연의 사회화와 사회의 인간화의 종합, 즉 노동과 해방의 총화며, 이는 인간적 삶, 물질적 생활의 총체로 나타난다.

맑스는 이러한 인간의 물질적 역사과정의 총체를 바로 '사회적 존재'로 이해한다. 그리고 "의식"(*Bewußtsein*)을 "의식된 존재"(*bewußtes Sein*), 곧 "사회적 산물"로 파악하는 것이다[17]. '의식'은 인간의 물질적 생활과정인 '사회적 존재'의 표현이며 반영이다. 곧 '의식된 존재'인

---

16) Marx & Engels, "Die deutsche Ideologie", *MEW* 3, p. 21.
17) 같은 책, p. 31.

것이다.

'의식'은 이데올로기적 상부구조, 인간적 관념과 합치된다. 그러나 '사회적 존재'는 경제적 토대에만 국한되는 것이 아니라, 전체적 상부구조까지 포괄한다. 즉 사회적 존재는 의식을 자신의 한 부분으로, 말하자면 의식된 존재로 끌어안는다. 의식은 존재와 대립하는 것이 아니라, 그것과 통일체를 형성하는 것이다. 맑스에 의하면, "사유와 존재는 구별된다. 그러나 동시에 서로 통일을 이루고 있다."[18]

그러므로 의식은 존재의 변화에 의해 규정되지만, 동시에 행위하는 인간의 의식으로서 이 존재를 스스로 변화시킨다. 예를 들어 계급의식은 본질적으로 계급의 물질적 조건(존재)에 의해 규정 당하지만, 그러나 동시에 그 조건을 변화시키는 힘으로 작용하기도 하는 것이다. 이처럼 사회적 존재는 총체적으로 파악되지 않으면 안 된다. '의식'이 없는 '사회적 존재'는 존재하지 않는다. 그리고 거꾸로 '의식'은 '의식하는 존재', 그 이상도 이하도 아니다. 바로 이것이 맑스의 기본 관점이었던 것이다.

맑스에 따르면, 본질적으로 노동하고 생산하는 존재인 인간은 그가 자유롭게 노동하고 또 자기 노동의 산물을 자유롭게 획득할 수 있는 곳에서만 자유로울 수 있다. 따라서 '주인'의 특권 및 법률적 종속상태의 단순한 폐기는 — 그것이 생산수단의 소유자에 대한 무산자의 종속을 계속 유지시켜주기 때문에 — 결코 근본적 치유책이 될 수 없다. 요컨대 '정치적으로' 해방된 '노예'는 부르주아 사회의 인간으로서는 끝없이 부자유스러울 수밖에 없다는 말이다. 왜냐하면 부르주아 사회에서는 자신의 불가결한 노동수단으로서의 생산도구를 자유롭게 처리할 수도 없고, 또한 노동의 생산물을 마음대로 획득할 수도 없기 때문이다. 그러므로 자유롭지 못한 것이다.

---

18) Marx, "Ökonomisch-philosophische Manuskripte aus dem Jahre 1844", in *MEW*, Egb. 1, p. 539.

맑스는 이러한 종속관계의 결과를 헤겔 식 표현을 빌려 "소외"(*Entfremdung*) 라 부른다. 인간은 본질적으로 노동하는 존재지만, 노동자는 자신에게 적대적으로 대치하고 있는 그의 생산물을 자기소유로 확보하거나 자기화할 수 없다. 그것은 다른 사람에게 속해 있다. 따라서 그는 자신의 노동을 자신의 인간적 본질의 자유로운 표현으로 이해하지 않는다.

맑스는 "노동자가 노동할 때는 집 밖에 있다"는 지나칠 정도로 당연하고 진부한 주장을 태연히 늘어놓는다. 그러나 그는 그러한 평범하기 짝이 없는 언급을 통해, 그러한 노동이 ─ 마치 친숙한 가정에서 밖으로 내던져진 것처럼 ─ 노동자 자신에게 얼마나 낯설고 고통스러운 유형의 것인가를 역설적으로 날카롭게 설파한다. 이런 관점에서 노동은 ─ 비록 노동자가 법률적으로 완벽히 '자유롭다' 하더라도 ─ 그에게 물질적 필요로 인해 강요되는 "노예노동"으로 비칠 수밖에 없다. 그리하여 노동은 그에게 자신의 육체적 생존을 연장시켜주는 단순한 동물적 수단에 지나지 않기 때문에, 인간은 결국 자신의 '인간성'(*Menschlichkeit*)으로부터도 소외될 수밖에 없는 것이다.[19]

말하자면 맑스는 ─ 가장 극명하게는 자본주의 사회에서처럼 ─ 생산수단의 사유가 지배하는 사회에서의 인간은 강제노동을 영위하는 단순한 노예에 지나지 않으며, 그로 인해 인간성을 철저하게 박탈당하는 동물적 존재로 전락할 수밖에 없다고 개탄하는 것이다.

그러나 그럼에도 불구하고 맑스-엥겔스는 예를 들어 인간적 '자유'나 '인권' 그 자체를 거부하지는 않았다. 단지 자본주의적으로 왜곡되고 형해화된 자유와 인권을 부인할 따름이다. 에른스트 블로흐(Ernst Bloch)는 이런 측면을 명쾌히 드러내 보여준다.

---

19) 같은 책, p. 514.

맑스가 인간의 권리에 대한 부르주아적 제약으로서 사유재산을 비난할 때, 그는 자유, 즉 억압에 항거하고 스스로의 안전을 보장할 사람들의 권리를 거부하였는가? 결코 그렇지 않다! 맑스의 목표는 오히려, 사유재산의 저지와 방해 그리고 그것의 무한히 파괴적인 침투로부터 해방된 자유의 논리적 귀결을 발전시키기 위하여, 자유의 이념을 더욱 더 멀리 이끌어 가는 것이었다. 그는 자유의 비판자이기는커녕, 정반대로, 자유를 영광스러운 인간의 권리로 간주하였다. [20]

한마디로 맑스는 이처럼 "영광스러운 인간의 권리"라 할 수 있는 자유는 오직 공산주의 사회에서만 온전히 확보될 수 있다고 확신하였던 것이다.

---

20) Ernst Bloch, "Man and Citizen According to Marx", in Erich Fromm (ed.), *Socialist Humanism* (New York: Doubleday, 1966), p. 224.

5. 공산주의와 인간

물론 맑스와 엥겔스의 사적(史的) 유물론(唯物論)은 시공을 초월하는 '영구불멸의' 인간적 자유나 권리의 개념을 결코 용인하지는 않는다. 그들은 언제나 특정적 시기와 구체적 조건 속에서의 자유와 권리를 따지고 드는 것이다.

그러나 그러한 '특정적·구체적 가치'를 저울질하기 위해서는 제3의 '보편적·추상적 척도'가 반드시 요구된다고 말할 수 있다. 그렇지 않을 경우, 그러한 기존 가치에 대한 비판과 그것을 넘어서는 또 하나의 새로운 비전의 제시가 불가능해질 수 있기 때문이다. 더구나 맑스주의처럼 세계관적이고 역사철학적인 체계를 그 토대로 하고 있는 경우, 이러한 보편적·추상적 기준의 제시는 필수적이라 할 수 있다. 이것이 사실은 맑스주의의 딜레마다. 왜냐하면 바로 이 보편적·추상적 규범은 사적 유물론이 본능적으로 배격하는 '영구불멸의' 가치체계 그 자체와 불가분의 관련성을 지닐 수 있기 때문이다.

예컨대 왜 자본주의를 철폐하고 공산주의 사회를 건설하지 않으면 안 되는가 하는 원론적 물음에 맑스주의는 과연 어떠한 해답을 제시할 수 있을까? 그리고 그 해답이 뿌리를 드리우고 있는 규범적 원리는 과연 어떤 것일까?

구체적으로 말해 맑스가 제시하는 "유적 존재"로의 발전이니, "완전한 인간의 회복"이니, "자유의 왕국" 건설이니, "인간의 완전한 자기실현"이니, "소외로부터의 인간해방"이니, "노동분화(Arbeitsteilung)의 극복"이니 하는 등의 공산주의적 최고목표는 도대체 어떤 구체적 원리에서 출발하고 있는가 하는 물음인 것이다.

맑스와 엥겔스는 그들이 지향하고자 했던 미래사회의 구체적 모습에 대해서는 거의 아무런 체계적 언질도 남겨놓지 않았다. 따라서 그들이 우리에게 보여주고자 했던 '유토피아'의 정체는 주로 기존의 자본주의 질서체계에 대한 그들의 비판 속에서 역으로 추론해 내거나, 아니면 지극히 간헐적으로 이루어지는 프롤레타리아 혁명 이후의 사회에 대한 지엽적 언급들을 가지런히 추출해냄으로써, 그 대강을 짐작할 수 있을 따름이다.

그들은 구체적인 역사적 체험 속에서 사회의 보편적 운동논리를 찾아내는 방법론에 매달린다. 엥겔스는 이 문제와 관련하여 '과학적 사회주의'의 목적이 "완전한 사회제도를 구상해내는 것이 아니라, 여러 계급들과 그들 상호간의 투쟁을 필연적으로 발생케 하는 역사적·경제적 과정을 연구하는 데 있다"고 밝히기도 하였다. [21] 이런 의미에서 이상적 미래사회의 실체에 대한 현실적 분석은 사실상 그들의 방법론적 한계를 초월하는 것이라 말할 수 있다.

그러나 맑스와 엥겔스는 지금까지의 역사발전과정 속에서 추출한 역사발전의 '법칙'을 앞으로 도래할 역사과정의 해명에도 동일하게 적용하는 경향을 보여준다. 말하자면 그들은 경험적 사실과 미래사회의 출현에 대한 전망을 동일한 논리구조 속에서 파악하고자 하는 것이다. 이런 면에서 〈고타강령 비판〉은 예외적 저술이라 할 수 있다. 왜냐하면 명언적 수준에서나마 미래사회의 운동원리를 직접적으로 거론하고 있기 때문이다.

독일 사회민주주의는 라살레주의(Lassalleanism)의 영향 밑에서 만들어진 '고타 강령' 속에서 "노동소득(Arbeitsertrag)의 공정한 분배"를 촉구한다. 그러나 맑스는 이런 요구의 허구성에 대해 날카로운 공격의 화살을 날리고 있다. 그는 이렇게 묻는다.

무엇이 '공정한' 분배인가? 부르주아지는 현재의 분배가 '공정'하다고

---

21) Engels, "Die Entwicklung des Sozialismus von der Utopie zur Wissenschaft", *MEW 19*, p. 208.

주장하지 않는가? 그리고 그것은 사실 현재의 생산양식에 기초한 유일한 '공정' 분배가 아닌가? 경제관계는 법률적 개념(*Rechtsbegriffe*)에 의해 지배되는가, 아니면 반대로 법률적 제 관계가 경제적 관계로부터 비롯하는가?[22]

맑스는 여기서 사회정의를 자본주의적 관점에 뿌리를 드리운 법률적 개념으로 간주한다. 따라서 노동자에 대한 분배의 몫이 크든 적든, 자본주의하의 일체의 분배는 모두 '정당'한 것으로 인식될 수밖에 없다. 그러나 그는 동시에 그에 대조되는, '공산주의 사회의 초기단계'(또는 사회주의 단계)에서 이루어질 분배의 원칙, 즉 '기여한 노동의 양에 따른 분배'의 원칙을 제시한다. 생산자가 "하나의 형태로 사회에 제공한 똑같은 노동의 양을 그는 다른 형태로 돌려 받는다."[23] 공산주의 초기단계에서는 모든 노동자가 자신이 투여한 노동의 양과 동일한 가치를 사회로부터 부여받는다는 말이다.

그러나 이 '공산주의 사회의 첫 단계'는 "그 자신의 토대에서 '발전해 온' 것이 아니라, 거꾸로 자본주의 사회로부터 '넘어온'(*hervorgeht*)" 것이다. 따라서 "경제적, 정신적, 관습적"으로 아직도 자본주의적 "모반"(母斑, *Muttermalen*)을 완전히 벗어 던지지는 못하고 있다.[24]

그러나 맑스는 이 단계에서 '동일한'(*gleich*) 노동에 대해서는 '평등한(*gleich*) 권리'가 보장된다는 것을 인정하고 있다. 바꿔 말하면, 이 원칙은 비록 계급차이를 인정하지는 않지만, 육체적, 또는 정신적 능력의 차이에 따른 불평등한 노동에 대해서는 불평등한 보상이 주어질 수 있다는 말이다. 평등한 권리는 곧 "불평등한 노동에 대한 불평등한 권리"를 의미하는 것이다.[25] 또한 동일한 노동에서도 불평등한 결과

---

22) Marx, "Kritik des Gothaer Programms", *MEW 19*, p. 18.
23) 같은 책, p. 20.
24) 같은 곳.
25) 같은 책, p. 21.

가 초래될 수 있다. 예를 들어 어떤 노동자가 결혼하여 많은 부양가족을 거느리고 있다면, 그는 동일한 노동을 함에도 사회적 조건이 다른 딴 노동자들에 비해 결과적으로 불평등한 환경에 처할 수밖에 없게 된다. 따라서 물질적 불평등이 존속할 뿐만 아니라, 다양하고 이질적인 개인적 욕구도 완전히 충족되지 못한다. 이러한 불평등한 상황 속에서는 그 불평등을 정당화할 보편적 기준이 필요하게 된다. 이런 의미에서 이 '평등한 권리'는 원칙적으로 "부르주아적 권리"를 뜻한다. 왜냐하면 그것은 등가상품(Warenaquivalent)의 교환을 지배하는 것과 동일한 원칙에 지배받기 때문이다. 26) 맑스는 이에 대해 다음과 같이 덧붙이고 있다.

> 권리는 그 본성상 단지 평등한 척도만을 적용한다는 데(in Anwendung von gleichem Maßstab) 있다. 그러나 불평등한 개인들(그리고 그들이 불평등하지 않다면 그들은 서로 다른 개인도 아닐 것이다)은 ─ 그들을 동일한 관점으로 불러다 놓고 또한 그들을 단 하나의 '특정적' 측면에서만 파악한다면, 예를 들어 지금 같은 경우처럼, '단지 노동자로서만' 간주하는 한 ─ 평등한 기준에 의해서만 측정될 수 있다. 그리고 그 외의 것은 일체 무시된다. … 그러므로 그것은 내용적으로는 모든 권리처럼 불평등의 권리이다. 27)

앞에서도 지적했듯이, 맑스는 '평등한 권리'를 자본주의적 잔재로 간주하는 것이다. 왜냐하면 자본주의적 법률 및 권리 체계는 바로 평등한 잣대로 불평등한 인간들을 재는 것이기 때문이다. 그러나 자본주의하에서의 '평등한 권리'가 실질적으로는 자본주의적 생산양식의 논리, 곧 착취의 논리에 평등하게 종속당할 평등한 권리를 뜻한다면, 이 공산주의 초기단계의 '평등한 권리'는 노동의 논리에 평등하게 지배

---

26) 같은 책, p. 21.
27) 같은 책, p. 21.

당할 평등한 권리를 의미한다. 따라서 외형적으로는 동일한 기준의 적용을 받는다는 점에서 자본주의적 권리와 다를 바 없지만, 그 실질적 내용은 본질적으로 차이가 난다. 왜냐하면 여기서는 모두가 다 동등한 노동자로 취급받음으로 해서, 계급적 차이가 더 이상 인정되지 않기 때문이다. 그러나 아직도 인간적 불평등을 정당화할 보편적 기준을 필요로 한다는 점에서 자본주의적 구속을 완전히 벗어나지는 못하고 있다.

사실 이 단계는 불평등의 영역이다. 노동 또는 노동자가 그 잣대로 등장한다는 것도 계급과 노동분화 그 자체의 극복이 온전히 이루어진다고 믿는 발전된 공산주의 사회의 이상에 비추어 볼 때, 초기단계의 미흡한 수준을 그대로 드러내 보여주는 증거물에 다름 아니다.

이것이 공산주의 초기단계의 속성이다. 비록 인간적 불평등의 뿌리가 아직은 송두리째 뽑혀 나가지는 않았지만, 그래도 그 폭은 자본주의 사회와 비할 바가 아니다. 뿐만 아니라 생산수단에 대한 사적 소유가 철폐됨으로써 자본주의의 본질인 계급적 착취와 계급적 특권이 근절되었다. 모든 인간은 서로 노동자로서, 오직 노동만이 개인적 소득의 원천이 된다. 노동자는 이제 더 이상 노동력의 판매자가 아니다. 따라서 그는 더 이상 상품관계의 노예가 아니다. 그렇기 때문에 그는 자본주의 사회에서와는 달리, 자신이 제공한 전체 노동에 상응하는 충분한 가치를 되돌려 받는다. 따라서 잉여가치의 착취를 정당화하지 않으면 안 되었던 자본주의적 정의의 체계는 더 이상 쓸모가 없게 된다. 그리고 연합한 생산자들이 생산수단에 대한 집단적 소유에 의거하여, 공동의 이해관계를 집단적으로 충족시키기 위해 함께 노력한다. 따라서 자본주의 사회를 풍미하던 사회적 소외와 '강제노동'은 더 이상 발붙일 곳을 찾지 못한다.

추론컨대 이 초기 공산주의 단계에서는 거의 완전한 사회보장 및 복지가 구비된 상태에서의 개인적 능력의 차이에 따른 다소간의 소득의 불평등 정도가 잔존할 것으로 유추할 수 있다. 그러나 계급적 착취

와 특권의 척결은 본질적으로 자유롭고 민주적인 사회조건을 조성케
할 것이고, 또 그로 인해 가능해지는 생산자들의 단합과 결속은 이러
한 불평등 정도를 단지 일시적 통과의례 정도로 간주케 할 공산이 크
다. 어쨌든 이러한 한계는 물론 자본주의적 잔재가 완전히 일소되면
함께 극복되어질 것이다. 맑스는 발전한 공산주의 사회에서는 계급차
이의 완전한 소멸과 더불어, "그로부터 비롯하는 모든 사회적, 정치적
불평등이 사라질" 것이라 확신한다. 28)

　맑스는 공산주의적 초기단계의 결함들을 치유하기 위해서는, "권리
는 평등한 대신에 오히려 불평등해야 한다"고 역설한다. 29) 즉 '동일한
노동'에 대해 '불평등한 권리'가 보장되지 않으면 안 된다는 말이다.
그러나 이 경우의 '불평등한 권리'는 자본주의 사회에서처럼 형식적 평
등권에 기초한 실질적 불평등이 아니라, 형식적 불평등에 뿌리내린
실질적 평등을 일컫는다.

　요컨대 이 공산주의 초기단계의 분배는, '불공정'하지는 않지만 '불
평등'(ungleich) 하다고 말할 수 있다. 왜냐하면 동일한 노동에 대해서
동일한 대가를 지불하지만 불평등이 만들어지기 때문이다. 반면에 발
전한 공산주의 단계의 분배는, 불공정하지만 불평등하지는 않다. 왜
냐하면 동일한 노동에 대해서 불평등한 대가가 지불되지만, 평등이
확보되기 때문이다.

　이렇게 볼 때 공산주의 초기단계에서의 정의는 평등한 노동에 대한
평등한 권리를, 그리고 둘째 단계에서는 평등한 노동에 대한 불평등
한 권리를 의미한다. 그러나 이때 초기단계의 '평등한 권리'는 공정한
불평등, 곧 불완전한 평등을, 그리고 둘째 단계의 '불평등한 권리'는
불공정한 평등, 곧 완성된 평등을 의미한다. 그러나 발전된 공산주의
사회에서는 '불공정 속의 완성'이 이루어지기 때문에, 이 불공정함이

---

28) 같은 책, p. 26.
29) 같은 책, p. 21.

전혀 문제되지 않을 정도의 완벽한 경제적 조건과 사회적 환경이 절대적으로 전제되지 않으면 안 된다. 그리하여 이 사회는 "능력에 따라 일하고 필요에 따라 분배받는 사회"가 되는 것이다. [30]

이런 의미에서 맑스의 철학적 출발점은 인간적 평등의 이념이 아니라, 자기소외(Selbstentfremdung)의 지양을 통한 인간의 자유로운 자기실현(Selbstverwirklichung)이었다고 말할 수 있다.

맑스와 엥겔스에게 평등(平等)은 결코 궁극적 가치가 아니었다. 그것은 기껏해야 프롤레타리아 혁명을 위한 선동의 수단에 지나지 않는다. 뿐만 아니라 모든 사회적, 민족적, 인종적, 성적(性的) 불평등은 계급적 갈등의 다른 표현이다. 따라서 평등은 자본주의적 기초의 소멸과 더불어 함께 사라질 한시적 가치에 불과하다. 구체적으로 말해 그것은 맑스가 말하는 공산주의 사회의 초기단계, 그리하여 아직도 자본주의적 불평등의 잔재가 남아있는 사회적 발전단계까지에만 적용될 수 있는 이념이다.

그렇다면 이러한 기본구도 속에서 맑스와 엥겔스는 어떠한 인간사회의 정의를 머릿속에 그리고 있는가? 후사미는 그것을 다음과 같이 요약하고 있다.

> 맑스는 보상의 산술적 평등을 거부한다. 왜냐하면 어떤 사람들은 그가 옹호하는 개성의 자유롭고 전면적인 개발을 위해 필요로 하는 것보다 덜 받을 수 있기 때문이다. 그는 특권을 만들어내는 불평등을 거부하고, 개성의 발전을 위해 용인되는 불평등만을 수용한다. … 맑스에게 사회주의적 정의는 평등과, 그리고 공산주의적 정의는 자기실현(self-realization)과 밀접히 연결되어 있다. 이 두 정의의 원칙은 사적 소유의 제거를 통한 착취의 배제 및 사회적 생존조건에 대한 합리적이고 집단적인 통제의 결정적 중요성을 확언한다. 이 통제는 자유의 한 양상이다. [31]

---

30) 같은 책, p. 21.

말하자면 '인간의 자유로운 자기실현'이야말로 공산주의적 사회정의
의 본질적 목표인 것이다.

다른 한편 '필요에 따른 분배'는 공산주의적 미래에 도달될 수 있는
이상이 아니라 단순한 유토피아에 지나지 않는다고 일축하는 사회주
의자도 있다.

예를 들어 유고슬라비아의 저명한 철학자 스토야노비치는 인간의
필요(또는 욕구)는 무한하고 결코 완전히 충족될 수 없다고 본다. 비
록 그것이 모두 충족된다 하더라도, 필요에 따른 보상은 결국 불공정
함(injustice)으로 귀결될 것이다. 왜냐하면 맑스는 "개인적 노력에서
비롯하는 역량의 차이를 간과했기 때문이다." 스토야노비치는 이렇게
말한다.

> 필요에 따른 분배의 원칙은 동등하게 능력 있는 두 사람 가운데서
> 자신의 역량을 발전시키는 데 노력을 덜 기울인 사람에게 실제로 더
> 호의를 베푼다. 더욱 나쁜 것은, 이 원칙이 일을 덜한 사람에게 결
> 국 더 많은 이로움을 주고 둘 다 필요에 따라 분배하기 때문에, 불
> 평등과 불공정함을 더욱 심화시킬 따름이라는 것이다. 32)

31) Ziyad I. Husami, "Marx on Distributive Justice", in Marshall Cohen,
    Thomas Nagel, & Thomas Scanlon(eds.), *Marx, Justice, and History*
    (Princeton University Press, 1980), p. 61; 후사미의 언급처럼 공산주의
    초기단계는 완전한 평등을 지향한다는 점에서 '정의'와 직접적으로 연결시킬
    수 있다. 왜냐하면 여기서는 아직도 분배의 문제가 온전히 해결되지 않았기
    때문이다. 그러나 발전된 공산주의는 자기실현 그 자체가 이미 이루어지고
    있는 영역이기 때문에, "발전된 공산주의 사회의 분배적 정의"(p. 61)라는
    그의 맑스 해석 또는 용어법은 타당하지 않다. 왜냐하면 여기서는 이미 정
    의의 개념이 불필요할 정도로 정의가 완벽히 구현되고 있기 때문이다;
    Lukes는 이 발전된 공산주의 사회에는 '필요의 원칙'이 지배하기 때문에,
    "더 이상 부르주아 '권리'(right)가, 더 이상 '권리' 그 자체(필자 주)가, 그리
    고 법률적, 도덕적 지배가 존재하지 않을 것이다"라고 단언한다. S. Lukes,
    "Marxism, Morality and Justice", in G. H. R. Parkinson(ed.), *Marx
    and Marxisms*(Cambridge, 1982), p. 200.
32) Svetozar Stojanovic, *Between Ideals and Reality: A Critique of Socialism and*

이런 취지에서 그는 맑스적 의미의 공산주의 사회는 순수한 유토피아거나, 아니면 오히려 인간적 불평등을 조장하는 불공정한 원칙이 지배할 불완전한 사회가 될 것이라 예측하기도 한다.

우리는 여기서 일단 논리적 상상력을 발동할 필요가 있다. 왜냐하면 이 공산주의 사회는 우리의 체험의 한계를 벗어나 있기 때문이다. 특히 존 리즈는 맑스와 엥겔스가 머릿속에서 그리는 공산주의 사회에서 과연 정치적 평등이 가능할 수 있는가 라고 반문한다. 그는 우선 엥겔스가 《반 뒤링론》에서 예시한 공산주의 사회의 기본질서를 문제 삼는다. 엥겔스는 이렇게 말하고 있다.

> 프롤레타리아트가 국가권력을 장악하고 생산수단을 국유화한다. 그러나 그와 동시에 프롤레타리아트는 프롤레타리아트로서의 자신을 해체시키며, 동시에 모든 계급차별과 계급대립도 해체시키고, 또한 국가로서의 국가도 해체시킨다. … 인간에 대한 통치 대신에, 사물에 대한 행정과 생산과정에 대한 관리가 등장한다. 국가는 폐지되는 것이 아니라 사멸(死滅)한다. 33)

국가의 사멸과 같은 상태는, 맑스의 논리를 따르면, 아마도 발전한 공산주의 단계에나 가능할 것이다. 여기서 리즈는 "사물에 대한 행정"이 '인간에 대한 지배'를 포함하지 않을 것이라는 것을 어떻게 알 수 있는가 하고 되묻고 있다. 그는 이러한 "행정"이나 "관리", 즉 '공공 기능'을 위해서는 반드시 그것을 행사하는 사람의 '권위'가 필요하게 되고, 그것이 결국에 가서는 정치적 불평등을 낳을 수밖에 없지 않겠는가 하는 의문을 제시하는 것이다.

마찬가지로 리즈는 "계급과 착취가 철폐되었기 때문에 강압이 없을

---

its Future (Oxford University Press, 1973), pp. 212~214.

33) Engels, "Anti-Dühring", *MEW 20*, p. 261~262.

것이라는 주장"도 역시 받아들이지 않는다. 그는 공산주의 사회에도,
그 역할이 훨씬 줄어들 수는 있겠지만, 역시 법률적 형태나 여론의 도
덕적 압력과 같은 강제(coercion)는 존속할 수밖에 없다고 믿는다. 따
라서 이 사회도 "엄밀한 의미에서 자유롭고 평등할 수가 없다."34) 말
하자면 공산주의 사회가 도래한다고 해서 엄밀한 의미에서의 완벽한
인간해방의 실현은 불가능할 것이라는 추론인 것이다.

그러나 순수하게 맑스-엥겔스의 논리를 따르면, 공산주의 사회는
인간적 평등의 개념 자체까지도 무의미하고 불필요하게 만드는, 일체
로부터 해방된 공간이다. 왜냐하면 불평등이라든가 분배적 정의, 법
체계 등이 뿌리를 내리고 있던 기본적인 사회적 조건자체가 제거될 것
이기 때문이다. 그렇기 때문에 맑스와 엥겔스에게 공산주의는 "만들
어져야 할 상황(Zustand)이 아니라 현실이 지향해야 할 이상(Ideal)"이
며, "현재의 상황을 척결하는 참다운(wirklich) 운동"이었다.35)

이렇게 볼 때 그들에게 공산주의는 하나의 '거울'과도 같은 것이 아
니었을까? 말하자면 그들이 몸담고 있던 자본주의의 추악한 몰골을
비춰보면서, 끊임없이 새로운 세계로의 도약을 단근질했던 하나의 원
대한 정신이며 빛나는 꿈이 아니었던가? 따라서 공산주의는 창조해내
지 않으면 안 될 구체적 '상황'이 아니라, 지향해야 할 영원한 '이상'이
었다. 말하자면 그것은 유토피아였다. 그러나 지극히 현실적인 유토
피아였다.

---

34) 존 리즈 지음/권만학 옮김, 《평등》(대광문화사, 1990), pp. 88~112. 특히,
    pp. 93, 99, 110 참고.
35) Marx, "Die deutsche Ideologie", 앞의 책, p. 21.

6. 혁명과 개량, 그리고 인간 본성

프릿츠핸드(Fritzhand)는 맑스의 이상적 인간상을 호소력 있게 "총체적"(*total*), "인격적"(*personal*) 그리고 "자활적"(*auto-active, selbsttätig*) 인간이라는, 상호 연관된 세 개의 개념으로 펼쳐 보인다. 36)

첫째, 맑스는 사적 소유 및 노동분화로 인해 야기된 현대인의 "분화"(*fractionalization*), "파편화"(*fragmentation*) 그리고 "기능화"(*functionalization*)를 극복하기 위해 "총체적"(*total*) 인간상을 지향한다.

특히 자본주의 사회에서는 대다수의 인간이 자신의 모든 인간적 역량을 충분히 계발할 수도 없을 뿐만 아니라, 자신의 모든 인간적 욕구와 필요도 충족시키지 못한 채, 오로지 편파적이고 일방적인 삶만을 꾸려갈 수밖에 없다는 것이 맑스의 지론이다. 이런 의미에서, 전 생애에 걸쳐 자신의 육체적·정신적 활동이 상호 일체를 이루기 때문에 노동과 향유 간의 간극이라든가, 노동분화의 산물이라고 말할 수 있는 도시와 농촌의 이분법 등을 알지 못하는, 무한히 자기실현을 도모할 수 있는 온전한 인간 존재를 "총체적" 인간으로 이해한다.

이러한 "총체적" 인간은 자신의 일상적 운명, 삶과 직업 유형 등을 결정적으로 규정짓는 계급분화와도 역시 무관하다. 따라서 한 직업에만 묶여있는 존재가 될 수도 없다. 그리하여 직업이나 업무 등에 의해 결코 나뉘지 않는, 동질적이고 조화로운 존재가 바로 "총체적" 인간인 것이다.

둘째, 맑스는 항상 자신의 기호와 성향과 능력과 필요에 따라 자유롭게 노동하기 때문에, 자신의 삶의 모든 국면에서 언제나 집에 있는 것과 같은 친숙함을 느끼는 존재를 "인격적"(*personal*) 인간이라 일컫

---

36) Marek Fritzhand, "Marx's Ideal of Man", in Erich Fromm(ed.), *Socialist Humanism: an international symposium*(Garden City, NY: Anchor Books, 1965), p. 172~181.

는다. 자신의 개성과 본성을 조화롭게 발전시켜나가기 때문에, "인격적" 인간은 자신의 개인적 삶과 사회적 생활을 항상 조화롭게 영위할 수 있다.

셋째, 이와 관련하여 맑스는 자신의 깊은 내적 욕구에서 솟아나는 자율적이고 강제 받지 않는 행위를 수행하기 때문에 본질적으로 자유로울 수밖에 없는 존재를 "자활적"(auto-active, selbsttätig) 인간으로 이해한다.

한마디로 말해 맑스는 스스로를 고양하고 온전하게 만들며, 또 자신에게 언제나 즐거움을 기약하는 그러한 인간적 노동을 수행할 수 있는 인간상을 지향했다고 말할 수 있다. 따라서 그에게는 무엇보다 인간적 정서와 가치를 상업화시킬 뿐만 아니라 모든 것, 심지어는 덕망, 명예, 지식과 양심까지 사고팔도록 만드는 자본이 최대의 적으로 떠오를 수밖에 없었다.

그러나 인간을 바라보는 그의 시각은—정치체제에 대한 그의 관점처럼—지나친 단순화와 획일화 경향에서 크게 벗어나지 못하고 있다. 예컨대 보편적 계급으로서의 프롤레타리아트에 의한 독재에 대해 맑스는 지나친 낙관적 환상을 가지고 있었다.

프롤레타리아 독재 그 자체가 의심할 여지없이 민주적이 될 수밖에 없다는 확고한 신앙을 품고 있었기 때문에, 인권, 법치주의, 권력분립, 대의제도, 보통선거 등 제반 민주주의적 절차 및 제도를 어떻게 사회주의적 목적에 부합하도록 재편성할 것인가 하는 문제에 대해서는 무관심으로 일관하였다. 따라서 그것은, 다수의 명분만 어떤 식으로든지 확보하기만 하면 항상 외형적 정통성을 손쉽게 획득할 수 있는 전체주의적 민주주의의 운명에서 보듯이, 소수지배의 정당화 근거로 악용될 소지를 언제나 지니고 있다. 그리고 그것은 바로 러시아에서 이미 입증되었다.

아울러 맑스는 무엇보다 자본주의의 충분한 성숙이야말로 사회주의 혁명의 물질적 기본전제라 확신하고 있었다. 하지만 그는 자본주의적 성숙은 동시에 자유주의 또는 자유민주주의, 즉 자본주의적 상부구조의 성숙을 동반한다는 점을 — 다시 말해 그것이 결국 자본주의 체제의 유지 · 존속에 기여할 수도 있다는 측면을 — 간과하였다.[37] 왜냐하면 그는 '어떻게' 지배하는가 하는 문제보다, '누가' 지배하는가 하는 문제에 더욱 본질적인 관심을 집중시켰기 때문이다. 그는 '정치'의 개념을 부정적인 것으로 파악했던 탓에, 모든 정부 및 국가형태를 자동적으로 부정적인 것으로 간주하였다. 요컨대 맑스는 정치과정의 제반 제도보다는 오히려 그것의 주체 문제에 일차적인 중요성을 부여하였던 것이다.

인간을 바라보는 맑스의 입장 역시 크게 다를 바 없었다.

이미 살펴본 바대로, 그는 생산수단의 사유가 지배하는 사회에서의 인간은 인간성을 철저하게 박탈당하는 노예적 존재로 존속할 수밖에 없다는 확신을 지니고 있었다. 따라서 그는, 물론 오늘날까지도 존속하는, 인간성 파괴의 주범인 자본주의적 물신숭배(fetishism)와 황금만능주의를 통렬히 비판한다. 이런 의미에서 맑스는 인간주의적 철학자라 할 수 있다. 하지만 그는 자본주의 체제하에서 부분적으로나마 획득 · 쟁취할 수 있는 인권신장이나 인간성회복 가능성을 — 그것이 결과적으로 자본주의의 유지 · 존속을 조장할 것임에도 불구하고 — 송두리째 외면해버리는 잘못을 자초하고 말았다.

물론 맑스는 체계화된 인간론을 수립한 적은 없다. 그러나 그는 사회체제의 급격한 변혁이 이루어지더라도 복잡한 과정을 거쳐 지극히 점진적으로 변모할 수밖에 없는 인간 본성의 변화양상 역시 간단히 일축해버린 셈이다. 결국 그는 오로지 사회주의 혁명만을 획일적 '만병통치약'으로 고착화시키고 말았다. 하지만 역사발전을 촉진할 사회적 연대(連帶)의 역사적 필연성을 역설하는 그의 독창성은 상당한 호소력을 발휘한다.

---

37) Norberto Bobbio, *Which socialism?*: *Marxism, Socialism and Democracy* (University of Minnesota Press, 1987), 특히 p. 61.

나는 역사가 끝없는 흐름이라 생각한다. 따라서 역사에는 종언(終焉)이나 혹은 '마지막' 단계 같은 것이 있을 수 없다. 그러나 역사는 비록 많은 우여곡절을 동반하기는 하지만 그래도 어느 정도는 일정한 통로를 따라 흐름을 잡는다. 왜냐하면 유한한 인간이 바로 그 주역이기 때문이다. 무엇보다 인간은 역사를 손수 이끌어가긴 하지만 동시에 그렇게 만들어진 역사에 의해 또 스스로가 규정당하는 존재이기도 하기 때문에 인간의 주체적 의지는 무한한 자유 속에 놓여 있지는 않다. 맑스도 이러한 취지에서 다음과 같이 역설한다.

> 인간은 스스로 자신의 역사를 만든다. 그러나 그것을 그들 스스로가 선택한 환경 아래서가 아니라 그들이 직접 부딪치는, 과거로부터 주어지고 물려받은 환경 아래서 만든다. 38)

또한 인간의 노동기술과 생산력은 일정한 역사과정을 거치면서 때로는 점진적으로 또 때로는 혁명적으로 발전했다. 따라서 인간의 역사는 이러한 노동과 생산의 수준 그리고 그와 다양한 관련성을 맺는 인간의 주체적 의지의 지향에 의해 그 발전의 방향성이 만들어진다. 바로 이런 맥락에서 우리는 역사발전의 '단계'에 관해 말할 수 있는 것이다. 이렇게 역사를 영원한 발전의 과정으로 파악할 때 우리에게는 '마지막' 목표는 존재하지 않는다. 다만 끝없는 지향과 도달될 수 없는 유토피아만이 있을 뿐이다.

모든 인간에게는 각자에게 골고루 평등하게 주어진, 거부할 수 없는 하나의 공통성이 있다. 그것은 바로 모든 인간들이 결국은 죽을 수밖에 없는 유한한 존재라는 사실이다. 따라서 유한한 존재로서의 인간은 공동운명체일 수밖에 없다. 그러므로 함께 살아가는 인간들끼리 서로 격려하고 도우며 살아가는 삶의 자세야말로 지극히 '인간적' 삶의

---

38) Marx, "Der achtzehnte Brumaire des Louis Bonaparte", *MEW 8*, p. 115.

원리, 그 자체라 할 수 있다.

무릇 인간에게는 한 가지 공통점이 있다. 바로 모두가 이질적이라는 점이다. 따라서 공산주의적 획일화 시도는 거부될 수밖에 없는 논리라 할 수 있다.

그러나 특히 험난한 역사적 과업을 달성하고자 할 때 개인과 개인 그리고 개인과 사회가 서로 굳세게 결속하고 있다면, 우리의 의지는 더할 나위 없이 강화될 것이다. 개인과 개인, 개인과 사회 상호간에 구축되는 역사적 연대는 그만큼 소중하다.

맑스-엥겔스는 "만국의 노동자는 단결하라!"는 구호를 통하여 가장 극적인 방식으로 사회적 연대의 역사적 필연성을 설파해내는 독창성을 과시하기도 했다. 그에게 인간적 연대는 투쟁의 수단이면서 동시에 지향해야 할 인간적 목표이기도 했던 것이다.

제4부 제 언

제 7 장

'新 휴머니즘'론 [1]

1. 왜 신휴머니즘론인가

서양의 역사에서 근대는 해방의 시대였다. 신분적 예속에서 개체를 해방시키는 일이야말로 가장 본원적인 해방의 지상명령이었다. 그리하여 보편적 이성을 소유한 존재로서 개인의 자유와 평등을 어떻게 확보할 수 있을 것인가 하는 것이 긴급을 요하는 시대의 대명제로 떠올

---

1) 논리의 전개에 따라 앞으로 차차 밝혀지겠지만, '신휴머니즘론'(Neo- Humanism) 용어의 '신'(新) 개념은 두 개의 의미를 지닌다. 첫째는 특정한 시간적 의미로서, 르네상스 시대의 전통적인 휴머니즘과 달리 오늘날의 현 시점에 한정되어 있는 한시적 휴머니즘을 가리키며, 둘째 특정한 공간적 의미로서 한국적 휴머니즘을 말하며, 한국사회에 적용되고 한국사회 발전을 위해 제한적으로 활용될 '공동체적' 휴머니즘을 일컫는다.

　이런 맥락에서 나는 나의 이 '신휴머니즘'이 — 예컨대 *Radical Humanism: The Philosophy of Freedom and Democracy*(India: Ajanta Publications, 1983)를 펴낸 — 인도인 V. M. Tarkunde의 "급진적 휴머니즘"(*Radical Humanism*)과도 다음과 같은 점에서 다르다는 것을 밝혀둔다. Tarkunde는, 스스로도

랐다. "자유"와 "평등" 그리고 "박애"를 절규한 1789년의 프랑스 대혁
명은 이러한 요구를 압축적으로 대변한 대사건이었고, 그것은 이미
사회 깊숙이 똬리를 틀고 앉은 자본주의적 경제질서를 정치적으로 공
식화시키고 완결시키는 마지막 미화(美化) 작업이기도 했다.

　그러나 하나의 모순이 극복되면 또 하나의 새로운 모순이 그 자리
를 대신 차지하는 것이 우리 인류사의 일반적 발전모습이다. 프랑스
혁명 역시 역사발전을 한 단계 더 높은 수준으로 끌어올리긴 하였으

　　자인하고 있듯이, M. N. Roy의 이론에 입각해 자신의 논리를 전개한다. 한
　편으로 그는 "급진적 휴머니즘"을 "단순한 학문적 훈련"이 아니라 "행동의 철
　학", 즉 "일상생활에서 실행되어야 할 철학"이라고 역설한다. 이 점에서 나는
　대단히 호소력 있는 그의 입장에 전적으로 공감을 표한다. 그러나 다른 한편
　으로 그는, 대단히 아쉽게도, 휴머니즘을 "인간적 자유의 철학"으로 단정지
　으며, 인간은 그 자체 목적이기 때문에 "민족이라든가 공동체 또는 계급 같은
　어떠한 가상적인 집단적 에고(imaginary collective ego)"를 위해, 자신을 희생
　하거나 그러한 것에 흡수당할 수 없다고 강변한다. 그러나 유감스럽게도, 나
　는 그의 이러한 견해를 전적으로 거부할 수밖에 없다. 그가 이러한 주장을
　펴는 직접적인 이유는, 그가 자유란 것을 무엇보다도 "오로지 사회 속의 개체
　에 의해 향유될 수" 있는 것으로 이해하고 있고, 아울러 "자유로운 개체는 자
　율적인 도덕적 존재가 되지 않으면 안 된다"는 신념을 지니고 있기 때문이다.
　Tarkunde에 의하면, "자기 자신의 의지에 따른 도덕적 행위를 행할 수 없는
　개인은 자유로운 사람이 될 수 없다. 왜냐하면 그러한 경우 사회가 그를 기존
　의 규범에 순응시키기 위해 강제적인 수단에 호소할 수밖에 없을 것이기 때
　문이다." 이런 취지에서 그는 휴머니즘의 사회적 이상이 "자유롭고 도덕적인
　남녀로 이루어진 사회 형성을 돕는 데" 있으며, 이러한 이상을 실현하기 위해
　"전면적인 다차원적 민주주의"(all-pervasive multidimensional Democracy)의
　창출, 요컨대 사회의 급진적 변형, 포괄적인 문화적·제도적 혁명이 필요하
　다고 역설한다(같은 책, pp. Ⅲ 및 3~4). 그럼에도 그는 계급이나 사회적 집
　단이 아니라, 개인에 머물고 있다. 그는 사회에 대해 개인이 당연히 우선권
　을 지닌다고 단호하게 주장한다. 그는 심지어 사회와 달리 개인이 생물학적
　존재이기 때문에 그럴 수밖에 없다는 논리까지 동원할 정도로(같은 책, 71~
　72쪽) 철저한 '개인주의적 휴머니즘'에 사로잡혀 있다.
　　물론 나는 개인적 자유의 중요성을 역설하는 그의 입장을 전적으로 받아
　들인다. 그러나 나는 '사회적 자유'가 튼튼히 뿌리내림으로써 오히려 개인적
　자유가 더욱 바람직하게 신장될 수 있다고 믿는 입장이다. 나는 사회에서의
　평등한 권리와 동등한 삶의 기회를 각 개인들에게 보장하는 방식으로 개인

나, 어쩔 수 없이 하나의 모순을 또 하나의 다른 모순으로 대체시킨
역사의 숙명적 한계를 극복하지는 못하였다. 결국 우리 인간은 신분
과 종교의 속박에서 벗어나긴 하였으되, 또다시 자본과 개인주의의
새로운 사슬에 얽매이는 모순의 악순환에 포박당하지 않으면 안 되었
다. 자본은 인간을 상품으로 전락시켰고 개인주의는 인간을 결국 계
급적 이기주의의 노예로 만들고 말았던 것이다.

적 자유를 실현하고자 하는 자세야말로 사회정의에 부합한다고 생각한다.
한마디로 나는 Tarkunde 식의 이러한 개인주의적 편향의 휴머니즘을 거부
하는 것이다.
　다른 한편 프랑스인 Alain Touraine는 다른 맥락에서 스스로를 "부유한 나
라들의 재력 있는 중산층에 어울릴 수 있는 극단적 유형의 개인주의"를 수호
한다고 밝히고 있다. 이러한 입장에서 그는 개체를 민족이나 계급 또는 교회
같은 집단적 존재와 일치시키는 것을 거부한다고 역설하면서, 개인적 자유를
저해하는 "공동체주의적 위협"(communitarian threat)을 경고하고 있다(Alain
Touraine, *Can We Live Together?*: *Equality and Difference*, Translated by
David Macey(Stanford University Press, 2000, p. 151). 정반대로 나는 오
히려 '공동체적 단합'을 저해하는 '개인주의적 위협'의 위험성을 경계하는 편
이다.
　참고로, 일본의 철학자 무타이 리사쿠(務台理作)는 휴머니즘을 세 유형으
로 나누어 고찰한다. 그는 르네상스의 "인문주의 휴머니즘"을 "제1 휴머니
즘", 그에 연이어 출현한 "근대 시민사회의 개인주의적 휴머니즘"을 "제2 휴
머니즘", 그리고 자신이 표방하는 "현대의 휴머니즘"을 "제3 휴머니즘"으로
각각 명명하였다. 보다 구체적으로는 첫 번째 것을 "귀족적 휴머니즘", 두
번째를 "부르주아 휴머니즘", 그리고 마지막 것을 "인류 휴머니즘", 요컨대
"사회주의 휴머니즘"이라 규정하기도 하였다. 이러한 관점에서 무타이 리사
쿠는 현대사회에 드러나는 "뿌리깊은 대립"으로서, "서구적인 것과 비서구적
인 것"과의 대립, "부유한 자와 가난한 자"의 대립, 또는 "인간과 사회, 인간
과 인간"과의 대립 등을 열거하면서, "개인주의적 휴머니즘"은 이러한 현대
사회의 위기를 전혀 해소하지 못한 채 "파탄"을 고하고 말았다고 개탄한다.
그는 하나의 대안으로 "인류 휴머니즘"을 제시하는데, 이것은 "장래의 역사
가 주체로서의 물질적·지적 근로자, 즉 생산적 인간의 손에 넘어간다는 신
념 위에 입각하고 있다"고 밝히고 있다. 이에 대해서는 무타이 리사쿠(務台
理作) 지음/풀빛 편집부 옮김, 《현대의 휴머니즘》(풀빛, 1982), 73, 77~
78쪽을 볼 것.

신분질서에 뿌리 드리운 봉건주의적 불평등 체계에 대한 부르주아 계급의 정치적·법률적 대공습(大攻襲)은 프랑스 대혁명으로 일단락되었다. 그리고 상품관계에 입각한 자본주의적 불평등 체계에 대한 프롤레타리아 계급의 사회적·경제적 대반란(大叛亂)은 결국 러시아 혁명으로 귀결되었다.

'평등'은 근대 이후의 본질적 사회개념으로 떠올랐던 것이다. 그리하여 1848년 혁명에서 본격적으로 터져나오기 시작한 평등의 대대적인 반격은 역사의 흐름에 되돌이킬 수 없는 깊은 골을 파놓았다. 자본주의적 발전은 분배, 복지, 삶의 질 등, 인간다운 삶과 관련된 제반 문제들에 대한 해법을 진지하게 모색하지 않고서는 스스로 정당화될 수 없는 단계를 오래전에 거쳐왔던 것이다. 러시아 혁명은 그 결정적인 일격이었고 복지국가체제는 그 신속한 대응이었다.

20세기를 가장 괄목할 만하게 장식한 것은 사회주의 체제의 성립과 그 붕괴다. 세계사적 관점에서 볼 때 20세기는 볼셰비키 혁명으로 돛을 달아 올렸고 공산권의 몰락으로 닻을 내린 셈이다.

지난 19세기 말엽, 자본주의의 급격한 팽창과 더불어 사회적 모순이 터질 듯 부풀어올랐음에도 불구하고 그것을 타개할 활로가 보이지 않던 시대, 암담한 체념과 우울한 회의가 문학과 예술뿐만 아니라 철학과 사상체계에까지도 밀어닥친 적이 있었다. 그리하여 한편에서는 허무주의와 염세주의가 기세를 부리고, 다른 한편에서는 니체 식의 힘과 초월의 논리가 유포되기도 하였다. 예컨대 베른슈타인의 수정주의(修正主義)도 바로 이러한 암울한 시대상황의 산물이었다고 말할 수 있다. 말하자면 수정주의는 맑스주의적 낙관론에 대한 비관적 응답이었던 셈이다.

한 세기가 지나고 바로 얼마 전 또다시 새로운 세기말을 겪었다.

이윽고 지난 19세기 말과 유사한 회의와 체념과 혼란의 비극적 색조들이 뒤섞여 물위로 떠올랐다. 거시적으로 파악할 때, 18세기 말을 혁명의 분출(噴出)로 인한 혼란의 세기, 19세기 말을 혁명의 부재(不在)로 말미암은 회의와 번민의 시대라 한다면, 20세기 말은 혁명의 부정(否定)으로 인한 의혹과 체념의 시대라 부를 수 있을 것이다. 하여튼 현재의 이 체념적 혼란은 소련 및 동유럽 공산권이 몰고 온 역사적 후유증 탓이라 할 수 있다.

특히 한반도를 둘러싸고 펼쳐지는 국제환경은 괄목할만한 것이다.

공산권의 몰락, 그리고 그와 직결된 독일통일이라는 세계사적 사건은 무엇보다 한반도 상황에 중대한 영향을 끼치는 환경요인으로 작용하고 있다.

첫째, 국제적으로 볼 때 자본주의권은 그동안 자신을 완강히 결속시켰던 공산권이라는 외부의 적을 상실하게 되었다. 그리하여 자본주의 국가들 내부에서는 그동안 공산주의와의 대결이라는 명분에 의해 보류하거나 무시해오던 사회내부의 적, 요컨대 비민주적 정치질서, 자유의 유보, 국민적 복지증진의 외면 등에 새롭게 눈을 돌리게 만드는 계기가 만들어지게 되었다. 예컨대 개혁(改革)을 기치로 내걸고 등장한 미국의 클린턴, 일본에서의 개혁세력에 의한 자민당 장기집권의 동요, 이탈리아, 한국 등지에서의 '개혁'정치 등이 이런 분위기 속에서 출현하게 된 것이다.

이러한 자본주의 국가들의 내부 정비작업은 머지않아 자본주의 국가들간의 격렬한 경쟁으로 점철될 '신제국주의'(Neo-Imperialism) 시대를 도래케 하리라 짐작된다. 무엇보다도 자신들을 하나로 묶어주었던 공산권이라는 외부의 공동의 적이 소실되었기 때문이다.

둘째, 공산권의 붕괴와 더불어, 독일의 경우에서 보듯이 자본주의권은 민족통합으로 나아가고, 소련, 유고 등의 사례에서 나타나듯이 이전 공산권은 민족분리의 경향으로 치닫고 있다. 어쨌든 분리의 이데올로기든 통합의 그것이든 간에 사회주의의 몰락은 민족주의(民族主義)를 고양시키고 있음이 명백하다. 이러한 현상은 바로 앞에서 언

234

급한, 첫 번째의 자본주의적 무한경쟁에 의해 더욱 강화될 전망이다.

한국의 경우 세계화의 구호에도 불구하고, 아니 바로 그 때문에, 민족주의적 경향은 심화될 가능성이 농후하다. 예를 들어 얼마 전 독서시장에서 압도적 인기를 독차지했던 《나의 문화유산 답사기》, 《일본은 없다》, 《무궁화 꽃이 피었습니다》 등은 이러한 사태발전의 자그마한 사례들에 지나지 않는다. 그리고 IMF의 폭풍이 휘몰아쳤을 때, '국치일'(國恥日), '신 물산장려운동', '신 국채보상운동' 등 일제시대에나 들어보았음직한 민족주의적 구호들이 난무한 적도 있다. '태극기 밑에서 함께 뛰자'는 홍보용 스티커는 차라리 애교스러운 편이었다.

셋째, 현재 북한은, 특히 소련 및 동유럽 공산권의 붕괴 이후, 국제적 고립에서 벗어나지 못하고 있다. 이렇게 볼 때 북한은 과거와는 달리 통일보다는 오히려 평화공존에 더욱 강한 애착을 보이고 있다고 말할 수 있다. 이런 의미에서 북한이 야기하는 핵 갈등은 평화공존을 전투적 방법으로 쟁취하려는 안간힘의 표출이라 할 수 있다. 남한의 이른바 '햇볕 정책'과 역사적 남북 정상회담 개최도 그러한 시대적 변화의 산물이라 할 수 있을 것이다. 그러나 남북한의 장기간에 걸친 민족적 이질성 등을 고려할 때, 나는 급속한 통일보다는 오히려 장기간의 평화공존이 궁극적 평화통일을 위해 더욱 바람직한 노정(路程)이라 생각한다.

역사적으로 볼 때, 앞으로의 세계는 개인의 자유를 옹호하는 '개인주의'와 개인에 대한 개입을 통해 공동체적 결속을 지향하는 '집단주의' 또는 '국가주의'의 대결로 점철되리라 예측된다.

이런 맥락에서 살피면, 세계사적 성감대(性感帶)인 한국사회는 지금 이중적 시련에 봉착해 있다고 말할 수 있다. 요컨대 한국사회는 복합적 '회복운동'(回復運動)을 과감히 전개하지 않으면 안 되는 갈림길에 서 있는 것이다. 말하자면 상호 모순관계에 빠져 있는, 서로 얽히고설킨 두 과업이 동시해결을 촉구하는 사회문제로 자리잡고 있다는 말이다. 곧 개체적 자유회복과 집단적 연대구축의 동시적 구현이 바로 그 과제다.

그러나 한국인은 작게는 가문, 혈연, 문벌(門閥), 학연(學然), 크게는 지역공동체와 민족공동체에 이르기까지, 그 규모에 따라 유형과 속성을 달리하는 다양한 공동체에 연루되어 그 집단의 자의식에 지배당하고 있다. 이를테면 그것은 문벌적, 족벌적, 붕당적, 향당적, 지방적 편협성을 극복·청산하지 못하는 소집단 충성심과 소집단 애국심이라 할 수 있는 것이다. 다른 한편 그것은 타 집단에 대해 가지는 불신, 경계심, 공포심과 자기 집단에 대해 지니는 무조건에 가까운 아량, 이해심, 무비판적 종속감 그리고 무분별한 정실주의(情實主義)로 나타난다.

우리는 지금, 마치 유럽의 근대사에서처럼, 이러한 집단적 신분질서로부터의 개인의 해방, 즉 개체적 자유회복을 도모하지 않으면 안 된다. 우리는 그를 통해 비로소 합리적 현대사회를 건설해나갈 수 있을 것이다. 그러나 우리는 동시에 인간적 공생과 민족적 연대를 회복하기 위해 개인의 진정한 해방 위에 우뚝 선 공동체주의에 호소하지 않으면 안 된다. 이 두 문제에 동시에 육박해 들어감으로써 우리는 인류사적 과제라고 말할 수 있는 자유와 평등의 동시적 구현에 근접할 수 있고, 또 그를 통해 근대성과 미래성을 동시에 추구할 수 있다. 우리는 요컨대 개체적 해방을 지향하는 개인주의와 집단적 연대구축을 촉구하는 공동체주의를 동시에 추진함으로써 인간적 해방과 인간적 연대를 동시에 실현하는 균형 잡힌 인간 본위의 사회체제를 구축해나가야 한다는 말이다.

그렇다면 어떻게 할 것인가?

이러한 상황에서 나는 새로운 시대정신(時代精神)으로서 감히 '신휴머니즘'을 제창하는 바이다.

2. 신휴머니즘의 본질

우리 모두는 언젠가는 함께 이 세계를 같이 떠날 수밖에 없는 유한한 생명체다. 이것이야말로 그 어느 누구도 거역할 수 없는 절대평등의 지상명령인 것이다. 그러므로 우리에게는 서로 아끼고 도와야 하는 천부적 의무가 부여되어 있다. 그러하니 공동체를 더불어 가꾸어나가는 애틋한 협동 및 상부상조 정신, 이 공동체가 그 뿌리를 드리우고 있는 우리의 자연에 대한 숭고한 사랑, 그리고 이러한 인간과 자연을 서로 따스히 이어주는 푸근한 문화적 공감대를 심화시켜나가야 하지 않겠는가. 이를테면 공동체주의, 자연주의, 문화주의를 복원해내는 것이야말로 우리의 역사적 소명이라는 말이다. 인간과 인간, 그리고 인간과 자연이 한데 어우러지는 삶을 가꾸어나가도록 우리는 극진한 정성과 노력을 아끼지 말아야 할 것이다.

이런 맥락에서 나는 자연과 인간, 인간과 인간, 과거와 현재와 미래의 조화를 추구하는 삶의 정신을 우리 시대의 '신(新)휴머니즘'이라 일컫는다.

1) 자연주의

생명(生命)이란 무엇인가?

그것은 '살라는 명령'이다.

그리고 인간이란 어떤 존재인가?

인간은 자연의 일부, 아니 자연 그 자체다.

자연을 가리키는 영어 '네이처'(nature)는 라틴어 '나투라'(natura)에서 유래하였고, 그 본래 뜻은 '태어남'이나 '만들어짐'이라 한다. 요컨대 서양에서의 자연(nature, natura)이란 '생명이 나타나는' 것으로 풀이된다는 말이다. 이런 맥락에서 자연을 가장 많이 닮은 생명체가 인간으로 이해되는 것이다.[2]

어느 철학자는 인간을 잎이라 한다면, 자연은 나무라 일컬을 수 있다고 멋들어지게 말하였다. 나무를 떠난 잎이 정녕코 살 수 있겠는가.

이런 의미에서 자연은 우리 인간들의 마지막 동반자라 할 수 있다. 아니, 자연은 생명의 원천이다. 그러므로 인간이 자연을 학대하는 것은 곧 자신의 삶 그 자체를 박해하는 것이 된다. 그러나 단순하지만 또 단순히 잊혀지는 것은, 인간이 존재하기 이전에도 자연은 존재하였고, 인간이 죽는다고 자연이 따라 죽지는 않지만, 자연이 죽으면 인간은 반드시 따라 죽는다는 사실이다. 아니, 자연을 죽이면 자연이 죽인다.

2004년 12월 26일, 남아시아를 강타해 폐허로 만든 지진해일 쓰나미로, 30만 명에 가까운 사람들이 순식간에 목숨을 잃었다. 이번 지진해일의 거대한 에너지 파동은 최고 시속 500㎞에 달할 만큼 무섭게 빠른 속도로 밀어닥쳤다. 동남 아시아 인근 해안을 휩쓴 해일의 높이

---

2) 김명호, 《생각으로 낫는다: 생각을 치료하는 한의사 김명호의 생명이야기》 (역사비평사, 2002), 62쪽.

가 무려 60m에 이르러, 인간은 자연의 대재앙 앞에서 한낱 무기력한 존재로 전락할 수밖에 없음을 절감했다.

이처럼 엄청난 파괴력을 지닌 지진해일의 피해로 수많은 인명피해가 발생했지만, 놀랍게도 동물의 피해는 거의 없었다. 스리랑카 최대의 야생동물 보호구역인 얄라 국립공원에서는 동물의 사체가 하나도 발견되지 않았다 한다. 이 공원을 덮친 해일로 외국인 관광객 40명이 숨졌으나, 동물들은 해일이 닥칠 것을 미리 알아차리고 높은 지대로 피해버린 것이다. 이 공원에는 아시아 코끼리, 악어, 멧돼지, 물소, 회색 랑구르 원숭이 등이 살고 있었다 한다. 국립 야생동물국 관계자는 "토끼 한 마리도 죽지 않았다"면서, 동물들은 제6감을 갖고 있으며, 일이 언제 터질지 미리 안다"고 동물의 지진 예지력(叡智力)을 강조하기도 했다. 지층이 끊어지거나 부딪치면 지구의 전자기(電磁氣) 양에 변화가 일어나는데, 이 과정에서 대기 중의 모기들까지 전기를 띠게 되어 야생동물들을 자극한다는 것이다. 그렇다면 야생동물들까지도 본능처럼 지닌 지진 예지력이 왜 만물의 영장(靈長)이라는 인간에게는 없는 것일까?

흥미로운 것은 지진해일로 큰 피해를 입은 수마트라 북부 인도령 안다만-니코바르 제도에서도 다섯 원시부족은 거의 피해를 입지 않았다는 사실이다. 8,300㎢에 걸쳐 약 500여 개의 섬들이 산재한 해역에는 대안다만 족, 옹게 족, 자라와 족, 센티넬 족, 숌펜 족 등 멸종위기에 처한 다섯 원시부족 약 4백~1천 명 정도가 살고 있었으나, 해일이 몰려오기 전에 높은 곳으로 미리 몸을 피해버렸다는 것이다.[3] 그래서 이들은 현대인이 잃어버린 태고의 자연적 육감을 아직도 간직하고 있는 게 아니냐는 점에서 관심을 끌기도 했다.

이들 부족들을 지원하는 어느 환경운동가는 "바람의 움직임과 새들의 날갯짓을 통해 자연현상을 파악하는 오랜 옛날의 지혜 덕분에 목숨

---

3) 〈한국일보〉 2005년 1월 6일.

을 건진 것"이라고 분석했다. 인도의 인류학자들도 "이들은 바람의 냄새를 맡고, 노 젓는 소리로 바다의 깊이를 헤아리는 놀라운 능력을 가지고 있다"고 말한다. 이들 원시부족은 외부와 철저히 접촉을 끊은 채, 활로 사냥을 하고 돌을 부딪쳐 불을 피우는 석기시대 생활을 하고 있다고 한다. 석기시대의 원시생활을 하는 원시부족들과 심지어는 하찮은 동물들까지도 지닌 재앙(災殃) 예지력을 첨단의 과학문명을 자랑하는 현대인이 갖고 있지 못한 이 역설적인 현상을 어떻게 설명할 수 있겠는가?[4]

여러 언론매체들의 한결같은 문제제기다.

인간이 자신의 자연적 능력보다는 스스로 만들어낸 문명수단에 오랜 세월 의존한 나머지, 본래 가지고 있었던 인간의 자연력이 퇴화를 거듭한 결과일지도 모른다. 사람들이 욕망에 눈이 멀면 제대로 보지 못하면서 인식능력을 잃어버리듯이, 편견과 아집, 독선 따위에 사로잡혀 자신에게 들이닥칠 재난을 미처 깨닫지 못한 것은 아닐까….

이러한 자성(自省)어린 사회적 개탄이 줄을 이었다.

여기서 자연스레 세 가지의 문제가 제기된다. 이를테면 인간은 지금까지 어떻게 '살아왔으며', 어떻게 '살아가야' 하는가, 그리고 우리 인간에게 삶을 허여(許與)하는 주체인 자연에 대해 우리는 과연 어떠한 자세로 임해야 하는가 하는 문제가 바로 그것이다.

(1) 인류가 살아온 길

인류의 역사는 생명을 보존하는 방식의 진화과정이다. 그리고 생명의 원천인 자연에 대한 관심의 폭과 깊이 역시 역사발전단계에 따라 다양하게 변모해왔음은 물론이다.

---

4) 같은 글 참고.

240

원시인들은 도처에 먹을 것과 숨을 곳을 제공하는 풍요한 대삼림 속에서 다른 동물들과 뒤섞여, 일정한 주거도 없고 서로를 필요로 하는 일도 없이, 아마도 일생에 서로 부딪칠 일도, 알고 지낸다든지 대화를 나눌 필요도 없이, 모두가 뿔뿔이 흩어져 살았다. 산업도, 언어도, 가옥도 존재하지 않았다. 인간은 다른 인간 또는 인간집단을 필요로 하지도 않았고, 싸움을 좋아하지도 상대방을 지배하려는 욕망도 지니지 않았다. 따라서 질투라든가 선망, 복수욕, 좋은 평판을 받으려는 욕망, 이러한 여러 복잡한 감정들은 아주 원시적이고 비사회적인 인간들에게는 지극히 생소한 것들이었다. 5)

이처럼 수렵(狩獵)과 어로(漁撈)로 삶을 꾸려가던 이 시절, 우리 인류는 고립적 가족공동체 속에서 힘든 생활을 꾸려나갔다. 이때 우리 인류 최대의 '적'은 바로 자연이었다. 홍수, 가뭄 등 천재지변 같은 것이야말로 인간의 힘으로는 어쩔 수 없는 대재앙이었기 때문이다. 그러하니 자연에 대한 외경심(畏敬心)은 자연스러운 현상일 수밖에 없었다. 태양과 달을 향해 빌기도 했을 것이고, 또 거대한 바위나 가공할 맹수 등도 신령스러운 존재로 비칠 수밖에 없었을 터이다. 요컨대 자연에 대한 공포를 바로 또 이 자연의 위력으로 극복하고자 했던 원시적 순박함이 인류를 사로잡고 있었던 것이다.

그러나 차차 지혜가 발달하게 되면서 인간은 이제 모든 것을 자연과 우연에만 내맡기는 떠돌이 생활을 청산하고, 정착생활을 꾸려나가기 시작했다. 서로 뿔뿔이 흩어져 고립된 생활을 영위하던 동료인간들이 힘을 합치면, 자연의 재앙에 함께 맞서 싸우기도 더욱 편했을 것이다. 뿐만 아니라 더욱 능동적으로 자연의 혜택을 더불어 향유할 수

5) 루소의 〈인간불평등 기원론〉, 여기저기서, 이러한 관점을 습득하고 익혔다. Rousseau, "A Discourse on the Origin of Inequality", trans., G. D. H. Cole, in *The Social Contract and the Discourses*(Everyman's Library, 1982).

있는 기회도 만들어졌을 터이다. 그 와중에 다른 공동체가 자행하는 약탈이나 공격에 보다 효율적으로 스스로를 방어할 필요성도 절감했을 것이다.

이윽고 정착적인 농경사회가 성립하면서 **종족공동체**가 만들어졌다. 가옥의 축조와 더불어 최초의 사유재산이 발생하게도 되었다. 토지가 경작됨에 따라 토지의 분할이 이루어질 수밖에 없었고, 수렵, 어로에서 획득된 수렵물들과는 달리 농작물은 쉽게 부패하지 않기 때문에, 계속적인 점유와 부의 축적도 가능하게 되었다. 그에 따라 소유의 불평등이 점증하고, 자신의 부를 자식에게 유산으로 물려주는 일도 가능하게 되었다.

이러한 정착생활의 연륜이 깊어 가면서 토지(土地)에 대한 애착과 탐욕이 따라서 증대할 수밖에 없었을 것이다. 왜냐하면 토지야말로 사회적 부와 권력의 원천이었기 때문이다. 그에 따라 토지소유의 정도에 의해 사회적 권력의 강약이 판가름나는, 토지중심의 **신분공동체**가 생성되었다. 신분적 특권과 그로 인한 사회적 불평등의 제도화가 그 필연적 결과일 수밖에 없었다.

그러나 자급자족적 생산구조와 사회적 생산력의 불가피한 한계는 사회내부에 현존하는 각종 굴레에 큰 불편을 느끼게 하지 않았다. 이 봉건사회의 지역적 폐쇄성과 편협성은 결국 동일한 사회적 체험, 동일한 문화양식의 꾸준한 향유, 그리고 그에서 비롯하는 운명 공동성에 대한 일상적 확인의 과정을 통하여, 점차 고유한 공동체적 특성을 만들어내게 되었다.

그러나 과학, 기술의 발달과 그에 따른 사회적 생산력의 증대는 전통적 토지중심의 지배질서를 뒤흔들기 시작했다. 그에 발맞춰 고유한 언어와 전통 등에 의해 견고히 묶여지는 새로운 유형의 인간집단이 출현하면서 **민족공동체**가 생성되었다.

이 민족공동체는 '가능한' 범위까지의 전 주민의 동질화, 단일화,

242

통일화를 지향하였다. 그리고 이런 작업은 민족의식의 효율적 동원에
의해 뒷받침되었다. 자본주의적 상품생산 체제로의 역사적 이행은 결
과적으로 봉건사회의 지방적 한계 및 신분적 구속의 철폐요구로 연결
될 수밖에 없었다. 특히 영국과 프랑스에서 여러 차례 되풀이되었던
시민혁명은 바로 이 충돌의 가장 집약적인 표현이었다. 그리고 바로
이 시민혁명을 통하여 각종 봉건적 특권과 질곡이 제거되는 획기적 계
기를 맞게 되는 것이다. '형제적 우애'(fraternity)라는 프랑스 혁명의
구호는 바로 신분적으로 분열되었던 봉건사회를 형제와도 같은 '동질
적' 민족사회로, 즉 신민(臣民)을 국민(國民)으로 통합하고 결집시키
기 위해 동원되었던 것이다.

그러나 자본주의의 발달과 더불어 민족공동체 상호간의 관계는 극
심한 갈등과 경쟁으로 점철되었다. 민족주의는 파시즘과 나치즘 그리
고 제국주의로 돌변하여 억압과 착취의 가공할 수단으로 전락하면서
동시에 자유와 해방의 성스러운 깃발을 휘날리기도 했다. 6)

오늘날 자본주의의 국제적 팽창과 더불어 세계문화가 창출되고, 그
에 따라 민족의 특수성과 폐쇄성이 점차 용해되어 가는 것은 사실이
다. 그러나 신용카드는 국경을 초월하여 어디서나 다 통용되지만, 언
어는 통하지 않는다. 말하자면 민족언어가 신용카드를 잠식하리라는
말이다. 이것이 이른바 '세계화'의 본질이다. 이런 의미에서 세계화
시대의 '영구 집권'을 알리는 팡파르가 높이 울려 퍼지고 있음에도 불
구하고, 민족공동체 시대는 끈기 있게 존속할 것이다.

현재 이러한 세계적 시대상황에 발 맞추어, 첨단기술의 범람과 사

<hr/>

6) 톰 네언(Tom Nairn)은 어네스트 겔너(Ernest Gellner)의 "민족주의는 분명
히 유익한 체제인 것 같다"는 주장에 입각하여, 발전에 대한 민족주의적 반
응이 나타나지 않았더라면 제국주의가 장기화되었을 뿐일 것이고, "정치적
으로 통일된 이 세계는 남아프리카의 현재 상태와 비슷해지기가 십상일 것
이다"라는 겔너의 견해를 적극적으로 지지하는 입장을 보이고 있다. 이에
대해서는 톰 네언, "민족주의의 양면성", 백낙청 엮음, 《민족주의란 무엇인
가》(창작과 비평사, 1981), 236쪽을 참조할 것.

이버 돌풍, 환경오염 및 자연파멸에 대한 두려움, 그리고 그를 극복하기 위한 투쟁 역시 더불어 세계화하고 있다. 자연현상이란 전 지구적 차원에서 발생하고 확산되는 것이기 때문에, 자기 민족만의 이기적 이해관계에만 집착할 수 없도록 만드는 역설적 상황을 강요하게 되는 것이다. 요컨대 전 지구의 생존 및 인류적 공생을 위한 범세계적 단합과 결속이 결정적으로 요청되는 시대가 도래했다는 말이다.7)

오늘날 인간 스스로가 자초한 한계상황을 또 인간 스스로 극복토록 촉구하는 역사적 '시혜'가 베풀어지고 있는 듯하다. 말하자면 민족공동체의 이기적 본성이 극한상황에 다다르게 되자, 인간적 공생주의를 강압하는 인류사의 변증법적 제재가 팔을 걷어붙이기 시작하고 있다는 말이다. 이윽고 자연과 인간의 합일을 지향하는 **생명공동체** 시대가 출현한 것이다.

인류는 지금껏 '자연'에서 출발하여 또다시 '자연'으로 회귀하는 삶의 양식을 발전시켜온 셈이다. 이를테면 자연을 맹목적으로 섬기기만 해온 무기력한 가족공동체에서, 자연의 파괴만을 일삼아온 완력적인 민족공동체 단계를 거쳐, 힘을 사랑하는 인간이 아니라 사랑의 힘을 가진 인간이 자연과 함께 어우러지는 공생의 생명공동체 단계로 진입하고 있다는 말이다.

---

7) 이기상은 한 논문에서 첨단 기술과학의 시대, 정보화 시대, 사이버 시대 등 수많은 얼굴을 하고 나타나는 현대사회는 "새로운 패러다임의 전환"을 촉구한다고 주장하면서, 우리가 "지구 위 모든 생명체와 더불어 살 수 밖에 없는 공동 운명체"임을 깨닫고, "생명문화 공동체" 건설에 발벗고 나서야 한다고 역설하고 있다. 이기상, "생명의 진리와 생명학: 지구 생명 시대에 요구되는 생명문화 공동체", 《생명사상과 전 지구적 살림운동》(세계 생명문화 포럼-경기, 2006; world life-culture forum; gyeonggi 2006 자료집), 104~105쪽.

(2) 생명의 원천, 자연의 가르침

자연은 인간의 교사다.[8] 자연은 본래 어머니의 품이며 학교며, 절
같은 곳이다. 자연의 모든 것이 책이고 스승이며 성직자다. 그러하니
자연과 멀어진 문명인들은 문명화되는 수준과 속도만큼 순수의 빛을
상실할 것이다.

루소도 《에밀》에서 자연을 예찬하고 있다. 그는 자연은 결코 우리
를 기만하지 않지만, 우리 자신이 언제나 스스로를 기만한다는 소신
에서 출발하여, "조물주는 모든 것을 선하게 창조했으나, 인간의 손길
이 닿으면서 모든 것은 타락하게 된다"고 개탄하지 않을 수 없었다.[9]
말하자면 그는 양심을 사랑하고, 이성을 깨닫고, 자유를 선택하는 것
을 선(善)으로 인식하였던 것이다.[10]

'자연'(nature)이 인간의 '본성'으로 풀이되는 것도 결코 우연한 일은
아니다. 사전에서도 자연이 "사람이나 물질의 본디의 성질, 본성"으로
해석되고, '자연스럽다'라는 말이 "꾸밈이나 거짓이나 억지가 없어, 어
색하지 않다"고 묘사되고 있다.

맑스도 '인간의 자연화'(Vernatürlichung des Menschen)와 '자연의 인
간화'(Vermenschlichung der Natur)를 역설한 적이 있다.[11]

어쨌든 인간은 자연의 산물이다. 우리에게 생명을 올곧게 허여(許
與)하는 존재가 곧 자연인 것이다. 그러므로 자연의 순리에 따르는
삶의 태도야말로 자연적 존재로서의 가장 자연스러운 인간적 자세라
할 수 있지 않겠는가. 이런 의미에서 진정한 인간의 생존은 자연과 조

---

8) 장 자크 루소/박호성 옮김, 《에밀》(책세상, 초판 8쇄, 2007), 79쪽에서 루
　소는 "아이는 태어나면서부터", 이미 "자연의 제자"라 역설한다.
9) 같은 책, 23쪽.
10) 같은 책, 94쪽 참조.
11) 이 글 앞에 나오는, 제 6장 맑스가 바라보는 인간에 대한 시각의 4절 자본주
　의와 인간 부분을 참고할 것.

화를 쟁취함으로써 비로소 확보될 수 있으리라 단언할 수 있다.[12)

그러나 인간은 자연의 산물 중에서 가장 영리한, 아니 정확히 말하면, 가장 교활한 생명체라 할 수 있다. 인간만큼 계획적이고 상습적으로 자기 자신의 종족을 대대적으로 파괴하고 말살하는 포유류가 과연 자연 어디에 존재하겠는가. 어디 그뿐인가.

예컨대 누에는 애벌레처럼 생겼고 뱀장어는 뱀과 닮았다. 그래서 사람들은 누에나 뱀장어를 보면 징그럽다고 질겁하기 일쑤다. 그러나 실 뽑는 여인들은 즐거이 누에고치를 어루만지며, 어부와 뱀장어 장수는 흥겹게 뱀장어를 쓰다듬는다. 이처럼 자신의 이해관계에 따라 자연을 어루더듬기도 하고 기피하기도 하는, 그렇지만 영원히 자연을 등지지는 못하는 기회주의적 생물이 인간 아니겠는가.

그러나 자연의 섭리는 공평하다. 예컨대 사자는 항상 많은 양의 고기를 필요로 하기 때문에, 그에 걸맞게 자연으로부터 강인한 용맹과 강력한 살상력으로 보상받지 않았는가. 뿔 있는 놈은 이빨이 시원찮고, 날개가 있으면 다리가 두 개뿐이며, 이름난 꽃은 열매가 없고, 고운 빛깔의 구름은 쉬이 흩어지지 않는가. 인간 역시 크게 다를 바 없다. 하지만 인간은 자연으로부터 가장 많은 욕망과 욕구를 부여받았으면서도, 그것들을 충족시키기에는 가장 미약한 수단만 제공받은 생명체일 따름이다.

이런 의미에서 자연은 인간으로 하여금 서로 상부상조함으로써 스스로의 결함을 서로 보완하지 않으면 안 된다고 가르치는 것이다. 나는 바로 이 가르침을 우리 시대의 '자연주의'라 부른다.

---

12) 아마존 깊은 밀림 속에 있는 '신비의 세계'라 할 수 있는 세오 도 마피아 (Ceo do Mapia)의 전래 의술은 자연과 균형이 깨지고 인간의 영혼이 상처받기 때문에 사람이 병에 걸리게 되므로, 약을 쓰기 전에 우선 마음을 치료하고 몸의 균형을 찾아, "자연과 조화"를 이루도록 해야 한다고 믿고 있다. 김병수 지음, 《사람에게 가는 길: 팔당농부의 세계 공동체마을 순례여행》 (마음의 숲 2007), 425쪽.

(3) '원시인 정치론'

우리는 자연 속에서 태어나고 자연 속에서 살고 있다. 지금 이 순간에도 우리 인간은 그 속에 있고 자연은 우리의 가운데 있다. 그리고 어느 날 우리는 다시 그 속으로 되돌아갈 것이다. 그런데 우리 인간이 그 자연을 느끼지 못하는 것은, 자연이 멀리 떨어져 있기 때문이 아니라 그것이 너무 가깝고, 우리가 한 번도 그곳에서 벗어난 일이 없기 때문이리라. 자연 속에 우리 인간이 있듯이 우리 인간 안에 자연이 있으며, 자연과 인간이 둘이 아니고 곧 하나임을 자연스럽게 깨달아야 할 것이다.

자연은 인간적이어야 하고, 인간은 또 자연적이어야 한다. 자연과 인간은 '생명공동체'다. 그렇기 때문에, '자연을 인간답게, 그리고 인간을 자연스럽게', 이것이 우리의 삶의 구호가 되어야 하지 않겠는가. 이처럼 자연과 인간의 합일, 요컨대 자연의 동일한 산물로서 인간과 인간 사이의 온전한 평등 실현을 촉구하는 것, 그것이 바로 원시인 정치론인 것이다.

— 원시인, '현대인의 아버지'

예컨대 미국은 자연의 염원과 기대를 짓이긴 경력이 화려하다.

가령 미국 대통령 피어스는 1855년 북미 인디언 수와미 족의 추장 시애틀에게 부족들이 거주하는 땅을 미국정부에 팔고 보호구역으로 이주하라고 제안하였다. 하지만 인디언들에게 땅은, 백인들과는 달리, 돈으로 계산할 수 없는 소중한 자산이었다. 미국 독립 200주년을 맞아 미국정부가 공개한 시애틀 추장의 답서가 있다. 이 속에는 야만인을 자처하는 한 인디언이 당대와 한 세기 후의 문명세계에 보내는 간곡한 호소가 담겨 있다.

어떻게 감히 하늘의 푸름과 땅의 따스함을 사고 팔 수 있습니까? 우리의 소유가 아닌 신선한 공기와 햇빛에 반짝이는 냇물을 당신들이 어떻게 돈으로 살 수 있다는 말입니까?

이 땅의 모든 부분은 우리 종족에게는 거룩한 것입니다. 아침 이슬에 반짝이는 솔잎 하나도, 냇물의 모래밭도, 빽빽한 숲의 이끼더미도, 모든 언덕과 곤충들의 윙윙거리는 소리도 우리 종족의 경험에 따르면 성스러운 것입니다.

우리는 땅의 한 부분이고, 땅은 우리의 한 부분입니다. 향기로운 꽃들은 우리의 형제며, 사슴, 말, 커다란 독수리까지 모두 우리의 형제들입니다. 그리고 거친 바위산과 초원의 푸르름, 포니의 따스함, 그리고 인간은 모두 한가족입니다. 산과 들판을 반짝이며 흐르는 물은 우리에게는 그저 물이 아닙니다.

물속에는 훨씬 깊은 의미가 담겨 있습니다. 그것은 우리 조상들의 피입니다. 깊고 해맑은 호수는 우리 민족의 역사와 기억들을 되새겨줍니다. 강은 우리의 형제로서, 우리의 목을 적셔줍니다. … 우리는 백인들이 우리들의 풍습을 이해하지 못한다는 것을 알고 있습니다. 당신들은 어머니인 땅과, 형제인 하늘을 마치 보석이나 가죽처럼 사고파는 것으로 여기고 있습니다. 하지만 그 욕심은 땅을 모두 삼켜버릴 것이고, 우리에게는 결국 사막만이 남을 것입니다. … 도시의 소음은 우리의 귀를 모독하는 것 같습니다. 사람이 냇가에서 수다를 떠는 개구리들과, 달콤한 풀을 뜯는 염소의 소리를 듣지 못한다면, 사는 것이 무슨 의미를 지니겠습니까?

나는 붉은 사람(인디언)으로서 이해할 수가 없습니다. … 이유 없이 살육당하는 들소와, 길들여지는 말들, 백인들에게 잘려 나가는 울창한 숲과, 말하는 전깃줄 때문에 짓밟히는 아름다운 꽃들을 보면 당신들을 이해할 수 없습니다. 그 숲들은 어디로 갔죠? 모두 사라졌습니다. 이렇게 삶이 사라지면 곧 살아남는 것은 싸움만 시작되는 것입니다. 13)

---

13) 성염 · 김석수 · 문명숙 공저, 《인간이라는 심연: 철학적 인간학》(철학과 현실사, 1998), 35~37쪽.

이처럼 자연 종족인 이 아메리카 인디언은 자연과 인간의 합일을 타는 목마름으로 절규하였던 것이다. 여기에 인간의 원시성이 내뿜는 열정적인 순수함이 있다.

예컨대 프로이드는 개인의 심리적 발전단계가 인류의 역사와 대응한다고 일관되게 주장하였다. 이런 관점에서 그는 그의 저서 《꿈의 해석》에서 "꿈을 꾼다는 것은 꿈꾼 사람의 아득한 과거상황으로 돌아가는 일종의 퇴행"이기 때문에, "개인적 유년기의 배후에서 계통발생학적 유년기, 즉 인류의 발전에 대한 인식 가능성이 열린다"고 주장한다. 이런 관점에 입각하여 프로이드는 다음과 같이 단언한다.

> 개인의 발전은 우연한 생활환경에 영향받고 축약된 인류발전의 반복이다 … 꿈-분석을 통해 인류의 태고적 유산과 인간의 타고난 정신적 근원을 인식할 수 있다는 기대를 품게 된다. 꿈과 신경증은 우리가 추측하는 것 이상으로 고대(古代)의 정신적인 것을 많이 보존하고 있는 것처럼 보인다. 그래서 정신분석은 아득한 먼 옛날 인류가 태동했을 무렵의 상황을 어둠 속에서 밝혀내고 재구성하기 위해 노력하는 학문들 사이에서 높은 위치를 요구할 수 있는 것이다.14)

나아가 그는 인간의 본성을 어린 시절에 해당하는 선사시대에서 찾기도 한다. 괄목할만한 어느 이론가는 지금까지 전개된 모든 역사적 진보가, "겉으로는 개인의 완성을 향한 것처럼 보이지만 사실은 인류의 노쇠를 향한 걸음"이었다는 사실을 망각해서는 안 된다고 경고하면서, "원시상태"를 "세계의 진정한 유년"이라 역설한다. 그에게는 이 "원시상태야말로 어떤 혁명도 필요치 않았던 상태, 즉 인간에게 가장 좋은 상태"로 인식되었던 것이다.15) 물론 전혀 이질적 맥락에서이긴

---

14) 지그문트 프로이트 지음/김인순 옮김, 《꿈의 해석 ― 프로이트 전집 4》(열린책들, 2003), 636~637쪽.
15) 스티븐 핑커 지음/김한영 옮김, 《The Blank Slate, 빈 서판: 인간은 본성을 타고나는가》(사이언스북스, 2004), 32쪽.

하지만, 영국의 시인 윌리엄 워즈워스도 "어린이는 어른의 아버지"라고 읊지 않았던가. 이러한 시각들을 인류의 역사에 대입하여, 나는 원시인을 '현대인의 아버지'라 부르고자 한다.

그런데 '원시성'(原始性)이란 과연 어떠한 것인가?

원시성은 인간을 하나로 껴안고 얼싸안게 만드는 힘을 분출한다. 따라서 야만성과는 대립적이다. 원시성은 순박하고 평온하고 자연을 닮은 됨됨이와 마음가짐 같은 것을 아우른다. 하여 '원시인'이란 더불어 함께 살아가며, 서로 아파하고, 서로 핥아주고, 서로 쓰다듬어줄 줄 아는 선량한 종족들을 일컫는다. 이를테면 '평화공존론'(平和共存論)의 원조라 할 수 있다.

허나 야만성(野蠻性)은 모질고 거칠고 사나운 심성과 짝할 것이다. 무릇 야만인이란 홀로 으쓱거리며 서로 빼앗고, 서로 할퀴고, 서로 상처 입히는 족속들을 가리킨다. 어쨌거나 미개하나 천박하지는 않고, 야생적이지만 거칠지는 않은 심성이 바로 원시성인 것이다. 그러하니 우리 모두는 모름지기 '원시'를 향한 그윽한 향수로 자신들을 불지펴야 하지 않겠는가.

《동물기》로 유명한 시턴은 온 생애에 걸쳐 인디언에 관한 자료를 수집하여 한 권의 책을 편찬하였다. 인디언의 삶과 철학에 관한 평생의 역작으로 알려진 《인디언의 복음》이라는 책 속에는 인디언의 '12계명'이라는 제목이 달린 한 장이 있다.

특히 '큰 부(富)를 얻으려고 탐욕을 부리지 말라'라는 소제목이 달린 그 아홉 번째 계명은 다음과 같은 역설로 가득 차 있다.

부족 중에 궁핍한 사람이 있는데 어떤 사람이 엄청난 부를 소유하는 것은 부끄러운 일이고 천하에 불명예스러운 죄이다. 만일 상거래를 통해서나 전쟁을 통해서나 또는 위대한 영(靈)이 그에게 내려준 축복의 선물로 어떤 사람이 자신과 가족들이 필요로 하는 것 이상을 소유하게 된다면, 그는 사람들을 불러모아 포틀래취(북미 북서안의 인디언 사이에 선물을 분배하는 행사. 여기에서 파생되어 선물을 주는 축연, 파티를 뜻한다)나 선물을 주는 축제를 벌여 남는 것을 그들의 필요대로 가난한 사람에게 나누어주어야 한다. 특히 과부와 고아 그리고 불쌍한 사람을 생각해야 한다. 16)

다른 한편 홍크파 수우족의 추장 시팅 불(앉은 황소)은 이렇게 외치고 있다.

지금 우리는 다른 인종과 상대하고 있다…. (그런데 이들은) 소유의 욕망이라는 열병에까지 걸려 있다. 이 인간들은 규칙을 잔뜩 만들었다. 그러나 돈을 가진 자는 그 규칙을 따르지 않는 것을 대수롭지 않게 여긴다. 그러나 가난한 자는 규칙에 따르지 않으면 안 된다. 그들은 가난한 자들로부터 세금을 거둬서, 그것으로 나라를 다스리는 부자들의 생활을 지탱해주고 있다. 17)

추장 시팅 불은 아마도 인디언 맑스주의자였던 듯하다.

뿐만 아니라 인디언은 "이론보다 실제가 훨씬 더 앞섰다. 그들의 종교는 신학보다도 더 건전했고, 그들의 정치제도는 정치학보다 더 성숙한 것이었다. 그들이 잘 알고 있었던 유일한 과학은 인간관계라고 하는 과학이었다."18) 한마디로 말해 하늘을 아버지로, 대지를 어머니로 여기며 자연과 더불어 살아온 인디언의 과학은 곧 휴머니즘이었던 것이다.

---

16) E. T. 시턴 편찬/김원중 옮김, 《인디언의 복음: 그들의 삶과 철학》(두레 2000), 45쪽.
17) 같은 책, 256쪽.
18) 같은 책, 135쪽.

우리는 자연 속에서 태어나고 자연 속에서 살고 있다. 지금 이 순간에도 우리 인간은 자연 속에 있고, 자연은 우리의 가운데 있다. 그리고 어느 날 우리는 다시 그 속으로 사라져갈 것이다. 자연 속에 우리 인간이 있듯이 우리 인간 안에 자연이 있으며, 자연과 인간이 둘이 아니고 곧 하나임을 자연스럽게 깨달아야 할 것이다.

가령 우리 민족은 얼마나 강렬하게 자연과 한몸처럼 살아왔던가.

우리 한민족은 예컨대 소나무와 끊으려야 끊을 수 없는 상관관계를 맺고 살아왔다. 눈, 바람, 서리를 이겨내며 늘 푸르게 우리 땅 어디에서나 잘 자라는 소나무는 우리 민족의 삶 속에 깊숙이 뿌리내려왔다. 우리 애국가에도 "남산 위에 저 소나무 …" 하는 구절이 있을 정도 아닌가. 우리 선조는 소나무로 지은 집에서 소나무 장작으로 불을 피우며 살았고, 죽어서는 소나무 관에 누웠다. 송진으로 배의 이음새를 메웠고, 흉년이나 보릿고개에는 소나무 속껍질로 허기를 달랬으며, 어두운 밤에는 관솔불로 주변을 밝혔다. 추석에는 솔잎을 깔고 송편을 쪘으며, 솔잎이나 송화 가루, 솔방울 등으로 차나 술을 빚었다. 소나무의 땅속뿌리에 기생하는 '(백)복령'은 요긴한 약재로 썼다.

소나무는 바위 꼭대기, 천 길 높이에 우뚝 서 있다. 소나무는 올바른 마음과 굳은 절개를 지니고 그 본성을 견고히 하여 얼음과 서리를 막아 추위를 이겨내니, 군자(君子)는 소나무를 본받는다 일렀다.

인간이란 어차피 자연에서 와서 더불어 자연으로 되돌아갈 피붙이 공동운명체다. 부귀한 사람도 빈천한 사람도 언젠가는 모두 자연으로 돌아가게 되어 있다. 흙이 되기는 매일반일 터인데도, 조그만 눈앞의 이익을 탐해 그 허망한 싸움을 그칠 줄 모른다면, 그것은 자연과 인간에 대한 원초적 배리(背理)다.

이런 의미에서 가장 비인간적인 것은 이기적인 삶의 태도라 할 수 있다.

원래 모든 인간에게는 어느 누구도 결코 거부할 수 없는 오직 하나의 자연적 절대평등이 있다. 즉 모두 죽어서 자연으로 되돌아간다는 사실, 그 하나다. 이를테면 인간들은 결국 죽을 수밖에 없는 존재라는 말이다. 따라서 우리 인간은 유한한 존재일 수밖에 없는 공동운명체로서, 서로를 아끼고 도우며 더불어 살아가야 할 자연의 소명을 지니고 있다. 자신의 산물들이 상호공존, 공영, 평화를 누리게 될 것을 바라는 것, 이것이 자연의 자연스러운 소망 아니겠는가.

뱁새가 깊은 숲에 보금자리를 만드는 데 필요한 것은 나무 한 가지에 불과하고, 두더지는 강에서 물을 마시지만 필요로 하는 물은 배를 채울만한 분량뿐이지 않은가. 낙타는 엄청나게 무거운 짐을 등에 질수 있지만, 개미는 불과 부스러기 하나밖에 지지 못한다. 하지만 둘다 모두 온 힘을 다 기울인다는 점에서는 다를 바 없다. 마찬가지로 코끼리는 어마어마한 양의 물을 마시지만, 쥐는 겨우 한 모금의 물밖에 마시지 못한다. 그래도 쥐나 코끼리 모두 배를 가득 채운다. 열매를 맺으려 땀흘려 일하는 호박꽃의 뛰어남을 장미가 어찌 따를 수 있겠는가만, 과연 자연이 장미꽃더러는 예쁘다 하고 호박꽃보고는 못생겼다고 밉다 할 것인가. 같은 의미에서 자연 앞에서는 인간도 결국은 평등한 존재다. [19]

이런 의미에서 이 절대명제에 순종하며 인간적 평등을 구현하기 위한 사회를 건설하는 일이야말로 자연의 자연스러운 요청이라 할 수 있다. 자연주의는 인간사회의 평등실현을 지향한다.

우리 인간은 죽음이라는 절대평등의 벽 앞에 더불어 함께 서 있을 수밖에 없는 유한한 존재다. 그러므로 우리 인간은 이러한 허망한 절대평등의 울타리 안에서 서로서로 격려하고 도우며 살아가야만 하는 공동운명체다. 요컨대 우리는 초이기적 공동체주의와 공생주의를 지향해야 하는 것이다. 이를테면 우리는 개인의 사익보다는 집단의 공

---

19) 루소도 "자연의 질서 속에서 모든 사람은 평등"하다고 외친다. 루소, 《에밀》, 앞의 책, 33쪽.

익을 우선 하는 자세를 키워나가야 한다는 말이다. 특히 불우하고 소
외당하는 집단의 인간적 해방을 위해 헌신하라고 자연은 우리를 준엄
하게 가르치고 있다. 이것이 바로 자연주의인 것이다.

그렇다면 어떻게 할 것인가?

'돌아가다'라는 단어를 국어사전에 찾아보면 "본디 있던 자리로, 또
는 오던 길을 되돌아 다시 가다"로 풀이되어 있다. 그러나 흥미로운
것은 그 말이 동시에 예컨대 '할아버지가 돌아가셨다' 하는 식으로 '죽
다'의 높임말로도 사용된다는 것이다. 인간이 죽으면 도대체 어디로
'돌아가는' 것일까? 자연(自然) 아니겠는가.

예컨대 방금 내 몸 속에서 더운피를 타고 흐르던 나의 숨결이 바로
옆 사람의 가슴으로 흘러 들어가는 공기가 되고, 조금 전 어느 집 문
창살을 부러뜨린 거센 바람이 지금은 내 이마의 땀결을 고르는 부드러
운 미풍이 되어 살랑거리기도 할 것이다. 그러하니 자신만 생각하며
살아간다는 것은 자연의 순리를 거스르는 행위일 수밖에 없다. 사람
끼리 나누는 악수는, 아니 함께 부여잡는 손은, 또 얼마나 인간적이
며 자연적인가. 우리는 단 한 사람의 손만을 잡는 게 아니라, 여태까
지 그들이 더불어 손잡았던 모든 사람들의 손을 다 같이 잡는 셈이 되
는 것이다.

햇빛 비치는 좋은 날씨만 계속되면, 모든 게 사막으로 변한다. 휘
몰아치는 거센 비바람이 있기에, 새싹이 돋아난다. 허나 사막은 어딘
가에 샘을 숨기고 있기 때문에 아름다운 것이다. 그러므로 그 샘을 찾
아야 한다.

인간은 모름지기 자연의 자연스러운 산물로 살아가야 할 것이다.

우리는 작은 이슬방울, 가느다란 실개천 하나 하나까지 다 받아들
임으로써 비로소 바다의 가없는 깊이가 온전해진다는 것을 모른 체할
수 있을까. 자신이 깨끗하다 하여 남의 더러움을 기꺼이 포용치 못한

다면, 그것은 참된 깨끗함이 아니라 결벽증에 지나지 않고, 자기가
옳다고 여긴대서 남에게까지 그 길을 강요하려든다면, 그것은 옳음이
아니라 자기도취일 따름이라는 가르침을 어이 멀리할 것인가.

닳고닳아 반질반질해진 오래된 가구(家具)를 쓰다듬으며, 그것이
가구로 바뀌기 전 숲 속의 푸르른 나무였을 때, 그곳에 둥지 틀고 노
래하던 새의 노랫소리를 떠올려보면 또 어떠할까.

무릇 이 생명의 우주는 끝없는 변화와 변화하는 끝을 끝없이 되풀
이하는 곳이다. 이 광대한 우주의 틀 속에서 볼 때 우리는 그저 눈 깜
빡할 동안만 이곳에 존재할 뿐이다. 하지만 그 순간이 영원이 될 수도
있음을 잊지 말아야 할 터이다.

나뭇잎이 하루아침에 변하는 것이 아닌 것처럼, 그리고 아기의 첫
돌잔치를 준비하기 위해 실은 수십 년의 세월이 필요하듯이, 영원(永
遠)이 순간(瞬間)의 연속임은 지당한 일이다. 마찬가지로 낙엽이 떨
어질 때, 낙엽 지는 그 순간은 봄, 여름, 가을, 겨울의 종합에 다름
아니다. 낙엽이 떨어진다고 나무가 죽은 것이겠는가. 나뭇잎이 떨어
지는 바로 그 순간을 위해, 숱한 사시사철이 흐르고 쌓여야 했다. 이
를테면 순간 역시 영원의 집적일 수 있는 것이다. 순간에 영원이 담겨
있는 법이다.

여기에 영원한 순간과 순간적 영원의 복된 만남이 이루어지는 것이
다. 나뭇잎이 떨어져 거름이 되고, 또 그것이 다시 나무를 키우는 새
로운 바탕힘이 되듯이, 개체와 인류 사이에도 이런 끌힘이 서로를 당
기고 있다. 요컨대 인류는 개체(個體)의 집적(集積)이며, 개체는 인
류의 새로운 거름이 되려 떨어지는 나뭇잎과도 같은 존재라 할 수 있
다는 말이다.

그러나 가장 비인간적인 것은 이기적인 것이다. 왜냐하면 우리 인
간은 죽음이라는 절대평등의 울타리 안에서 서로서로 격려하고 도우

며 살아갈 수밖에 없는 공동운명체이기 때문이다.

인간은 굶어죽지 않을 천부적 권리를 지니고 있다. 마찬가지로 인간에게는 주위에 굶어죽어 가는 사람이 있다면, 그들을 무조건 도와주어야 할 천부적 의무도 역시 주어져 있다. 이런 게 인간의 인간적 자세 아닐까.

일본에서는 이런 일이 있었다 한다. 도쿄 올림픽 준비로 경기장 확장공사를 하다가 지은 지 3년밖에 안 되는 집을 부득이 헐게 되었다. 그런데 인부들이 지붕을 들어내다가, 꼬리가 못에 박힌 채 꼼짝 못하는 도마뱀 한 마리를 발견하였다. 그 도마뱀은 집 지을 때 못에 박혀, 3년 동안이나 움직이지 못하면서도 죽지 않고 살아온 것이다. 인부들은 어찌 이 도마뱀이 한자리에 붙박인 채 굶어죽지 않고 살아남았는지 몹시 의아했다. 그들은 현장검증을 실시했다. 얼마 후 다른 도마뱀 한 마리가 꼬리에 못이 박힌 자기 동료에게 먹이를 물어다 주는 것을 발견하였다. 그 도마뱀은 그 기나긴 3년이라는 세월 동안 하루에도 몇 번씩이나, 친구를 위해 먹이를 날라주는 고행(苦行)을 말없이 수행했던 것이다.

하찮은 도마뱀조차 이러하거늘 하물며 인간은 어째야 할까.

이기주의는 비인간적인, 너무나 비인간적인 재앙의 불씨며 뿌리다. 인간의 이기심(利己心)은 질투와 경쟁심이 만든 새장이다. 그러므로 이기적 인간은 자신 스스로가 만든 새장 속에서 꼼짝달싹 못하거나 짓눌려 있을 수밖에 없다. 이러한 사슬을 장신구처럼 자랑스레 몸에 지니고 다닐 것인가. [20]

---

20) 고래 역시 다쳐서 거동이 불편한 동료를 결코 외면하지 않는다. 다친 동료 고래를 여러 고래들이 둘러싸서 들어 나르기도 하고, 그물에 걸린 동료를 구출하기 위해 그물을 물어뜯기까지 한다고 한다. 최재천, 《생명이 있는 것은 아름답다》(효형출판, 2001/2005-9쇄), 58쪽을 볼 것; 아울러 울새, 개똥지빠귀, 박새 같은 작은 새들은 매가 접근하면, 다른 새에게 경고를 보낸다고 한다. 그들은 낮게 웅크린 채 특유의 가늘고 새된 소리를 내어, '동지애' 차원에서 다른 새들에게 위험을 알린다는 것이다. 뿐만 아니라 인간을 제외하

이런 취지에서, 우리는 이 지상의 모든 살아 있는 것에 연민(憐憫)을 갖고서, 최대한 많은 것에 이득을 베풀고, 그리고 최소한의 것에 해를 끼치도록 노력해야 한다. 모든 것은 '살라는 명령'을 함께 부여받고 또 살 권리를 공평히 지녔으니, 우리가 줄 수 없는 생명을 어찌 우리 손으로 함부로 취할 수 있겠는가.

자연이 인간의 소유물이 아니라, 인간이 자연의 소유물인 것이다.

따라서 모든 생명의 원천인 자연을 단순히 '보호'하는 게 아니라 오히려 '존중'하는 자세가 보다 소망스러운 것임은 물론이다. 그러할 때 우리는 비로소 인간과 자연의 합일을 지향하는 새로운 **생명공동체**를 겸허히 건설할 수 있는 터전을 마련할 수 있을 것이다.

2) 문화주의

역사발전은 결코 단선적이 아니다. 그리고 역사는 빛과 그림자를 동시에 간직한다. 밝음과 어둠이 서로 교차하면서 역사의 날줄과 씨줄이 짜이는 것이다. 그리하여 모든 역사발전단계 속에는 어둠과 빛이 함께 뒤섞여 있을 수밖에 없다. 말하자면 어제의 어둠이 오늘의 빛이 될 수도 있고, 오늘의 밝음이 내일의 어둠으로 변모할 수도 있다는 말이다. 그리하여 혁명(*revolution*)과 진화(*evolution*)와 퇴행(*involution*)을 되풀이하는 것이 바로 역사의 흐름인 것이다.

요컨대 뿌리깊은 전통 속에는 그 자체를 스스로 거부하고 극복케 함으로써 결국 새로운 세계의 문을 열도록 만드는 역사의 동력이 숨어

면 모든 포유동물 중에서 침팬지가 가장 이타적이라고도 한다. 그들은 공동 사냥이 끝나면, 포획물을 공유할 뿐만 아니라 양자까지 들인다고도 한다. 또한 하등동물, 특히 개미, 꿀벌, 말벌 집단의 구성원들은, 집을 사수하기 위해, 침입자에게 미친 듯이 돌진할 준비가 되어 있다는 것이다. 에드워드 윌슨 지음/이한음 옮김, 《인간본성에 대하여》(사이언스북스, 2000), 211~212쪽을 참고할 것.

있는 법이다. 이를테면 전통이란 스스로를 키워나가려 하면서도 동시에 자신을 부인하는 끝없는 진통의 연속인 것이다.[21]

전통(傳統)은 곧 진통(陣痛)이다. 그리하여 전통은 이러한 진통을 통하여 미래에 꽃망울을 터뜨릴 씨앗을 자신의 내면에 동시에 품고 있다. 거목(巨木)도 처음에는 새싹이었던 것이다. 이를테면 전통이란 뿌리이자 새싹이라는 말이다. 바로 이러한 전통을 고스란히 품고 있는 그릇이 문화(文化)라 할 수 있다.

그런데 문화가 "단순히 눈에 보이는 이러저러한 문화유산이나 풍속이 아니라 한 민족의 정신적 삶의 표현과 실현"이라 한다면,[22] 이 문화 속에는 수천 년 동안의 갈고 닦음을 통해 다듬어지고 길들여진 가공할 잠재력이 내재해 있을 수밖에 없다. 예컨대 모국어는 "문화적으로 학습되는 가장 우수한 기술"인 것이다.[23] 이런 의미에서 이러한 문화 속에는 고유한 공동체적 동질의식과 일체감 형성을 촉진하는 원초적인 동력(動力)이 깃들어 있다고 말할 수 있다. 그리하여 문화는 특정 공동체 내부에서 인간적 결속과 유대감 증진의 괄목할만한 수단으로 기능하는 것이다. 요컨대 문화는 인간을 서로 결속시키는 위력적인 단합의 무기가 될 수 있다는 말이다.

그러나 인간과 인간, 인간과 자연이 한데 어우러져 만들어지는 문화는 본래부터 시공을 초월한 인간적 동류의식(同類意識)을 본능처럼 담아내게 마련이다. 따라서 국제적 화합과 인류적 연대의 지극히 효

---

21) 어느 학자는 철학적인 차원에서 '전통'을 "불변하는 고정적 실체가 아니라 항시 새로운 자극과 수혈을 받으면서 부단히 생성·변화하는 것"이라 명쾌하게 규정하였다. 이승환, "누가 감히 '전통'을 욕되게 하는가?", 〈전통과 현대〉(1997년 겨울 제2호), 183쪽.

22) 김상봉, "자유와 타자: 한국문화의 지역성과 세계성에 대한 한 가지 반성", 대한철학회 논문집 〈哲學硏究〉 제88집 (2003.11), 46쪽; 스티븐 핑커 역시 유사한 맥락에서, 문화를 "사람들에게 우연히 들이닥치는 임의적인 역할과 상징의 집합이 아니라, 사람들이 삶을 위해 축적하는 기술적·사회적 혁신의 웅덩이"라 규정한다(빈 서판, 앞의 책, 129쪽).

23) 스티븐 핑커, 빈 서판, 앞의 책, 119~120쪽.

258

율적인 수단이 될 수도 있는 것이다.

문화란 곧 국제평화의 첨병(尖兵)이기도 하다는 말이다.

언젠가 나는 외국에서 가까운 벗들과 그리스 레스토랑에 들른 적이 있었다. 그리스 사람들끼리 모여 무슨 축제 비슷한 파티를 하고 있었고, 으레 희랍의 민속음악이 스피커를 타고 흘러나왔다. 그리고 자기들끼리는, 그네들 민속춤이라도 함께 손잡고 추어대는 듯했다. 잠시 후 우리 한국 '여성대표' 한 분이 드디어 춤판이 벌어지는 무대로 홀로 사뿐히 걸어나갔다. 그리곤 탈춤을 흔들어대기 시작했다. 그 춤사위가 또 얼마나 웅장한 것인가. 그랬더니 그리스 사람들은, 예의가 발라서 그랬던지, 한 사람씩 뒤로 물러서서 우리의 탈춤꾼을 위해 손바닥 장단까지 맞춰주었다. 오래된 농경민족의 애잔한 전통가락들이 한데 어우러졌던 탓일까, 결국 모든 식당손님이 혼연일체가 되었다.

나는 거기서 희랍의 전통가락에 맞춰 훨훨 날던 우리의 탈춤을 보았다. 어디 그뿐인가. 우리의 풍물소리에 맞춰 신명나게 몸을 뒤흔들어대던 흑인의 몸부림도 본 적이 잦다.

이런 면에서 전통문화는 '만국공용어'(萬國公用語)라 할 수 있다. 그리고 진정한 의미의 '세계동포주의'(Cosmopolitanism)를 표방한다고 말할 수도 있다. 다른 한편 전통문화는 가장 민족적인 것이 가장 국제적이라는 것을 상징적으로 반증하는 존재이기도 하다.

나는 세계 민속음악 카세트테이프를 사 모으다가, 한 번은 대단히 흥미로운 곡 하나를 손에 넣은 적이 있다. 그것은 어느 라틴 아메리카 그룹이 작곡하고 연주한 그네들의 전통 타악기 음악이었다. 그런데 놀랍게도 '모두가 하나의 종족'(All one tribe)이란 작품 제목이 달려 있는 게 아닌가. 나는 감탄을 금할 수 없었다. 얼마나 정확하고 탁월하고 멋들어지게 눈물겨운 제목인가! 이 지상의 모든 인간을 동일한 하나의 종족이라 여기고, 또 그러한 길로 이끌어가고 싶어하는 전통 음악가락이었던 것이다.

어쨌든 전통문화(傳統文化)는 민족적 특성과 고유성을 잘 담아내면
서, 동시에 진정한 인류적 유대를 위해 황야에서 외롭게 토해내는 절규
(絶叫) 같은 것이다.

그러나 특정적인 고유문화는 경우에 따라 배타적이고 반인류적이고
독선적인 상태로 전락할 수도 있음은 물론이다.

예컨대 이민족의 직접적 지배를 받고 있지는 않았으나 다수의 소국
가로 민족이 분열되었던 독일 같은 곳에서는, 특수한 문화적 민족관념
이 발전한 탓에, 지극히 특수한 유형의 문화주의(文化主義)가 배태되
기도 하였다. 24)

수십 개의 소국가로 분열되어 있던 독일민족은 무엇보다 프랑스 혁
명과 나폴레옹 전쟁의 직접적 영향을 받아 19세기 초부터 민족통일을
강력히 추진하기 시작하였다. 독일의 경우는, 영국 및 프랑스와는 달
리, 특히 민족국가의 건설이 일찍 수행되지 못한 탓에, 자본주의의
발전이 제대로 이루어질 수 없었다. 말하자면 자본주의 발전에 결정
적 장애요소가 되었던 관세, 화폐, 도량형 제도의 소국가별 차이, 통
일된 대규모 단일시장의 부재, 대단위 교통망 형성의 난관, 지역별
노동분업의 불가능, 통합된 교육정책의 미비 등이, 다시 말하면 부르
주아계급의 강력한 국내적 경제기반 조성 및 해외시장 진출을 지원할
수 있는 통일된 민족국가의 부재(不在)가, 곧 독일 후진성의 근본원
인으로 작용하였던 것이다. 따라서 독일에서는 민족국가 수립이 일찍
수행되었던 영국 및 프랑스 경우와는 다른, 특이한 민족관념이 발달
하게 되었다. 25)

독일에서는 통일된 공동체의식을 매개할 수 있는 자신의 고유한 국
가나 여타의 정치적 수단이 존재하지 않았다. 곧 민족에 대한 소속감

---

24) 독일의 민족관념에 관해서는 박호성, 《노동운동과 민족운동》(역사비평사,
    1994), 214~215쪽을 볼 것.
25) 영국 및 프랑스 경우에 대해서는, 같은 책, 212~213쪽을 참고할 것.

이나 통일된 공동체의식은 국가와 무관하게 발전하게 되었던 것이다. 그리하여 합리적이고 민주주의적인 제반 원칙에서 이탈한 신비적이고 관념적인 '민족정신'(Volksgeist)에의 호소가 큰 흐름을 형성하게 되었다. 다른 말로 하면 개별적 소국가로 분열되어 있는 전 민족을 하나로 통합시킬 수 있는 공통적 요소에 대한 강조에 그 역점이 놓일 수밖에 없었다는 말이다. 이는 자연히 문화, 언어, 혈연, 관습, 종교, 전통, 역사 등 복고적이고 객관적인 공통성에 대한 집착으로 연결되었다. 왜냐하면 바로 이 객관적으로 합의될 수 있는 공통요소의 고양(高揚)만이 국가적 분열을 관념적으로나마 극복시키는 통일적 힘이 될 수 있다고 믿었기 때문이다.

한마디로 여기서는 독일의 세계적인 역사학자 마이네케의 규정처럼 "문화민족"(Kulturnation)관이 발달하게 되었던 것이다.

특히 혈통과 언어를 강조하는 문화민족의 원칙은 민족에의 소속 여부를 자연과 역사에 의해 규정된 운명으로 간주함으로써, 자유주의적인 민족관념에 맞서 복고적·정서적·낭만적·비민주적·비합리적·집단적·결정론적인 경향성을 숨김없이 드러낸다.

따라서 이 문화민족(文化民族) 관념은 몇 가지 간과할 수 없는 문제점을 지니고 있다.

첫째, 한 민족 내부에 계급별 문화양식의 심각한 차별이 존재한다면, 즉 특권적 문화양식을 향유하는 계급과 그로부터 실질적으로 소외된 사회계급 사이에 극복할 수 없는 틈이 벌어져 있다면, 문화적 공통성의 강조는 허구로 전락할 수 있다. 왜냐하면 예컨대 부르주아계급은, 동일 민족의 프롤레타리아계급의 문화양식보다는, 타민족의 동일 계급의 그것에 더욱 강한 유대감과 연대의식을 가질 수 있기 때문이다. 이럴 때 민족적 일체감을 정당화시키는 문화적 공통성의 고취는 무의미해질 수 있다.

둘째, 만약 문화의 개념이 지극히 고상하고 고차원적인 의미로 이해될 때, 이러한 문화를 소유할 수 있는 집단은 한 민족 내부의 소수 특권층에 국한될 수밖에 없고, 결국은 바로 이 소수가 전체 민족을 대변한다는 모순을 불러일으키기 쉽다. 역사적으로 볼 때, 소수 지배계급의 문화가 민족문화의 정통성을 향유하는 경우가 예사로운 일이었음은 널리 알려진 사실이다.

셋째, 만약 한 민족의 문화적 우월의식이 집중적으로 강조될 때, 문화적으로 후진적이라 인식되는 이른바 주위 약소민족의 민족적 존엄성과 자결권을 무시·억압하는, 팽창주의적 문화제국주의(文化帝國主義)가 출현할 가능성도 결코 외면할 수 없다.

이 문화민족 관념이 무엇보다 민족통일 및 민족국가 수립을 위한 민족적 일체감 조성에 지극히 유용한 정서적 호소력을 발휘한다는 것은 물론 거부할 수 없는 사실이다. 그러나 동시에 또한 앞에 지적한 그러한 위험성들을 물리치기 힘들다는 엄연한 현실 역시 결코 무시할 수는 없다. 예컨대 19세기 이후 히틀러에 이르기까지, 독일 민족사는 바로 이 잠재적 위험성이 실질적으로 표출되었던 비극적인 역사적 체험을 보여주고 있다.

따라서 이러한 본보기를 거울삼아, 우리의 문화주의는 한 공동체 내부의 인간적 결속과 유대감 증진뿐만 아니라, 인류적 단합과 국제적 화해를 동시에 추구하지 않으면 안 된다. 그를 위해 우리는 한편으로는 민족적 차원에서 문화적 고유성을 심화시키고, 다른 한편으로는 국제적 차원에서 문화적 공통성 개발 및 교류확대에 주력해야 할 것이다. 그리하여 우리의 문화주의는 다양한 민족공동체들이 자기 고유의 악기로 연주하지만, 마침내 이것이 조화를 이루어 전 세계로 울려 퍼지는 화합의 심포니로 거듭 태어날 수 있도록, 민족 서로의 힘을 한데 모아 나가는 토대를 이룩할 임무를 지닌다.

우리 모두는 "문화 창조적인 존재"다. 따라서 우리는 "의미 있는 세계를 만들며, 또 그 속에서" 살아갈 수 있다. 보다 적극적으로 우리는 바로 이러한 문화 속에서 "자아(自我)의 제국주의"에서 벗어날 수 있는 길을 찾아내고자 노력해야 할 것이다.[26]

그러나 지금은 이른바 세계화 시대다. 모든 역사발전단계 속에는 어둠과 빛이 함께 뒤섞여 있을 수밖에 없다. 따라서 우리의 문화주의적 관점에서 볼 때도 국제적 유통과 교류를 증진시키는 이 세계화 역시 어둠과 밝음을 동시에 표출한다.

'문화 제국주의'가 범람함으로써 다양한 문화를 향유할 기회가 증대하기도 하겠지만, 동시에 전통문화가 압살당할 수 있는 기회 역시 늘어날 수밖에 없는 것이다. 말하자면 세계화는 "자아의 제국주의"를 극복하도록 이끄는 힘으로 작용할 수도 있고, 반대로 민족적 전통을 고수하도록 유혹하는 국수주의적(國粹主義的) 아집(我執)을 불러일으킬 수도 있다는 말이다.

이런 상황에서 우리의 문화주의란 요컨대 문화적 전통 속에 내재해 있는 병든 뿌리를 잘라내면서 동시에 새싹을 올곧게 키워 거목으로 성장토록 이끌어나가고자 하는 결의를 가리킨다.

그런데 이 문화주의의 기본 토양으로 기능하는 문화적 전통이란 어떤 것인가?

─ 전통과 진보

우리 중에 걸음마를 배우기 시작할 무렵, "송아지 송아지 얼룩송아지, 엄마소도 얼룩소, 엄마 닮았네"라는 정겨운 노래를 배워보지 못한

---

26) M. Walzer, *Spheres of Justice* (New York: Basic Books, 1983), p. 314. 한 한국 철학자 역시 비슷한 취지에서 이렇게 역설한다. 그는 한국철학의 과제를, "'자아의 제국주의'에 갇혀 타자와의 만남의 길을 찾을 줄 모르는 인류의 역사에 타자와의 참된 만남의 광장을 마련"할 수 있도록, 개념적 형상화에 매진하는 것이라 규정한다. 김상봉, 앞의 글, 54쪽.

사람은 아마도 거의 없을 것이다. 전쟁의 잿더미 위에서 걸음마를 익혔던 나도 이 노래를 들으며 컸고, 또 그것은 나의 아이들에게도 보증수표처럼 어김없이 상속되었다.

그러나 우연한 기회에 '누렁송아지'와 관련된 얘깃거리를 접하고서는, 나는 가슴과 무릎을 동시에 쳤다. 그렇다, 우리 고유의 것은 얼룩송아지가 아니라 누렁송아지 아닌가!

이 단순한 사실 하나를 깨닫는데 무려 수십 년 이상을 탕진해야 할만큼, 나는 안타까울 정도로 어리석었다. 우리의 들판과 산하에서 항상 이웃처럼 가까이 마주치던, 그 양순하고 너그러운 슬픈 눈망울의 누렁소를 나는 내내 잊고 살았던 것이다. 나는 그를 찬미하는 노래를 한 번도 불러준 적이 없으면서도, 보지도 알지도 못하는 저 머나먼 이국의 홀슈타인 얼룩송아지만을 한결같이 예찬해왔을 따름이다. 누구는 나의 이 철늦은 외투 같은 각성(覺醒)을 과장되고 소아병적인, 심지어 국수주의적인 망발이라고 비난할는지도 모른다.

물론 외국의 것이라고 모두 물리쳐야 한다는 말은 결코, 결코 아니다. 단지 우리의 것을 보지 못하고, 아니 외면해버린 채, 남의 것만을 넋이 빠지게 찾아 헤매는 한심스러운 작태만은 그만두자는 말이다.

일전에 엄청나게 값비싼 수입품 보트 장난감을 들고 일류 호텔에서 어린이 생일잔치를 벌이는 동화(童話)의 세계를 언론 보도를 통해 접한 적이 있었다. 이러한 세계는 바로 이 '얼룩송아지 정신'이 활짝 꽃핌으로써 가능해졌으리라 짐작한다. 이런 동화 같은 어린 시절을 보내다가 어른이 되어서는, 고액의 이탈리아제 손수건과 타조가죽 지갑 세트가 들어 있는 프랑스제 장 루이세레 정장을 걸치는 신사가 된다. 그리고는 엄청난 고액의 블랙 글래머 모피코트를 즐겨 입는 여성과 함께 역시 고가의 미제 오이코시 아동복 정장을 입힌 아이를 데리고, 독일제 BMW를 타고 나들이 가는 가정의 주인으로 행세한다. 그리하여 그들은 고귀한 샹들리에가 장엄한 색조를 던지는 양옥집과 골프장만한 잔디밭, 하다 못해 일제 양념통과 조미료, 타이제 금도금 수저세트까지 갖추어진 집안에서 삶의 즐거움을 창조하기에 여념이 없다. 그렇게 인생을 살다가 죽어서는 이탈리아제 대리석 관에 묻히는 사람들, '요람에서 무덤까지' 신의 축복이 약속된 사람들 ….

우리의 '누렁송아지'가 '얼룩송아지'에 떠밀리어 저 가난한 농촌의 들판에서 날로 사위여 갈 때, 우리의 머릿속에는 '민족'이 점점 메말라가고 있었다.

통째로 수입한 캐나다제 통나무 주택에서 이탈리아제 가구의 감미로움을 즐기며 사는 사람과, 새벽마다 공중변소 앞에서 다리를 배배 꼬며 차례를 기다려야 하는 달동네 주민들은 서로를 도대체, 같은 민족이라 여길 수 있을까. 청소년에 대한 여론조사 결과 가장 혐오하는 음식의 하나가 단연코 김치라는 서글픈 '망발'이 태연히 만들어지기도 한다. 더구나 서울 강남 같은 곳에서는 어린애의 영어발음을 미국인처럼 만들기 위해 혀 수술까지 감행했다지 않은가.

나는 '누렁송아지'를 사랑한다.

우선 우리 것부터 찾자. 그래야 다른 나라의 것을 여유 있게 끌어안을 수 있지 않겠는가. 형식과 내용은 항상 품위를 같이 하여야 어울리는 법이다. 속을 우리 것으로 가득 채운 다음 다른 형식을 빌려올 때, 겉이 더욱 아름다워질 수 있을 것이다. 그러나 지금 우리 사회에서는, 예컨대 첼로나 피아노를 신주처럼 여기는 사람들은, 북이나 장구, 꽹과리 등을 야만적이라 비웃기 일쑤다. 또한 개신교에서는 불교를, 양의(洋醫)는 한의(韓醫)를, 각각 우상숭배니 원시적이니 하며 손가락질해대지 않는가.

어쨌든 열렬한 칭송의 대상이 되는 것들은 우리나라에 들어온 지 얼마 되지도 않는 남의 것들이다. 반면에 손가락질 당하고 업신여김 당하는 것들은, 오랜 세월을 우리 민족과 더불어 애환을 함께 나눈 탓에, 전통의 때가 이끼처럼 덕지덕지 낀 것들이다.

자기 집에 비가 새고 있는데도 비 새는 곳을 직접 찾아내지는 못하고, 자기 집을 찾아온 손님에게 그걸 물어보아서야 되겠는가. 이러한 것을 과연 진보적 자세라 일컬을 수 있을까.

어쨌든 "유령보다 훨씬 더 유령 같은" 외래 풍조나, 이른바 '기지촌 지식인'의 굴레와 허물을 벗어 던지는 작업은 우리의 내실 있고 바람직한 전통을 되찾는 일과 하나로 묶여질 수밖에 없을 것이다.

그에 발맞춘 듯, 요즈음 우리나라에서도 이따금 '썩고 낡은' 지난날에 대한 새로운 관심이 꿈틀거리기 시작하는 특이한 사회적 분위기가 만들어지곤 하는 눈치다.

특히 IMF가 터지면서 미래에 대한 불안감이 대대적으로 널리 퍼져나간 적이 있다. 난관(難關)에 봉착한 일상적 삶이 미래를 기약시켜줄 리 만무했기 때문이다. 뿐만 아니라 장밋빛 미래를 보장해줄 수 있는 신뢰할만한 정치세력이라도 존재했다면 문제는 달라질 수도 있었다. 허나 현재와 미래가 모두 핏기 없는 잿빛으로 물들어버린 그러한 암담한 상황에서는, 우리에게 익숙했던 지난 과거에 눈길을 돌리는 것이, 그래도 유일하게 허용된 사회적 자위행위일 수 있었다.

그리하여 과거와 '옛것'에 대한 향수를 불러일으키는 것들이 자연스럽게 사람들의 관심을 끄는 풍조가 확산되기도 하였다. 예컨대 '옛날식 자장면', '옛날식 포장마차', '고향의 맛' 등의 광고문안만 해도 그렇거니와, 〈용의 눈물〉, 〈태조 왕건〉 등의 사극(史劇)을 비롯하여, 〈덕이〉나 〈은실이〉처럼 과거사를 다룬 TV 드라마가 폭발적 인기를 끌기도 하였다. 뿐만 아니라 복고풍의 대중가요가 한창 사람들의 심금을 울리기도 했다.

이를테면 '익숙했던 것과의 재회(再會)'가 이루어진 것이다. 현재와 미래에 대한 불안으로 말미암아, 그래도 적이 안심하고 몸을 갖다 기댈 수 있도록 해주는, 한때 친숙했던 전통에 대한 신뢰감이 새로이 샘솟기도 했다는 말이 된다.

이런 상황에서 특히 우리 지식인에게 필요한 것은 지식(知識)보다는 지혜(知慧)라 할 수 있다.

두뇌로 하는 게 지식이라 한다면, 인품으로 쌓아 가는 것은 지혜라 이를 수 있다. 로마의 철학자 키케로는 "구해야 할 것과 피해야 할 것에 대한 지식, 그게 바로 지혜"라 설파하였다. 또한 지식이란 자신이 그만큼 배웠다는 자만(自慢)이고, 지혜란 자신이 더 이상 알지 못한다는 겸손(謙遜)을 일컫는 것이라 할 수 있다. 예컨대 어리석은 자는 친구로부터 많은 것을 얻지만, 지혜로운 자는 원수로부터 더 많은 것을 얻을 수 있다는, 옛 선인의 가르침도 있지 아니한가. 하여 돈이 많아도 불행할 수 있는 것처럼, 지식과 학문이 넘쳐도 지혜를 얻지 못할 수 있음은 자명한 이치라 할 수 있다.

이러한 인간적 지혜가 오랜 세월에 걸쳐 고이고이 지층(地層)처럼 퇴적(堆積)한 것을 우리는 '전통'이라 이른다. 특히 그 속에는 온갖 인간적 고통과 환난에 맞서 싸워 그걸 물리쳐온 값진 흔적들이 승전고(勝戰鼓)처럼 남아 있다. 이를테면 전통이란 지혜의 광산(鑛山)인 것이다. 인간과 인간의 싸움질, 자연과의 몹쓸 부대낌이나 어우러짐, 그리고 그 속에서 싹 텄던 사랑과 증오의 자취들이 흥건히 녹아들어 있기 때문에, 우리는 그 속에서, 오늘과 내일을 살아가는 삶의 지혜를 채광해낼 수 있다. 그리고 바로 그러한 노력이 실은 역사에 임하는 진보적인 삶의 태도라 할 수 있을 것이다.

— '전통주의적 진보주의'를 위하여

나는 한때 캐나다의 벤쿠버에서 야릇하지만 탄복할만한 체험을 한 적이 있다. 그곳에 도착하자마자, 나는 영어 광고문안이 물결치는 거리에서, '초급시장'(超級市場)과 '차중심'(車中心)이라 쓰여진 당당한 대형 한문간판을 발견하고는, 한동안 놀라 넋을 잃었다. 결국 고뇌와 독학 끝에 나는 그 뜻을 알아내게 되었다. 우리의 조국에서는 조그만

구멍가게 정도에 불과한 상점에다가도 주저 없이 'XXX 쇼핑몰'이란 거창한 간판을 내다 거는데, 백인들의 나라에서 어떻게 자기네 말로 된 저런 현수막을 늠름하게 내다 걸 궁리까지 하게 되었을까, 나의 상념 (想念) 은 끝이 없었다. 심지어 저런 담력까지 지닌 민족이었기에 아시아를 지배하기도 하지 않았겠는가 하는 데까지 생각이 가 닿기도 하였다. 그것은 각각 슈퍼마켓(Super market) 과 카 센터(Car Center) 를 가리키는 말이었던 것이다. 우러러볼 만한 주체성 과시였다.

나는 몸 어딘가가 시원찮아 약이라도 먹어야 할 때, 이른바 민간요법(民間療法) 을 충실히 따르는 편이다. 병원이나 약국 같은 데서는, 그런 걸 당연히 원시적이라거나 야만적인 것이라 하여, 비웃기 마련이다. 그러나 내 비좁은 지식으로 미루어보건대, 세계에서 유일하게 민간요법이 없는 나라는 ― 인디언까지 박멸해버렸으니 ― 미국이 아닐까 싶다. 헌데 바로 거기서 우리 의사들이 거의 모든 걸 다 배워오고 있는 형편이니, 민간요법이란 걸 얼마나 자연스럽게 코웃음 칠 것인가 하는 건 쉽게 수긍이 가는 일이다.

허나 민간요법이란 게 오랫동안 쌓이고 쌓여온 우리네 선조들의 때문은 지혜 아니겠는가. 이를테면 장구한 시대와 역사의 검증을 받고 살아남은 금강석(金剛石)과도 같은 전통의 지혜일 수밖에 없다는 말이다. 그러하니 얼마나 소중한 인류적 유산이겠는가. 그러나 천대받고 손가락질당하기 일쑤다.

그러나 흔히 우리는 옛것을 고집하는 사람들을 일러 수구주의자니, 국수주의자니, 보수주의자니 하는 멸칭(蔑稱)으로 한꺼번에 싸잡아 옥박질러버리는 잘못을 태연히 범하기도 한다. 물론 지난 과거를 획일적으로 미화하고 숭상하는 태도는 결코 바람직한 자세라고는 말할 수 없다. 그렇다고 해서 오늘날에까지 맥맥히 살아 움직이는 지난날의 지혜로운 삶의 흔적들까지 송두리째 내팽개쳐 버린다면, 그 또한 현명한 처사는 결코 아니다. '온고지신'(溫故知新) 이라 하지 않았던

가. 과거의 샘에서 신선한 교훈을 되끌어올려 오늘과 내일의 자양분으로 삼아나가는 일은 또 얼마나 지혜로운 삶의 태도인가.

한마디로 전통은 "정체성(正體性)의 원천"일 뿐만 아니라 "축적된 지혜의 보고(寶庫)"다. 따라서 민족을 결속시키는 중요한 고리역할을 행하면서 동시에 보편 타당한 가치를 함유하고 있는 소중한 인류적 자산의 하나인 것이다.[27] 하지만 이러한 뿌리깊은 전통 속에는 그 자체를 스스로 거부하고 극복케 함으로써, 궁극적으로 새로운 세계의 문을 열도록 만드는 역사의 동력이 숨어 있는 법이다. 그러므로 무엇보다 '전통의 창조적 계승'이야말로 필수적인 역사적 과업이라 할 수 있다.

물론 우리 인간은 자신의 의지에 입각해 역사를 창조할 수 있다. 그러나 우리는 과거로부터 물려받은 유산과 전통의 기본 토대 위에서만 역사를 새롭게 만들 수 있을 따름이다. 이러한 의미에서 우리는 역사의 진보를 위해 과거와 현재와 미래 상호간의 바람직한 조화를 쟁취해내어야 하는 역사적 과제를 안고 있다고 말할 수 있다.

예컨대 헤겔의 변증철학에서 말하는 '지양'(Aufheben)의 진정한 의미도 바로 이러한 속성을 지니고 있다. 그것은 단순히 '제거하다', '없애다' 정도의 가벼운 의미를 지닌 용어가 아니라, '위로 끌어올리며 극복해나간다'라고 하는, 보다 심오한 역사적 뜻을 함축한 철학적 개념인 것이다. 요컨대 '지양'이라 함은, 과거로부터 전해 내려오는 부정적 요소는 제거해야 하겠지만, 그것이 지니고 있는 긍정적 부분은 계속 심화·발전시켜나가야 한다는 역사적 요청을 담고 있는 개념이라는 말이다. 예를 들어 자본주의 사회에서의 계급착취, 부자유, 불평등과 같은 부정적 요소는 척결해나가되, 인권 및 개인적 자유라든가 제반 시민적 민주주의 원칙 등 긍정적 측면은 계속 개선, 발전시켜나가야 한다는 뜻인 것이다.

---

27) 이상익, 《儒敎傳統과 自由民主主義》(심산, 2004), 18쪽.

이런 의미에서 우리는 '전통주의적 진보주의'를 지향해야 할 것이다.

한마디로 말해 '전통주의적 진보주의'는 우리의 문화적 전통의 민족적 특수성 속에 내재해 있는 보편적이고 합리적인 삶의 원리를 탐색해 내고 발전시켜나가고자 하는 의지의 표출이라 할 수 있다. 말하자면 우리 한국인의 공동체적 삶의 저류를 관통하는 의식구조, 생활 정서, 삶의 양식 등의 정체성을 규명하기 위해, 서양문물을 직수입하거나 하청 또는 가공작업을 수행해나감으로써가 아니라, 무엇보다 우리의 원초적 전통문화의 기본정신을 통해 천착해 들어감으로써 역사발전에 기여하고자 하는 진취적 의지가 절실히 요구된다는 말이다. 28) 왜냐하면 보편성을 망각치 않으면서 실천적 주체성을 확보하기 위해서는 무엇보다 전통에 뿌리내린 문화 정체성을 존중하는 자세가 절실히 요망되기 때문이다. 이를테면 문화적 주체성과 실천적 주체성이 서로 긴밀하게 연결되어 있는 탓이다. 29)

물론 전통이 결코 만병통치약이 될 수는 없다. 따라서 전통 속에 온존해 있는 병든 뿌리를 잘라내면서 동시에 새싹을 올곧게 키워 거목으로 성장토록 이끌어나가는 것, 이러한 것이 곧 '전통주의적 진보주의'인 것이다. 그리고 바로 이것이 문화주의의 원동력으로 작용할 것이다.

그런데 바로 이러한 측면에서 우리가 반드시 유념하지 않으면 안 될 사실이 있다. 그것은 곧 전통적 문화야말로 인권 신장을 위한 대단

---

28) 서로 다른 맥락에서이긴 하지만, 강정인도 유사한 입장을 피력하고 있다. 그는 "전통의 현대화"라는 개념을 빌려 서구중심주의의 극복을 위한 방편의 하나로, "한국의 정치적 지형과 풍토에 뿌리를 내린 원초적이고 내재적인 정당성"을 모색해야 함을 역설하고 있다. 강정인, 《서구중심주의를 넘어서》(아카넷, 2004), 제 12장 4절을 참조할 것(인용은 509쪽).

29) 다른 맥락이긴 하지만, 장은주도 "인권의 보편주의는 추상적 보편주의인가?: 비판에 대한 응답", 사회와 철학 연구회 지음, 사회와 철학 5;《동아시아 사상과 민주주의》(이학사, 2003)에서 유사한 견해를 밝히고 있다(특히 107쪽을 참조할 것).

히 소중한 자원이 될 수 있다는 점이다. 예컨대 스티픈 영은 "전통적 가치(*traditional values*)에 의거해 절차와 제도를 구축함으로써 인권 옹호의 진보가 가장 잘 이루어질 수 있다"고 역설하면서, 대부분의 사회 구성원에게 중요한 의미를 부여하는 기존의 가치 위에 새로운 인권구조를 정립하는 것이 가장 바람직하다고 제안한다. 30)

한마디로 말해 우리의 문화주의란 문화적 전통 속에 내재해 있는 배타적이고 시대 역행적인 요소를 지양함으로써 보편적이고 이성적인 차원의 국제적 화해와 인류적 단합을 구현해내고자 하는 정신적 결의를 가리킨다. 그리하여 민족적 차원에서, 문화적 고유성을 심화시켜 나감으로써 한 공동체 내부의 인간적 결속과 유대감 증진을 도모할 뿐만 아니라, 나아가서는 국제적 차원에서, 문화적 공통성 개발 및 교류확대에 주력함으로써 인류평화에 기여해야 할 것이다. 이런 취지에서 우리는 '문화 국수주의'와 '문화 사대주의' 둘 다를 동시에 배격하지 않으면 안 된다. 31) 그리하여 민족 고유의 악기로 연주하는 인류화합

---

30) Stephen B. Young, "Human Rights Questions in Southeast Asian Culture: Problems for American Response", in Paula R. Newberg(ed.), *The Politics of Human Rights*(NY and London: New York University Press), p. 209.

31) 어느 동양 철학자는 '전통'을 주로 유교 및 동양철학에 국한시켜 논리를 전개하면서, 근대적 서양 문물의 과도한 유입을 통렬히 비판하고 있다. 장황하지만, 경청할 만한 주장이다. 그는 다음과 같이 자조적으로 비판을 퍼붓는다. "근대 서양의 패러다임에 맞추어 우리는 진보/정체, 문명/야만, 계몽/미개라는 칼날로 자신의 전통을 난도질하여 태반을 쓸모없는 것으로 내다버렸다. '근대화'와 '서구화'를 동일시해온 이 땅에서 이제 '철학'이라는 보편명사는 '서양철학'을 의미하는 단어가 되었고, 전통사상은 '한국철학' 혹은 '동양철학'이라는 특수명사가 되어 시들어 가는 명맥을 근근히 부지하게 되었다. 각 대학 철학과의 식탁에서 서양철학은 주식이 되고 우리의 철학은 양념이 되었다. … 이렇게 형체를 알아볼 수 없게 바스라진 '전통'의 편린들은 지극히 추상적이고 사변적인 근대 서양철학적 용어들로 재포장되어 소수의 지적 귀족이 아니면 알아들을 수 없는 난해한 고급 문화담론으로 전락해 버렸고, 나머지 찌꺼기는 '조국 근대화'와 '성황당 철폐'를 피해 미아리의 '철학관'으로

의 심포니가 울려 퍼지는 세계, 이것이야말로 우리의 문화주의가 꿈
꾸는 세상이라 할 수 있다.

피신해 들어갔다. 20세기 말 동양의 강단 철학은 바퀴 없는 비행기처럼 현실 속으로 안착하기를 거부한 채 고고한 관념의 세계를 배회하고 있으며, 역술인과 기공사 그리고 풍수가들은 '동양철학'이라는 이름으로 뭇 사람을 현혹시키며 신흥 교단의 교주로 군림하고 있다. …

과연 우리 사회의 부조리를 치료할 수 있는 양약(良藥)은 전통 속에서는 찾을 수 없으며, 오직 서양으로부터 수입해 와야만 하는 것인가? 과연 '이서격금'(以西擊今)만 가능하고 '이고격금'(以古格今)은 불가능한 것일까? … 외국의 것이라면 무조건 눈웃음을 치는 '미외'(媚外)의 태도는 바람직하지 못하며, 외국 것이라고 해서 무조건 배척하려는 '구외'(仇外)의 태도 역시 바람직하지 못하다. … '구외'(仇外)의 태도에는 '좋은 구외'와 '나쁜 구외'가 있다. 더 합리적인 가치가 있는데도 무조건 내 것만을 묵수하려는 태도는 '나쁜 구외'다. 그러나 냉철한 현실인식에 근거하여 자신의 문화적 정체성을 굳건하게 지키려고 하는 태도는 '좋은 구외'다. 마찬가지로 '미외'(媚外)의 태도에도 '좋은 미외'와 '나쁜 미외'가 있다. 해가 될지 이익이 될지 분간 못하고 외국 것이라면 일단 수입해서 숭배하려고 하는 태도는 '나쁜 미외'다. 이러한 태도에는 '문화 사대주의'라는 거창한 이름을 달아줄 필요도 없이, 그저 '문화적 매소부(賣笑婦)'라 칭해도 과분하리라. 그러나 예리한 정세 파악에 근거하여 우리 사회에서의 적실성을 차근차근 따져가며 피와 살이 될 것을 선별하여 신중하게 수용하려는 태도는 '좋은 미외'다. '나쁜 구외'로 분류될 수 있는 수구주의자와 '나쁜 미외'로 분류될 수 있는 문화적 매소부 사이에는 한 가지 공통점이 있다. … '나쁜 미외'와 '나쁜 구외'는 이렇게 서로 배치되지만, '좋은 미외'와 '좋은 구외'는 서로 배치될 필요가 없다. 한편으로는 자신의 우량한 전통을 지키면서, 다른 한편으로는 외부로부터 신선한 문화적 수혈을 받는 일은 동시에 모순 없이 진행될 수 있는 일들이기 때문이다. 개방적인 심령을 유지하면서 자기 문화의 정체성을 지키는 일, 화사하게 미소지으면서도 고결하게 몸을 지킬 줄 아는 일, 보편성을 추구하면서도 특수성을 잃지 않는 일, 세련됨을 추구하면서도 진중함을 잃지 않는 일―이 모두는 고/금과 동/서의 교착점을 살아가는 현대 한국인들이 지향해야 할 태도가 아닐까?" 이승환, 앞의 글, 180~181, 186, 189쪽.

272

3) 공동체주의 [32]

(1) 개념

자유민주주의(自由民主主義)를 자본주의의 정치체제 및 이념이라 할 때, 거기에는 오늘 날 몇 갈래의 정치철학적 경향들이 존재한다. 개괄하건대 공리주의(*Utilitarianism*), 자유지상주의(*Libertarianism*), 자유평등주의(*Liberalegalitarianism*), 공동체주의(*Communitarianism*) 등 이 그들이다. [33]

세분해서 살펴보면, 현대의 자유주의적 정치철학은 공리주의와 칸

---

32) 백종국은 자신의 "'공동체주의'의 개념적 유용성에 대하여"(〈한국정치연구〉, 제15집 제1호, 2006, 141~161쪽)라는 논문에서, 특히 한국사회에서의 "공동체주의의 정치적 남용"문제를 대단히 설득력 있게 파헤치면서, 이 개념의 "오용과 남용"실태를 날카롭게 비판하고 있다(특히 155~159쪽): 앞으로 차차 구체화되겠지만, 나는 이 글에서 공동체주의를 일단 사익보다는 공익을 우선시하면서 사회구성원 상호간의 공동체적 결속과 연대를 지향하는 정신적 결의로 이해한다. 나중에 보다 구체적으로 언급하겠지만, 일단 나의 공동체주의적 관점이 마이클 샌들(M. Sandel), 알래스데어 매킨타이어(A. MacIntyre), 찰스 테일러(C. Taylor), 마이클 왈쩌(M. Walzer) 등의 "자유주의에 대한 공동체주의적 비판"이나, 리처드 로티(R. Rorty), 로널드 드워킨(R. Dworkin), 조지프 래즈(J. Raz) 등, 이른바 "공동체 자유주의자"(*communitarian liberal*)들의 입장과는 속성을 달리 함을 우선 밝혀둔다. 이들의 간략한 이론적 입장을 참고하기 위해서는, Stephen Mulhall & Adam Swift(sec. ed.), *Liberals and Communitarians*, 스테판 뮬홀 & 애덤 스위프트 지음/김해성 & 조영달 옮김, 《자유주의와 공동체주의》(한울아카데미, 2001/4쇄 2005)를 참고할 것(앞 인용은, 11~12쪽).

33) 킴리카(Will Kymlicka)는 오늘날의 여러 정치철학적 경향들을 깊이 있고 치밀하게 분석한 그의 개괄적 연구서인 *Contemporary Political Philosophy: An Introduction*〔Oxford: Clarendon Press, 1992(1990)〕에서 현대의 정치철학적 조류에다 맑스주의와 페미니즘을 더 추가하고 있기는 하다. 특히 'Libertarianism'은 우리말로 직역할 만한 적절한 용어가 없지만, 그 숨은 속뜻을 살려 '자유지상주의'로 번역하였음을 밝힌다.

트주의로 대별되고, 다시 칸트주의는 자유지상주의와 자유평등주의적 입장으로 나뉜다. 한편 공동체주의는 헤겔적 관념에 입각해서 칸트주의적 자유주의를 비판하는 입장에 선다.[34]

널리 알려져 있듯이, 공리주의는 이른바 '최대다수의 최대행복'을 지향한다. J. S. 밀은 "모든 윤리적 문제에 대한 궁극적 호소"는 결국 "공리"(*utility*)로 귀결되기 때문에, 그 공리는 "진보적 존재인 인간의 항구적 이익에 기초한 가장 넓은 의미의 공리(*utility in the largest sense*)"가 되어야 한다고 역설한다.

따라서 "자유라는 이름에 합당한 유일한 자유는, 우리가 타인의 행복을 탈취하려고 시도하거나 행복을 성취하려는 노력을 방해하지 않는 한에서, 우리 자신의 방법으로 우리 자신의 선(善)을 추구하는 자유이다." "각자가 자신에게 좋다고 생각되는 방식으로 살도록 내버려두는 것"이 결과적으로 "인류에게 큰 혜택"을 줄 것이기 때문에, "초래될 결과를 감수한다는 조건하에서" 아무리 좋은 국가나 정부의 간섭도 배제하지 않으면 안 된다.[35]

공리주의는 무엇보다 인간의 복리에 대한 관심에 기초해서 도덕을 설명할 수 있다고 주장한다는 면에서, 우리에게 적지 않은 매력을 풍기는 것도 사실이다. 또한 무엇이 인간에게 바람직한 가치냐 하는 것을 제시하지 않고 다만 사람들이 선호하는 실재의 가치들을 다 긁어모아서 그 총량만을 늘이려 할뿐이기 때문에, 특정적 가치를 고집하지 않는 자유주의적 관용의 원칙에도 잘 들어맞는다. 반면에 그것은 다수의 양적 행복에만 치중하기 때문에, 많은 사람에게 즐거움을 던져줄 수 있기만 한다면, '다수의 횡포'조차 정당한 것으로 받아들일 가능성이 짙다. 이런 경우 밀 스스로가 옹호하는 '소수'의 개인적 권리까지

---

34) 이러한 개별 경향들의 대표적 저술과 그 차이들을 간략히 훑어보기 위해서는 Michael Sandel(ed.), *Liberalism and Its Critics*(New York University Press, 1984)의 Introduction(p. 1~11)을 참고할 것.

35) J. S. 밀, "자유론", 앞의 책, p. 24, 26.

274

손쉽게 무너뜨릴 수 있다. 따라서 자유주의적 원칙에 대한 침해가 될 수도 있다.

이런 면에서 공리주의에 대한 가장 혹심한 비판은 칸트에 의해 제기되었다고 말할 수 있다. 왜냐하면 공리주의는 그 자체가 도덕적 목적이 되어야 할 개인의 권리와 존엄성을 타인의 행복을 위한 수단으로 이용할 수 있기 때문이다. 그러므로 상황에 따라 변하기 쉬운 경험적 원칙에 지나지 않는 공리는 "하늘에 반짝이는 별"과도 같은 불멸의 인간적 도덕률(道德律)의 토대가 될 수 없는 것이다.

오늘날 공리주의를 비판하는 자유주의자들은 이러한 칸트의 근본입장에서 출발한다. 그들은 공리주의가 개인적 욕망과 그것을 충족시키는 방안이 개인마다 다양하고 특수하다는 것을 무시한 채, 사회를 하나의 전체로 간주하고 이 전체적 복지의 총량에만 관심을 기울인다고 비난한다. 예를 들어 존 롤스(John Rawls) 같은 사람은 전체의 복리에 어긋나는 한이 있더라도 결코 억눌림 당할 수 없는 정의에 기초한 특별한 개인적 권리가 있다고 주장한다. 따라서 이러한 기본적 권리들을 정당화시키는 정의의 원칙들이 선택되는 이유는, 그것이 공공의 복리를 극대화시키기 때문이 아니라, 개인들로 하여금 자신의 가치와 목표를 정의롭게 추구할 수 있도록 만드는 공정한 틀을 제공하기 때문이다.[36]

그러나 무엇이 기본적 권리인가에 대해서는 견해가 결정적으로 엇갈린다. 여기에는 '자유지상주의'(自由至上主義)와 '자유평등주의'(自由平等主義)의 두 갈래 경향이 서로 대립하고 있다.

자유지상주의는 전통적 자유주의의 후신으로서, 사실상 오늘날 '신보수주의'(Neo-conservatism)의 정신적 기초라 할 수 있다.

---

36) 이에 대해서는, John Rawls, *A Theory of Justice*(Cambridge, Mass. : Harvard University Press, 1971), 황경식 옮김, 《사회정의론》(서광사, 1985)을 참고할 것.

물론 이론적으로는 다양한 편차가 존재하지만, 대략 하이에크 (Hayek), 프리드먼(Friedman) 그리고 노직(Nozick) 등으로 대변된다고 할 수 있으며, 정치적으로는 대처(Thatcher), 레이건(Reagan) 등에 의해 이끌렸다. 재산권과 자유시장정책을 고수하려는 입장이며, 조세를 통한 국가의 재분배 정책조차 개인의 자유에 대한 침해로 간주한다. 그러나 우리는 자유지상주의자와 대처, 레이건 등의 신보수주의자가 비록 자유시장정책의 지지자들이고 때때로 신우파(New Right)로 한통속 취급을 받긴 하지만, 그들 사이에 엄연한 차이가 있다는 것을 결코 무시해서는 안 된다.

자유지상주의자는 모든 개인이 자신의 능력과 재산을 자신의 판단에 따라 자유롭게 처리할 권리를 가지고 있다는 폭넓은 개인적 자유의 원칙에서 출발하여 자유시장정책을 지지하고 있다. 따라서 그들은 예컨대 동성애, 이혼, 인공유산 등의 자유를 법적으로 인정해야 한다고 주장하며, 이러한 입장과 자유시장의 옹호는 동전의 양면이라는 인식을 갖고 있다.

반면에 신보수주의자는 "주로 전통적 가치의 복원 … 애국적·가족적 정서의 함양, 강력한 민족적 또는 반공주의적 대외정책의 추구, 그리고 권위에 대한 존중심의 강화에 관심을 기울인다." 그들이 시장의 원리를 고취시키는 것도 "그것이 제공하는 자유보다는 그것이 부과하는 규율 때문이다." 이 신보수주의자들은 "복지국가, 관용적 도덕(permissive morality) 그리고 '불충분한' 군사비 지출 및 전비태세를 서방의 활력을 갉아먹고 있는 과도한 방종의 또 다른 사례들로 간주한다." 따라서 자유지상주의자의 관점에서 보면 신보수주의자들은 "신 스파르타주의자"(New Spartans)이며, 레이건과 대처가 채택한 국수주의적 대외정책과 도덕군자 식 사회정책은 자신들이 신봉하는 개인의 자유에 대한 원칙에 위배되는 것으로 비쳐진다. 37)

---

37) S. Brittan, *A Restatement of Economic Liberalism* (London: Macmillan, 1988), pp. 213, 240~242.

다른 한편 자유평등주의는 원칙적으로는 재산권과 시장정책을 지지하나, 사회적 평등의 폭넓은 구현을 위해 국가의 개입과 적극적 복지정책의 추진을 마다하지 않는다. 미묘한 이론적 차이가 있긴 하지만, 대체로 롤스(J. Rawls), 드워킨(Ronald Dworkin) 등이 그 대변인들이다. 이 경향은 때때로 사회민주주의와 동일시되기도 한다. 그러나 사회민주주의와 명백히 차이가 나는 것은, 그것이 결코 자본주의를 부인하거나 어떤 식으로든지 사회주의를 지향한다고 선언하지는 않는다는 점이다. 어쨌든 이 자유평등주의와 자유지상주의가 오늘날 자유주의의 큰 물줄기를 형성하고 있다.

마지막으로 '공동체주의'(共同體主義)는 자유주의가 지나치게 개인에 집착하는 것을 비판하면서, 아리스토텔레스와 헤겔 등이 갖고 있는 공동체성, 집단성에 대한 선호를 기꺼이 채용하고자 한다.

따라서 공동체주의자는 칸트주의적 자유주의자와는 달리 개인적 특수성과 독립성 대신에, 공동체의 구성원들이 서로 공유하는 관습, 전통, 가치에 역점을 둔다. 그들의 시각으로는 우리 인간들은 공동체 속으로 태어나고 그리고 공동체의 여러 원리와 운동방식에 적합하도록 양육된다. 그러므로 공동체의 이러한 관례들은 우리에게 익숙한 윤리적 삶의 터전이 된다. 따라서 우리에게는 우리가 주체적 의지를 가지고 선택하기 이전에 이미 주어져 있는 공동체의 목표에 충실할 의무가 있다.

공동체주의자에게는 개인의 권리와 개인적 존엄성이 아니라, 공동선(共同善)과 공공의 이익이 본질적이다. 예를 들어 학생에 대한 공공교육에 대해 자유주의자와 공동체주의자가 다 동의한다 하더라도, 이 둘의 판독법은 질적으로 상이하다. 자유주의자는 학생에 대한 공공교육이 자신의 목표를 스스로 선택하고 추구할 수 있도록 만드는 자율적 인간형성에 중요하다고 말한다. 반면에 공동체주의자는 공공의 목표에 기여할 수 있는 건전한 시민의 육성을 위해 공공교육이 필수적

이라고 역설할 것이다. 이런 의미에서 공동체주의는 자유주의적 개인
주의에 대한 반발이라 할 수 있다.

자유주의에 대해 비판을 가하는 대부분의 공동체주의자들은 "반사
회적 개인주의"의 철학적 측면을 반박한다. 38)

예를 들어 샌들(M. Sandel)은 우리 자신이 특정한 가족이나 계급,
공동체, 국가, 민족에 소속되어 있고, 특수한 역사를 지니고 있으며,
특정 국가의 시민이라는 의식으로부터 우리의 정체감이 분리될 수 없
다는 것을 명백히 하고 있다. 그리고 바로 이러한 입장에 입각하여 우
리가 자랑스럽게 동일시하는 공동체의 형태를 개발하고 개선함으로써
우리의 정체감을 개발·개선해나가는 길, 그것이 바로 정치참여라고
못박는다. 아울러 또 다른 맥락에서 마이클 왈쩌(M. Walzer)는 특정
한 공동체로부터 거리를 두고자 하는 정치철학은, 그 철학자와 함께
살아가는 동료 시민들의 의견에 제대로 귀를 기울이지 못할 것이기 때
문에, 비민주적인 경향으로 전락할 위험성이 적지 않음을 경고하고
있다. 어쨌든 이들은 개인적 토대에서는 결코 만들어질 수 없는 문화
와 사회라는 것이 인간 공동체의 직접적 산물이기 때문에, 개인의 자
아인식과 행위에 필수적인 문화·사회적 자원들을 이 공동체로부터
물려받을 수밖에 없음을 역설한다. 요컨대 자유주의자가 인간의 자율
성에 부여하는 절대적 우선성 원칙과 그 범위의 보편성 설정 자세에
근본적 의문을 제기하는 것이다. 39)

그러나 바로 이들이 표방하는 이러한 속성의 '공동체주의'(communi-
tarianism)와 이 글 속에서 내가 제시하는 '공동체주의' 간의 개념적 차
이점을 우선 명백히 하는 게 필요하리라 여겨진다.

나는 일단 이들 공동체주의자들의 '반사회적 개인주의'에 대한 비판

---

38) 뮬홀 & 스위프트, 앞의 책, 제 1부, 특히 211쪽 참고.
39) 같은 책, 106, 184 및 217쪽.

278

을 공유한다. 하지만 나는 이들과는 달리, 공동체와 관련된 나의 핵심적 관심대상을 철학적으로 개념 규정한다거나 정초(定礎)하지는 못하고, 단지 하나의 사회현상으로만 고찰하고 있음을 부끄럽지만 고백하지 않을 수 없다. 나는 공동체를 지리적 공동생활 및 정신적 유대관계 양 측면에 입각하여 두 유형으로 분류한다. 이를테면 하나는 지역공동체, 또는 민족공동체 하는 식의 지리적 차원의 공동체, 그리고 그 다음으로는 운명공동체, 생명공동체 식의 정신적 차원의 공동체 두 유형으로 나누어 고찰한다는 말이다.

이런 관점에서 나는 철학적 인식의 대상으로서의 보편적·사변적인 공동체가 아니라, 특수하고 구체적인 유형의 공동체, 요컨대 현존하는 한국적 공동체를 관심과 연구의 직접적인 대상으로 삼는다. 아울러 공동체를 '정치적' 단위이면서, 동시에 '문화적' 범주로 인식한다.

내가 이해하는 공동체는 한마디로 정치·문화적 단위인 것이다. 따라서 공동체의 존립 및 공동체 구성원의 생존보장이 급선무다. 그를 위해 다음과 같은 기본요구가 충족되어야 한다.

첫째, 그 공동체가 정치적 단위이기 때문에, 그것은 우선적으로 대내외적 존립근거를 확보하지 않으면 안 된다. 이런 의미에서 공동체의 가장 본원적인 존재가치는 '자결'(Self-Determination)이라 할 수 있다. 여기에는 두 측면이 있다. 공동체는 우선 공동체 상호간의 '대외적 관계'에서 자결을 쟁취하지 않으면 안 된다. 그것은 국제정치 영역에서 종종 민족적 자주 또는 해방이라는 표현법을 얻기도 한다. 40) 그

40) 벤딕스는 "우리 모두는 어느 한 나라의 시민이며, 따라서 우리 민족이 발전하느냐 혹은 낙후하느냐 하는 것에 대해 결코 등한할 수 없다"고 주장하면서, 흥미롭게도 미국 독립전쟁이 전후 시대 해방전쟁의 선구자로 간주될 수 있다고 밝히고 있다. Reinhard Bendix, "Strukturgeschichtliche Voraussetzungen der nationalen und kulturellen Identität in der Neuzeut", in Bernhard Giesen(Hg.), *Nationale und kulturelle Identität: Studien zur Entwicklung des kollektiven Bewu & tseins in der Neuzeit*(3. Aufl., Frankfurt: M. Suhrkamp, 1996), p.39. 아울러 S. M. Lipset, *The First*

리고 그 다음 두 번째로는, 공동체 구성원 상호간의 '대내적 관계'에서 자결의 원칙이 관철되지 않으면 안 된다. 말하자면 지배자와 피지배자, 도시주민과 농촌주민, 남성과 여성, 사회적 집단과 집단 등등의 상호관계에서 정치·사회·경제적 민주주의가 올곧게 확립되어야 한다는 말이다.

둘째로, 공동체가 또한 문화적 단위이기 때문에, 공동체 구성원 상호간의 대내적 결속에 필요한 문화적 일체감이 요망된다. 그리고 문화적 공감대를 밑거름으로 하여 구축되는 공동체 구성원 상호간의 굳건한 연대는 물론 바로 앞에 지적한 공동체의 대내외적 존립근거를 강화하는 동력으로 작용할 수 있다.

곧 이어서 차차 거론하겠지만, 나는 이러한 나의 '공동체주의'의 원만한 전개를 위해 '3생 정치론', '제2의 민주화운동' 등을 표방하면서, '공익우선주의'(公益優先主義)를 통해 구성원 상호간의 공동체적 결속이 보다 심화될 수 있으리라는 믿음을 제시할 것이다.

이런 취지에서 나는 추상적 도덕률, 불변적인 보편적 구조 문제 등에 집착하기보다는, 무엇보다 인간의 구체적 삶과 일상적 생활이 던지는 현실적 의미에 애착을 갖는다. 그리하여 나는 나의 관심을 보편적인 것에서 개별적인 것으로, 추상적인 것에서 구체적인 것으로, 무시간적인 것에서 시간적인 것으로 돌려놓고자 하는 것이다.

한마디로 공동체주의란 인간공동체 내부에 수립되는 집단적 연대를 통하여 공동체 및 공동체 구성원의 평화롭고 미래지향적인 공동발전을 도모하고자 하는 정신적 결의(決意)라 할 수 있다. 이런 의미에서 공동체주의는 원칙적으로 개인주의에 대해 비판적 시각을 지닐 수밖에 없다.

그렇다면 개인주의(個人主義)란 무엇인가?

New Nation. The United States in Historical and Comparative Perspective (New York: Basic Books, 1963)도 참고할 만하다.

(2) 개인주의에 대한 비판적 성찰

개인주의는 자유주의의 철학적 기초다. 바로 개인주의로부터 자유
주의의 기본가치인 자유, 관용, 기타 개인적 권리들의 내용이 규정된
다. 자유주의는 개인의 자유를 그 핵심적 본질로 삼는다. 그리고 개
인의 자유는 본질적으로 사적 소유의 자유를 일컫는다. 이런 뜻에서
개인주의와 사적 소유 문제는 불가분의 관계에 놓여있다.

일반적으로 개인주의는 두 개의 측면으로 나누어 살펴볼 수 있다.

그 하나는 '도덕적 개인주의'(moral individualism) 로서, 요컨대 "개인
은 결코 수단이 아니라 언제나 그 자체 목적으로 대우해야 한다"는 식
의 칸트의 명제 속에 잘 나타나 있다. 개인의 도덕적 본성에 대한 단
호한 일깨우침인 것이다. 다른 하나는 '존재론적 개인주의'(ontological
individualism) 로서, 사회를 단순히 개인의 집합으로 간주할 뿐만 아니
라 사회의 성격 또한 개인의 성격에 의해 결정되는 것으로 믿는다. 말
하자면 집단, 공동체, 제도, 조직, 문화, 정치과정 등이 개인의 결정
및 상호작용의 결과로 인식된다.

이처럼 자유주의적 개인주의는 인간사회 및 그 제도와 조직들보다
개인을 더욱 근본적이고 더욱 실질적인 존재로 여긴다. 뿐만 아니라
그것은 사회나 어떤 사회적 집단보다도 개인에게 더 높은 도덕적 가치
를 부여한다. 즉 개인은 사회 '이전에' 온다. 말하자면 개인의 권리와
요구는 사회의 그것보다 도덕적으로 우선하는 것이다.

예를 들어 아리스토텔레스는 자유주의 사상가들과는 전혀 다른 생
각을 갖고 있었다. "인간은 사회적 동물"이라는 명제에도 뚜렷이 나타
나 있는 것처럼, 그에게 인간은 결코 '자족적'(self-sufficient) 이고 '자율
적'(autonomous) 인 존재가 아니었다. 단지 정치적 공동체, 말하자면
폴리스 안에서만 그리고 폴리스를 통해서만, 인간은 인간으로서의 결
핍을 보완할 수 있는 존재라는 말이다. 국가, 사회 또는 공동체만이
완전하고 흠이 없는 존재이며, 따라서 인간은 그것에 몸을 내맡겨야

한다. 인간을 사회적 창조물로 이해하고 국가를 자연의 산물로 바라보았기 때문에, 정치적 영역 또는 공적 영역(public sphere)이 바로 자유의 터로 인식되었던 것이다.

이처럼 아리스토텔레스에게는 자유주의에서와는 정반대로 공동체가 개인에 우선한다. 오히려 그는 "공동체(community)와 관습(custom)을 강조함으로써 걷잡을 수 없는 개인주의의 범람을 피하고자" 했던 것이다.41) 이런 맥락에서 본다면 홉스가 제시한 "리바이어던"(Leviathan)은, 그의 표현을 빌리면 곧 "하나의 인공적 인간"으로서,42) 개인주의적 '거인주의'의 한 표상이라 할 수도 있다.

그러나 원칙적으로 자유주의는 공공의 개입으로부터 자유로운 사적 영역인 프라이버시(privacy)를 바로 자유의 바탕으로 삼는다.

특히 중세적 보편주의와 신분질서가 막을 내리면서 '인간의 재발견'이 이루어졌고, 그에 따라 사회, 자연, 초자연적인 질서체계로부터의 개인의 탈출이 시작되었다. 교회나 기타 사회로부터 외부적으로 강제되던 진리의 보증이 바야흐로 거부되었던 것이다. 왕이나 승려가 아니라 개인의 직접체험이 진리의 심판대가 되었다. 이런 현상은 합리주의와 자연과학의 발달로 인하여 더욱 풍성한 활기를 얻었다. 예를 들어 경험론은 개인의 감성이야말로 세계에 대한 지식의 원천이라 가르쳤다. 그러한 방법론을 통해 개인주의는 더욱 강화되었다. 이처럼 자연과학의 발달과 자유주의의 성장은 그 궤를 나란히 하였다. 자유주의는 개인의 욕망을 과학적으로 검증하고, 또 그 무분별한 분출을 이성적으로 통제할 수 있다고 믿었던 것이다.

---

41) Roger Trigg, *Ideas of Human Nature: An Historical Introduction*(Oxford: Blackwell Publishers, 1988), p. 33.

42) Hobbes, *The Leviathan*, C. B. Macpherson, ed. (Penguin Books, 1968), Introduction 참고.

　이와 관련하여 자유주의는 개인에 대한 두 개의 기본적 가정에서 출발한다. 요컨대 첫째, 자신의 개인적 이해관계를 가장 정확히 판단할 수 있는 것은 개인이라는 믿음, 그리고 둘째, 인간의 개별적 이해관계 사이에는 궁극적 조화가 가능하리라는 낙관적 확신이 바로 그것이다.

　이로부터 자연스러운 결론이 이끌려 나오는데, 사회적 조화(調和)야말로 각 개인으로 하여금 자기 자신의 이해관계를 아무런 방해도 받음이 없이 자유롭게 추구하도록 방임함으로써 비로소 확보되어질 수 있다는 신념이 그것이다. 그러나 만약 이러한 신념이 억눌림 당한다면, 그것은 곧장 인간들이 진실로 무엇을 원하는지 하는 것을 그들보다 더 잘 안다고 주장하는 일종의 계몽된 소수에 의한 전제(專制)를 불러일으킬 것이라고 자유주의자들은 입을 모으고 있다. 이러한 태도는 교조적 독단이라든가 특정적 사회집단 — 극단적으로는 레닌의 '전위당' 같은 것 — 의 결정론적, 자기확신적 자세 등에 대한 자유주의의 혐오감과도 관련된다.

　어쨌든 개인주의적 자유주의는 이러한 개인에 대한 신뢰와 개인적 이해관계의 자연적 조화 가능성에 대한 믿음에 뿌리를 두고 국가와 사회를 바라보는 데 익숙해 있다. 그러므로 국가에 대한 적개심(敵愾心)은 자유주의에 선천적인 것이다.

　그러나 특히 20세기에 들어서서는 국가에 대한 자유주의적 공포가 극대화되어, 스탈린이나 히틀러 식의 사회에 대한 국가의 통제를 '전체주의'(totalitarianism)와 동일시하는 풍조도 널리 퍼졌다. 심지어는 사회민주주의적 사회정책이나 복지국가적 개입 등도 이러한 전체주의적 위험성을 품고 있는 국가 경향으로 풀이하려는 움직임까지 있다.

　자유주의는 이처럼 모든 공동체 이념을 개인적 자유와 개인의 자유로운 발전을 가로막는 장애물로 몰아치는 편협함을 보여주기도 하는 것이다. 그러나 "정치적 공동체가 기본적 자유가 충족되거나 또는 거부당하는 운동의 터"라는 것을 절실히 깨닫는다면, "무엇으로부터 자유롭다는 것"은 "무엇인가를 하는 데 자유롭기 위해서"라는 사실이 자연스럽게 받아들여질 수 있다. 43)

그러나 이러한 자유주의적 개인주의의 주된 모순은, 한편으로는 칸트에게서 여실히 드러나듯이 개인을 '수단'이 아닌 '목적' 그 자체로 간주함으로써 개인적 권리의 평등을 널리 펴고 있으면서, 동시에 다른 한편으로는 개인을 이기적 존재로 옭아맴으로써 타인을 자신의 목적에 이용 가능한 수단으로 여기는 관념을 또한 널리 감싸고 있다는 사실이다. 이는 앞에서도 이야기하였지만, 맑스가 말하는 '국가' 안에서 "천국적 삶"을 누리는 인간과, 부르주아 '사회'에서 "지옥적 삶"을 살아가는 인간 사이에 내재하는 이중성과도 맥락이 닿는다.

요컨대 국가의 차원에서는 '목적'으로 대접받지만 사회의 영역에서는 '수단'으로 취급당하는 자본주의적 인간의 이중적 모습이 여기에 그대로 투영된다는 말이다. 예를 들어 애덤 스미스(Adam Smith)의 '보이지 않는 손'(invisible hand) 개념은 원래 각 개인이 자신의 이기적 이해관계만을 충실히 뒤쫓게 되면 결국에는 서로의 이해가 자연스럽게 조화를 이루게 되고, 이윽고는 전체 사회의 공공복리를 증진시키는 결과를 빚게 된다는 믿음에 바탕을 두고 있다. 44)

이 테제는 개인적 이기주의의 빼어난 기능과 거두게 될 그 빛나는 성과를 동시에 높이 기림으로써 결과적으로 개인과 개인, 개인과 사회 간에 멋들어진 조화가 만들어지리라는 낙관을 전파하고 있다. 그러나 자유주의가 닻을 올릴 무렵부터 이미 바로 앞에서 언급한 개인주의의

43) Robert B. Fowler & Jeffrey R. Orenstein, *Contemporary Issues in Political Theory*[Praeger Publishers, 1985(revised ed.)], pp.64~65; 이러한 공동체의 이해를 우선적으로 강조하는 관점을 보기 위해서는 예컨대 Gerald MacCallum, "Negative and Positive Freedom", in *Philosophical Review* 6 (1967), pp.312~334를 참고할 것.
44) 이에 관해서는, A. Smith, *The Wealth of Nations*(Dent: Everyman, 1910), Book Ⅳ, chap.2를 볼 것.

예상 가능한 모순을 극복하는 장치로서 '보이지 않는 손'과 같은 추상적 매개물에 호소할 수밖에 없었다는 것은 암시하는 바가 적지 않다. 손이 보이지 않는다는 것은 결국 손이 없다는 말이 아니겠는가.

이처럼 자유주의적 개인주의는 개인적 평등과 개체의 존엄성을 힘껏 치켜세우긴 하지만 실질적으로는 개인과 개인 간의 이기주의적 갈등과 충돌이 그 숙명적 동반자임을 자인(自認)할 수밖에 없는 근본적 한계를 지니고 있다. 이러한 측면과 관련지어 아블라스터는 개인주의의 맹점을 다음과 같이 날카롭게 찌르고 있다.

> '개인'의 개념은 본질적으로 보편적이고 평등적(egalitarian)이다. 개인으로서 우리 모두는 평등한 존엄성과 평등한 권리를 향유하는 평등한 존재다. 따라서 개인주의의 이러한 평등주의적 속성을 좇는다면 우리는 높은 수준의 사회적·경제적 평등을 요구할 수 있다. 그러나 그 최소한의 요구는 기회의 평등 정도이다. 그러나 이것조차도 실제로는 재산권, 부의 축적과 양도 따위를 건드릴 수 있기 때문에 자유주의의 한계를 뛰어넘는 것이 된다. 강조하건대, 사유재산이 개인적 자유의 굳건한 토대를 제공한다면 모든 개인은 그것을 함께 나누어야(share)만 한다. 그러나 자유주의자는 재산의 수용(expropriation)이나 강제적 재분배, 또는 흔히 평준화(levelling down)라 불리는 어떠한 형태의 시책에 대해서도 결코 달가워하지 않았다. 45)

어떻게 보면 자유주의 현실은 '심지어' 개인적 자유의 차별마저 어쩔 수 없는 것으로 체념하는 비자유주의적 경향으로까지 뻗어나가는 것처럼 보인다. 예컨대 이사야 벌린은 "쇠꼬챙이의 자유가 피라미의 죽음"을 의미한다는 것을 잘 알고 있으면서도, "옥스퍼드 대학교수의 자유는 이집트 농부의 자유와는 전혀 다르다"는 것을 덧붙이는 것을 잊지 않는다. 그에게는 개인적 자유가 "모든 사람의 일차적 필요"는

---

45) Arblaster, 앞의 책, 89쪽.

아닌 것이다. 벌린은 마침내 자유의 차별 그 자체가 아니라, 자유의
취득 및 행사방법이 오히려 본질적 문제임을 솔직히 털어놓는다.

> 서구 자유주의자의 양심을 괴롭히는 것은, 내 생각으로는, 사람들이
> 찾는 자유가 사회적 또는 경제적 조건에 따라 차이가 난다는 사실이
> 아니라, 그 자유를 소유하는 소수가 그걸 지니지 못하는 거대한 다
> 수를 착취하거나 최소한 그들을 외면하고서 그것을 획득하게 되었다
> 는 점이다.46)

다시 말해 자유주의의 전도사 벌린도 자유라는 것이 사회적 소수의
손에 독점적으로 장악될 수도 있고, 동시에 착취나 사회적 무책임 등
부당한 방법으로 획득될 수도 있다는 것을 솔직히 시인하고 있다. 그
렇다면 자본주의 사회에서 이러한 자유의 불평등과 그 불평등한 자유
의 존립요건이 과연 극복될 수 있을 것인가? 자유주의적 개인주의는
결국 강자의 논리에 영합한다. 그러므로 그것은 자본주의적 시장원리
와 걸음을 나란히 할 수 있다. 이런 의미에서 '소유적 개인주의'(*possessive
individualism*)47)는 자유주의적 전통과 늘 더불어 있다고 말할 수 있
다. 사적 소유는 이 개인주의의 사회경제적 표현인 것이다.

---

46) I. Berlin, 앞의 책, pp. 124~125; 여기서 벌린은 J. S. 밀의 논리를 충실히
따르는 것처럼 보인다. 밀은 "인종 전체가 미성년의 단계에 있는 후진사회에
살고 있는 사람들"에게는 자유가 유보될 수 있음을 명백히 하고 있다. 나아
가 그는 "그들의 발전이 목적이라는 조건" 밑에서는 "독재는 야만인을 대하는
정당한 방법"이 될 수 있다고 덧붙였다(Mill, "자유론", 앞의 책, p. 23).

47) C. B. Macpherson, *The Political Theory of Possessive Individualism* (Claren-
don Press, 1962)/이유동 옮김, 《소유적 개인주의의 정치이론》(인간사랑,
1991) : 참고로 말해, 어느 학자는 '소유적 개인주의'가 '자유'와 '자본'이 "결
탁하여" 만들어진 것으로서, "영혼 없는 경제인"과 "가슴 없는 향락인"만 양
산하였다고 극심하게 비판하고 있다. 이를 보기 위해서는 이승환, "누가 감
히 '전통'을 욕되게 하는가?", 《전통과 현대》(1997년 겨울 제2호), 180쪽을
참고할 것.

가난이 덕망(德望)의 상징인 적이 있었다. 동양세계에서는 말할 것도 없고 서양에서도, 예컨대 전통적 기독교 윤리만 하더라도 청빈(淸貧)을 참된 삶의 징표로 간주하였다. 그러나 자본주의가 화려하게 막을 올린 이후로는 가난은 실패와 무능의 딱지로 따라 다녔다. 심지어 사회적 불안이 엄습할 때면 가난한 자는 오히려 사회에 대한 위협으로 낙인찍히기 일쑤였다. 자유주의적 사회질서와 자본주의 경제는 이러한 현상을 더욱 정교하게 정당화하는 논리체계를 만들어 내었다. 왜냐하면 가난은 사회가 아니라 개인의 책임이라는 것을 일깨워줌으로써, 한편으로는 자본주의적 사회질서 자체가 지니고 있는 잘못을 꽁꽁 숨기는 동시에, 다른 한편으로는 경쟁의 욕구를 줄기차게 부추기는 것이 자신의 생존을 위해 절실했기 때문이다.

점차 뿌리를 내리기 시작하는 '시장 자유주의'(market liberalism)의 '가난'에 대한 전통적 시각은 예를 들어 1700년대 초 유명한 《꿀벌의 우화》(The Fable of the Bees)의 저자인 맨더빌(Bernard Mandeville)에게서 찾아볼 수 있다. 그는 이렇게 선언한다.

> 노예가 허용되지 않는 자유로운 나라에서 가장 확실한 부(富)는 부지런히 일하는 수많은 가난뱅이에게 있다는 것은 명백하다. … 사회를 행복하게 하고 보잘것없는 환경 아래서나마 사람들을 편안하게 만들기 위해서는 그들 대다수가 가난할 뿐만 아니라 무지해야 한다는 것은 필수적이다.

"이들을 무식하게 키우는" 것은 "노동을 값싸게" 치게끔 만들기 때문에 경제적으로도 유익하다. 한마디로 맨더빌의 모토는 "개인적 악덕이 곧 공적인 이득"(Privat Vices, Public Benefits)이었던 것이다.[48] 이러한 태도는 그 이후 알게 모르게 자유주의적 경제질서의 정신적 바탕이 되기도 했다.

---

48) Arblaster, 앞의 책, 174쪽에서 재인용.

그러나 애덤 스미스는 기본적으로는 맨더빌의 이러한 자세를 받아
들이긴 하면서도 동시에 그것을 뛰어넘는 품위 있는 도덕적 이상을 보
여주기도 하였다. 그는 개인의 이해관계를 뒤쫓는 것이 타인의 이해
관계에도 도움을 줄 수 있을 때 비로소 성공적일 수 있다는 것을 분명
히 함으로써, 순수한 개인적 이기주의에 차꼬를 채우고자 하였다. 스
미스는 이렇게 말한다.

> 모든 개인은 자신이 어떠한 자본을 거느리고 있든지 간에 자신에게
> 가장 유리한 일을 찾으려 끊임없이 노력한다. 사실상 그가 마음에
> 두고 있는 것은 자기 자신의 이득이지 사회의 그것은 아니다. 그러
> 나 자신의 이득에 대해 곰곰이 연구해보면 그것은 자연스럽게 또는
> 반드시 사회에 가장 유리한 일을 선호하도록 그를 이끌 것이다.[49]

스미스는 이처럼 개인과 개인, 그리고 개인과 사회가 서로 나누어
가지고 있는 이해관계의 상호성을 강조하는 것이다. 그러나 그것은
도덕적 낙관 이상의 힘을 지니지 못한 듯하다. 어쨌든 그는 개인의 이
기심과 사회 전체의 공공복리 사이의 이러한 조화는 물론 시장 안에서
그리고 시장을 통하여 달성될 수 있다고 굳게 믿었다. 시장 스스로가
자율적 통제력을 원천적으로 소지하고 있기 때문에, 국가 등을 통한
외부의 간섭은 불필요할 뿐만 아니라 또한 바람직하지도 않다. 그러
나 그렇다고 해서 그는 국가의 기능을 송두리째 무시한 것은 결코 아
니다. 국가는 사회내부의 질서유지, 안전과 정의의 보호 그리고 사적
영리추구가 제공하지 못하는 공공사업 등의 처리를 담당해야 한다.[50]
그러나 스미스는 가장 중요한 국가의 임무가 재산의 보호에 있음을 숨
기려들지 않았다. 하지만 그는 사유재산이 필연적으로 불평등으로 이
어질 수밖에 없음을 시인하면서 "한 사람의 큰 부자가 있기 위해 최소

49) Adam Smith, 앞의 책, vol. 1, p. 398.
50) 같은 책, vol. 2, pp. 180~181.

288

한 5백 명의 가난한 사람이 있어야 한다. 그리고 소수의 풍요는 다수의 빈곤을 가정한다"는 사실을 솔직히 털어놓았다. 51) 이들 가난한 대중은 이러한 부의 불평등에 대해 불만을 가질 수밖에 없게 되고, 따라서 "재산을 많이 모은 개인"을 이들로부터 보호해야 할 필요성이 자연스럽게 제기된다. "법과 정부"가 바로 이 역할을 떠맡는다.

> 법과 정부는 … 가난한 자들을 억누르고, 또 그렇지 않을 경우 가난한 자들의 공격에 의해 파괴될지도 모르는 재화의 불평등을 계속 유지하기 위한 부유한 자들의 연합(combination)으로 생각할 수 있다. 52)

그러나 애덤 스미스는 결코 냉혹한 경제 제일주의자는 아니었다. 그는 비록 자유주의적 개인주의의 울타리에 갇혀 있기는 하였지만, 그래도 공동체적 삶에 대한 도덕적·윤리적 이상까지 저버리지는 않았다. 그는 "대부분 구성원들이 가난하고 비참한 생활을 영위하는" 사회는 결코 행복하거나 번창할 수 없다는 것을 절감하면서, 하나의 대안으로 고임금 정책을 구상하기도 하였다. 53) 또한 그는 자본가의 역할에 대해서는 기꺼워하였으되, 그들의 이윤지상주의적 정신태도에 대해서는 달가워하지 않았다.

스미스는 "인류의 지배자도 아니고 되어서도 아니 될 상인과 공장주의 천박한 탐욕과 독점욕"을 사납게 꾸짖기도 하였다. 54) 그는 이런 뜻에서 독점이나 쓸데없는 외부의 간섭이 이지러뜨리지 않는 완전경쟁의 시장질서를 지향해야 할 이상으로 삼았다고 말할 수 있다.

사유재산에 대한 로크의 애착이 얼마나 끈끈한 것이었던가 하는 것

---

51) 같은 책, vol. 2, p. 199.

52) Donald Winch, *Adam Smith's Politics*(Cambridge University Press, 1978), pp. 58, 68.

53) A. Smith, 앞의 책, vol. 1, pp. 70, 73.

54) 같은 책, vol. 1, p. 436.

은 이미 살펴본 바와 같다. 비록 애덤 스미스에 의해 사유재산이 불러 일으킬 사회적 불평등에 대한 도덕적 책임이 거론되기는 하였으나, 자유주의적 경제질서의 미래에 대한 낙관은 사위지 않았다. 그러나 자본주의의 팽창에 따른 빈부격차의 심화를 체험한 토머스 맬서스 (Thomas Malthus)에 오게 되면 이러한 낙관은 더 이상 꾸려나가기 힘든 상태가 되었다. 그는 소수에 의해 향유되는 부와 절대다수가 겪고 있는 빈곤 사이에 파고든 갈등을 목격하고서는, 이러한 상황이 방치되는 경우 중대한 파국을 맞게 되리라 경고했다. 식량공급은 산술급수적으로 증가하는 반면 인구는 기하급수적으로 급증할 것이기 때문에, 특히 인구의 다수를 차지하는 빈곤계층에 대한 다양한 통제, 예컨대 결혼연령이나 성욕, 출산 등에서의 효율적 제재가 필수적이라 역설하였다. 말하자면 예상 가능한 사회적 위기의 근본적 원인을 사적 소유 그 자체가 아니라, 오히려 그 필연적 부산물인 빈자(貧者)들에게서 찾아내었던 것이다.

> 이미 소유된 세계에 태어난 사람은, 만약 그가 당연히 기댈 수 있는 자기 부모에게서 생존에 필요한 것을 얻을 수 없고, 또한 사회가 그의 노동을 필요로 하지 않는다면, 그런 사람은 음식 한 조각도 요구할 권리를 갖지 못한다. 그리고 그는 그가 있는 곳에 존재할 이유도 없다. 자연의 풍성한 잔칫상에는 그를 위해 마련된 자리가 없다. 자연은 그에게 떠날 것을 요구한다. 그리고 자기 자신의 질서를 집행한다.[55]

사회적 소유계급에 대해 이보다 더한 복음이 있겠는가. 이런 맬서스였으니 국가에 의한 빈민 구제사업을 철저히 반대하였음은 불 보듯 뻔한 일이다. 우리는 여기서 빈곤문제를 바라보는 가장 거친 자유주

---

55) Keynes, "Essays in Biography"에서의 재인용을 Arblaster, 앞의 책, p. 246 에서 재인용.

의적 시각의 하나와 마주친다. 비록 그것이 도덕적 호소에 그치긴 하였으되 애덤 스미스에게서 찾아볼 수 있었던 인도주의적 배려나 전체 사회의 공공복리에 대한 관심 같은 것은 맬더스에게서는 좀처럼 찾아볼 길이 없다. 그리고 이런 경향은 자본주의의 발달과 더불어 현실 정책의 차원에서도 더욱 강화된다. 예를 들어 1830년, 1840년대의 빈민법이나 아일랜드의 기근에 임하는 영국정부의 비인도적 태도56)를 눈여겨보면, 자유주의 또한 스스로의 선언과는 달리 얼마나 독단적이고 비인간적일 수 있는가 하는 것이 한결 또렷해진다. 이 사실은, 다른 말로 하면, 이데올로기라는 것은 그것이 뿌리를 드리우는 계급적 기반이나 사회상황의 변화에 따라 언제나 더불어 몸매를 바꿀 수 있다는 것을 예시하는 것이기도 하다.

로버트 달에 따르면 자본주의적 사적 소유는 대체로 두 개의 정당화 근거를 갖고 있다. 그 하나는 사적 소유의 권리에 대한 '도구적',

---

56) 이에 관해서는 Arblaster, 앞의 책, pp. 254~259를 볼 것; 아블라스터는 여기서 자유주의적 경제원리를 좇은 국가정책이 얼마나 독단적이고 비인도적이었던가 하는 것을 잘 파헤치고 있다. 우선 1834년에 만들어진 '신빈민법'(New Poor Law)은 "노동이 부의 원천이듯이 가난은 노동의 원천이다. 가난을 추방하면 노동도 추방하는 것이 된다"는 자유주의의 정신적 신조에서 출발하여, 구빈원(workhouse or poorhouse)을 포함한 일체의 빈곤퇴치 정책을 반대하는 분위기 속에서 만들어졌다. 구빈원은 '바스티유 감옥'으로 인식될 정도로 빈민들의 "공포의 대상"이었고, "게으른 자에 대한 징벌"의 무시무시한 수단으로 이해되었다. 한편 1845년 이후 수 년 동안 아일랜드 전역을 휩쓴 역사적 대기근에 대처하는 영국정부의 자세도 자유무역과 '레쎄 페어'(laissez-faire) 원칙의 반영이었다. 영국정부는 한편으로는 전통적인 불개입주의에 의지하고, 다른 한편으로는 맬서스의 논리를 좇아 아일랜드의 "과다한 인구"를 이 기회에 정리함으로써 인구와 식량공급 간의 균형을 회복해야 한다는 논거를 따랐다. 결과는 150만에 달하는 아사자와 100여만에 이르는 이주자였다. 그러나 여기서 흥미로운 것은 그 당시 아일랜드 문제를 비인도적으로 이끌어나간 영국정부의 최고 책임자 중의 한 사람이 바로 평화주의자며 인도주의적 자유주의자로 유명한 버트런드 러셀의 할아버지였다는 사실이다. 그러나 두 사람 다 자유주의자였다.

또는 '공리적' 차원의 정당화 방법이다. 이것은 사적 소유를 개인적으로나 사회적으로 이로울 뿐만 아니라, 효율성, 경제적 진보, 정치적 자유 등의 여러 가치들의 실현을 위해서도 유익한 제도로 보는 시각이다. 또 다른 하나는 사유의 권리를 자연적이고 양도할 수 없는 '도덕적 권리'(moral right)로 정당화시키는 방법이다. 이에 따르면 이러한 권리는 자연에 의해 물려받은 인간 고유의 권리이기 때문에 어느 누구도 침해할 수 없으며, 따라서 정부와 법은 이것을 수호해야 할 의무를 진다.57)

지금까지의 자본주의의 전개과정을 보면, 초기단계에서는 둘째의 정당화 방법이 지배적이었다. 이 상황에서는 부르주아계급에 대항할 만한 강력한 사회계급이 존재하지 않았기 때문에, '재산의 신성불가침'이 더욱 원색적으로 북돋워질 수는 있었지만, 사유재산에 대한 민주적 통제는 제대로 이루어질 수 없었다. 그와 더불어 소유의 불평등도 자연스럽게 당연시되었다. 반면에 20세기에 들어서게 되면 첫 번째 정당화론이 활기를 띠기 시작함을 알 수 있다. 특히 노동자계급의 폭넓은 사회적 진출과 자유민주주의의 출현으로 인하여 재산의 사회적 책임과 그에 대한 민주적 통제가 강조되었다. 나아가서는 사회민주주의와 국가 사회주의가 확립됨으로써 사회적 또는 국가적 소유의 형식까지도 등장하게 되었다.

물론 이 두 방법론이 엄격히 분리되어 적용되는 것은 아니다. 하지만 경향적으로는 이러한 구분이 가능하다. 자유주의 내부에서도 오늘날, 두 번째 경향에 집착하게 되는 경우 '자유지상주의'(Libertarianism)로 빠져들고, 반면에 첫 번째의 것을 더욱 소중히 여기는 경우에는 '자유평등주의'(Liberalegalitarianism)적 성향을 짙게 내뿜게 되는, 그러한 입장의 차이가 나타난다. 이처럼 자유주의 내부의 노선적 갈래는 대체로 소유에 대한 입장의 차이에 연유한다고 말할 수 있다.

---

57) Robert A. Dahl, *A Preface to Economic Democracy* (University of California Press, 1985), 특히 pp. 62~65.

일반적으로 자유주의적 개인주의는 인간사회 및 그 제도와 조직들보다 개인을 더욱 근본적이고 더욱 실질적인 존재로 여긴다.

예컨대 토머스 홉스는 인간본성(*human nature*)의 경험적 잣대를 가지고 정치의 본질과 목표를 읽어내고자 노력하였고, 그리고 이 인간의 본성을 다른 자연현상과 동일한 방식으로 이해하고 설명할 수 있다고 굳게 믿었다. 58) 인간은 곧 자연의 일부로서 여러 다른 자연적 존재들과 마찬가지로 근본적인 자연의 법칙 아래 놓여 있다. 그리하여 홉스는 인간행위의 자연적 두 동인으로서 '욕구 또는 욕망'(*appetite or desire*)과 '혐오'(*aversion*)를 들었다. 59) 모든 인간은 대체로 "죽음에서 비로소 마감하는, 권력(*power*)을 숨가쁘게 뒤쫓는 영원하고 지칠 줄 모르는 욕망"을 소유하고 있다는 것이다. 60)

바로 그렇기 때문에 인간은 — 예컨대 본성적으로 사회적 동물인 개미나 꿀벌들과는 달리 — 이기적 욕구에서 잠시도 벗어나지 못한다. "모든 사람은 자기 자신의 이익을 좇아 모든 일을 처리한다."61) 그러나 이 이기주의는 경쟁과 끊임없는 불안 및 갈등, 심지어는 물리적 충돌로까지 발전한다. 게다가 인간의 자연적 재능은 서로 엇비슷하다. 왜냐하면 "자연은 육체와 심성의 능력 면에서 인간을 평등하게 만들었기" 때문이다. 62) 따라서 평화가 존재할 수 없다. "만인의 만인에 대한 투쟁"이 바야흐로 시작되는 것이다. 63) 그러하니 어이 "인생이 고독하고, 궁핍하며, 추악하고, 야만스러우며, 짧지" 않을 수 있겠는가?64)

58) 특히 과학과 인간 본성의 상관관계에 관한 홉스의 입장을 보기 위해서는 Raymond Plant, *Modern Political Thought*(Basil Blackwell, 1991) pp. 38~45를 참고할 것.

59) Hobbes, *The Leviathan*, C. B. Macpherson, ed. (Penguin Books, 1968), p. 119.

60) 같은 책, p. 161.

61) 같은 책, p. 213.

62) 같은 책, p. 183.

63) 같은 책, p. 185.

이러한 맥락에서 홉스는 "인간의 본성"에는 "세 개의 주된 갈등유발 요인"이 내재한다고 역설하였던 것이다. "첫째는 경쟁(競爭), 둘째는 불신(不信), 셋째는 공명심(功名心)"이다. 그리하여 각각의 요소는 인간으로 하여금 본성적으로 "이득"과 "안전"과 "명예"를 추구하도록 만든다는 것이다. 홉스에게 인간은 본질적으로 이기적이고 자신의 이득을 위해 타인을 이용하려드는 존재에 지나지 않았다. 이런 의미에서 그는 다음과 같이 묻고 있다.

> 무장을 하고 다닐 때, 그는 가까운 신하에 대해 어떤 생각을 하는 걸까? 문을 걸어 잠그고 잘 때, 그는 동료 시민들에 대해 어떻게 생각하는 것일까? 금고를 잠글 때, 그는 자기의 자식들과 하인들을 어떻게 여기는 걸까?[65]

이런 관점에 입각하여 홉스는 "인생"(human life)을 하나의 "경주" (race)로 본다. 따라서 이 경주에서 "오직 최고가 되려는 것 이외의 다른 목적이나 목표를 생각할 수는 없다"고 잘라 말한다. 이러한 경쟁에서는 다른 사람을 뛰어넘으려고 안간힘을 다해야 하고, 그들을 희생시키면서까지 이득을 쟁취해야 할뿐만 아니라, 이미 획득한 재산을 지켜나감으로써 부귀영화를 마음껏 향유할 수 있어야 한다. 이러한 경쟁속에 어찌 "엄청난 잔혹함"(great cruelty)이 생겨나지 말라는 법이 있겠는가. 그리하여 홉스는 "다른 사람들이 우리가 원하는 바를 우리에게서 탈취해갈지도 모른다는 공포심" 때문에라도 "공격적 개인주의"(aggressive individualism)가 절실히 필요함을 내비치고 있는 것이다.[66]

이런 맥락에서 우리가 꼭 명심하지 않으면 안 될 것이 있다.

요컨대 자유민주주의 사회에서 개인주의는 한마디로 '거인(巨人)주

---

64) 같은 책, 12장 참고.

65) 같은 곳 참고.

66) Roger Trigg, 앞의 책, p. 56~57.

294

의'다. 오늘날 한국 같은 자본주의 국가들은 '호랑이의 자유'만을 구가하고 있다. 요컨대 개인의 자유를 철저히 보장하노라 하는 허울을 내세우며, 결과적으로 힘센 자들만이 활개치도록 만든 사회적 불평등을 튼튼히 구축하고 있는 것이다. 따라서 그러한 개인주의는 기회만 주어지면, 아니 기회를 만들어 가면서까지, 추악한 이기주의로 손쉽게 전락할 수 있는 소지를 다분히 지니고 있는 것이다.

자유주의자란, 가난한 사람들이 자신과 동등하다는 점만을 제외한다면, 모든 의미에서 모든 인간이 자신과 동등하다는 것을 잘 깨닫고 있는 존재다. 한마디로 자유주의적 개인주의는 강자의, 강자에 의한, 강자를 위한 철학적 교리라 할 수 있다.

(3) 공익과 사익

나는 특히 IMF 외환위기처럼 경제위기에 봉착할 때는, 모든 기업이 교회로부터 세일즈를 배워야 한다고 생각한다. 나는 오래전에 산보를 하다가 길에서 어느 교회에 속한 대형버스와 마주친 적이 있었다. 허나 딱 한 번 스쳐 지나며 보았을 뿐인데도, 나는 그 버스 옆구리에 터억 하니 붙어 있던 그 교회의 전화번호를 종내 잊지 못한다. 그 전화번호는 그저 ×××-0191이었다. 그러나 그 번호 옆에 괄호를 치고 큼지막하게 주석을 덧붙여 놓았다. 한마디로 '영혼구원'이었다. 지극히 간단했다. 내 자신 스스로가 죄 많은 영혼이라 그러하겠지만, 그 교회의 전화번호는 내 뇌리 속에 파편처럼 박혀 떠날 줄 모른다. 얼마나 강력히 우리의 영혼까지 사로잡는 선전문구인가. '예일 교회'라 써 붙인 큰 간판도 보았다. 나는 혹시 '하버드 교회'라도 하나 더 있을까 하고 주위를 두리번거렸다. 허나 그건 물론 예일대학 부설교회를 의미하는 게 아니라 '예수 제일교회'를 줄인 말에 불과했다.

이처럼 온갖 종류의 선전간판이 난무한다. 김규동은 〈하늘과 태양만이 남아 있는 도시〉라는 시에서 "간판이 커서 슬픈 거리여 빛깔이 짙어서 서글픈 도시여" 하고 읊은 적이 있다. 거리에 걸어둔 간판을 마냥 나무라기만 할 현실인가만, 그래도 속에서 우러나오는 엷은 신뢰의 흔적이라도 찾을 수 있어야 하지 않겠는가.

하물며 안내판의 경우는 어떨까. 도시든 시골이든지를 가리지 않고, 우리나라에서 가장 성의 있고 가장 믿을만하게 만들어진 안내판은, 목숨을 다루는 도로 표지판이 아니라 식당 안내 표지판이다. 이것이 문제다. 간첩이 침투해 암약하기 가장 힘든 나라가 대한민국이 아닐까 한다. 워낙 많은 게 시도 때도 없이 졸지에 바뀌는 데다가, 또 그런 변화무쌍함에 대한 소개나 안내가 또한 제멋대로니, 도대체 누가 무엇을 믿고 따를 수 있겠는가.

지금 우리나라 도로의 역사적 존재가치는 무엇일까?

한마디로 말해 우리의 도로는 우리 사회의 속성과 건강상태를 그대로 드러내 보여주는 것처럼 느껴진다. 요컨대 우리 사회의 체온계나 풍향계 같은 것이다. 나는 인간의 이기적 본성이 무엇인지 알고자 하면, 골치 아픈 철학서적을 뒤적거리지 말고, 대한민국의 도로에 차를 몰고 잠깐 나가보라고 권한다. 긴 이야기 필요 없이, 우리는 거기서 가장 적나라하고 상습적인 이기심의 화려한 혈투를 체험할 수 있다.

예컨대 옆 차선이 조금이라도 잘 빠지는 듯하면 잽싸게 그쪽으로 끼어 들었다가, 또 금세 다른 쪽으로 서커스하듯 내빼는 차량행렬은 지극히 흔히 보는 일이다. 그러나 자기는 마구 끼어 들면서도, 남이 부득이 하게 접어들고자 하면 어림도 없는 소리다. 어쨌든 천부적인 전투태세가 이미 강력히 완비되어 있다. 클랙슨 소리가 금세 폭죽처럼 터져 나온다. 그러나 그 차의 뒤 트렁크에는 '여유와 양보'라는 스티커가 점잖게 붙어 있다. 그러나 양보하는 법은 거의 찾아보기 힘들다. 예컨대 트럭은 철갑부대, 버스는 공수부대, 택시는 기동타격대인 듯하다. 그리고 오토바이는 나비처럼 날아서 벌처럼 쏜다. 일반 승용차는 대기만성형 저격병들이라고나 할까.

296

어차피 우리는 언제, 어디서, 어떤 차가 갑자기 자신에게 뛰어들어 비수(匕首)처럼 덮칠까 하는 불안이 꼬리를 물고 이어지는 숨막히는 흐름 속에 내던져진다. 우리는 확실히 '불확실성의 시대'를[67] 온몸으로 살고 있음에 틀림없다. 그 도로에서 우리는 인간에 대한 불신을 배우고, 또 갈고 닦는다. 과연 푸른 신호등을 믿고 길을 건너도 되는 것일까. 어찌 보면 무서운 일일 수 있다. 사실 수많은 익명(匿名)의 인간들이 각자 세련된 살인적 이기주의로 무장한 채 티격태격 무섭게 치닫고 있는 것이다.

그러나 문제는 여기서 끝나지 않는다. '도로 표지판'이 또 나선다.
참으로 신뢰하기 힘든 것 중의 하나가, 바로 이 도로에 붙어 있는 도로 표지판 아닐까 한다. 대단히 알아보기 힘들게 만들어지기도 했을 뿐만 아니라, 왕왕 지나치게 '자주적으로'(= 제멋대로) 쓰여진 게 적잖아, 모르는 길에서 골탕 먹기 일쑤다. 반면에 가장 믿을 수 있는 것은 도로 위의 식당 안내판이다. "오른쪽, 왼쪽, 어느 쪽으로 돌아서 몇 미터 정도 오면 무슨 식당이 보인다"는 안내판을 따라 차를 몰면 거의 틀림이 없다.

같은 목숨과 직결된 것이긴 하지만, 도로 표지판을 만들어 거는 사람은 대부분 그것과 아무런 이해관계를 갖지 않을 수 있다. 그걸 만들어 내다 걸기만 하면 더 이상 아무 상관이 없다. 그뿐이다. 하지만 식당 안내판은 그걸 내다 건 사람의 생사를 좌우하게 된다. 이를테면 도로 표지판은 공익(公益)을, 반면에 식당 안내판은 사익(私益)을 대변하는 것이다. 이런 관점에서 보면, 한국 국민은 공익과 관련된 일들은 무참할 정도로 가볍게 홀대하지만, 사익만은 임전태세 완비 정신

---

67) John Kenneth Galbraith, *The Age of Uncertainty*/박현채 & 김철환 공역, 《불확실성의 시대》(범우사, 1993)를 참조할 것. 존 케네스 갤브레이스는 20세기를 대표하는 저명한 경제학자이자 자유주의적 이상의 열렬한 옹호자로 알려져 있는데, 그는 현대를 '불확실성의 시대'라 규정한다.

으로 하등의 오차도 없이 철두철미하게 추구한다고 말할 수 있다.

옛 사람의 말은 틀림이 없다. "모든 사람의 재산은 어느 누구의 재산도 아니다"라는 해묵은 격언이 얼마나 애틋하게 맞아 들어가는가. 공기처럼 원래 모두가 공짜로 가질 수 있는 재산은 어느 누구도 값어치를 지닌 것으로 간주하지 않는 법이다. 하기야 우리는 값어치보다는 값, 요컨대 가치보다는 가격만을 따지는 일에 더욱 매달리는 존재들 아닌가.

인간사회에 이런 몹쓸 일이 자주 일어날 수 있음을 수천 년 전 고대 희랍의 아리스토텔레스도 이미 잘 깨닫고 있었다. 그는 《정치학》 속에서 이런 말을 하고 있다.

> 모든 자가 한 사람같이 동일한 것을 내 것이라 부르면, 그것은 훌륭한 것이겠지만 실행할 수는 없는 것이다. … 최대다수에 의해 공유되는 것은 가장 빈약한 취급을 받는다. 모든 자는 주로 자기 자신의 것을 생각하고, 공유물에는 별로 흥미를 갖지 않는다. 그러므로 그가 그 자신 개인으로서 관련될 때, 비로소 흥미와 이해를 갖게 되는 것이다. … 여하튼 누구나 남이 하여 주리라고 기대하는 임무는 소홀히 하는 경향이 있다. [68]

뿐만 아니라 근대에 들어와서도 영국의 사상가 토머스 홉스는 "만인에 대한 만인의 투쟁"이라는 용어까지 동원해가며 인간의 이기적 본성과 인간사회의 타락 가능성을 냉혹하게 따지고 들지 않았던가.

근래에 들어서도 가렛 하딘(Garrett Hardin)이나 일리노 오스트럼(Elinor Ostrom) 같은 학자들도 "공유의 비극"이란 표현을 사용해가며, 이런 문제에 대한 치열하고 흥미로운 연구업적들을 많이 내놓았다.

---

68) 아리스토텔레스 지음/이병길 & 최옥수 옮김, 《정치학》, 앞의 책, 46~47쪽 (제2권 3장).

　예컨대 '공유지(公有地)의 황폐화(荒廢化)' 문제를 떠올려 볼 수 있다. 모든 사람에게 같은 목초지에서 목축할 권리가 부여되어 있다면, 어느 누구도 그곳이 사유지였다면 당연히 행사했을 법한 자기 규제를 외면하게 된다는 것이다. 각 목장주는 자기가 기르고 있는 가축들로부터는 직접적 이익을 향유하지만, 자신의 가축과 다른 사람의 가축이 과잉으로 방목될 경우에는 공용 목초지의 고갈로 지속적 손실을 감수해야 한다. 그러나 과잉방목의 결과로 빚어지는 손실은 그 일부만 부담하면 되기 때문에, 자연스레 될 수 있는 대로 많은 가축들을 목초지에 내보내고자 한다. 그렇게 되면 방목되는 가축의 수효가 토지의 넓이에 비해 너무 많아지게 되고, 풀도 사라지게 된다.

　이러한 상황에 대해 하딘은 다음과 같은 결론을 내린다.

　　바로 여기에 비극이 있는 것이다. 각자는 제한된 영역에서 무제한으로 자신의 가축을 증대시키지 않을 수 없는 체계 속에 갇히게 된다. 공유지는 누구나 자유롭게 사용할 수 있다는 믿음 속에서 각자 자신의 최선의 이익만을 추구함으로써, 폐허화는 모두가 돌진해 들어가는 종착점이 되고 만다.[69]

　혹시 우리 사회는 지금 이 "폐허"를 향해 웃으며 돌진해 들어가고 있는 것은 아닌가? 폐허란 곧 공멸(共滅), 모두의 죽음을 의미한다.

　요즈음 우리 사회 속에는 서로 감싸 안는 인간적 화합의 몸짓이 아니라, 경쟁적 이기주의가 더욱 살인적으로 기승을 부리는 듯하다. 타인에 대한 차가운 증오와 자신에 대한 뜨거운 열애만이 가장 확실한 삶의 밑천인 것처럼 보이기도 한다. 대학 강의실에서조차 어느 학생이 현재 우리의 최대관심사는 '속도전'(速度戰)이라고 정직하게 고백하는 걸 들은 적도 있다. 말인즉슨 요즘 대부분의 대학생들은 어떻게

---

69) 일리노 오스트럼 지음/윤홍근 옮김, 《집합행동과 자치제도》(자유기업센터, 1999), 23쪽.

하면 남보다 '빨리' 대학을 졸업해서, 남보다 '빨리' 좋은 직장에 취직하고, 또 남보다 '빨리' 많은 돈을 벌 수 있겠는가 하는 것만을 고뇌한다는 말이다. 더더구나 세계화의 광풍(狂風)이 몰아치면서, 이기주의 역시 세계화하고 있다.

이런 현실에 대한 반발도 물론 만만치 않다. 의학적인 공세도 퍼부어지고 있다. 예컨대 《뇌내 혁명》이란 책으로 선풍을 불러일으킨 일본 의사 하루야마 시게오 같은 사람까지 나서서 이기주의를 질타한다. 그는 '활성 산소'를 유전자의 노화 및 질병으로의 길을 재촉하는 악성인자로 규정한다. 그런데 에고(ego)가 지나쳐 자기 이익만을 탐하는 이기주의가 극성을 부릴 때, 바로 이 활성산소가 대량으로 방출되어 명을 재촉하게 된다고 결연히 주장한다. 따라서 인간을 포함한 모든 생물체는 "개체로서가 아니라 종(種)으로서" 생명을 유지하지 않으면 안 된다고 촉구한 바 있다.[70] 이를테면 이기주의란 자신의 생명조차 거스르는, 반인간적이고 반인류적인 병폐라는 말인 것이다. 무서운 일이다. 하루야마 시게오의 이러한 주장은, — 물론 전혀 다른 맥락에서이긴 하지만 — 프롤레타리아 혁명의 궁극적 목표로서, "유적 존재(Gattungswesen)로의 인간의 회복"이라는 맑스의 신념과 흥미로운 유사성을 보인다.[71]

데이비드 흄은 그의 《인간 본성론》 속에서, "내 손가락의 생채기보다 전 세계의 파멸을 선택했다는 것이 이성(理性)과 상충되지 않는다"고 말하며, 인간의 이성적 의지에 내재하는 불변의 이기성을 숨기려 하지 않는다. 그렇지만 이러한 흄도 마냥 인간의 이기적 본성에만 안주할 수는 없었던 모양이다. 곧 이어서 그는 "내가 인디언이나 전혀 모르는 사람이 거의 불편(uneasiness)하지 않도록 하기 위해 나 자신의

70) 하루야마 시게오 지음/심정인 옮김, 《뇌내 혁명》 3권, 완결편(사람과 책, 1999), 51쪽.
71) Marx, "Zur Judenfrage", MEW 1, p.370 및 pp.367 이하도 참고할 것.

파산을 선택했다는 것" 역시 이성에 어긋나지 않는다고 술회할 수밖에 없었다.[72] 그러나 그는 자기의 조카보다는 자기 자식을 더 사랑하게 되는 것이 인간의 자연스러운 특성임을 잊지는 않는다. 우리 조상들도 "팔은 안으로 굽는다"고 설파하지 않았던가.

어쨌든 흄은 사람들에게 "어느 정도의 자기중심성(自己中心性)"은 허용한다. 왜냐하면 자기중심성이란 것이 인간의 본성과 분리될 수 없을 뿐만 아니라, 우리의 기질과 생리구조 속에 내재한다는 사실을 잘 알고 있었기 때문이다. 그러므로 그는 "인간으로서 자신과 거리가 먼 것과, 자신들의 특정 이익에 아무런 도움이 되지 않는 것 등에 진심으로 애착을 갖는 사람"이 드물다는 것뿐만 아니라, "자신의 이익과 대립되는 사람들을 용서하는 사람을 만나는 것" 역시 드물다는 사실을 잘 깨닫고 있었다. 이렇게 그는 이성(理性)과 정념(情念)의 갈등을 바라보았다.[73]

이 기회에 우리는 공익(公益)을 정의하는 세 가지 '학설'을 참고할 필요가 있다.[74]

첫째는 '다수 이익설'(Interests of Majority)로서, 한 사회의 구성원 중 다수에게 이로운 것이 공익이라는 입장이다. 예컨대 본질적인 민주주의 원칙으로서 기림받는 '다수결 제도' 등이 이에 근거한다. 그러나 이러한 수적인 기준만 가지고 공익을 규정하는 데는, '다수의 횡포'에서 잘 드러나듯이, 다수의 이익을 앞세운 나머지 소수나 약자의 권익이 무시되거나 손상될 수밖에 없는 커다란 위험이 따른다.

둘째는, '절대가치설'(Absolute Value) 또는 '자연법설'(Natural Law)

---

72) 데이비드 흄 지음/이준호 옮김, 《인간 본성에 관한 논고 2: 정념에 관하여》(서광사, 1996), 161쪽.

73) 데이비드 흄 지음/이준호 옮김, 《인간 본성에 관한 논고 3: 도덕에 관하여》(서광사, 1998), 154쪽.

74) 강영진, "공익과 사익", 〈월간 참여사회〉, 2002년 4월호.

이다. 요컨대 인류의 보편적 가치 또는 자연법상의 원칙을 공익의 기준으로 삼는 입장이다. 예컨대 자유와 평등, 생명존중, 환경보호 등 보편적 가치를 구현하는 것이 공익이라는 말이다. 그러나 절대가치나 자연법적 원칙은 타협하거나 포기할 수 없는 본질적 원칙이기 때문에, 그 구현을 위한 노력은 다분히 투쟁적일 수밖에 없다.

다른 한편 서로 다른 절대적 가치가 서로 충돌할 때, 가장 심각한 문제가 발생한다. 가령 그린벨트 문제의 경우, 환경을 중시하는 측에서는 그린벨트 해제를 반대하지만, 그러나 그 때문에 희생을 강요당해온 주민의 입장에서는 환경보호 이상으로 중요한 것이 평등권, 행복추구권 등이다. 이런 식으로 서로 충돌하는 두 절대적 가치의 어디쯤 공익이 존재하는지 가늠하기가 힘들어진다.

셋째, 이러한 '다수이익설'과 '절대가치설'의 한계를 극복하기 위해 제시된 것이 '균형협약설'이다. 말하자면 한 사회 내 여러 집단들의 다양한 이해관계가 조화롭게 균형을 이룬 상태(A negotiated Balance of Interests)가 공익이라는 것이다. 사회 각 집단의 대립되는 이해관계를 당사자간 직접협상 또는 사회적 조정과정을 거쳐 조화와 균형을 이루어나갈 수 있다는 발상인 것이다. 이러한 노력이 성공적으로 이루어질 경우, 공동체적 연대와 결속이 가능해질 수도 있다.

그러나 한 사회 안에서 이러한 노력이 성사되기 위해서는, 무엇보다도 자유주의의 기본가치이기도 한 '관용'(tolerance)의 정신이 확립되어야 한다. 그러나 이 관용은 합리적이고 이성적인 판단 및 자기규율을 요구하는, 따라서 사회의 문화적 발전수준이 높은 곳에서 기대할 수 있는 공적이고 개인적인 덕망이라 할 수 있다. 이런 의미에서 한국 사회는 수없이 '자유민주주의의 수호'가 반복적으로 절규되었지만, 여태 자유주의의 기본정신 하나 제대로 소화해내지 못하고 있는 딱한 처지에 놓여있다고 말할 수 있다.

바로 그러하기 때문에 우리에게는 오히려 보다 과격한 각오와 결단이 절실하다. 우리 민족은 원래 '과격한' 것을 숭상하지 않았던가. 오늘날 이른바 '좌파'의 자세를 아우르며 과격하다는 뜻으로 사용되는 영어 '래디칼'(radical)의 어원은 '뿌리째 파고든다'는 의미를 가진 '라딕스'(rādix)라는 라틴어다. 말하자면 뿌리까지 파고들어 속속들이 따지고 드는 단호한 태도를 일컫는 말이다. 우리에게도 옛적부터 이러한 '급진적' 정신이 전통처럼 살아 숨쉰다. 예컨대 '라딕스'의 정확한 번역어라 말할 수 있는 발본색원(拔本塞源)하는 정신이야말로 우리들의 고고한 자랑거리 아니었던가.

우리 인간은 언젠가는 함께 이 세계를 같이 떠날 수밖에 없는 같은 유한자(有限者)로서 서로 아끼고 도와야 한다. 더더구나 동일한 전통 속에서 동일한 언어를 사용하며 동일한 영토에서 더불어 함께 살아가는 같은 민족끼리라면, 더 이상 무슨 말을 덧붙일 필요가 있겠는가.

그러하니 공동체를 더불어 가꾸어나가는 애틋한 화해와 격려, 이 공동체가 그 뿌리를 드리우고 있는 우리의 자연에 대한 숭고한 사랑, 그리고 이러한 인간과 자연을 서로 따사로이 이어주는 푸근한 문화적 공감대를 이냥 넓혀나가야 한다. 언제면 우리의 도로 표지판이 식당 안내판처럼 정밀해질까.

아무튼 공동체 전체의 존립과 이익을 도모하기 위해서라면, 개인의 자유를 억제할 수도 있음은 "이성과 상충되지 않는다."75)

---

75) 데이비드 흄은 《인간 본성론》 속에서 "내 손가락의 생채기보다 전 세계의 파멸을 선택했다는 것이 이성과 상충되지 않는다"고 말한 적이 있다(앞의 각주 67 참고). 여기서 이 표현법을 따랐다.

제 8 장

소결: 대안을 모색하며

거시적으로 볼 때, 오늘날까지 인류의 정신세계를 지배해온 두 개의 전통적인 세계사적 흐름이 있다고 말할 수 있다. 그 하나는 헤브라이즘이고, 다른 하나는 헬레니즘이다.

지금까지 인류는 바로 이 두 개의 인간학적 관념에 의해 순환적으로 규정당해온 역사과정을 밟아왔다. 이를테면 고대희랍을 지배했던 헬레니즘적 인간(人間) 중심주의가 중세 로마시대에 오면 헤브라이즘적 신(神) 중심주의로 뒤바뀌었다가, 르네상스와 휴머니즘에 의해 서서히 열리기 시작한 근대 이후에 와서는 다시 합리주의 정신으로 무장한 인간 중심주의로 환원되었다는 말이다. 그리고 각각의 세계사적 전개과정중에, 우리 인류는 세 개의 상이한 국가유형을 체험했다. 요컨대 고대의 도시국가(Polis), 중세의 제국(Empire), 그리고 근대 이후의 민족국가(Nation-State)가 바로 그것이다.

르네상스 시대 처음으로 제기되었던 최초의 역사적 휴머니즘은 무엇보다 자연의 재발견과 더불어 신(神)으로부터 인간의 해방을 지향하였다. 그것은 존엄한 자율적 인간존재로의 회귀를 열망하는 인간적 몸부림의 표출이었던 것이다. 그것은 가히 인간에 대한 '지리상의 발견'이었다. 그러나 오늘날 형식적·이론적으로 선포되기만 한 인간 존엄성을 내용적·실천적으로 재충전하기 위한 새로운 휴머니즘 운동이 절실히 요구된다.

인간은 굶어죽지 않을 천부적 권리를 지니고 있다. 마찬가지로 우리 인간에게는 주위에 굶어죽어 가는 동료 인간이 있다면, 그들을 무조건 도와주어야 할 천부적 의무도 역시 주어져 있다. 이러한 천부적 권리와 의무의 수용, 이것이 바로 바람직한 인간적 연대의 기본원칙이라 할 수 있는 것이다.

그런데 우리의 이 '신(新) 휴머니즘', '공동체적 휴머니즘'은 근본적으로 도대체 어떠한 인간 또는 인간 집단의 인간화를 지향해야 할 것인가? 특수한 한국적 상황에서는 1차적으로 무엇보다 우리 사회의 근원적 모순인 계급문제 및 민족문제에 의해 가장 직접적으로 고통받는 인간집단의 해방(解放)을 지향하는 것이 순리다. 그리고 그를 토대로 하여 전체 한반도적 상황으로 매진하는 것이 바람직하다 할 수 있다. 요컨대 개체에서 출발하여 전체로 확산해나가는 인간화 전략이 현실적이라는 말이다.

오늘날 '혁명'이 유실된 틈새를 헤집고 신자유주의의 유령이 전 세계를 배회하고 있다. 이러한 현실세계에서 그래도 실현가능한 사회적 인간화의 구현수단으로 과연 무엇이 남아 있겠는가?

나는 우선 정치적 방안으로 '3생(生) 정치론'과 '제 2의 민주화운동'을, 그리고 사회경제적 대안으로서 복지국가 체제의 수립을 제창하는 바이다.

내가 이러한 복합적·중층적 차원의 대안모색에 집착하는 이유는, 특히 우리나라에서는 정치적 민주주의가 곧 바로 사회경제적 민주주의로 연결되지 못했을 뿐만 아니라 국가 복지의 제도화 수준이 낮아 "국가의 적극적 재창출"과 "정치의 공세적 이니셔티브"가 필수적으로 요청된다고 믿기 때문이다. 어느 학자 역시 그의 주목할 만한 저술, 《복지한국, 미래는 있는가》에서, 유사한 견해를 밝히고 있다. 그는 "무엇보다 빈곤과 사회경제적 불평등의 문제가 날로 심화되고 있는 오늘의 한국사회에서 정치의 방법을 최대한 활용하여 복지국가의 길을 개척해야 하는 것은 현실적 문제"라 강조한다.[1]

우리들 앞에는 해결을 촉구하는 수많은 문제들이 쌓여 있다. 그러나 문제의 영원한 해결은 있을 수 없다. 문제의 영원한 존속만 있을 뿐이다. 하나가 풀리면 또 하나의 새로운 문제가 그 뒤를 잇는 것이 인간사회의 생존 방정식이다. 이러한 관점에서 나는 모든 문제를 일거에 해결하고자 시도하는 총체적 거대담론이 아니라, 오늘날의 한국사회가 요구하는 지극히 '현실적'이라 판단되는 소박한 수준의 부분적 해결방안을 제시하고자 하는 것이다.

비가 올 가망이 없을 때는 '낙관적 신념을 불태우며' 마냥 하늘을 바라보고 기도하며 서 있기만 할 것이 아니라, 허리를 굽히고 자신의 발 아래 땅, 땅을 파야 한다.

---

1) 고세훈, 《복지한국, 미래는 있는가: 이해관계자 복지의 모색》(후마니타스, 2007), 27~28쪽, 383쪽을 참고할 것.

1. 3생(三生) 정치론

한국의 21세기는 '참여'(參與)와 '복지'(福祉)와 '통일'(統一)의 세기가 되어야 한다. 이런 의미에서 "시민참여와 국민복지 확대로 민족통일을!", 이것이야말로 우리의 세기적 구호가 되지 않으면 안 된다.

'시민참여의 확대'는 이를테면 정치적·사회적 평등의 확산을 의미한다. 국가나 지역 그리고 사회조직 등의 정치나 운영 등에 시민이 직접적으로 참여할 수 있는 기회를 확충함으로써 일상생활 자체를 민주화시켜 나가야 한다는 말이다.

다른 한편 지금까지의 경제정책은 성장 제일주의에 집중되었다. 그 과정 속에서 성장에 직접 기여했음에도 그 혜택으로부터는 배제되어 온 수많은 사회 저변계층이 양산되었다. 따라서 이들 상대적인 사회적 낙후계층을 위한 사회보장 및 복지의 확대가 절실히 요청된다. 이 문제는 단순히 장애인, 노령자, 실업자 등 사회구조적 소외집단에만 국한되는 것이 아니다. 빈부격차의 축소, 그에 따른 생활 및 소비문화의 불균형 극복 그리고 사회조직이나 기업 등에서의 남녀 권리와 소득 평준화 등이 동시에 요구되는 것임은 두말할 필요가 없다. 그것도 물론 국가의 시혜로서가 아니라 국가의 의무로서 행해져야 한다. 아울러 일반 교육이 통일지향적으로 개혁되어야 한다. 그리하여 민족적 적개심의 고양이나 민족통일에 역행하는 지역주의 등을 극복함으로써, '대결로부터 포용으로' 그리고 '대립으로부터 공존으로' 나아가는 새 시대를 열어야 할 것이다. 이를 통해 절약되는 군사비는 물론 사회복지 자원으로 충당되어야 한다.

이런 취지에서 '국민복지의 확대'란 이를테면 사회경제적 평등의 확충을 일컫는다. 그를 위해 예컨대 무주택자나 전세 입주자, 실업자와 중소상인, 노동자와 각종 사무직원 등의 사회적 연대기반으로서, 사회조합의 형태를 띤, 사회 저변계층의 다양한 자율적 민생기구의 창출이 활성화되어야 할 것이다.

다른 한편, 특히 우리나라에서는 통일의 개념과 본질에 관한 논의나 합의가 전혀 이루어지지 않은 상태에서 통일의 방안들만 난무하는 딱한 실정이 되풀이되고 있다. 통일의 본질과 기본원칙에 대해 서로 충분히 동의하는데도 제시되는 방법들만 달라지는지, 또는 서로 다른 통일의 모형을 염두에 두고 있기 때문에 방안들이 그토록 차이가 나는지 하는 것 등에 관해 거의 한 번도 구체적이고 본격적인 토론을 시도해본 적이 없다. 이런 의미에서 우리나라에서는 '통일의 방안'이 아니라 '방안의 통일'이 더욱 긴급한 과제라 하지 않을 수 없다. 지극히 복잡하고 난해할 수밖에 없는 문제지만, 거론된 김에 통일의 개념에 관해 간략하고 원론적인 문제제기 정도는 필요할 듯하다.

통일이란 우선 갈라진 영토와 민족의 재통합을 의미한다. 그것은 가능한 모든 차원에서 민족의 동질성을 회복하고 민족적 단합을 다시 이루어내며, 휴전선 철조망을 제거하고, 그 철책 언저리에 포진하고 있는 적대적 군사력을 철수시키며, 나아가서는 서로를 겨냥하고 있는 무기체계를 파기함을 뜻한다. 물론 여기에는 외국군과 핵무기의 철수도 당연히 포함된다. 따라서 통일은 의당 평화(平和)를 전제한다. 통일 없는 평화는 있을 수 없으며, 평화 없는 통일 또한 불가능하다. 그리고 통일은 상실된 민족적 자주성의 회복을 말한다. 분단이란 바로 외세의 논리이기 때문이다. 통일은 민주적 변혁을 가리킨다. 분단과 민주주의는 양립할 수 없기 때문이다.

통일이란 결국 민주주의와 자주성의 토대 위에 구축되는, 국토와 민족의 평화적 재통합을 의미한다. 따라서 민주주의와 자주화와 평화를 동시에 그리고 가장 확실히 보장해줄 수 있는 통일방안만이, 모든 민족구성원이 동의하고 수용할 수 있는 것임은 자명하다.

한마디로 말해 우리는 이 21세기에 시민참여와 국민복지 확대로 축적되는 단합된 결속력을 바탕으로 하여 민족통일을 추진해야 한다. 그리고 이것이 현재 우리에게 주어진 역사적 과제임은 물론이다.

이러한 역사적 과업을 효율적이고 성공적으로 수행하기 위해 나는 이른바 3생 정치(三生政治)를 간곡히 제안하는 바이다. 한마디로 그것은 '생산(生産)의 정치(政治)', '생명(生命)의 행정(行政)', '생활(生活)의 자치(自治)'를 일컫는다. 그리고 이것은 기본적으로 우리의 '신휴머니즘' 토착화에 필요한 사회적 토양을 마련할 것이다.

첫째, '생산의 정치'란 요컨대 한국인의 부정적 결함이라 지적받기도 한 우리의 민족적 특성들을 긍정적 차원으로 승화시킴으로써 변증법적 발전을 쟁취해내는 정치를 의미한다.

흔히 한국민족의 특수성으로, ① 높은 교육열과 그에서 비롯하는 고급지식인의 풍부함, ② 통일된 언어를 소유한 단일민족의 결속력, ③ 순교(殉敎)도 두려워하지 않는 고도의 신앙심과 민족적 종교 취향, ④ 주위열강의 끝없는 침탈 탓으로 닦인 불굴의 저항의식과 항거정신 등을 꼽는다.

그러나 우리는 문제점으로 작용하기도 했던 이러한 특성을 본질적으로 뒤바꾸어야 한다. 이를테면 첫째, 풍부한 사회적 지식과 뛰어난 교육열을 선용하여, 살아남기 위해 발버둥치는 급박한 생존경쟁이 아니라, 더불어 함께 살아가는 문화적 삶의 질 향상을 위한 지성적 공동 노력을 전개해나가고, 둘째, 단일민족의 강력한 결속력을 활용하여, 민족구성원 상호간의 연대 및 평등실현에 박차를 가하는 끈질긴 응집력을 키워나가며, 셋째, 추상적 관념에 바치는 순교정신을, 현실사회의 구체적 정의를 확립하기 위한 결연한 헌신의지(獻身意志)로 전환시키며, 넷째, 전통적인 우리 민족의 불굴의 저항정신을 이러한 과업들을 끈기 있게 추진하는 굽힐 줄 모르는 원동력으로 만들어나가야 한다는 말이다.

둘째, '생명의 행정'이란 환경친화적 정책집행을 추구하는 공적 자세를 일컫는다.

우리는 자연 속에서 태어나고 자연 속에서 살고 있다. 지금 이 순간에도 우리 인간은 자연 속에 있고 자연은 우리 가운데 있다. 그리고 어느 날 우리는 다시 그리로 돌아갈 것이다. 자연 속에 우리 인간이 있듯이 우리 인간 안에 자연이 있으며, 자연과 인간이 둘이 아니고 곧 하나임을 자연스럽게 깨달아야 할 것이다. 그리하여 자연은 인간적이어야 하고, 인간은 또 자연적이어야 할 것이다. 자연과 인간은 생명공동체이기 때문에, '자연을 인간답게, 그리고 인간을 자연스럽게', 이것이 우리의 삶의 구호가 되어야 하지 않겠는가.

가까운 일만 하더라도 성수대교나 삼풍백화점의 붕괴, 북한주민의 굶주림, 그리고 IMF 외환위기 등, 우리는 많은 몹쓸 일들을 겪으며 살고 있다.

그러나 자연이 우리에게 보여주듯이, 썩은 풀숲에서 여름밤을 밝히는 반딧불이 나오고 더러운 흙 속에 살던 굼벵이가 자라 가을바람에 이슬 마시는 매미가 되는 것처럼, 그리고 진흙탕 속에서 연꽃이 피는 것처럼, 진실로 깨끗한 것은 언제나 더러운 것으로부터 나오고, 밝음 또한 언제나 어두움에서 비롯하는 것이다. 방향성(芳香性) 식물은 성장하는 동안에는 향기를 내지 않는다. 하지만 이윽고 땅 위에서 짓밟히고 으깨어지면 달콤한 향기를 사방에 흩날린다.

그러므로 비리와 부조리를 잘 퇴치함으로써 더욱 더 밝고 깨끗한 세상을 만들어나가는 것, 이것이 보다 중요하고 바람직한 일이 아니겠는가. 요컨대 걸림돌을 디딤돌로 만들어나가는 지혜 같은 것을 우리는 자연으로부터 얻을 수 있다는 말이다. 햇빛 비치는 좋은 날씨만 계속되면 모든 게 사막으로 변한다. 휘몰아치는 거센 비바람이 있기에 새싹이 돋아나지 않는가. 예컨대 사회내부에 모순이나 분규가 발생할 때, 그러한 병리현상(病理現象)의 출현을 그러한 문제점들을 신속히 극복함으로써 사회의 건강성 회복에 매진하라는 '사회적 자연'의 자연스러운 요청이요 경고로 받아들이는 실천론적 행정을 추진하는 것이, 우리에게 보다 바람직하다고 말할 수 있다.

요컨대 인간은 모름지기 자연의 자연스러운 산물로 살아가야 할 것이다. 인간이란 어차피 자연에서 와서 더불어 자연으로 되돌아갈 피붙이 공동운명체 아닌가. 부귀한 사람도 빈천한 사람도 언젠가는 모두 자연으로 돌아간다. 이런 의미에서 흙이 되기는 매일반일 터임에도 불구하고, 조그만 눈앞의 이익을 탐해 허망한 싸움을 그칠 줄 모르는 국민들을 국가적으로 계도하는 행정적 계몽주의 정신이 우리에게 절실히 필요한 것이다.

어리석은 자는 자연을 섬기고, 경박한 자는 자연을 짓부수며, 지혜로운 자는 자연에서 배울 터이다. 이를테면 자연친화적 노력을 통해, 힘을 사랑하는 국민이 아니라 사랑의 힘을 가진 국민으로 이끌어 나가는 관료적 노력이 바로 '생명의 행정'인 것이다.

셋째, '생활의 자치'란 시민의 일상적 삶을 통제하는 기본업무들을, 시민의 직접적 동참(同參)을 통해 규제하고 관리하는 행정질서를 확립해나가는 정치적 태도를 의미한다. 예컨대 자치지역 내부의 교통망 형성 및 교통체계 수립, 도로건설, 공원조성, 양로원 등 사회보장기구, 상가, 병원 및 학교단지 설립, 환경보호상태 점검 등에 관련된 제반사항에 대한 심의 및 결정권을 주민들에게 자율적으로 위임할 수 있어야 한다. 이는 직접민주주의의 확장을 위해서도 절실히 요망되는 사항이다.

어쨌든 때때로 결함으로 작용하기도 했던 이러한 한국인의 민족적 특성을 어떻게 발전적이며 미래지향적으로 전환시켜나갈 것인가, 아울러 자연친화적 노력과 시민의 자율적인 정치참여의 폭을 어떻게 심화시켜 나갈 것인가, 그리하여 궁극적으로는 세계사적 진보에 어떻게 공헌할 것인가 하는 것이 이 시대에 임하는 우리의 과업과 다짐이 되

어야 할 것이다. 그러나 우리가 걸어가야 할 그 힘겨운 역사의 험로
(險路)에서 우리에게 무엇보다 절실히 요구되는 것은, 한마디로 동료
시민 상호간의 인간적 '연대'(連帶)라 할 수 있다.

312

2. '제2의 민주화운동'을 위하여

21세기는 황인종이 지배할 시대가 되리라는 게 나의 억측성 지론이다. 이러한 나의 믿음은 '기술적' 측면과 '철학적' 배경, 두 개의 요인에 연유한다.

지금까지 이 세계는 거함(巨艦), 거포(巨砲)주의 등, '거대한 것'을 잘 만드는 부류에 의해 지배당해온 셈이다. 그러나 앞으로의 세계는, '정보화' 등에서도 드러나듯이, '정교한 것'을 잘 만들어내는 종족이 지배하게 되리라 예측된다.

태어나서 죽을 때까지 예컨대 젓가락을 사용하는 민족들의 손재주는 가히 환상적이라 할 수 있다. 이런 면에서 백인들은 이들 동양인을 결코 따라잡을 수 없다. 기능 올림픽에 나가면, 우리나라 선수들이 메달을 독차지하고 돌아오지 않던가. 그리고 컴퓨터만 하더라도, 미국이 일본에 쩔쩔매고 있는 현실 아닌가. 이것이 첫 번째 '기술적' 측면이다.

소소한 나의 개인적 경험에 비추어 볼 때도, 미국은 '확대지향성'을 추구하는 나라인 듯한 인상을 받았다. 거창한 크기의 규모에만 매달리다보니, 그것을 정교하고 치밀한 알짜로는 채우지 못해, 허전하고 허황한 느낌을 줄 때가 드물지 않다.

이러한 미국적 경향은 가령 일본의 '축소지향성'과 멋들어지게 대비되기도 한다. 예컨대 세계적 평화운동가며 재기발랄한 이론가이기도 한 노르웨이의 요한 갈퉁은, 어느 강연에서 이런 말을 한 적이 있다. "만일 일본이 핵무기 제조허가를 받게 된다면, 일본은 틀림없이 '포켓용 핵무기'를 단숨에 만들어낼 것"이라고.

둘째로 우리 동양인은 고래로부터 음풍농월(吟風弄月)이니, 죽림칠현(竹林七賢)이니 하며, 자연과 벗삼고 자연에 동화하고자 하는 삶의 자세를 즐기고 또 높이 기려온 전통을 지니고 있다.

우리는 소풍을 가더라도 흔히 '자연을 벗삼는다'는 말투를 즐겨 덧붙인다. 그 말 속에는 물론 자연을 즐기면서도 자연을 가까운 벗처럼 생각하는 우리들의 손때묻은 인간적 겸허함이 깃들여 있다.

자연을 벗삼는다는 것은 특히 우리 동양인의 오래된 생활전통이기도 하다. 그러니 자연을 순수한 정복의 대상으로 삼아 마구잡이로 쳐빼앗어 들어가는 것보다는, 오히려 자연과 동화하고 자연을 닮아가려는 몸짓이 우리들에게는 더욱 친근한 것이었다. 그러므로 서양인들처럼 자연을 갈아엎거나 자연과 전쟁을 벌여나가는 게 아니라, 자연 속에서 노니는 온유한 음풍농월이 우리네 본연의 삶의 흔적이었노라 이를 수 있다.

자연을 향해 삿대질하기보다는 자연으로부터 무언가를 배우고자 했던 것이, 우리 옛 어른들의 기특하고 갸륵한 마음가짐이었던 것이다. 그로 인해 우리는 물론 이른바 근대적 과학문명을 뒤늦게 밟아나감으로써, 자연과 싸움질하는 데 익숙했던 '앞선' 자들로부터 억눌리고 노략질 당하는 아픈 세월을 겪기도 했다. 그리고 지금도 그 상흔(傷痕)을 짊어진 채 후유증에 시달리고 있기도 하다.

장자(莊子) 선생처럼 풀이하면, 소의 코를 자연이라 이른다면, 이 코를 꿰뚫고 있는 코뚜레를 문화나 문명이라 일컬을 수 있다. 이렇게 본다면 서양인은 오히려 자신들의 코에 열심히 그리고 성공적으로 코뚜레를 만들어 걸고 그것에 질질 끌려 다녀온 존재라 할 수도 있지 않을까. 서양은 과연 앞서가고 있는가?

지금 세계는 바야흐로 '지구를 살리자!'느니, '자연을 보호하자'는 등의 구호를 전면에 내세우며 몸부림치고 있다. 우리 동양인은 그저 우리의 피 속에 녹아들어 있는, 자연에 대한 자연스러운 동경과 애정을 다시 불 지피기만 하면 된다.

이것이 21세기가 황인종이 지배할 시대가 되리라는 두 번째 '철학적' 이유다.

이러한 시대가 도래하면, 전 세계의 인류가 백인, 특히 미국의 지배에서 벗어나서, 자유롭게 자연을 벗삼으며 평화로운 삶을 향유할 수 있는, 복된 화해와 공생의 세계가 열리리라 짐작된다.

― 한국적 삶의 현주소

그러나 전환기의 특성일지, 그렇지 않으면 우리 사회의 오래된 고질(痼疾)일지는 보다 더 깊숙이 따져보아야 할 일이지마는, 하여간 우리가 지금 '이중성의 시대'에 살고 있는 것만은 분명한 것 같다.

우리나라에서는 속으로는 곪아터지고 있으면서도 겉으로는 화려함의 극치를 달리는 삶의 정경들이 얼마나 흔한 일인가. 예컨대 삼풍백화점이나 성수대교가 겉이 허술해서 무너져 내렸던가. 삼풍백화점의 겉모습은 파리에 내다놓아도 전혀 손색이 없을 정도로 멋들어졌고, 뿐만 아니라 부유한 사람들이 모여 사는 강남 한가운데 늠름하게 버티고 서 있었지만 속절없이 무너져 내렸다.

부자는 '맨션'에 살고 가난뱅이는 '맨손'으로 살며, 부유한 사람은 '개소주'를 마시지만 가난한 사람은 '깡 소주'를 마신다. 그리고 돈 많은 사람은 매일 '소고기 조림'을 먹을 수 있지만, 빈털터리는 '소고기 라면' 정도도 힘들다. 이처럼 지폐로 중무장한 백전불굴의 '총력 전진파'들 사이에서 기합 든 상태로 낮은 포복의 미덕만 숨가쁘게 배워온 사람들이 있다. 유일하게 강력한 것을 가지고 있다면 무기력(無氣力)밖에 없고, 하다 못해 내세울 게 있다면 질박한 몸가짐과 투박한 말투밖에 없는 사람들, 이를테면 보살펴줄 사람이 없는 탓에 스스로 보살필 수밖에 없는 '허드렛 사람들', 이들이 바로 그 사람들이다. 온갖 더러운 오물들을 말끔히 세척해내고는 스스로 허드렛물로 전락하는 깨끗한 물처럼 살아가는 사람들, 이들은 사실 낙타들이다. 이를테면 항상 무릎 꿇고 무거운 짐 실을 채비를 언제나 차리고 있어야 하는 인간 낙타들인 것이다.

가령 어느 TV에서 방영하는 〈전국 노래자랑〉이라는 프로그램에서는 이들이 살아가는 모습의 한 자락을 흥미롭게 엿볼 수 있다.

이 가설무대에는 오랜만에 읍내 미용실에라도 다녀왔음직한 농부의 아내도 출연하고, 일터에서 잠시 나들이 나온 듯한 더벅머리 총각도 나타난다. 이곳에는 몸으로 부딪치며 사는 사람들이 몸으로 부르는 노래와 춤이 있다. 무말랭이처럼 볼품없고 괄시받는 사람들끼리 한데 어울려 서로의 처지와 형편에 맞게 애환을 나누고 달래기 위해 그들은 강제동원도 없고 막걸리 선심공세도 있을 턱이 없는데 말없이 이곳으로 백사장(白沙場)처럼 모여든다.

그런데 이들은 과연 누구인가?

사실 이 허드렛 사람들이야말로 밤낮을 가리지 않고 우리에게 입을 것, 먹을 것을 장만해주기 위해 묵묵히 땀흘리는 사람들이다. 그러면서도 거드름 피우지 않고 공장에서건 들판에서건 과묵한 소처럼 자신의 일에만 매달리는 사람들, 바로 우리 사회를 지탱하고 이끌어 가는 원동력을 제공하는 사람들인 것이다. 혹시 부자의 쾌락은 이러한 허드렛 사람의 눈물로 만들어지는 것은 아닐지 ….

하지만 정부당국은 우리를 먹여 살리는 이러한 허드렛 사람들의 수고에 보답하고 그들을 위로하기 위해 한 번쯤이라도 정책적 배려를 아끼지 않은 적이 있었던가. 우리의 삶과 우리가 누리는 번영을 가능케 해주는 이 소박한 허드렛 인간들의 노고에 머리 숙여 감사하기 위해 농촌 구석구석이나 노동현장 곳곳에 단 한 번만이라도, 가령 '문화 위문단' 같은 것을 파견할 생각을 해본 적이 있었던가.

하나 이른바 '일선장병 위문 공연단' 같은 것은 빠짐없이 만들어지지 않았던가. 아울러 부유층이나 특권층을 위해서라면 정부당국뿐만 아니라 막강한 사회단체들이 수억 원 정도 뿌리는 것쯤은 예사로 여긴다. 그래서 로열 발레단이나 베를린 필하모니도 불려온다. 그리고 '노동자 천국'이라던 구소련에서 볼쇼이 오페라단을 모셔오기도 한다. 하나 이 모든 게 우리 허드렛 무리들에게는 진열장 속의 보석에 지나지

316

않을 뿐이다.

지금껏 정부가 바뀌어도 허드렛 사람들은 바뀌지 않았고, 다만 그들의 주인만 바뀔 뿐이었다.

뿐만 아니라 '방귀 낀 놈이 성내듯', 스스로 폭로당해도 시원찮을 정치인들이 오히려 앞장서서 여가를 즐기듯이 폭로를 일삼고 있기도 하다. 폭로정치가 마치 양심선언처럼 유행한다. 이를테면 폭로하는 쪽은 티끌 하나 묻지 않은 성스러운 순국열사처럼 으스대는 것이다. 이처럼 위선(僞善)의 정치가 횡행한다. 모든 정치인들이 다 위선 경쟁이라도 벌이는 듯하다. 겉으로 하는 말로만 보면 모두가 청렴결백한 애국자들이다. 그러나 밖으로 드러나는 행위는 전혀 딴판이다. 오죽 했으면 예로부터 '언행일치'(言行一致)를 역설했을까. 한마디로 '빛 좋은 개살구'형 정치인들만 우글거릴 뿐이다. 이러한 위선의 정치는 곧장 독선(獨善)의 정치로 탈바꿈한다. 자신과 다른 진영에 속해 있는 사람들만을 오로지 불순세력이며, 협잡꾼이며, 기회주의자며, 위장 통일론자라 규탄할 따름이다.

특히 이러한 이중성(二重性)이 자신의 가장 날카로운 면모를 가장 극적으로 자랑하는 곳은 뭐니뭐니 해도 남북한 관계를 바라보는 정치권의 시각일 것이다.

우선, 한국사회에는 현재 '냉전'적 기류와 '탈냉전'의 흐름이 뒤섞여 나타나고 있다. 첫째, 남북 정상회담을 거치긴 했지만, 한편으로는 북한을 한민족의 일원으로 '포용'해야 함을 역설하면서도, 다른 한편으로는 서슬 푸른 국가보안법을 존속시킴으로써 북한을 아직껏 '민족적 적(敵)'으로 규탄하는 구태의연함에서 벗어나지 못하고 있다.

둘째, 정치권에서는 기회 있을 때마다 북한에 대한 남한체제의 우월성과 자신감을 강조하면서도, 동시에 북한에 대한 두려움이나 열등감을 버리지 못하고 있는 것처럼 보인다. 바로 이러한 이중성으로부터 한편으로는 은밀히(또 때로는 공공연히) '흡수통일'에 대한 강한 애착을 드러내 보이면서도, 또 다른 한편으로는 북한에 의한 '적화(赤化)통일' 가능성을 끝없이 설파하는 모순이 생겨나는 것은 아닐까?

이러한 상황에 이른바 개혁지향 세력과 수구세력이 물리적으로 뒤엉켜 아귀다툼을 벌이다가 결국은 개혁(改革)을 물거품처럼 좌초(坐礁)시키고 말았다.

지금 우리 사회가 안고 있는 최대모순의 하나는 상호 인간적 연대에 깊숙이 자리잡은 공동체의식과, 상호 불평등에 튼튼히 터를 잡은 위계질서(位階秩序)가 공존한다는 사실이다. 예컨대 한 고향 사람이라든가 같은 학교 출신은 우대받지만, 특정집단 내부에서의 상하차별은 지극히 엄중하다. 말하자면 우리 사회에는 '이웃사촌'과 '쌍놈'이 더불어 살고 있다는 말이다.

이 위계질서는 국가의 관료제도뿐만 아니라, 기업, 공장, 교육기관 등 사회의 모든 분야에 속속들이 그 뿌리를 드리우고 있다. 이 동맥경화증 같은 위계질서는 사회구성원간의 결속력 있는 교류를 뿌리째 뒤흔들어놓는 사회분열의 진원지 구실을 할 뿐만 아니라, 사회적 불평등을 끊임없이 재생산해내는 기본 바탕이 된다. 결과적으로 사회적 적대감이 강화된다. 그러므로 보다 많은 인간화(人間化)와 보다 많은 민주화(民主化)가 절실히 요구될 수밖에 없다.

그러나 대한민국에서는 한마디로 '울타리 정치론'이 통용된다.

말하자면 자신이 속해 있는 조직의 '울타리' 밖에서는 민주주의가 거들먹거려지지만, 그 '울타리' 안에서는 비민주주의, 권위주의, 위계질서가 성행하고 있다는 말이다. '울타리' 안팎이 이를테면 표리부동(表裏不同), 즉 겉과 속이 다르다는 얘기다. 예컨대 노동자들은 자신의 조직 울타리 '밖'에서는 '심지어' 최고 통수권자인 대통령까지 직접 뽑을 수 있는 장엄한 권리를 향유하지만, 공장이나 기업체 안에서는 아무런 발언권도 없다. 자신의 임금결정이나 노동조건 개선 등 최소한의 기본적 복지문제에 대해서도 거의 상명하복(上命下服) 식의 통제에 따라야 한다. 자율권이 없다. 사무직원들도 크게 다를 바 없다. 대학생들도 마찬가지다.

이를테면 노동자, 사무직원, 대학생, 공무원 등 주요 사회조직 및 단체 구성원들은 자신의 조직 울타리 '밖'에서는 '심지어' 대통령까지 직접 뽑을 수 있는 권리를 향유하지만, 그 울타리 '안'에서는 자신의 운명을 직접 결정할 수 있는 권리를 거의 갖지 못하고 있는 형편이라는 말이다.

― 자유민주주의와 시장경제체제

한마디로 민주주의란 인민의 직접지배를 의미한다.

그러나 자유민주주의는 과연 스스로가 이론적으로 표방하는 '인민주권론'에 충실한가? 자유민주주의는 오직 대의정부(representative government)에만 집착한다. 모리스 뒤베르제의 적절한 지적처럼 "인민에 의한 인민의 통치"는 실질적으로는 "인민으로부터 나온 엘리트에 의한 인민의 통치"에 지나지 않는 것이다.[2] 이러한 엘리트, 즉 국민의 대표는 입법활동 등에서 단지 간접적으로만 유권자, 즉 국민의 통제를 받는다. 그러나 국민 자신이 아니라 이미 만들어져 있는, 그리고 그것도 선택의 범위가 대단히 비좁은 몇 개의 정당들이 이러한 국민의 대표자들을 미리 선발하고 이들의 활동을 통제한다. 그렇다면 자유민주주의는 왜 이런 대의제도(代議制度)를 고수하는가?

대의제도를 정당화하는 자유민주주의의 전통적 논리는 핵심적으로 보아 두 개가 있다. 첫째, 자유민주주의는 결코 직접민주주의를 원칙적으로 거부하지는 않는다. 그러나 직접민주주의는 현재의 민족국가

---

2) Arblaster, 앞의 책, p.328에서 재인용.

적 규모로 볼 때, 그 실행이 거의 불가능하다. 그러므로 직접민주주의의 이상을 충실히 살려내면서 현실적으로 실행 가능한 제도는 대의제도밖에 없다. 둘째, 대의제도는 직접 민주주의적 제도들보다 오히려 자유의 가치를 더 잘 지키고 더 잘 이행할 것이다. 왜냐하면 일반 민중은 즉흥적이고 변덕스러울 뿐만 아니라 국가사업의 수행에 필요한 충분한 지식을 가지고 있지 못하기 때문에 그들에게 결정권을 위임한다는 것은 위험한 일이다. 따라서 그러한 일에 필요한 전문적 자질과 능력을 갖춘 사람들이 일반 민중을 대신해 그것을 떠맡지 않으면 안 된다. 대체로 이러한 논리들이 대의제도를 옹호하는 전형적 논거로 활용된다.

그러나 앤드류 레빈은 여기서 흥미로운 반론을 제기하고 있다.[3]

그는 자유민주주의가 대의제를 채택할 수밖에 없는 이유는 사실은 자유민주주 자체의 본성에 기인한다고 본다. 즉, 자유민주주의의 고유영역은 자유주의가 지향하는 사적 영역, 곧 시민사회다. 그러므로 이 시민사회에서 자유로운 개인의 행동공간과 자기성취 가능성을 넓혀 나가기 위해서는, 공적 영역, 곧 국가의 간섭과 개입을 가능한 물리치는 것이 필요하다. 다른 말로 하면 국가를 위해 소모되는 사회의 역량을 최소화함으로써 자유민주주의의 본바탕, 즉 개인적 자유의 신장에 충실해지기 위해서는 정치적 통치과정에 대한 시민의 참여가 극소화되는 것이 바람직하다. 왜냐하면 국민의 직접통치가 확대된다면 국가는 불필요하게 팽창할 것이고, 그에 따라 개인의 사적 목표추구는 그만큼 힘들어지기 때문이다.

이러한 의미에서 대의제도는 한편으로는 국민의 직접 참여를 최소화하면서, 다른 한편으로는 자신들이 직접 선출한 사람들에게 통치를 맡김으로써 민주적 통제의 취지도 살릴 수 있는, "두 개의 긴급을 요하는 문제에 대한 최선의 해결책"으로 등장하는 것이다. 곧 대의제도

---

3) 이에 대해서는 Andrew Levine, *Liberal Democracy: A Critique of Its Theory* (Columbia University Press, 1981), chap. 8, 특히 pp. 144~145를 볼 것.

320

는 자유민주주의의 두 개의 요청, 즉 시민적 정치참여의 최소화와 그
럼에도 불구하고 민주적 통제의 필요성을 동시에 충족시키는 효율적
방안인 것이다. 그러므로 이 대의제도는 자유주의와 민주주의 사이의
이론적 긴장을 실천적으로 해소하는 데 큰 몫을 떠맡는다. 말하자면
인민주권과 인민의 직접통치라는 민주주의의 추상적인 '이론적' 요청
은 대의제도라는 자유주의의 '실천적' 응답 속으로, 다시 말해 통치제
도의 성격과 기능에 관한 실용적 문제 속으로 파묻히기 때문이다.

민주주의는 대의제도에 의해 고작 정부선출의 메커니즘으로만 이해
되게 되었다.[4] 대의제는 곧 민주주의에 대한 자유주의의 승리인 것이
다. 요컨대 민주주의는 자유민주주의의 목적이 아니라 수단에 지나지
않게 되었다.

물론 자유민주주의의 자본주의적 속성으로 말미암아 불가피한 것이
긴 하겠지만, 이러한 대의제도는 부를 장악한 사회적 특권계층으로
하여금 실질적으로 권력을 행사하고 권력을 통제하도록 조장한다. 미
국의 정치학자 린드브롬은 맑스주의자가 아니면서도 자본가가 어떻게

---

4) 대의제도에 의한 민주주의의 질적 '전락'(轉落)에 대해서는 특히 맥퍼슨이 날
카로운 공격을 퍼붓고 있다. 그는 변질된 현대적 민주주의의 부정적 실상을
다음과 같이 묘파해낸다. "첫째, 민주주의는 특정적인 사회나 일련의 도덕적
목표가 아니라, 단순히 정부를 선택하고 그에 권위를 부여하는 메커니즘에
지나지 않는다. 둘째, 그 메커니즘은 다음 선거 때까지 그들에게 지배의 자격
을 부여하는 투표를 위해 정당에 늘어선, 둘 혹은 그 이상의 스스로 뽑힌 일
련의 정치인들(엘리트) 사이의 경쟁으로 이루어진다"(C. B. Macpherson,
The Life and Times of Liberal Democracy, Oxford University Press, 1977,
p. 78); 예컨대 립셋은 전형적으로 민주주의를 정부의 체제, 더 좁게는 정부
선출의 제도로 이해하는 부류의 대표격이다. 그는 민주주의를 다음과 같이
정의한다. "복합 사회의 민주주의는 통치 관료의 선출을 위해 통상적인 제도
적 기회를 제공하는 정치체제, 그리고 가능한 주민의 최대다수로 하여금, 정
치적 직책을 쟁취하기 위해 애쓰는 경쟁자 가운데서 누군가를 선택하게 함으
로써, 주요 결정에 영향력을 발휘하도록 허용하는 사회적 메커니즘이라 정의
할 수 있다"(S. M. Lipset, *Political Man*, Heinemann, 1960, p. 45). 이른바
이러한 '자유주의적 수정주의자'(*liberal revisionist*)의 이론적 입장에 관해서는
Arblaster, 앞의 책, pp. 326~332를 참고할 것.

자유민주주의 체제 밑에서 "특권"을 누리게 되는가 하는 문제를 설득력 있게 파헤치고 있다.

우선 그는 자본가 또는 기업가가 전체 사회의 공공복지에 중대한 의미를 지니고 있는 사회적 생산과 분배의 주요부분 — 예컨대 일자리, 가격, 생산, 성장, 생활수준, 경제적 안정 등 — 에 대한 결정권을 장악하고 있다고 본다. 그러므로 정부의 주임무는 이 기업가들이 그들의 업무를 효율적으로 수행할 수 있도록 빈틈없이 지원하는 데 있다. 린드브롬은 이렇게 말한다.

> 인플레이션과 실업문제의 극복에 대한 정부의 책임은 선거의 주요 쟁점이 된다…. 그래서 정부관리의 눈에는 기업가가, 이익집단의 대표자가 그러한 것처럼, 단순히 특수이해의 대변자처럼 보이지 않는다. 그들은 정부관리가 필수 불가결하다고 간주하는 기능을 수행하는 기능인으로 나타난다. 정부관리가 기업이 조세감면을 필요로 하는지 아닌지를 스스로에게 물어볼 때, 그는 주민의 한 조그만 부분에 대한 호의가 아니라, 전체 사회의 복지에 관한 물음을 던지고 있는 것이다. … 그의 직책이 제기하는 요구와 시장경제체제가 기업가에게 던지는 책임을 이해하는 정부관리라면 당연히 기업가들에게 특권적 지위를 인정할 것이다. … 그는 시장경제체제의 공공업무가 서로 협력을 아끼지 말아야 하는 정부와 기업, 두 지도그룹의 손에 놓여 있다는 것, 그리고 이 체제를 움직이게 하기 위해서는 정부의 지도력이 자주 기업의 리더십에 양보해야 한다는 것을 명백히 이해하고 있다.[5]

---

5) Charles Lindblom, *Politics and Markets* (New York: Basic Books, 1977), pp. 173, 175; 참고적으로 말해 린드브롬은 '특권'(*privilege*)을 일반 민주주의론에서와는 달리 부당한 것으로 간주하지는 않는다. 그는 특권을 대략 "특별한 이익, 이득, 혹은 호의로 승인된 권리 또는 면책", 그리고 "특수한 상황으로 인해 일반적 규칙과 벌책에 종속되지 않는" 그러한 상태로 이해한다(p. 172). 국가가 주로 사회의 부유계층과 권력층의 이해관계에만 봉사한다는 관점을 보기 위해서는 Richard C. Edwards, Michael Reich, & Thomas E. Weisskopf (ed.), *The Capitalist System*, 2nd ed. (Englewood

322

기업가는 정부의 필수적인 협력자일 뿐 아니라, 경우에 따라서는 정부의 권위를 뛰어넘는 권력행사의 실질적 주체로까지 등장한다. 뿐만 아니다. 사회의 여론형성에 결정적 의미를 지니는 언론방송매체 역시 바로 이들 기업가들의 수중에 놓여 있다. 그를 통해 자신들의 이해관계와 또 그것을 지원하는 세력들의 입장이 대대적으로 또 교묘하게 홍보·선전된다. 기업가가 이러한 막중한 사회적 특권과 영향력을 걸머지고 있기 때문에 정치인이나 정당은 이들을 결코 소홀히 할 수 없다. 그들 또한 기업가의 충실한 대변자로 자리잡는다. 이러한 상황에서 자본주의나 시장경제체제 또는 정치와 경제의 유착 등에 대한 비판은 저지당하거나 실효를 거둘 수 없게 된다. 왜냐하면 — J. S. 밀조차 고전적으로 인정하였듯이, "지배계급(ascendant class)이 존재하는 곳이라면 어디에서건, 그 나라의 도덕의 많은 부분은 그 계급이익과 계급 우월성의 감정으로부터 도출"됨으로 해서[6] — 특히 기업가들은 자신들의 이해관계를 보호하기 위해 훨씬 손쉽게 단합할 뿐 아니라, 대부분의 강제적·규범적 사회통제 수단 역시 거의 독점하고 있기 때문이다. 시장경제체제는 다원주의적 정치체제의 기본틀 안에서 움직이고, 다원주의에 뿌리를 두는 자유민주주의적 정치구조는 결국 지배계급의 이해를 충실히 반영하게 된다. 그러므로 계급적 불평등은 선천적이다. [7]

Cliffs: Prentice Hall, 1978), pp. 216~262 및 Ralph Miliband, *The State in Capitalist State*(New York: Basic Books, 1969) 등을 참고할 것.

6) J. S. Mill, 앞의 책, p. 19; 나는 여기서 '우월한 계급'으로 번역되어 있는 것을 '지배계급'으로 수정하였다.

7) 이에 대해서는 Frank Parkin, *Class Inequality and Political Order: Social Stratification in Capitalist and Communist Societies*(London: MacGibbon & Kee, 1971), 특히 pp. 181~182를 참고할 것; 다원주의적 민주주의론에 대한 다양한 비판을 보기 위해서는 D. M. Ricci, *Community Power and Democratic Theory*(Random House, 1971) 참고.

바로 이런 배경하에서 시장경제체제의 전제적 지배구조가 확립된다. 그러나 시장의 비민주성으로 인해 시장경제체제는 '제2의 민주화운동'이 전개할 주요한 개혁대상의 하나로 각인(刻印)될 수밖에 없다. 왜냐하면 시장경제체제 자체가 몹시 중요한 것이기 때문에, 그것을 시장의 자율적 활동에만 맡겨둘 수 없기 때문이다.

시장 비판론자들은 "시장의 비민주성"을 다음과 같이 지적한다.[8]

첫째, 시장은 경제행위자간의 강한 불평등을 인정하고 조장함으로써, 모든 국민의 평등한 권리에 기초하는 민주주의 원칙에 배치된다.

둘째, 시장은 위험으로부터의 안전을 보장하지 않는다. 오히려 위험을 부담하라고 부추기는 것이 시장이다. 그리하여 시장은 경쟁을 미덕으로 삼음으로써, 참여자간의 공동체적 연대를 저지하며 이기심을 장려한다. 결과적으로 시장은 자기 자신의 이기적 이익의 추구를 장려함으로써, 공익을 추구하는 존재로서의 '시민'(citoyen)의 형성을 저해하고, '시장적 인간'(bourgeoisie)만을 양산한다. 이처럼 시장은 개인간의 경쟁과 이익간의 갈등을 부추김으로써, 타협과 협력을 통한 공동이익의 실현을 어렵게 만드는 것이다. 이러한 시장경쟁에 내재하는 자기파괴성은 결국 도덕의 파탄, 공동체의 해체를 초래한다.

정의, 안전, 연대 등은 민주주의하에서 집단적 다수가 추구하는 목표로 인식되지만, 시장에 의해서는 추구되지 않는다. 뿐만 아니라 민주주의하에서는 시장행위자가 아닌 시민으로서 경제적 측면 이외에도, 아름다움을 추구하고 문화적 유산을 보호하기를 원하며 쾌적한 환경을 유지하기를 고대한다. 그리고 이러한 시민들의 집단적 목표는 시장적 이윤에 대한 고려와는 독립적으로 결정되는 것이다.

셋째, 시장적 교환에는 강제성이 은폐되어 있다. 노동자들은 노동시장에서 형식적으로만 평등한 관계를 체결함으로써 자신의 노동력을

---

8) 이에 대해서는 임혁백, 《세계화시대의 민주주의: 현상·이론·실천》(나남, 2000), 특히 108~112쪽을 참고할 것.

제공한 대가로 특정 고용주와 임금을 받는 교환에 들어간다. 그러나 생산수단을 소유하지 않은 노동자들이 노동시장 자체로부터 이탈할 자유는 근원적으로 봉쇄되어 있다고 볼 수 있다. 왜냐하면 노동시장으로부터의 이탈은 물론 법적으로는 보장이 되나, 그 결과는 아사(餓死)일 뿐이기 때문이다. 아사의 자유가 진정한 자유가 아님은 물론이다. 그러므로 임금 노동관계는 엄격하게 말해서 자발적인 것이 아니라, 구조적 강제성이 은폐되어 있는 권위주의적 관계라 말할 수 있다. 뿐만 아니라 시장은 노동을 단지 또 하나의 상품으로 취급함으로써, 사람을 육체적으로 파괴하고 사람의 환경을 황폐화시킨다. 이처럼 시장은 개인을 원자화, 고립화시키고, 마침내 자신이 작동하는 바탕이 되는 사회마저 붕괴시키는 자기파괴적 성격을 갖고 있다.

넷째, 시장에서의 투표는 1인 1표가 아니라, 1달러 1표의 원리에 의해 이루어진다. 시장에서 백만 달러를 가진 사람은 1달러를 가진 사람보다 정확히 백만 배의 권력을 더 행사한다. 그러나 소비자 대중이 기업가를 민주적으로 통제하는 것은 불가능하다. 왜냐하면 소비자들은 자신들이 선호하는 기술, 기업의 소재지, 노동자의 조직과 훈련, 기업 경영자의 충원과 보수 등에 관해 투표할 수 없기 때문이다. 결국 시장의 불평등은 모든 시민에게 평등한 권리를 보장하는 민주주의를 형해화(形骸化)시킨다. 시민들에게 최소한의 물질적 안전을 확보해주지 못하는 경제하에서, 정치적 투표의 권리는 무의미할 것이기 때문이다.

다섯째, 시장 내에서의 권력관계의 불평등은 자본의 구조적 힘에 의해서 더욱 심화된다. 자본주의하에서 자본가들의 특권적 지위는 다른 모든 사람들의 자유로운 선택을 제약하는 구조적 힘을 갖게 되는 것이다. 그리하여 '인민의 지배'라는 민주주의의 원리가 근본적으로 침해받는다. 이처럼 시장체제의 지배자는 자신의 고용인에 대한 지배자일 뿐 아니라, 시장체제에 의해 영향을 받는 모든 사람들에 대한 지배자인 것이다. 결국 경제적 불평등은 정치적 경쟁에서 자본가들에게 유리하게 작동하게 된다. 정치적 경쟁에서 승리하기 위해서는 돈, 시간, 그리고 표를 조직하는 기술이 필요하다. 이 모든 면에서 자본가들은 절대적 우위에 서 있는 것이다.

여섯째, 시장은 외부효과를 발생시킴으로써, 민주주의의 자치, 자기책임의 원리를 저해한다. 예컨대 많은 사람들은 자신이 전혀 영향을 미칠 수 없는 공단개발로 인해, 자신의 안락한 전원 주거지가 추하고, 시끄럽고, 오염되고, 소음으로 가득 찬 환경으로 전락해 들어가는 것을 감수해야 하는 것이다.

따라서 이러한 시장경제체제의 전제적 지배체제가 구축된 곳에서는 '자유경쟁'과 '기회의 균등'이라는 자유민주주의적 구호에도 불구하고 (또한 그 때문에) 빈부격차와 사회적 불평등이 부추겨지고 깊어진다. 그러나 이러한 부정적 현상을 극복하기 위한 국가의 개입은 '개인의 자유'를 보호한다는 명분으로 억제된다. 왜냐하면 국가 자체가 자유주의적 국가이기 때문이다. 아울러 정치 · 제도적 영역을 벗어난 사회의 다른 분야, 예컨대 산업조직이나 경제구조에서의 민주화도 마찬가지로 기꺼이 받아들여지지 않는다. 예를 들어 기업이나 작업장에서의 의사결정에 근로대중이 동참한다는 것은 자유주의 및 시장경제의 원리와 어긋나는 것으로 인식된다. 뿐만 아니라 복잡한 사회관계와 방대한 관료조직은 국민 개개인의 합리적이고 적극적인 정치참여의 길을 막아버린다. 개인은 무기력하다. 결과적으로 자유민주주의적 개인은 오히려 자유주의가 그처럼 높이 기려마지 않는 개인주의의 희생물로 굴러 떨어진다.[9] 왜냐하면 자유민주주의의 깃발 아래서는 '거인'만

---

9) 갠즈는 개인주의를 오히려 자유민주주의의 "수많은 장애들 중의 하나"로 간주한다. 그러나 이 주장은 "자유민주주의는 기본적으로 평등주의적 복지국가이다"라는 그의 '독특한' 정의에서 비롯한다. 그러나 갠즈의 이러한 정의는 자유민주주의의 본성이 아니라 자신의 희망으로부터 도출된 것이라 할 수 있다. Herbert J. Gans, *Middle American Individualism*: *The Future of Liberal Democracy*(New York: The Free Press, 1988), p. 121.

326

이 진정한 개인이기 때문이다. 그리하여 구가되는 경제번영의 뒤안길에는 '개인 없는 개인주의'가 음습하게 번져 나가고 있다. 이처럼 자유민주주의의 수사학과 자유민주주의의 경험적 현실은 엄청난 괴리를 보여주고 있다.

어쨌든 자유민주주의는 자유주의와 민주주의의 물리적 결합이다. 한마디로 그것은 민주주의를 흡수한 자유주의다. 그렇기 때문에 자유주의의 구미와 취향에 어울리는 민주주의적 요소만이 간택(揀擇)의 대상이 되었다. 즉, 자유의 숭고한 목표에 충실한 수단으로서의 민주주의, 무엇보다 사유재산의 철칙과 권위를 결코 무엄하게 넘보지 않는, 잘 길들여진 러닝 메이트로서의 민주주의가 자유민주주의의 참다운 본새인 것이다. 그렇다면 그것은 왜 '민주적 자유주의'라 불리지 않고 '자유민주주의'(自由民主主義)라는 이름을 얻게 되었는가?

이런 면에서 사르토리는 또 순진하리만치 또는 섬뜩할 만큼 자유주의적이다. 그는 대략 세 개의 이유를 들이대고 있다. ① 민주주의 레테르 자체가 역사적으로 참신한 분위기를 풍긴다는 것, ② 말뜻으로 볼 때 '민주주의'라는 것이 '자유주의'보다 훨씬 "실감이 나고"(tangible) "입맛에 맞는"(palatable) 용어라는 점, ③ 자유주의자가 자신의 아이덴티티를 포기하고 민주주의자로 자처함으로써 양자간의 균열을 드러내 보이는 것을 피해보고자 했다는 사실 등이 그것이다.10)

처음 두 이유는 민주주의의 장점을, 맨 마지막 것은 자유주의의 '희생'을 강조한 셈이지만, 내가 보기에 이 자유민주주의 용어가 일반화된 데에는 다른 배경이 있지 않나 하는 느낌이 든다. 그것은 사르토리의 말과 달리 단순한 "정치적 편의"의 산물이 아니라, 높은 수준의 정치적 고려, 의식적 이데올로기화의 결과물이라는 것이다. 사르토리의 주장과는 정반대로 자유주의가 희생을 감행한 것이 아니라, 오히려 자유주

10) Giovanni Sartori, *Democratic Theory*(Detroit: Wayne State University Press, 1962), p.361.

의가 민주주의를 완전히 무혈(無血) 점령해버림으로써 일체의 민주주의가 오직 자유민주주의 하나로, 다시 말해 '자유민주주의 유일사상'으로 간주되게끔 각인되어버린 것이다.

사정이 바로 그러했기 때문에, 예를 들어 한때 군사통치 시절의 우리나라에서도 자유민주주의가 '국시'(國是)의 차원으로까지 승화하여 신성시되기까지 했던 것이 아닐까? 결국 자유주의화한 민주주의가 민주주의의 대명사처럼 군림하게 됨으로써, 자유주의는 구태여 자신의 이름을 전면에 내세우지 않고도 훌륭히 본연의 임무에 충실할 수 있게 된 것이다. 이렇게 보면 희생당한 쪽은 자유주의가 아니라 오히려 민주주의 편이라고 말할 수 있다. 자유주의는 자유민주주의 쪽으로 자신을 넓혀 나감으로써, 다시 말해 민주주의의 보편적, 포괄적, 대중적 이미지를 기꺼이 받아들임으로써, 결과적으로 시민적·계급적 속성을 간직하고 있는 자신의 본질을 숨길 수 있게 되었을 뿐만 아니라 동시에 스스로를 보편적 가치체계로 승격시킬 수 있게 되지 않았을까?11) 이러한 측면들을 고려할 때 나는 자유민주주의 용어보다는 '민주적 자유주의'(democratic liberalism)라는 호칭이 진실에 더욱 부합한다고 생각한다.

어쨌든 자유민주주의는, 물론 나라마다 조금씩 차이가 나긴 하지만, 자유주의적 속성을 지배적으로 지니고 있기 때문에 생기는 여러 결함들을 가지고 있다. 12)

---

11) 이 테제를 뒷받침하기 위해서는 물론 이 자유민주주의라는 용어를 누가 먼저, 어떤 의미로 사용하게 되었는가, 그리고 그것이 어떠한 과정을 거쳐 제도적 용어로 뿐만 아니라 학문적 개념으로도 정착하게 되었는가 하는 등등의 문제들이 밝혀져야 한다. 그러나 나는 아직까지 이에 관한 실증적인 해답을 발견하지는 못하였다.

12) 자유민주주의에 대한 다양한 비판을 개괄적으로 참고하기 위해서는 Barry Holden, *Understanding Liberal Democracy*(Oxford and New Jersey: Philip Allan, 1988), chap. 3을 볼 것; 참여민주주의적 입장에서의 자유민주주의에 대한 비판은 C. Pateman, *The Problem of Political Obligation: A Critique of Liberal Theory*(Polity Press, 1985); D. Held, *Models of Democracy*(Polity

328

자유민주주의는 국민적 지배의 측면보다는, 권력의 제한과 통제 문제에 더 많은 관심을 기울인다. 국민의 정치참여는 주로 선거를 통해서만 이루어진다. 국민은 오직 선거기간 동안만 최고 주권자 대접을 받을 뿐, 그 이후는 다시 무기력한 피지배자의 신분으로 빠져 들어간다. 무엇보다 심각한 문제는 "국민은 그의 어휘가 '예' 또는 '아니오', 이 두 마디에 한정되어 있는 주권자"라는 사실이다.13) 우리가 만약 진정으로 민주주의를 원한다면, 가능한 인민의 직접지배를 사회적으로 확립하거나 확대하려는 시도를 행함이 마땅하다.

결과적으로 국민들은 정치를 자신들과 상관없는 정치 전문가의 영역으로 간주하면서, 정치에 대한 무력감, 소외감, 무관심, 냉소주의를 심화시켜 나간다. 따라서 주권자로서의 국민은 빈껍데기만 남고, 정치 전문가, 정치인, 선거 전문가, 여론조사 전문가, 특수 이익집단, 특권화된 언론집단 등이 주권자의 자리를 대체하는 실정이 생겨나게 되는 것이다.

그러나 우리 헌법 119조 2항은 "국가는 균형 있는 국민경제의 성장 및 안정과 적정한 소득의 분배를 유지하고, 시장의 지배와 경제력의

Press, 1987), 데이비드 헬드 지음/이정식 옮김, 《민주주의의 모델》(인간사랑, 1989) ; C. B. Macpherson, "The Life and Times of Liberal Democracy", 앞의 책 ; R. J. Pranger, *The Eclipse of Citizenship*: *Power and Participation in Contemporary Politics*(Holt, Rinehart & Winston, 1968) 등을 참고할 것. 맑스주의적 입장에서의 자유민주주의에 대한 비판은 M. Levin, "Marxism and Democratic Theory", in G. Duncan(ed.), *Democratic Theory and Practice*(Cambridge University Press, 1983) ; J. Gray, "Marxian Freedom, Individual Liberty and the End of Alienation", in E. F. Paul et al.(ed.), *Marxism and Liberalism*(Blackwell, 1986) ; C. Pierson, *Marxist Theory and Democratic Politics*(Polity Press, 1986) ; K. Graham, *The Battle of Democracy*(Wheatsheaf Books, 1986) 등을 볼 것.
13) E. E. Schattschneider, *Party Government*(New York: Holt, Rinehart & Winston, 1942), p. 52.

남용을 방지하며, 경제주체간의 조화를 통한 경제의 민주화를 위하여 경제에 관한 규제와 조정을 할 수 있다"고 선언함으로써 시장만능주의의 폐해와 부작용을 저지해야 함을 역설하고 있다. 이런 맥락에서 볼 때, 헌법정신의 올바른 복원이야말로 우리의 '제 2의 민주화운동'의 핵심목표의 하나라 말할 수 있다.

이런 의미에서 우리나라는 기형적 자유민주주의 국가라 할 수 있다. '울타리'는 그 밖으로 나가길 원하지 않는 사람들에게는 결코 장애물이 아니다. 그러나 우리는 스스로 자유롭다고 느끼는 인간만이 진정으로 자유로울 수 있다는 것을 명심하지 않으면 안 된다. 이를테면 '울타리'는 보호벽이 되기도 하지만, 장애물이 되기도 하는 것이다. 우리 모두는 우리를 부자유와 불평등의 장벽 속으로 몰아넣고 있는 이 '울타리'를 뛰어넘지 않으면 안 된다. 요컨대 '울타리 정치론'의 토양으로 기능하는 자유주의의 장벽을 뛰어넘어 진정한 민주주의로의 길로 나아가야 할 것이다.

다행히 우리는 다른 국민들에게서는 찾아보기 힘든 치열한 불꽃을 간직하고 있다. 이를테면 우리는 강력한 사회운동의 전통을 지니고 있을 뿐만 아니라, 강렬한 민족적 연대의식까지 소유하고 있다는 말이다. 바로 이 힘을 토대로 하여 우리는 이른바 자유경쟁에 의해 낙후되거나 피폐해진, 민족의 소외된 구성원의 동등권 회복을 성공적으로 쟁취해나갈 수 있을 것이다.

제 2의 민주화 운동이 우리를 기다리고 있다.

시민은 시민으로서, 공무원은 공무원으로서, 대학생은 대학생으로서, 노동자는 노동자로서, 사무직원은 사무직원으로서, 당원은 당원으로서, 각자가 몸담고 있는 학원, 공장, 기업체, 단체나 기관, 지역 등지에서 사소한 생활주변의 문제로부터 크게는 그 조직의 진로, 조건, 운영 또는 경영, 장(長)의 선출 등에 이르기까지를 더불어 함께 결정할 수 있는, 사회구성원의 직접적인 동참권(同參權)이 확대되어야 한다. 말하자면 모든 사회구성원들이, 사회의 모든 부문에서, 자신들의 모든 민주적 통제권과 의사결정권을 꾸준히 넓혀나가야 한다는 말이다. 요컨대 '아랫것'들의 목소리가 보다 커져야 한다. 이를 위해서는 위로부터의 국가의 개입과 아래로부터의 사회운동을 통한 참여가 병행되어야 함은 물론이다.

넓리 알려져 있다시피 민주주의는 주어지는 것이 아니라 쟁취되어지는 것이다. 물론 민주주의는 애절한 세레나데가 아니라 우렁찬 함성이다. 그리고 그것은 끊임없는 선전포고요, 지칠 줄 모르는 전투다. 그러나 그것은 항복시켜야 할 적이 아니라 또다시 구축해야 할 요새다. 제거의 대상이 아니라 받들어야 할 목표인 것이다.

그러므로 이른바 민주투사의 화려하고 떠들썩한 투쟁력이 전부는 아니다. 순박하게 길들여나갈 생활 속에서의 늑진한 다듬이질 같은 것이 더욱 필요하다. 즉, 민주주의는 전쟁으로 시작하여 일상생활로 마감되어야 한다. 그래야 민주주의가 실질적 힘이 된다. 적어도 '제도적' 민주화나 법조문 속의 민주주의가 지니는 허구성을 절감한다면 그것은 더욱 더 절실한 요청이 아닐 수 없다. 과연 어느 나라의 헌법이 민주주의를 거부하고 있는가.

3. 복지국가 체제의 수립

─ 혁명인가, 개량인가

역사적으로 볼 때, 혁명이 성공하기 위해서는 대개 다음과 같은 전제조건들이 충족되어야 했다. 첫째, 해당 국가가 사회경제적 위기로 인하여 극심한 사회적 불안과 갈등을 겪고 있고, 그로 인해 기존 지배계급의 내부에 심각한 불화와 알력이 존재할 것, 뿐만 아니라 집권세력 내부의 극심한 분열과 기강해이(紀綱解弛)로 인해, 혁명세력에 대한 효율적 통제가 불가능한 상태에 빠져야 한다.

둘째, 국민적 불만표출이 합법적·평화적으로 개진될 수 있는 통로와 가능성이 차단되고, 또한 이러한 국민적 불만을 조직하고 동원할 수 있는, 대중적 기반을 확고히 갖추고 있는 혁명 이데올로기와 혁명세력이 존재해야 하며, 이들에 대한 대중적 지원이 뒤따라야 한다.

셋째, 군부가 혁명에 동참하거나 또는 방관적 태도를 취할 것, 혹은 혁명세력 스스로가 외부로부터 오는 물리적 제재를 격파할 수 있을 만한 자체 군사력을 확보하고 있어야 한다.

넷째, 외국의 무력간섭이나 개입을 저지할 수 있거나, 혹은 혁명세력이 이들의 호의적 중립 내지는 적극적 지원이나 동참을 이끌어낼 수 있을 것 등이다.

이런 맥락에서 볼 때 현재 한국은 한마디로 성공적인 반체제(反體制) 혁명이 불가능한 상황이다.

소련 및 동유럽 공산권의 몰락은 역사적 발전이 한 단계에서 다음 단계로 넘어가기 위해서는 어떠한 물질적·정신적 전제를 충족시키지 않으면 안 되는가 하는 것을 우리들에게 교훈적으로 드러내 보여주었다. 역사는 월반(越班)과 추월(追越)을 허용하지 않는다. 다만 단축(短縮)을 관용할 따름이다. 어쨌든 역사적 현실은 언제나 변화한다.

그 변화는 때로는 점진적·평화적으로, 또 때로는 급진적·혁명적으로 이루어진다. 장기적 안목에서 볼 때, 완만한 역사적 변화의 축적이 혁명으로 집약될 수도 있다.

맑스와 엥겔스도 결코 개량(改良)을 거부하지는 않았다. 14) 그들은 노동자 계급이 취해야 할 전술적 태도로서 이른바 '전부 아니면 무(無) 원칙'(Alles-oder-Nichts Prinzip)을 배척하였다. 이러한 원칙은 무정부주의자들의 소신으로서, 결국 "정치에 대한 무관심" 또는 "정치로부터의 격리"에 지나지 않는다고 본 것이다. 15) 물론 그들은 혁명과 단절된 개량이 아니라 궁극적으로는 혁명의 절정으로 귀결될 그러한 유기적 개량을 고려하고 있었다. 이런 관점에서 노동자 계급은 그들이 처한 역사적 조건, 사회내부 여러 힘의 역학관계, 자체의 역량 등에 기초하여, 절대적 개량주의자가 되지 않으면서도 개량을 위한 투쟁에 헌신할 수 있다는 것이 맑스-엥겔스의 생각이었던 것이다.

그러나 혁명의 역사적 조건이 완비되지 못할 때, 노동자 계급의 투쟁은 결국 개량에 집중될 수밖에 없었다. 이것이 서유럽 노동운동이 걸어온 길이었고, 또 그러한 경향은 소련 및 동유럽 사회주의권의 붕괴에 즈음하여 더욱더 정당한 것처럼 보인다.

결정적 단계에 이르기까지 역사는 다양한 발전형태, 즉 진화(evolution)와 혁명(revolution)과 퇴행(involution)을 반복하면서 전개된다. 이렇게 볼 때 이른바 '혁명의 필연성'은 '지금 당장, 여기서'가 아니라, '마지막에 가서는'이라는 장구한 역사적 전망으로 이해되어야 한다. 16)

---

14) 맑스는 예컨대 영국에서 1일 정상 노동시간을 법적으로 10시간으로 제한하도록 만든 것을 "원칙의 승리", 즉 "중간계급의 정치경제학"에 대한 "노동자계급의 정치경제학"의 승리로, 다시 말해 실질적인 하나의 혁명적 발전으로 이해했다[Marx, "Inauguraladresse der Internationalen Arbeiter-Assoziation" (1864), *MEW 16*, p. 110].

15) Marx, "Der Politische Indifferentismus", *MEW 18*, pp. 299~304.

16) 아담 샤프는 맑스주의적 사회혁명을 "광의"의 의미와 "협의"의 의미로 나누어 해석하고 있다. 광의의 사회혁명은 "사회구성체의 변화, 즉 사회적 토대

그러므로 자본주의 체제의 폭력적 전복이 유일한 당면 가능성이 될 수
없다는 말이다. 마치 봉건주의의 태내(胎內)에서 서서히 배태되어 나
온 자본주의적 경제질서가 이윽고는 봉건주의적 종말이 혁명적으로
완결되기 이전에 이미 전 사회에 튼튼히 뿌리내리고 있었던 것처럼,
혹시 자본주의의 품속에서도 그것의 모순을 지양하는 새로운 힘이 평
화적으로 배양되고 점진적으로 확산되어 나갈 충분한 기회가 우선적
으로 필요하지는 않겠는가.

맑스-엥겔스에게서 사회주의 혁명은 인간사회와 인간 자체의 동시
적 변화를 의미한다. 맑스도 그의 〈포이어바흐 제3테제〉에서 이를
명백히 하고 있다.[17]

이렇게 볼 때 혁명은 권력탈취 그 자체가 아니라, 인간해방의 장구
한 과정에 나타나는 새로운 인간적 가능성의 창조적 고양기라 이를 수
있다. 이를테면 혁명이란 인간존재의 무한한 발전을 위해 끝없이 펼
쳐나가야 할 인간해방의 "영구한(never-ending) 과정"으로 이해되지 않
으면 안 된다는 말인 것이다.[18]

와 상부구조에서의 질적인 변화", 곧 헤겔적 의미에서의 "질적인 도약"을 뜻
한다. 그와 구별되는 사회개량은 "기존 구성체 내부에서의 양적인 변화"를
의미한다. 광의의 혁명 이해는, 기존 사회구성체의 "본질적" 변화에만 초점
을 맞출 뿐, 변화 형태에 대해서는 무관하다. 따라서 이론적으로는 폭력적
이거나 평화적인 방식 둘 다 가능하다. 그러나 중요한 것은 이러한 변화는
"일정한 시점"에 발생한다는 점이다. 반면에 협의의 사회혁명은 "이러한 도
약이 일어나는 방식"과 관련된다. 이때 혁명은 "폭력적 변화"를 의미하며,
"양적인 변화의 점진적 축적을 통한 평화적 발전"을 뜻하는 "진화"와 구별된
다[Adam Schaff, "Marxist Theory on Revolution and Violence", in Bob
Jessop(ed.), *Karl Marx's Social & Political Thought*(Routledge, 1990),
Vol. Ⅲ, p. 2181).
17) 여기서 맑스는 "상황과 인간활동 변화의 일치는 … 단지 혁명적 실천으로 파
악될 수 … 있다"고 주장한다(*MEW 3*, p. 6).
18) Gajo Petrovic, "Socialism, Revolution and Violence", in L. Kolakowski &
S. Hampshire(ed.), *The Socialist Idea: A Reappraisal*(London: Weidenfeld
and Nicolson, 1974), p. 106.

우리 시대가 안고 있는 문제들은 혁명의 단칼로 명쾌히 처치될 수 있을 정도로 그렇게 만만하지는 않다. 여기서 우리는 "지금 우리는 어디에 있는가?" 라는 자성적 물음을 던지며 현대의 복합적 문제더미로 육박해 들어가는 콜라코프스키(Kolakowski)의 겸허한 진술에 귀기울일 필요가 있다.

> 우리는 현대적 기술의 파괴적 효과에 대해 한탄하지만 우리가 알고 있는 그에 대한 유일한 안전장치는 바로 더욱 많은 기술이다. 우리는 마치 그 사이에 아무런 모순이 없는 것처럼, 소규모 공동체에 대해서는 더욱 많은 자율을 요구하면서 대규모 차원(on the global scale)에서는 더욱 많은 계획을 추구한다. … 우리는 인간을 물질적 존재로 간주해야 한다고 주장하지만, 인간이 육체를 소유하고 있다는 사실보다 우리를 더욱 경악스럽게 만드는 것은 없다. 말하자면 인간은 유전적으로 규정되며, 태어나고 죽고, 젊고 늙고, 남자 아니면 여자고 하는 이러한 요인들이, 누가 생산수단을 소유하고 있는가 하는 문제와 상관없이 사회과정 속에서 일정한 역할을 담당한다는 사실을 무시할 수 없다는 말이다. 그래서 어떤 중요한 사회적 힘들은 역사적 조건의 산물이 아니며 계급적 구분에 의존하지 않는다는 것을 받아들이지 않으면 안 된다. [19]

이런 면에서 맑스-엥겔스는 우리들보다 오히려 더 행복했을는지 모른다. 왜냐하면 그들은 날카롭게 벼린 그러한 혁명의 '단칼'을 소지하고 있었을 뿐만 아니라, 그럼에도 그것을 휘두름으로써 어떠한 가공할 결과가 초래될 것인가 하는 것을 쓰라리게 체험할 기회는 갖지 않아도 좋았기 때문이다. 현실세계에는 이처럼 한칼에 통쾌하게 해치울 수 없는 다양한 모순들이 난마(亂麻)처럼 얽혀 있다. 현실은 그만큼 복잡하다. 이러한 복잡한 현실의 여러 문제점들이 과연 혁명을 통해

---

[19] Kolakowski, "Introduction", in L. Kolakowski & S. Hampshire(ed.), 같은 책, pp. 15~16.

씻은 듯이 치유될 수 있을 것인가?

물론 혁명적 낭만(浪漫)은 있을 수 있다. 그러나 낭만적 혁명은 존재하지 않는다. 혁명은 절박한 힘의 대결과 가혹한 희생을 요구한다. 뿐만 아니라 역사적 상황의 시혜(施惠)도 구비해야 한다. 혁명적 실험은 가능할지 모른다. 그러나 그 성취는 수많은 혹독한 관문들을 통과한 이후에나 가능하다. 하지만 이러한 지난한 난관돌파조차도, 소련의 경우에서 보듯이, 역사로부터 허망하게 외면당하기 일쑤다.

1848년 혁명을 망명지에서 맞이하면서 러시아의 사회주의자 알렉산더 헤르첸(Alexander Herzen)은 "무한히 멀리 떨어진 목표는 목표가 아니라 함정 같은 것이다. 목표는 더욱 가까이 있어야 한다"고 역설하였다.[20] 그는 자유주의의 허구성을 질타하면서, 중요한 것은 미래의 유토피아가 아니라, 지금 당장 빵이 필요한 인민대중의 질곡이라고 절규하였던 것이다. 요컨대 추상적 관념과 비현실적 목표가 아니라, 무엇보다도 그 구체적 실현 가능성을 우선적으로 따지려드는 이러한 역사인식은, 특히 오늘날과 같은 상황—완벽한 인간해방의 구현이라는 거대한 공산주의적 실험의 오류(誤謬)와 허구성(虛構性)이 역사적으로 실증된 이러한 시점—에서 보다 겸허하고 합리적인 호소력을 지닌다고 말할 수 있다.

이러한 관점에서, 제1차 세계대전 전 독일 사회민주주의의 개량주의의 대부로 이름을 날렸던 게오르그 폰 폴마(Georg von Vollmar)의 개량주의 정당화 논리는 한 번쯤 경청할 만한 가치가 있다. 그는 이렇게 주장한다.

우리는 학문적 이론의 대변자일 뿐만 아니라 동시에 고통받는 민중의 대변자이기도 하다. … 만약 우리들이 종교적 종파나 학문적 학파가 되고자 한다면, 그렇다면 우리는 물론 불편한 현실을 걱정할 필요도 없이, 공중누각 쌓는 일만 부지런히 해 나가면 된다. 종파와

20) Herzen, "From the Other Shore", Arblaster, 앞의 책, p. 269에서 재인용.

학파는 절대성과 함께 일하며, 실행 가능성과 상관없이 그들의 요구를 내세우기만 하면 되기 때문이다. 그러나 현실 속에서 일하는 정당은 그렇게 할 수 없다. … 우리를 일으켜 세우고 강화시키는 미래에 대한 희망은 현재에 대한 기대를 질식시킬 것이 아니라, 오히려 그것을 본격적으로 활성화시켜야 한다. [21]

하나 혁명의 필요성과 혁명의 가능성은 별개의 문제다. 그러나 필요성이 주어져 있지 못할 때 가능성을 운위하는 것이 부질없는 것과 마찬가지로, 가능성이 전혀 담보되지 못할 때 필요성을 절규하는 것 역시 무책임한 일일 수 있다. 혁명의 현실적 불가능성을 냉철히 주시한다는 것은 결코 패배주의의 발로가 아니다. 그것은 오히려 '하늘에서 땅으로 내려오는' 맑스-엥겔스의 철학적 방법론을 수용하는 자세이기도 하다. 이런 맥락에서 우리는 이들이 직접, 간접으로 지대한 영향력을 행사했음에도 불구하고, 왜 독일의 사회민주주의적 노동운동이 개량화의 길을 걸을 수밖에 없었던가 하는 역사적 실례를 깊이 눈여겨 살펴볼 필요가 있다.

이 모든 측면을 종합적으로 고찰할 때, 우리는 지금이 시대의 필연적 요청으로서 개량(改良)과 개혁(改革)을 위해 헌신해야 할 때라는

---

21) P. Friedemann(Hg.), *Materialien zum politischen Richtungsstreit in der deutschen Sozialdemokratie 1890~1917*, Bd. 1(Frankfurt/Berlin/Wien, 1978), p. 84~85; 여기서 폴마는 첫째, 오늘날 용어로 전환하면 '대중성'의 문제를 제기하고 있다. 왜냐하면 절대이론적으로만 "공중누각 쌓는 일"은 그에게는 비현실적으로 비칠 수밖에 없었고, 따라서 대중에 뿌리를 드리워야 할 정치적 당(黨)으로서는 결코 용인할 수 없는 엘리트주의적 편향에 지나지 않는 것으로 인식되었다. 둘째, 요원하고 추상적인 목표(예컨대 '계급 없는 사회'의 실현)는, 마치 앞에서 헤르첸이 날카롭게 지적한 것처럼, 대중들에게 현실의 질곡에 대한 아무런 구체적인 대안으로 기능할 수 없다는 점을 강조하고 있다. 이처럼 개량주의는 맑스주의와 무관하며 이론적 논쟁에 등을 돌리고 있다는 점에서, 베른슈타인류의 수정주의와 이질적이다. 그러나 유토피아적 목표보다는 현실의 운동논리에 집착하는 실용주의적 관점에서는 유사성을 보이고 있다.

결론에 안착한다.

― 복지국가 체제의 명암

지금까지 복지국가의 성립배경에 대해 치열한 논쟁이 있었다. 복지 국가의 생성을 산업화와 산업사회의 논리로 설명하고자 하는 시도도 있었고, 22) 또는 산업화의 맥락에서 완전한 시민권을 획득하기 위한 정치적 동원의 산물로 이해하는 경향도 있었다. 23) 그리고 또 다른 부 류는 이 두 해석에 기반하면서도, 특히 자본주의를 점진적으로 변형 시키고자 하는 사회민주주의의 성공적인 정치적 노력이 케인스 경제 학의 수용과 더불어 복지국가의 도래를 가능케 했다고 주장한다. 보 다 특수하게는 사회민주주의의 정치적 힘과 자본의 경제적 힘 사이의 '권력투쟁'이 복지국가를 배태한 원인이었다고 진단하기도 한다. 24)

그러나 이 주장들에는 다 나름대로의 약점이 있는 것이 사실이지 만, 25) 어쨌든 사회민주주의와 복지국가의 긴밀한 상호관련성에 대해

---

22) 특히 Harold L. Wilensky, *The Welfare State and Equality: Structural and Ideological Roots of Public Expenditure* (Berkeley: University of California Press, 1975).

23) 대표적으로는 T. H. Marshall, *Sociology at the Crossroads* (London: Heinemann, 1963).

24) W. Korpi, "Power, Politics, and State Autonomy in the Development of Social Citizenship: Social Rights during Sickness in Eighteen OECD Countries since 1930", in *American Sociological Review*, 54(3), pp. 309~328; G. Esping-Andersen, *Politics against Markets* (Princeton University Press, 1985); J. Stephens, *The Transition from Capitalism to Socialism* (London: Macmillan, 1979); 예컨대 스카치폴은 복지국가의 사회민주주의 적 생성배경을 강조하는 견해가 부당하다는 것을 특히 미국의 예를 들어 비 판하고 있다(Theda Skocpol, *Protecting Soldiers and Mothers: The Political Origins of Social Policy in the United States* (Harvard University Press, 1992), pp. 23~26).

25) 이 주장들에 대한 비판을 보기 위해서는 대단히 날카로운 문제제기와 치밀

서는 어느 누구도 쉽게 부인하지 못한다.

복지국가는, 마셜의 주장처럼, 이미 18세기에 확보된 '인권'(언론, 결사, 집회의 자유, 법 앞의 평등 등 개인적 자유)과, 19세기에 획득된 '정치적 권리'(선거권 등 정치적 자유)에, 20세기에 들어와서 쟁취된 '사회적 권리'(의무교육, 연금, 의료보험 등 사회적 복지)가 덧붙여진 국가형태라 할 수 있다. 26)

다르게 표현하면, 복지국가는 '자유주의 국가'(liberal state)와 '민주주의 국가'(democratic state)의 타협의 산물이라 할 수 있다. 자유주의 국가는 자본주의적 사회관계의 기초를 파괴하지 않는 한도 내에서, 즉 노동의 상품적 성격을 보존하는 범주 안에서 사회정책을 시행한다. 그러므로 시장에서의 "자연적" 임금결정 과정을 손상시키는 어떠한 정책도 수용할 수 없게 된다. 반면에 민주주의 국가의 분배논리는 정반대다. 민주주의 국가에서 개인은 불균등한 가치를 대변하기보다는 평등한 시민으로 만난다. 따라서 민주주의 국가는 노동시장에서의 지위와는 상관없이 개인 및 가정으로 하여금 정상적 생활수준을 유지할 수 있도록 만드는 수단을 공급하기 위해, 끊임없이 노동을 탈상품화하고자 위협한다. 27)

한마디로 복지국가는 불평등을 바탕으로 하는 자본주의 경제와 평등을 서두르는 정치적 결단의 결합이라 할 수 있다. 그리고 그것은 본질적으로 대립적일 수밖에 없는 이 두 요소 사이의 적절한 균형을 통해 소득과 부의 분배 그리고 소득증대와 경제적 안정의 면에서, 시민들에게 보다 바람직한 결과를 제공하기 위해 노력한다. 그러나 시장

한 분석이 돋보이는 Christopher Pierson, *Beyond the Welfare State?*: *The New Political Economy of Welfare*(The Pennsylvania State University Press, 1991), pp. 32~39를 참고할 것.

26) Marshall, 앞의 책, pp. 70~74 및 같은 저자의 *Class, Citizenship, and Social Development*(University of Chicago Press, 1964), p. 92f.

27) John Myles, *Old Age in the Welfare State*: *The Political Economy of Public Pensions*, Revised Ed. (University Press of Kansas, 1989), p. 30 참고.

의 논리와 그에 대한 정치적 통제 사이에는 항상 긴장과 갈등이 뒤따른다. 이렇게 볼 때 시장 메커니즘에 대한 통제의 폭이 얼마나 넓은가 하는 것이 일반적으로 복지국가가 제공하는 복지의 수준이 얼마나 높은가 하는 것을 규정하는 기준이 된다. 복지국가의 다양한 유형도 실은 이 두 요소간의 힘의 역학관계에 좌우된다고 말할 수 있다.

고프는 복지국가를 "자본주의 사회에서 노동력의 재생산을 수정하기 위한, 그리고 비노동인구(非勞動人口)를 부양하기 위한 국가권력의 사용"으로 정의한다.[28] 그는 첫째, 노동력을 재생산하기 위해 현대국가가 벌이는 복지활동으로 "개인이나 집단의 직접적 생활조건을 변화시키는 (개인이나 기업체의) 사적 활동에 대한 국가의 규제"를 꼽는다. 여기에는 조세정책과 공장법으로부터 소비자보호법, 건축법, 의무교육법에 이르기까지 모든 영역의 사회입법이 포함된다. 그리고 둘째, 비노동인구를 부양하기 위한 국가활동으로는 "특정한 상황 또는 위험에 처해 있는 개인이나 가족에 대한 사회서비스의 국가공급"을 들고 있다. 여기에는 기본적으로 사회보장, 보건, 사회복지, 교육, 직업훈련, 주택지원 등이 포함된다.[29] 이런 의미에서 복지국가는 '규제'와 '서비스'의 이중적 기능을 발휘한다고 말할 수 있다.

이러한 이중성은 복지국가 자체의 내면적 모순과 깊은 관련을 맺고 있다. 고프도 "복지국가가 억압기구인가, 아니면 인간의 욕구를 확대시키고 자유시장경제의 혹독함을 완화시키는 제도인가? 자본과 이윤축적의 조력자인가; 또는 월급봉투처럼 방어되어야 하고 증가되어야 할 '사회적 임금'(social wage)인가? 자본가의 기만(欺瞞)인가, 아니면 노동자계급의 승리인가?"라고 자문하고 있다. 그러나 복지국가는 "모순적 통일체"(contradictory unity)로서, 자본과 노동 양쪽에 다 해당되는 "긍정적 모습과 부정적 모습"을 동시에 지니고 있다.[30] 그것은, 힌

---

28) Ian Gough, *The Political Economy of the Welfare State*, 김연명 · 이승욱 옮김, 《복지국가의 정치경제학》(한울, 1990), p. 66.

29) 같은 책, pp. 16~17.

340

데스의 말을 빌리면, "자본주의적 지배계급이 장악한 도구이면서, 동시에 자본주의 사회의 바다에 떠 있는, 노동자계급이 창조한 조그만 사회주의의 섬"이다.[31]

　여기서도 드러나지만, 맑스주의적 의미의 복지국가는 한편으로는, 계급지배의 한 표현으로서 자본주의의 유지 및 재생산 수단이면서, 동시에 다른 한편으로는 노동자계급의 복리 및 계급투쟁의 기초를 마련하기 위한 반자본적 투쟁수단으로 이해된다. 그러나 그것은 "불균형한(asymmetrisch) 계급 화해"와 노동운동의 자본주의 사회에로의 "부분적 통합"을 그 본질로 한다. 그것이 '불균형한' 계급 화해인 이유는 자본가계급의 사회적 이해관계의 대변이 노동자계급의 그것을 구조적으로 능가하기 때문이며, 그것이 노동운동의 '부분적 통합'인 까닭은 노동운동이 명백히 비혁명적 속성을 지니고 있으면서도 항상 자본주의 사회의 경계를 뛰어넘고자 노력하기 때문이다.[32]

　그러나 이러한 특성을 지닌 복지국가체제는 계급 화해와 개량주의를 그 본질로 하는 사회민주주의에게는 대단히 바람직한 운동의 터를 제공하는 것으로 비칠 수밖에 없다. 왜냐하면 그것은 ① 집단적 노동권뿐만 아니라 경우에 따라서는, 노동자의 공동결정권까지를 보장하는 조직된 노동운동을 인정할 뿐만 아니라, ② 국가에 의해 촉진되는 사회보장 및 사회정책을 통하여 어느 정도 폭넓은 사회적 안전망을 구

30) 같은 책, pp. 26~27; 고프는 이러한 측면을 다음과 같이 정리하고 있다. "복지국가는, 사회복지를 향상시키고 개인의 능력을 개발하며 시장력의 맹목적 역할에 대한 사회적 통제를 가능케 하는 (긍정적, 필자) 경향들과, 인간을 억압하고 규제하며 그들을 자본주의 경제의 요구에 적응시키는 (부정적, 필자) 경향들을 동시에 갖고 있다"(p. 28).

31) Barry Hindess, *Freedom, Equality, and the Market: Arguments on Social Policy*(London & New York: Tavistock Publications, 1987), pp. 100~101.

32) Peter von Oertzen, "Eine marxistische Grundlegung des Demokratischen Sozialismus?", in Thomas Meyer(Hg.), *Demokratischer Sozialismus — Geistige Grundlagen und Wege in die Zukunft*(München/Wien: Gunter Olzog Verlag, 1980), p. 90.

축해주고, ③ 보통선거권과 대의제 민주주의의 토대 위에서 노동자계급 및 사회주의 운동의 동등한 정치참여를 보장하며, ④ 하층계급의 사회적 몫을 확보토록 하기 위해, 교육개혁과 문화정책을 통하여 사회적·경제적 구속과 제한을 완화시키고자 노력하기 때문이다.

어떻게 보면 복지국가가 가지고 있는 이러한 이중성이야말로 자본주의의 울타리 안에서 하염없이 사회주의를 지향하는 사회민주주의의 양면성과 탁월한 조화를 이룬다고 말할 수 있다.

앞에서도 잠시 눈길을 주었듯이, 복지국가 자체가 이중적 모순을 지니고 있기 때문에 그것은 또한 자유주의 및 맑스주의 양쪽으로부터 동시에 공격을 받는다. 한마디로 우파로부터는, 이 복지국가 체제가 개인적 '기여'에 따른 분배라는 엄격한 공정성의 원칙을 위배하는 것으로, 그리고 좌파로부터는 그것이 '필요'에 따른 분배라는 평등의 대명제를 거스르는 것으로 각각 비난당하고 있다. 예컨대 1980년대 영국의 대표적 우익 정치가였던 마거릿 대처(Margaret Thatcher)는 복지국가를 "사회주의 체제"라 공격했다. 반면에 좌파 이론가들은 "국가독점자본주의의 한 말기적 형태"로 복지국가를 매도하기도 한다.[33]

자유주의적 전통에 입각할 때, 복지국가는 개인적 자유에 대한 압박장치로 비친다. 예를 들어 애덤 스미스는 개인의 자유로운 경제활동의 총화(總和)가 결국 사회적 복지의 총량으로 모아진다고 믿기 때문에, 개인적 이해관계의 자유로운 추구를 철저히 보장하기 위해, 외부로부터의 구속이나 통제가 철폐되지 않으면 안 된다고 확신하고 있다. 이런 입장에 설 때 복지국가체제는 자본주의 경제와 양립할 수 없는 존재로 비칠 수밖에 없다. 피어슨은 이러한 스미스적 전통을 충실히 이어받고 있는, 하이에크를 비롯한 '신우파'(New Right)의 복지국가 비판을 다음과 같이 적절히 요약하고 있다.

---

33) 고세훈, 《복지한국, 미래는 있는가》(후마니타스, 2007), 19쪽.

342

1. 복지국가는 비경제적이다. 그것은 투자를 위한 (자본의) 인센티브와 일을 위한 (노동의) 인센티브를 제거함으로써, 시장의 필수적 규율과 인센티브를 헝클어뜨린다.

2. 복지국가는 비생산적이다. 그것은 (비생산적) 공공 관료주의의 급속한 성장을 부추기고, 자본과 인간자원을 경제의 (생산적인) 사적 영역으로부터 축출한다.

3. 복지국가는 비능률적이다. 그것이 행하는 복지사업의 독점과 특수적·부분적 이해관계의 창출 및 보호는, 서비스의 비능률적 배급과 … (분산된) 소비자보다는 (조직된) 생산자의 이해를 도모하는 체제로 연결된다.

4. 복지국가는 비효율적이다. 거기에 쏟아지는 막대한 자원에도 불구하고, 복지국가적 조처들은 빈곤과 박탈감을 제거하는 데 실패하고 있다.

5. 복지국가는 전제적이다. 그것은 최선의 경우 약화되는 관료주의적 간여를 오히려 키워주고, 최악의 경우 … 개별적 시민 그리고 때때로 전체 공동체에 대한 사회적 통제를 강화한다.

6. 복지국가는 자유의 부정이다. 서비스의 강제적 조달은 복지부문에서의 개인적 선택의 자유를 부인하는 것이고, 반면에 무거운 누진세제는 "몰수적"(confiscatory) 성격을 지닐 수 있다.[34]

전통적 맑스주의 역시 복지국가의 역할에 대해 부정적 평가를 내리고 있음은 새삼 강조할 필요가 없다. 맑스는 자본주의 국가 자체가 자본주의적 생산관계의 재생산을 위한 부르주아계급의 지배도구이기 때문에, 그것이 어떤 형태를 띠고 등장하든, 시장경제체제나 부르주아지의 계급적 이해관계를 결코 약화시키거나 손상시킬 수 없다는 근원적인 신념을 갖고 있었다. 따라서 노동자계급이 누릴 수 있는 진정한 의미의 복지는, 자본주의 체제하에서는 전혀 실현가능성이 없는 것으로 간주될 수밖에 없다. 오늘날의 '신맑스주의자'(Neo-Marxist)들도 기본적으로 이러한 관점에 입각해 있다. 그들은 복지국가를 발전된

34) Pierson, 앞의 책, p. 48(pp. 40~45도 참고할 것).

자본주의 국가의 한 특수한 형태로 이해하는데, 여기에는 대체로 두 개의 이질적 입장이 있다.[35]

첫째는 복지국가를 자본축적의 장기적 이해관계 속에서 노동자계급을 통제하기 위한 사회적 도구로 인식하는 경우다.[36] 둘째는 여기서 더 나아가 그것을 발전된 자본주의적 모순의 담지체(擔持體)로 간주하는 경우다. 앞에서도 언급한 고프는 복지국가를 "모순적 통일체"(contradictory unity)로 이해하면서, 그것이 비록 자본을 보조하기는 하지만 소득지원 및 완전고용 등을 통해 오히려 노동자계급의 방어력을 강화시킴으로써, 결국 자본축적에 필요한 유리한 조건의 재생산 자체를 파괴시킬 것이라 예측한다.[37]

오코너도 자본주의 국가를 "축적"과 "정통성"의 상호 모순적 기능을 동시에 충족시키지 않으면 안 되는 모순적 존재로 파악한다. 그것은 한편으로는, 자본가계급의 축적을 지원하기 위해 다른 계급들을 희생시키지 않을 수 없고, 그렇게 되면 자신에 대한 사회적 지원과 충성심의 획득은 난관에 봉착한다. 반면에 다른 한편으로는, 성공적인 자본축적의 유리한 환경조성을 위해 지불되는 정통성 비용은 거꾸로 유리한 자본축적의 토대 그 자체를 무너뜨리게 된다.

이러한 모순의 심화가 결국 복지국가의 위기로 나타난다. 오코너는 국가의 재정수입을 초과하는 국가비용의 지출은 만성적 재정위기(fiscal crisis)를 낳을 수밖에 없다고 단언하면서, 그로부터의 유일한 탈출로는 사회주의밖에 없다고 결론짓는다.[38]

---

35) 이에 대한 자세한 논의를 보기 위해서는 같은 책, pp. 49~61을 참고할 것.
36) 예컨대 N. Ginsburg, *Class, Capital and Social Policy* (London: Macmillan, 1979); 이 입장에 대한 비판은 Pierson, 같은 책, pp. 53~56을 참고할 것.
37) Gough, 앞의 책.
38) J. O'Connor, *The Fiscal Crisis of the State* (New York: St. Martin's Press, 1973), 특히 pp. 6, 9, 221.

344

복지국가는 이처럼 자유주의 진영으로부터는 시장경제체제의 자율
성과 생산성을 저해하는 강압적 제도장치로, 반면에 맑스주의로부터
는 자본주의적 생산관계를 유지·존속시키기 위한 시장경제질서의 대
리인으로 각각 낙인찍히고 있다. 이러한 이데올로기적 공세 이외에
도, 대내외적 사회·경제 상황의 악화로 인한 외부적 압박이 겹쳐 복
지국가의 위기를 절규하는 목소리들이 거세게 터져 나오고 있다. 요
컨대 제2차 세계대전 이후 선진 자본주의 국가를 특징지어 온 관리경
제 및 국가적 복지방식에 대한 국민의 정치적 동의가 이제는 무너져버
렸다든가, 또는 사회적 결핍문제의 집단적 해결을 선호하던 대중적
지지가 지금은 개인적 복지요구를 만족시키기 위한 시장적 대책으로
돌아섰다든가, 혹은 이러한 변화들이 이윽고는 사회복지를 위해 지출
되던 국가비용을 삭감하고 공공 복지제도의 재조직을 촉구하는 길을
열게 하였다는 비판적 지적들까지 나오고 있다.

　이러한 비판적 분석에다 특히 "복지국가 정당"으로 오랫동안 자타가
공인해 온 사회민주주의가 줄지어 선거에 참패하는 반면에, 우파들의
정치적 르네상스가 활기를 띠게 되었다는 실증적 연구까지 덧붙여졌
다.39) 이 모든 것들이 복지국가체제에 대한 공격에 충실히 활용되었
다는 것은 두말할 나위도 없다.

---

39) Pierson, 앞의 책, pp. 154~159를 참고할 것; 1970년대 사회민주당에 대한
　지지율의 하락은 복지국가 자체에 대한 지지의 하강을 입증하는 자료로 동
　원되었다. 특히 복지국가의 '모국'으로 불릴 수 있는 스웨덴에서 1976년 사
　민당의 44년에 걸친 장기집권이 끝나고 '부르주아' 연합이 그 자리를 대신하
　게 되었다는 사실은 그에 대한 확고한 증거처럼 보였다. 전체 유럽을 보더
　라도 공산당까지 포함한 모든 좌파정당이 획득한 득표율은 1960년대의
　41.3%에서 70년대의 40.1%로 떨어졌다. 반면에 같은 시기에 보수정당들
　은 24.6%에서 24.9%로, 그리고 80년대 초에는 25.3%로 늘었다. 1977년
　에서 82년 사이에 영국, 서독, 벨기에, 네덜란드, 노르웨이, 룩셈부르크 그
　리고 덴마크의 사민당이 모두 선거에서 참패하였다. 1975년에는 유럽정부에
　보수주의자보다 두 배나 많은 사회주의자 장관이 재직하였으나(25.1%:
　54.1%), 1982년에는 전자가 오히려 1% 이상을 앞서게 되었다(37.6%:
　36.4%)(같은 책, pp. 156~157).

그러나 "복지의 문턱에도 진입하지 못한 국가의 복지를 트집잡는 것은, 마치 굶기를 밥먹듯 하는 사람에게 비만인 사람에게나 요구할 수 있는 다이어트를 강요하는 것"과 무엇이 다르겠는가. 40)

하지만 1980년대 후반에 들어와서는, 특히 옌스 알버(Jens Alber), 마이클 모란(Michael Moran) 등에 의해, 복지국가의 위기설이 무모하고 불필요한 이론으로 판정받기 시작하였다. 41) 그리고 피어슨도 역시 방금 위에서 거론한 복지국가체제의 위기 근거들을 조목조목 비판함으로써, 그 문제점을 설득력 있게 폭로하고 있다. 42)

그러나 그렇다고 해서 복지국가 자체가 아무런 문제를 지니고 있지 않다는 말은 물론 아니다. 국제정치경제적 환경의 구조적 변화와, 그에 따른 대내적 대응방식의 차이도 고려하여야 한다. 아울러 복지국가의 "지적 위기", 즉 재분배적 사회정책을 통해 자본주의를 길들이고자 하는 사회민주주의적 복지국가관이 점차 그 권위를 상실하고 있다는 사실도 염두에 두어야 한다. 말하자면 본질적으로 경제성장, 국가관료체제의 유연한 대처능력, 그리고 자본에 대한 간접적 통제 등을 결합시키고자 했던 사회민주주의적 복지전략이 차질을 빚게 되었다는 점을 눈여겨보아야 한다는 말이다. 43)

물론 복지국가체제 자체가 사회민주주의에만 고유한 영역은 결코 아니다. 예를 들어 사회민주당이 없는 미국에도 복지체제는 존재하기 때문이다. 그러나 복지국가와 사회민주주의는 긴밀한 본질적 연관성을 지니고 있다. 그렇기 때문에 복지국가의 위기는 곧 사회민주주의

---

40) 고세훈, 앞의 책, 175.

41) J. Alber, "Is there a Crisis of the Welfare State?: Cross-national Evidence from Europe, North America, and Japan", in *European Sociological Review*, vol. 4, No. 3, 1988, pp. 181~207; Moran, "Crises of the Welfare State", in *British Journal of Political Science*, 18, 1988, pp. 397~414.

42) Pierson, 앞의 책, pp. 159~178.

43) 같은 책, pp. 177~178.

의 위기와 그 맥을 같이한다고 말할 수 있다.

그러나 가장 심각하고 중요한 문제는 오늘날의 현실에서, 이러한 복지국가 체제를 뛰어넘는 바람직하고 현실적인 대안이 과연 무엇인가 하는 점이다.

그런데 우리나라의 현실은 과연 어떠한가?

'위기'에 대해 언급하는 게 대단히 송구스러울 정도로, 우리의 복지는 인간의 발길이 거의 닿아본 적이 없는 처녀림(處女林)과도 같다. 한마디로 말해 우리는 복지국가 체제로 나아가기 위해 가장 밑바닥에서 출발하지 않으면 안 될 정도로, 그 의지와 수준이 그야말로 밑바닥을 기고 있는 실정이다.

'복지국가 위기'를 절규하는 선진 산업국가들에서도 여전히 국가예산의 50~60% 정도를 복지관련 분야에 할애하고 있을 정도다. 그러나 우리나라는 IMF 외환위기 이후 복지지출이 급격하게 증가했다고 하지만, 아직도, 국가예산의 25% 정도만을 복지관련 지출에 할당하고 있을 뿐이다. 이 규모는 심지어 우리보다 훨씬 못한 소득수준을 지닌 동유럽이나 근동의 국가들에 비해서도 매우 열악한 수준이다(한국의 1.5~2배 수준).

무엇보다 가장 초보적인 사회안전망인 공공부조(公共扶助)의 지출 규모는 특히 저급하기 이를 데 없다. 예컨대 복지 선진국들은 오늘날의 우리와 비슷한 1인당 국민소득 수준에 진입한 1980년대에 이미 국민총생산 대비 공공부조 지출비율에서 오늘날 우리의 8~10배를 넘어섰을 정도다. 이러하니 한국정부의 복지정책에 일관된 철학이나 이념이 있을 리 없다.[44] 이렇게 보면 사실 복지국가 체제는 우리에게 '대안'(代案)이 아니라, 유일한 활로(活路)일 수밖에 없다고 말할 수 있을 정도다.

---

44) 고세훈, "복지 한국", 앞의 책, 173~174쪽.

그러나 우리는 무엇보다 사회의 가장 약한 자들, 특히 아동, 노인, 장애자들을 위해 인간의 존엄성을 회복할 수 있는 삶의 공간 및 발전의 기틀을 마련해주는 일부터 서두르지 않으면 안 된다.

예를 들어 심창섭 노인 부부는 1994년 보건복지부의 생계보호기준에 의한 급여수준이 최저생계비의 50%에도 미치지 못한다고 주장하며, 이는 헌법 31조 1항의 '인간다운 생활을 할 권리'와 헌법 10조의 '인간의 존엄'과 '행복추구권'을 침해한 것이기 때문에 위헌이라는 헌법소원을 헌법재판소에 제출한 적이 있다. 청구인들은 여기에서 헌법이 규정하는 '인간다운 생활'을 영위할 권리가 있음을 주장하면서, 국가가 이를 적절한 수준(최저생계비 수준)으로 보장해야 할 책임이 있음을 확인하고자 한 것이었다. 그런데 이 헌법소원이 우리나라 최초의 '사회복지 권리' 관련 소송이었던 탓에, 그 결과는 우리의 복지권의 실효성이 어느 정도로 보장되어 있는가 하는 것을 현실적으로 드러내 보여주는 대단히 상징적인 의미를 지니기도 한 것이었다.

청구인들은 이 사건을 통해 정부의 생계급여 수준이 헌법이 규정하는 '인간다운 생활'을 영위할 수준(여기서는 최저생계비 수준)에 훨씬 미달하고 있으므로, 헌법상의 권리가 침해당하고 있다는 점을 역설하였다. 그들은 요컨대 '인간다운 생활'에 대한 국민의 권리와 이를 보장할 국가의 책임을 확인하고자 한 것이었다.

이에 대해 정부를 대표한 보건복지부는 첫째, 생계보호 기준 책정은 정부의 재량행위로서 헌법소원의 대상이 될 수 없으며, 둘째, 현재의 보호기준이 정부의 재정능력에 상응한 최선의 급여라는 주장을 개진하였다. 드디어 1997년 5월 29일 헌법재판소는 다음과 같이 선고하였다. 첫째, 인간다운 생활을 보장하기 위한 보호기준의 책정은 정부의 재량에 의할 수밖에 없지만, 헌법의 규정과 정부의 실행기준이 현격한 차이를 보이는지 여부는 헌법적 차원의 판단이 필요하다. 둘째, 당시의 생계급여는 최저생계비에는 미달하지만, 생활보호 대상자에게 주어지는 기타 급여들(노령수당, 공과금 감면 등)을 합하면 헌법

규정을 현격히 위배했다고 보기는 어렵다.

이과 같이 헌법재판소의 판결은 국가의 재량권을 폭넓게 인정하면서, 국가가 헌법규정을 현격히 위배했다고 보기는 어렵다는 근거에서 청구를 기각하는 것으로 귀결되어 적잖은 아쉬움을 남겼다. 하지만 인간다운 생활 보장을 위한 국가의 의무를 재확인하고, 나아가서는 개별 정책이 이를 현저히 위배하면 안 된다는 것을 인정한 것은 다소 모호하긴 하지만 나름대로는 의미 있는 수확의 하나로 간주할 수 있으리라 짐작된다. 뿐만 아니라 이 사건은 국가가 공식적으로 최저생계비를 보장하도록 법 제도를 개혁하도록 만드는 계기로 작용하기도 하였다. 즉, 1997년 생활보호법이 개정되어 국가가 최저생계비를 공식적으로 계측하여 발표할 의무를 규정하게 되었고, 이후 생활보호법을 대체한 국민 기초생활보호법(1999. 8. 입법, 2000. 10. 시행)에서는 보충급여 방식으로 모든 수급자들의 최저생계비를 보장하도록 발전하였다. 45)

그러나 바로 이러한 궁색한 상황을 목격하면서, 어느 학자는 열악한 한국의 사회복지 현실을 민주적으로 개혁하기 위해서는 무엇보다 "재정의 사회화"와 "참여의 민주화"라는 기본 원칙에 입각하지 않으면 안 된다는 대단히 설득력 있는 견해를 제시하였다.

그에 의하면 '재정의 사회화'는 사회복지를 위한 재원 마련의 책임이 사회 전체에 귀속한다는 사회적 책임성의 원칙을 의미하는 것으로서, 이는 개인적 책임성과 상반되는 개념으로 복지재원에 대한 책임이 사회구성원간, 즉 정부와 자본 및 노동(또는 주민, 민중) 간에 적절히 배분되어야 한다는 것이다. 요컨대 이 원칙은 특히 "국가와 자본의 책임성"을 강조하는 개념이며, 마련되는 재원의 크기가 "민중의 인간다운 최저생활"을 보장하기에 충분한 정도여야 한다는 것을 전제하는 것이다. 둘째로 '참여의 민주화' 원칙은 복지정책을 결정하고 시행

45) 이에 대해서는 이영환, 《한국사회와 복지정책: 역사와 이슈》(나눔의 집 2004년 발행/초판 2쇄 2005), 391 및 405~406쪽을 볼 것.

할 때, 사회복지에 의해 삶에 영향을 받는 "민중들의 참여기회가 제도
적으로 보장되어야 한다"는 것을 의미한다. 이는 사회복지에 대한 국
가 개입이 증대하면서, 특히 "민중들의 삶에 중요한 영향을 미치는 정
책이 비공개적으로 결정되어 민중을 대상화"시키는 관료주의가 강화
될 것에 대한 우려의 표시로 풀이된다. 왜냐하면 우리나라는 "권위주
의적 속성이 강하기 때문에 민중의 참여 욕구가 더욱 절실"할 수밖에
없기 때문이다. 이런 관점에서 그는 '참여'를 "민중들이 정책결정 주체
의 하나가 된다는 것"으로 이해하면서, 참여가 기존의 정책과정 또는
정책결정구조에 영향을 준다는 측면을 중시하며 참여를 통하여 권력
의 분산이 이루어진다는 점을 특히 강조한다.[46]

한마디로 사회복지는 "모든 사람의 인간다운 생활을 보장하고, 특
히 자신의 힘으로는 인간다운 생활을 영위하기 어려운 사람들을 사회
적으로 원조하는 일"이라 할 수 있다.[47] 따라서 국가와 사회는 모든
사람이 인간다운 삶을 살아갈 권리를 보장할 의무가 있고, 또 국민은
이를 요구할 권리를 지닌다.

---

46) 같은 책, 특히 119~123쪽.
47) 같은 책, 397쪽.

4. 소결: '급진적 개혁'을 위하여
― 노동운동과 시민운동의 연대

예컨대 독일에서는, 자본주의의 발전정도에 비추어 볼 때, 노동운동의 '정치 세력화'가 대단히 이른 시기에 이루어진 편이다. 그리하여 더구나 통일된 민족국가조차 수립하지 못한 상태에서, 아직도 허약한 사회적 기반 위에서 동요하던 노동운동이 독자적·자립적 조직으로 출범함으로써, 적잖은 역사적 후유증을 남기게 되었다.

결과적으로 사회주의적 노동운동이 점차 사회의 변방으로 축출당하는 계기가 만들어졌다. 아울러 정치권 내에서의 이러한 소외로 인해 노동운동 세력의 대(對)사회적 영향력 행사의 폭이 심각하게 위축당할 수밖에 없게 되었다. 뿐만 아니라 프롤레타리아 계급으로 일사불란하게 조직된 사회집단이 공개적으로 반(反)자본주의 혁명을 선언하고 나섬으로써, 결국 부르주아 계급으로 하여금 자신의 이해관계를 방어하기 위해 기존의 경찰국가 체제 및 전통적이고 관료주의적인 봉건적 지배엘리트에게 더욱 강하게 밀착하도록 하는 빌미를 주게끔 되어버렸다.

물론 이러한 독립적인 정치적 노동자 조직의 결성을 통하여 라살레(Lassalle)는, 엥겔스의 지적처럼, "새롭게 사회주의의 깃발"을 고양하고, 그를 통해 노동자의 계급의식 고취에 적잖이 공헌하였다. 동시에 노동자의 정치투쟁을 심화시키고 확산시키는 데 폭넓게 기여하기도 하였다. 이런 관점에서 맑스도 시민운동으로부터의 이러한 노동운동의 분리를, 라살레의 "불후의 업적"으로 높이 평가하였던 것이다.

어쨌든 독일의 사회민주주의는, 1860년대 이래 비스마르크의 관헌적(官憲的)이고 군국주의적인 지배질서에 무릎 꿇은 부르주아 자유주의 세력을 대신하여, 급진적 민주화 세력의 정치적 유산을 홀로 떠맡지 않을 수 없었다. 그러나 독일 상황의 특수성이라고도 할 수 있는 사회민주주의에 의한 이러한 정치적 저항의 '독점'은, 독일 노동운동을 사회의 변방으로 유폐시키는 빌미를 주었다. 결과적으로 독일의 사회민주주의적 노동운동은 오로지 국가기관의 정복을 겨냥하는 정치투쟁을 통하여 사회변혁을 꾀하고자 시도하였던 것이다. 따라서 노동조합 운동에 비해 정당운동이 우선시되었고, 또한 일사불란한 중앙집권적 조직경향이 두드러지게 나타나게 되었다. 훗날 이렇게 엄격히 통제되는 중앙집권적 조직원리가, 특히 러시아의 볼셰비키 정당 결성의 모범적 기준으로 작용하기도 할 정도였다.

한마디로 독일 노동운동은 민족국가 수립 및 민주체제 확립이라는 두 개의 역사적 과제 해결에 동시에 몰두할 수밖에 없었다. 뿐만 아니라 반자본주의적 계급운동까지 거세게 밀고 나갔다. 그리하여 이제 막 본격적으로 전개되기 시작하는 독일의 노동운동은 힘겨운 부담에 시달리지 않으면 안 되었던 것이다.

그러나 라살레와 대립하던 베벨(Bebel)과 리프크네히트(Liebknecht) 노선은, 독일 노동자계급이 "수와 지적인 면에서" 아직도 허약한 상태에 처해 있다고 판단하고 있었다. 그들은 프러시아 노동자의 허약성과 비자립성은 자유주의적 시민계급과의 동반자적 협력 이외의 다른 선택의 여지를 허락하지 않고 있다고 평가하였던 것이다. 따라서 그들에게는 모든 민주화 세력의 단합이야말로 절실한 시대적 요청으로 비칠 수밖에 없었다. 그러므로 그것이 시민계급과 노동자계급 간의 사회적 갈등과 모순을 예리하게 강조하고 파헤침으로써 와해되어서는 안 되는 것이었다. 이런 관점에서 그들은 민족운동을 시민적 민주화운동 세력과 노동운동 집단을 하나로 묶어주는 필수적 연결고리로 이해했다.

그리하여 베벨과 리프크네히트가 이끄는 노동운동 세력은 자유민주적 시민계급과 노동자들 간의 동맹관계를 저해하지 않도록, 계급문제에 대한 집착을 민족문제의 뒷전으로 밀어놓았다. 그러나 민족의 장래에 관한 노동자계급 내부에서의 줄기찬 논쟁은 '노동자계급의 정치화'를 자연스레 불러오게 하였다. 이러한 과정을 겪으며 계급문제 해결을 위한 노동자 계급의 정치투쟁 역시, 서서히 불타오르기 시작하였던 것이다.

　줄여 말해서 독일 노동운동은 스스로의 독자적인 정치적 활동의 장을 마련하기 위해 진보적 시민운동과 일시적 연대관계를 형성함으로써 우선 반체제적 민주화 운동에 매진하고, 연후에 훗날 부르주아 계급과의 이른바 '결정적' 계급투쟁을 대비하는 방안을 선택하는 것을 당대의 역사적 현실에 더욱 부합하는 노선으로 인식하였다.

　그러나 독일 노동운동은 민주화 운동, 계급운동, 민족운동을 일망타진(一網打盡) 식으로 추구했다. 또한 시민운동 세력과의 전략적 유대관계도 제대로 성사시키지 못하였다. 결과적으로 독일 노동운동은 한편으로는 과격하고 혁명적인 구호와 온건하고 개량적인 실천이라는 이론과 실천의 심각한 괴리를 만들어내면서, 다른 한편으로는 사회에서의 노동운동의 철저한 소외 및 자기소외를 자초하기도 하였던 것이다. 이 두 개의 모순이 실은 제1차 세계대전에 이르기까지, 독일 노동운동의 기형적 발전의 결정적 요인으로 작용하였던 것이다. 그리하여 세계 제일의 조직과 규모를 자랑하며 국제 사회주의 운동을 주도하기도 했던 독일의 노동운동은 급기야는 국제 노동운동권의 주도적 보수집단으로 전락하는 비운을 맛보기도 하였다.

　물론 서유럽 다른 나라들과는 달리, 시민계급이 제대로 성숙하지 못한 상황에서 계급문제와 민족문제를 동시에 해결하지 않으면 안 되었던 독일역사의 특수성을 결코 외면할 수는 없다. 그러나 자본주의적 발전이 앞섰던 나라들에 비해 지나치게 일찍 수행된 노동운동의 정치세력화는 첫째, 민족통일 노력을 위해 필수적으로 요청되는 전체 민족구성원간의 연대, 그 중에서도 특히 시민계급과의 결속을 심각하게 저해하였고, 둘째, 노동운동세력 자체의 단합까지도 흔들어놓았으며, 셋째, 노동운동 세력의 사회적 영향력행사를 차단당하기도 하면서, 결국 사회적 변방으로 추방당하는 사회적 소외를 스스로 자초하기도 하였던 것이다.

한마디로 계급문제와 민족문제의 해결이라는 역사적 과제가 민주화에 대한 사회적 요청과 밀접히 결합되어 날카롭게 표출되었던 1860년대의 독일적 체험은 현재 한국이 직면하고 있는 역사적 현실과 상당할 정도로 유사하다고 말할 수 있다. 다시 말하면 독일의 1860년대는 노동운동·민족운동·민주화 운동이 당면 역사적 과제를 해결하기 위해 상호 화합과 충돌을 반복하던 시대적 특성을 지니고 있었다. 이런 의미에서 우리는 — 물론 기본적 제약과 한계 내에서나마 — 그러한 역사현실 속에서 부침을 되풀이했던 독일 노동운동의 사례를 통하여, 진지한 역사적 교훈을 얻을 수 있을 것이다.

흔히 '시민'으로 옮겨지는 독일어 Bürger나 불어 Bourgeosie는 성(城)이나 요새(要塞)로 번역되는 Burg 또는 Bour에서 비롯한 어휘다. 이를테면 '성안에 거주하는 자', '성 안 사람들' 정도의 의미를 지닌 말이었던 것이다. 문자 그대로 이들은 튼튼한 성벽 안에서 보호받아야 할 사람들이었으니, 신분적으로나 정치적으로 중요한 사회집단의 구성원들로서 지배계층에 속하는 무리들이었다고 말할 수 있다. 그 외 하층민들은 성 밖에 버려진 존재들이나 마찬가지였다. 우리나라도 크게 다르지는 않았을 것이다. 4대문 안에 사는 사람들과 그 밖으로 내쳐진 사람들 사이에는 엄혹한 신분의 장벽이 완고하게 드리워져 있지 않았던가.

그러다가 이 어휘는 자본주의의 발달과 더불어 사회적 생산수단을 소유한 유산계급, 요컨대 지식을 소유한 예술가, 학자, 문인 등과 자본을 소유한 금융인, 상인 등을 아우르는 말로 불리기 시작했다. 그에 반해 무산계층들은 '프롤레타리아트'(Proletariat)라 불리었다. 모름지기 모든 사회적 개념은 역사성을 띤다. 요컨대 역사적으로 변천하는 사회적 계급의 축적되는 힘의 정도와 수준에 발맞추어, 개념 역시 함께 따라 변모한다는 말이다.

이러한 사회적 개념의 역사적 변천과정이 우리에게도 그리 낯설지만은 않다.

예컨대 한때 '민중'(民衆)이란 용어가 '민중운동', '민중신학', '민중사회학' 등과 연결되면서, 사회운동 세력뿐만 아니라 학문세계까지 풍미한 적이 있었다. 한편으로는 공안당국에 의해서는 그것이 프롤레타리아를 지칭하는 말이라 하여, 그 용어를 입에 올린 사람이 이른바 '빨갱이'와 동일시되며 고문당하기도 하였고, 다른 한편에서는 일종의 '어둠의 자식'들이나 착취당하는 피지배계층 일반으로, 또 어떨 때는 '국민 대중'의 줄인 말 등으로 편의에 따라 적절히 탈바꿈하기도 하였다. 어쨌거나 이 '민중'이란 어휘를 이따금 입에 올리지 않으면, 진보적 성향과는 담을 쌓은 보수·반동처럼 치부되어 손가락질받기 일쑤인 적도 있었다. 그러나 지금은 이 말이 행방불명 되어버린 듯, 이전처럼 자주 듣기 힘들게 되었다.

그러나 이 민중의 본질적 핵을 차지하는 것은 노동자라 할 수 있다. 말하자면 자본주의 사회체제의 존립을 가능케 하고 또 그 성장과 발전의 밑거름이 되면서도, 동시에 정치적·경제적 억압의 주된 대상으로 전락하는 존재가 바로 노동자 아닌가. 사회발전의 핵심주체이면서도 그 혜택으로부터는 가장 멀리 버려진 소외된 집단을 민중이라 한다면, 노동자야말로 당연히 민중의 주체세력이라 일러 마땅한 것이다.

'시민'이란 말의 운명 역시 유별난 듯하다.

우리나라에서는 '시민'이란 말이 "서울·시민 여러분!"하는 어법처럼, 농촌이 아니라 도시에 거주하는 모든 도시주민을 총칭하는 초계급적 의미로 일반화되어 사용된 듯하다. 예컨대 재벌이나 달동네 주민들도, 아무런 구별이나 차별 없이, 공평하게 '시민'으로 불리는 것이다. 따라서 생산수단의 사적소유 여부를 따지는 엄밀한 경제이론적 개념 규정 같은 것이 결코 문제될 리 없음은 물론이다. 심지어는 "자유민주주의 체제를 위협하는 세력에 강력히 맞서고, 시장 경제질서를 흔드는 무리들에 대항하기 의해 출범"했다는, '자유시민연대'라는 우익단체까지 설립된 형편이다.

어쨌든 오늘날 한국의 '민중'들은 대단히 복잡한 존재들이다.

'여성이면서 노동자'이고, 또한 '깨끗한 환경 속에서 살아가고 싶은 노동자'이기도 하며, 동시에 '지역감정에 사로잡혀 있는 노동자'이기도 하면서, '땅값 때문에 때로는 자신의 주거공간이 개발되기를 원하기도 하고 또 때로는 그것을 반대하기도 하는, 시민'이기도 한 존재들인 것이다. 이러한 민중들에게는, 한칼로 벨 수 없는 지극히 다양한 이데올로기와 문화양식 등이 작용한다. 그러므로 이러한 다양성과 중층(重層) 복합성을 고려에 넣지 않는 운동의 논리는 좌절을 맛볼 수밖에 없을 것이다.

예컨대 노동을 가리키는 영어의 'labour'는 로마시대 노예노동을 의미하는 labor에서 유래하였고, 프랑스어 'travail'은 '다루기 힘든 황소나 말에 편자를 씌울 때 요동하지 못하도록 묶어두는 세 개의 말뚝'을 뜻하는 라틴어 'tripalium'에 그 기원을 두고 있다 한다. 요컨대 노동이란 마소를 부려먹는 일과 흡사하다고 여겨, 고문과 다를 바 없이 여겼다는 기록이 남아 있기도 하다. 이를테면 노동은 흔히 예속(隷屬) 상태를 뜻하는 말이었던 것이다. 그런데 현재 우리나라의 노동자들은 바로 이러한 고대에나 있음직한 노예의 처지에서 과연 얼마나 벗어나 있다고 말할 수 있을까.

다른 한편 노동현장에서는 어떠한가?

일반적으로 노동현장에서는 사회적 불평등이 다른 어떤 곳에서보다 더욱 첨예하게 드러난다. 영향력의 차이가 그곳에 존재한다. 말하자면 소규모 소유주 집단이 모든 힘을 통제하고 대규모 고용인들의 생존수단에 대한 결정권을 장악하고 있는 것이다. 노동현장에는 사회의 다른 부문에서 이미 깨뜨려진 위계질서가 아직도 강력히 존속한다.

즉, 개인들은 엄중한 상하 복종관계의 구조 속에 끈질기게 편입되어 있다. 이처럼 현재 우리나라에서는 노동자들이 안팎으로 정당한 인간 취급조차 제대로 받지 못하는 실정이다. 그러한 상황에서 그들이 하나의 필수 불가결한 사회계급과 세력으로 당당히 존재하고 대접받길 기대할 수 있겠는가. 아직도 요원하다.

가령 '세계 인권선언'도 다음과 같이 선언한다.

제 23 조: ① 모든 사람은 일할 권리, 자유롭게 직업을 선택할 권리, 공정하고 유리한 조건으로 일할 권리, 그리고 실업상태에 놓였을 때 보호받을 권리가 있다. ② 모든 사람은, 어떠한 차별도 받지 않고, 동일한 노동에 대하여 동일한 보수를 받을 권리가 있다. ③ 모든 노동자는 자신(himself)과 그 가족(his family)이 인간적으로 남부끄럽지 않게 품위를 지키고 살아갈 수 있도록 보장해주는, 정당하고 유리한 보수를 받을 권리가 있다. 또한 이러한 보수가 부족할 경우, 필요하다면 여타 사회보호 수단으로써 부족한 보수를 메울 수 있는 권리가 있다. ④ 모든 사람은 자신의 이익을 지키기 위하여 노동조합을 결성하고 노동조합에 가입할 수 있는 권리가 있다.

제 24 조: 모든 사람은 휴식할 권리 그리고 여가를 즐길 권리가 있다. 이러한 권리에는 일을 너무 많이 하지 않도록 노동시간을 적정한 수준으로 제한할 수 있는 권리, 그리고 정기적 유급휴가를 받을 권리가 포함된다. 48)

이에 견주어 볼 때도, 우리 노동자들이 지금 적정한 인간의 권리를 제대로 공정하게 부여받고 있는지, 되묻지 않을 수 없게 된다. 예를 들어 우리나라 노동자들의 1인당 연간 근로시간은 경제협력개발기구(OECD) 국가 가운데 단연 1위다. 2000년을 기준으로 (OECD) 주요국의 연간 근로시간의 경우, 우리나라는 2,474시간으로, 독일(1,480시

---

48) 미셸린 이샤이, "세계인권사상사", 앞의 책, 691~692쪽에서 인용.

간) 영국(1,708시간) 일본(1,821시간) 보다 훨씬 많다. 49)

　이런 상황에서 지금 우리의 노동운동이 내딛어야 할 첫걸음은, 아직은 노동자의 본격적인 '정치 세력화' 노선은 아닌 듯하다.

　물론 정치세계 및 정치적 역학관계와 결코 무관할 수는 없지만, 다른 급선무가 있다. 우선 노동자의 '인간화' 노력이 보다 시급한 듯하다. 따라서 노동자들이야말로 존엄한 사회집단이며 본질적 사회계급이라는 사실을 사회로 하여금 제대로 인식하도록 만드는, 노동자의 '사회세력화'가 절실히 요청된다. 특히 노동조합을 중심으로 한 경제투쟁은 노동자의 사회적 권능과 존재가치를 공인받도록 만드는 결정적 계기를 만들어낼 수 있으리라 짐작된다. 물론 노동자의 경제투쟁이 '집단이기주의'(集團利己主義)의 발로라 비난받을 소지가 없지는 않을 것이다. 그러나 우리 노동자의 경제투쟁이 한국적 실정에 적합한 수준의 임금, 노동조건 및 사회보장책 등의 쟁취를 목표로 한다면, 그것은 최소한의 생존요구에 지나지 않는다. 가령 굶주리고 있는 사람들이 먹을 것을 요구할 때, 우리는 그것을 과연 집단 이기주의의 발로라고 매도할 수 있겠는가.

　우리나라 국민은 세계에서 그 유례를 찾기 힘들 정도로 정치에 대한 관심이 지극히 높다. 그러나 우리 국민은 정치에 대해 뿌리깊은 불신을 동시에 지니고 있다. "구관이 명관이다"라는 말은 현실정치에 대한 불만의 자학적 표현이다. "그×이 그×이다"라는 자조적인 말 속에도, 극복될 줄 모르는 정치적 불신의 어두운 그림자가 짙게 서려 있다. 또한 어떤 정치현상을 평가할 때도 합리적 판단이나 노선에 따라 행하는 것이 아니라, 오히려 혈연이나 '출신성분'에 따른 지역감정 등 집단정서에 좌우되는 경우가 흔하다. 그러나 정치에 대한 관심이 높다면 정치에 대한 불신이 얕아야 하고, 반대로 정치에 대한 불신이 많다면 정치에 대한 관심이 적어야 정상이다. 그런데 우리 사회에는 높은 정치

---

49) 〈세계일보〉 2003년 8월 30일.

적 관심과 깊은 정치적 불신이 공존하고 있다. 흥미로운 모순이다. 혼란스럽다.

뿐만 아니라 우리나라의 노조가입률은 지극히 저조하다. 노동부 자료에 따르면 전체 노동자의 조합가입률을 나타내는 노조조직률은 지난 1982년 20.2%에 달했으나 17년 만인 1999년 절반 수준인 11.9%로 급격히 하락했다. 이는 영국(27%), 독일(26%), 호주(25.7%) 등 대부분 선진국들에 비해 현저히 떨어지는 수준일 뿐 아니라 노동시장의 유연성이 가장 앞선다는 미국(13.9%)에 비해서도 낮은 수준이다.[50] 게다가 비정규직이 50%를 넘고 있다. 이런 상황에서 정치투쟁까지 노동운동이 떠안아야 한다면, 그것은 노동운동권에 심각한 모험과 희생을 요하게 될 것이다.

물론 정치와 경제를 확연히 갈라놓을 수 있는 것은 아니지만, 오히려 시민운동세력에게 정치투쟁을 일임하는 것이 대단히 바람직한 일이라 여겨진다.

물론 더 두고보아야 하겠지만, 무엇보다 인간해방의 노정(路程)에서 자그마한 디딤돌의 하나라 일컬을 수 있는 민노당의 원내진출로 인하여, 점진적 국민복지 증진과 안정된 사회질서 구축을 어느 정도 기대할 수 있는 상황이 느리게나마 서서히 만들어지고 있다고 말할 수도 있게 되었다. 말하자면 부분적 민주화 이행에도 불구하고 오랫동안 반공 보수주의의 완강한 전횡에 쉴 새 없이 휘둘리던 기성정치의 이데올로기적 틀에 적잖은 변화가 초래될 것이고, 동시에 사회 저변계층의 진보적 요구와 이해가 컸음에도 불구하고 그것이 정치적으로 적정하게 대표되지 못했던 그동안의 문제점이 부분적으로나마 해소될 계기가 점진적으로 마련되리라는 말이다. "높고 튼튼한 제방도 개미와 땅강아지 구멍 때문에 무너진다"는 한비자의 말이 입증될 수도 있는

---

50) 〈문화일보〉 2001년 7월 12일.

현실이 서서히 만들어지지 않겠는가.

이런 상황에서 한편으로는 민노당과 시민운동 세력이 연대하여 정치투쟁을 전담하고, 다른 한편으로는 노동운동권이 전적으로 경제투쟁에 몰입할 수 있는 분업적 구도가 만들어진다면, 우리 사회의 총체적 발전을 기약하는 획기적 계기가 도래하리라 예측할 수 있다.

노동운동이 오로지 경제투쟁에 그리고 시민운동이 정치투쟁에 몰두한다면, 이 두 세력은 지극히 바람직한 사회적 분업을 영위하는 셈이 된다. 이를 새로운 유형의 '산학(産學) 협동체제'라 일컬을 수도 있지 않겠는가. 한마디로 노동운동과 시민운동은 굳게 연대하지 않으면 안 된다. 왜 그래야 하는가?

첫째, 특히 공산권이 몰락한 이후 혁명의 시대가 막을 내리고 있음이 역력해지고 있다. 혁명 자체의 근원적 불필요성이 입증되었다는 말이 아니라, 그 가능성이 현실적으로 소진되었다는 말이다. 그 자리에 개량과 개혁의 시대가 대신 들어서고 있다. 그것은 시대적 요청이자 유일한 현실적 가능성의 영역에 속하는 것이기도 하다.

어쨌든 '힘센 놈이 최고'라는 식의 자본주의적 '호랑이의 자유'에 대한 혁명적 도전이었던 사회주의 체제는 결국 당과 국가의 일방적 지시를 복창하기만 하는 '앵무새의 평등'으로 막을 내렸다. 자본주의의 '평등 없는 자유'를 뒤쫓는 긴장된 추격전은 결국 사회주의의 '자유 없는 평등'으로 끝맺음하게 되었던 것이다. 공산권의 몰락은 바로 '자유 없는 평등'의 좌절을 의미한다. 이러한 상황에서 노동운동과 시민운동의 결속은 '자유 속에서의 평등구현'이라는 역사적 요청을 적절히 충족시키는 시대적 행보가 될 것이다.

둘째, 세계화 시대에 이르러 결국 '계급'으로서의 노동자의 단합도 퇴조의 위기에 봉착하게 되었다. 그동안 방만하게 운영해온 기업, 은행, 공공부분 등이 안정과 구조조정이라는 이름으로 매각 또는 통합되거나 군살빼기 등을 시도할 때, 기업의 대량도산과 노동자들의 대량실업은 불가피할 수밖에 없다. 그러나 사회적 안전망이 제대로 마련되지 않은 상태에서 예컨대 대량실업이 발생할 경우, 그것은 사회적 불안과 혼란으로 직결될 것이다. 그러나 자본가들이 노동력을 어디서나 쉽게 구할 수 있고 자본을 언제 어디로든 쉽게 이동할 수 있는 상황에서는, 조직 노동자에 대한 자본가들의 협상능력은 강화될 수밖에 없다. 그리하여 초국가적 기업이 이제 조직 노동자들을 협상 테이블의 파트너로 여기기보다는, 파괴시켜야 할 시대착오적 장애물로 간주하는 경향이 짙어져간다. 반면에 거대기업과 자본가들의 영향력은 그 어느 때보다도 커지고 있다.

예컨대 마키아벨리는 이렇게 썼다.

> 군주는 어떤 이유로 민중의 미움을 살까? 가장 큰 이유는, 민중이 가장 소중히 여기는 것을 군주가 빼앗아 가는 데 있다. 인간은 자기가 가장 소중히 하는 것을 빼앗겼을 때의 원한을 절대로 잊지 않기 때문이다. 그것이 일상에 필요한 것일 때 더욱 그렇다. 필요를 느끼는 것은 매일이므로, 날마다 빼앗긴 원한을 되씹게 되는 셈이다.[51]

이를테면 현대세계의 군주인 자본가는 자신의 지원을 받을 수밖에 없는 정치인들과 결탁하여, 노동자들의 일터와 결속을 계속 빼앗고 있는 것이다. 그러하니 노동자들이 빼앗긴 그 원한을 어찌 날마다 되씹지 않겠는가.

어쨌든 지금 노동자들간의 집단적 유대가 대단히 약화되면서 분열과 좌절이 야기되고 있다. 반면에 시민운동의 역량과 활동공간은 세계화 시대를 맞아 더욱 확장되는 현실이다. 그러므로 시민운동이 노동운동의 이해관계를 대변하고, 동시에 노동운동측에서 시민운동을 지원함으로써, 개혁세력의 저변확대가 가능해질 수 있다.

그러나 현재 우리나라의 시민운동은 계급적 정체성이 불투명한 일

---

51) 시오노 나나미 지음/오정환 옮김, 《마키아벨리 어록》(한길사, 1999), 122쪽.

종의 백화점식 두루뭉수리 속성을 적지 않게 지니고 있다. 따라서 시민운동은 노동운동을 적극적으로 지원함으로써, 추진세력을 확보할 뿐만 아니라 민중성을 쟁취할 수도 있게 된다. 결국 자신의 세력기반을 확장시키는 수확을 거두게 됨은 물론이다. 동시에 노동운동은 노동자의 지원세력을 확보함으로써, 자신의 사회적 고립과 소외를 지양할 수 있는 획기적인 계기를 얻게 될 것이다.

현재 오래전부터 절규(絕叫)하던 개혁(改革)이란 것도 혼수상태에 빠져 있는 듯하다. 그리고 지금은 또 어떤 시대인가? 우리는 지금 대내외적으로 극약처방을 요하는 위기국면을 맞고 있다. 난국(難局)이다.

따라서 우리가 처해 있는 난관을 개혁적으로 돌파하기 위해서는, 시민단체 및 노동계를 필두로 하여 여·야를 망라한 책임 있는 개혁세력들이 총집결하여 위기극복에 동참하지 않으면 안 된다. 혁명만 급진적인 것이 아니다. 개혁도 충분히 급진적으로 수행할 수 있다. 지금이 바로 그 시기다. 그리고 그것을 시민운동 세력이 앞장서서 추진해나가지 않으면 안 된다.

아울러 노동운동과 마찬가지로 시민운동 역시 인간해방운동임을 잊지 말아야 한다. 그리고 지금 우리 사회에서 가장 비인간적 대우를 감내하지 않으면 안 되는 집단이 바로 노동자들이다. 따라서 현재 이 두 세력이 서로 연대한다는 것은 휴머니즘의 숭고한 요청이기도 하다.

그러나 시민운동 세력은 조선시대의 아전(衙前)과 유사한 존재일 수 있다는 것을 명심하지 않으면 안 될 것이다. 이를테면 과업을 바람직하게 잘 수행하려면, 지배세력과 피지배 집단의 효율적인 다리 구실을 떠맡음으로써 양쪽의 이해관계를 조화롭게 통일시켜낼 수도 있지만, 반대로 잘못 풀리면, 양쪽에서 협공당함으로써 모두에게서 동시에 버림받을 수도 있는 존재라는 말이다. 요컨대 시민운동 집단에게는 '중간자적 존재'에 따르는 위험성이 항상 따라붙을 수 있는 것이다. 그러므로 가장 위험하고 기회주의적인 존재가 될 수도 있지만, 동시에 가장 원대한 일을 해낼 수 있는 큰 가능성을 지니고 있기도 하다.

예컨대 지난번의 낙선(落選)운동은 이른바 '급진적 개혁' 노력의 한 유형에 속한다고 말할 수 있다.

지금 우리는 정치적 위기가 아니라 정치 자체의 위기를 겪고 있다. 우리의 천민(賤民) 자본주의는 결국 '천민 민주주의'밖에 잉태할 수 없다. 이 '천민 민주주의'의 폐해로 말미암아 우리는 끝없는 숙환에 시달린다. 시민운동은 바로 이러한 고질을 청산함으로써 노동자들이 궁극적으로 자신의 계급적 과업에 매달릴 수 있는 정치적 공간을 예비해나가지 않으면 안 될 것이다.

오늘날 모든 정당이 '국민'을 독점하기 위해 혈안이 되어 있다. 이른바 민주국가에서는 모든 정치행위가 오로지 국민의 이름으로써만 정당화될 수 있기 때문이다. 그렇기 때문에 예컨대 '햇볕정책'이나 '북한 타도' 등, 서로 대립적인 정책을 제시하면서도 모두가 다 한결같이 국민이 다름 아닌 우리를 지지한다고 너스레를 떠는 것이다.

사실상 국민은 지금 허수아비에 지나지 않는다.

실질적으로 국민을 지배하는 엘리트, 즉 국민의 대표는 입법활동 등에서 단지 형식적으로만 유권자, 즉 국민의 통제를 받는다. 이를테면 국민은 '국민'의 이름을 민주적으로 도용당하기만 하면서, 동네북처럼 두들겨 맞기만 하는 셈이다.

오늘날 우리 국민에게는, 정치적 명예혁명(名譽革命)을 명예롭게 성취해야 할 천부적 권리와 의무가 주어져 있다. 그리고 현재 이 명예혁명을 앞장서 이끌어나갈 역사적 과업을 떠맡고 있는 존재가 바로 시민운동 세력인 것이다.

우리 사회에는 마치 '사쿠라'와 '빨갱이'만 존재하는 듯하다. 기존체제에 대해 조금만 긍정적인 평가를 내려도, 이내 '사쿠라'라는 오명(汚名)이 따라 붙는다. 마찬가지로 그것을 비판하는 어투만 보여도, 금세 빨갱이라는 욕설이 뒤따른다. 말하자면 흑백논리가 극성을 부린다는 말이다. 따라서 엄정한 구분도 없이 '노동자'와 '시민'을 일단 둘로 갈라놓고서는, 두 진영이 마치 심각하게 본질적으로 대립하고 있는 듯한 의혹을 부채질하는 경우도 없지 않다.

어쨌든 시민운동은 노동자 계급이 필수적인 사회집단의 하나로 합당하게 대우받는 사회적 존엄성을 쟁취할 수 있도록, 노동운동의 '사회세력화'를 지원해야 한다. 다른 한편 노동운동은 시민운동 세력이 급진적 사회개혁을 강력히 주도하기 위해 정치적 발언권 및 정치개입 역량을 강화할 수 있도록, 시민운동의 '정치세력화'를 폭넓게 후원해야 한다.

그러나 북한의 존재와 우리의 기존체제의 속성 및 국민의 전통적 보수성 등을 고려할 때 현재 한국적 현실에서 가장 과격하고 가장 가능한 사회운동의 상한선은 무엇이겠는가? 그것은 한마디로 사회민주주의(社會民主主義) 노선 정도라 할 수 있다. 요컨대 점진주의적이고 개량주의적 세계관에 입각한 개혁적 사회운동을 추진하는 것만이 가장 현실적이라는 말이다. 그리고 그것은 이성적인 것이기도 하다. 따라서 기존체제에 대한 근원적 거부 자세나 체제전복 시도보다는, 제도권 내에서의 협력과 비판을 통하여 함께 더불어 공존해나갈 수 있는 사회운동 노선을 추구하는 것이 바람직할 것이다. 요컨대 '초전박살'(初戰撲殺)이 아니라 '평화공존'(平和共存)이 우리의 목표가 되어야 한다는 말이다.

이러한 상황에서 예컨대 민족문제는 시민, 노동자 구별 없이 모든 민족구성원 전체의 이해관계와 직결되어 있다. 모든 국민의 자유와 화합을 도모하는 민주화 문제도 역시 마찬가지다. 이런 맥락에서 우리는 궁극적으로 시민과 노동자들이 합세할 수 있는 운동방향을 모색하지 않으면 안 된다. 그것은 결국 민족운동과 민주화 운동으로 결집된다.

　이런 의미에서 우리는 이른바 '선 민주, 후 통일'의 운동노선을 택하는 것이 바람직하리라 여겨진다. 왜냐하면 민주화 운동과 민족운동은 전체 사회계급의 단합과 결속의 토대 위에서만 가능하기 때문이다. 뿐만 아니라 통일은 민주적 변혁을 가리킨다. 분단과 민주주의는 양립할 수 없기 때문이다. 결국 통일은 장시간을 요하는 민주주의의 확립을 의미한다. 따라서 민주주의를 구축하는 일이 곧 통일 대비작업이 될 수도 있기 때문에, 우리에게는 '선 민주, 후 통일'의 운동전략이 절실하다고 말할 수 있다. 이것은 물론 거시적 전망에 입각한 우리 사회 개혁세력의 근본적 운동정신을 일컫는 것이다.

　한반도 상황과 국제적 환경을 고려할 때 우리 사회에는 노동운동의 온건화가 바람직하다. 반면에 시민운동은 더욱 급진적이 되지 않으면 안 된다. 요컨대 온건화하는 노동운동과 급진화하는 시민운동이 서로 만나야 한다는 것이다. 이를테면 노동운동은 자본주의의 기본틀을 용인하는 한도 내에서 그 개선방책을 모색해야 하고, 반면에 시민운동은 과격하고 급진적인 정치적 개혁을 추구해야 한다는 말이다. 그런데 과연 어떻게 만날 수 있을 것인가?

　결국 구체적으로 어떻게 연대(連帶)할 것인가 하는 것이 문제다.

　요컨대 무지갯빛 희망사항으로서가 아니라 현실적 가능성을 지닌 구체적 방안을 어떻게 찾을 것인가 하는 것이 문제라는 말이다. 지극히 절실한 과제일수록 그 해법이 지극히 어려운 것은 자연스러운 현상이다. 이러한 형편을 염두에 두면서, 일단 토론의 장을 시험적으로 마련해본다는 정도의 수준에서 몇 가지 방안을 제시해보도록 하겠다. 이것은 물론 현 시점에 응용 가능한 단기적 방책에 불과하다.

　첫째, 우리는 운동의 새로운 주체형성 문제를 심각히 따져보지 않으면 안 되는 시점에 서 있다. 예컨대 '시민 없는 시민운동'이나 '여성 없는 여성운동', 즉 '운동가들만의 운동'이라는 식의 현실적 한계와 문제점을 극복하기 위해, 추상적 구호에 집착하는 물리적, 횡적 연대수준을 탈피하기 위한 노력을 전개해야 할 것이다. 이를테면 가령 '통일방안 수립'이나 '신자유주의 지배질서 타파' 등, 추상적 구호나 프로그램하에서 느슨하게 전개되는 공동보조 차원의 연대 이상의 것을 추구해야 한다는 말이다. 요컨대 '선택적·우호적 연대', '사안별 연대' 운동을 추진하는 것이 바람직하다는 것이다.

일례로 직장여성들의 보육 및 출산문제라는 구체적 주제 하나를 선별하여, 이 문제에 직접적 이해관계를 갖는 시민운동 내의 여성운동단체와 노동운동 내의 여성노동자 계열이 연대하는 방식 같은 것을 모색하는 것이 보다 효율적일 수 있다는 뜻이다. 주거환경, 의료 및 교육문제, 실업자 대책, 예비군 제도 및 군 복무기간 단축 문제 등, 우리가 찾아낼 수 있는 구체적 연대 사안은 적지 않을 것이다.

이를테면 우리는 구호(口號)와 명분(名分)이 아니라, 직접적이고 구체적인 이해관계로 묶여지는 사회운동 방안을 강구해야 할 것이다. 예컨대 노동운동측이 제시한 '민중 독자후보 운동' 구호보다는, 보다 구체적이고 '최소강령적'이었던 낙천-낙선운동이 우리 사회에서 왜 그토록 강력한 지지를 받고 또 섬뜩한 영향력을 행사할 수 있었던가 하는 것을 다시 한 번 음미해볼 필요가 있다.

어쨌든 공통적 이해관계를 충족시킬 수 있다는 희망 없이는 사회운동이 성립할 수 없다는 단순한 사실을 명심할 필요가 있다. 이처럼 사안별 이해관계로 결속할 수 있는 연대기구들은 정책 및 예산을 공동으로 집행할 수도 있을 것이다.

둘째, 운동의 목표를 관철해내기 위해서는 능동적이고 적극적인 운동의 주체와 후원세력의 양성이 필연적이다. 이해관계에 의해 이끌릴 수밖에 없는 인간사회에서는, 그 사회구성원이 실제로 몸담고 살고 있는 지역에서 가장 직접적으로 이해득실이 판가름나게 된다. 이런 의미에서 시민운동과 노동운동이 가장 효과적으로 연대의 장을 마련할 수 있는 곳은 '지역운동' 차원이 아닌가 한다. 이 경우에도 '어떤 노동운동 단체의 지부'와 '무슨 시민단체 지부' 간의 연대형식이 아니라,

구체적 이해관계로 엮어진 특정 이슈와 사안을 둘러싼 연대가 바람직하다는 말이다.

셋째, 운동의 조직적 연대구축을 위해서는, 구체적 실천방안을 함께 논의할 공동의 논의의 장도 필요할 것이다. 이를 위해서는, 운동 단체간의 제도적 연결고리 역할을 담당할 편제상의 보완이 요구된다. 예컨대 시민운동 단체에 '노동위원회'를 그리고 노동조합에 '시민위원회' 같은 것을 각각 구성하여, 이질적인 두 기구간에 실천상의 의사소통이 보다 원활히 이루어질 수 있도록 배려함으로써, 두 조직간의 화합과 연대를 더욱 굳건히 도모할 수 있을 것이다. 이 두 위원회는 상대 단체로부터 전권을 위임받아 파견된 대표자가 그 핵심적 구성원이 되며, 운영위원회나 정책위원회 등 각 단체의 핵심적 정책결정기구 내에 설치하는 것이 바람직할 것이다.

거듭 말하지만, 본질적으로 시민운동은 정치투쟁을 전담하고, 노동운동은 경제투쟁에 몰두하는 사회운동의 분업체제를 성사시켜야 하는 것이 현재 우리의 시대적 당면과제라 할 수 있다.

그러나 만일 노동운동이 계급투쟁의 성격을 띠는 정치운동에 집중한다면, 일반 국민들의 전폭적인 공감을 확보할 가능성이 희박할 것임을 명심해야 한다. 심지어 노동자 계급 내부에서도 서로간의 일체감을 찾아보기 힘든 현실이다. 노동자들끼리도 단합이 제대로 이루어지지 못하고 있는 실정인 것이다. 어쨌든 정치투쟁은 그나마 허약한 노동자들의 결속까지 허물어뜨릴 수 있다. 그러나 한국적 실정에 부합하는 수준의 임금인상이나 작업환경 개선문제 등 평화적 경제투쟁에 주력하면, 적잖은 사회적 공감을 불러일으킬 수 있을 것이다. 우선 여론의 지지를 획득할 수 있는 방안부터 모색하지 않으면 안 된다. 우리는 우리 사회의 구체적 현실조건에서 겸허한 자세로 출발해야 한다. 돌아서지 않으면서 돌아갈 줄도 알아야 할 것이다.

결 론: 인간본위 제도 수립

1. 공동체의식과 연대의식

한국인의 공동체(共同體)의식은 작게는 가문, 혈연, 문벌, 학연, 크게는 지역공동체와 민족공동체에 이르기까지, 공동체의 규모에 따라 그 유형과 속성이 다양하다.

한마디로 한국인의 부정적 공동체의식, 집단의식 혹은 '군집성'(群集性)은, 산업사회 내부에 온존되어 있는 전(前)산업사회적 생활양식 및 의식구조를 일컫는다. 이를테면 가부장적 전통과 신분사회의 유습(遺習)이라 할 수 있다. 곧 사회적 이동이 극심할 수밖에 없는 근대사회에 나타나는 강렬한 전근대적 집착인 것이다.

한국인의 부정적 공동체의식은 우선 사회불안과 또 그로 인해 파생될지도 모른다고 믿는 자기실종의 공포에 대한 소극적 반발이다. 그러므로 그것은 사회 전반에 만연된 이른바 '불신풍조'에 맞서는, 소집단적 자기방어의식의 하나라고도 말할 수 있다. 요컨대 그것은 혈연, 지리적 근접성 등의 '자연적' 운명공동성과 그에서 비롯하는 정서적 유대감이라는 1차원적 공통성의 토대 위에 자리틀고 앉아 있다. 그리하여 그것은 이런 식으로 조성된 비합리적 상호신뢰에 뿌리내리는 맹목적 신앙의 한 형태이며, 소집단적 이기주의의 한 표현이다. 그러므로 그것은 문벌적, 족벌적, 붕당적, 향당적, 지방적 편협성을 극복·청산하지 못하는 소집단 충성심과 소집단 애국심을 일컫는다.

다른 한편 그것은 타 집단에 대해 가지는 불신, 경계심, 공포심과, 자기집단에 대해 지니는 무조건에 가까운 아량, 이해심, 무비판적 종속감 그리고 무분별한 정실주의(情實主義)로 나타난다. 그리고 이러한 소집단 내부에서의 권위는 합리적 업적이나 능력에 의해서가 아니라, 일반적으로 그 집단에 참여한 기간의 길고 짧음(예컨대 고참, 신참)과 참여시기의 이르고 늦음(예컨대 선배, 후배), 연령, 외형적 지위 등 주로 형식적이고 비합리적인 여러 요인에 의해 결정된다. 그러므로 그 권위는 때로 초법적(超法的)일 수 있다.

여기서 말하는 '공동체의식'은 대체로 '1차집단적' 사고방식이나 행위양식을 일컫는다. 그러면 이것은 구체적 정치현실 속에서 어떠한 모순을 잉태하며 존재하는가, 그리고 그것의 문제점은 과연 무엇인가 하는 것들을 우리의 역사적 과제와 연결시켜 따져보기로 하자.

첫째, 한국적 공동체의식은 '사회통합'의 저해(沮害) 요인이다. 동시에 저해된 사회통합에 대한 소극적 자기반발이기도 하다.

사회통합이라 함은 개인 및 집단의 사회적 의사소통(정치행위 및 사회내 문화교류 등)이 '균등한' 수단과 통로를 통하여 질서 있게 이루어지는 '사회화'의 과정을 말한다. 그러므로 그것은 산업화에 따른 사회의 조직화를 뜻할 뿐만 아니라, 나아가서는 권리와 의무에서 사회의 각 구성원 및 구성집단간의 동등성이 보장된 민주적 사회질서를 그 당위적 전제로 요구한다. 그러나 우리나라에는 통치의 효율성을 위한 사회의 획일주의적 조직화(예컨대 이전의 새마을운동, 예비군 및 통반장 조직 등)가 철저히 수행된 이면에, 사회 각 집단간의 거리와 차별을 과시하는 전(前)산업사회적 '소집단' 중심주의가 공존하고 있다.

이 경우 소집단(小集團)이라 함은 우선 비합리적, 비정치적, 인격적, 제반 인간적 결합과 집합을 지칭한다. 뿐만 아니라 의식구조의 유사성에서 자체의 사회적 이해관계를 옹호·관철코자 노력하는 사회 조직화한 이른바 '이익집단'까지 포괄한다. 이 '사회화'한 이익집단 — 즉, 사회적 기능과 책임을 소유한 집단 — 에게는 대체로 기존사회의 정치적 모순 때문에 사회발전에 능동적으로 기여할 수 있는 기회가 대부분 차단되어 있다. 그것은 단지 지배세력의 이해관계에 직접, 간접으로 종속되어 있을 뿐이다. 따라서 이러한 집단의 사회적 기능은 거의 지배집단의 의사를 충실히 반영, 증언, 대변하기 위해 동원되는 데 있으며(예를 들어 반공 궐기대회 등), 그 대가로 흔히 반사회적 집단이기심의 충족이라는 혜택을 반대급부로 받는다. 반면에 사회화되지 못한, 또는 않은 여타의 소집단(예컨대 계, 친목회, 향우회, 종친회, 동창회 등)은 이따금 정치적 목적(선거운동 등)에 활용되기도 하지만, 일반적으로 사회에 대해 피동적이거나 무관심하며, 오히려 경계심 내지 공포심을 가지고 있을 경우가 많다. 특히 기존사회가 불안하거나, 또는 탄압의 주체로 인식될 경우 더욱 그러하다.

개인과 사회의 관계 역시 마찬가지다. "사회경험이 없다"거나 사회로 "나간다", 또는 사회생활을 "시작한다"는 식의 비장한 반사회적 표현법이 관습적으로 등장하는 것도 바로 개인과 사회, 나아가서는 집단과 사회 간의 간극(間隙)과 괴리(乖離)를 반증하는 것이다. 이것은 무엇보다도 사회구성원의 능동적 정치참여의 부재를 드러내는 것이며, 아울러 결여되어 있는 정치참여를 비정상적으로 보상하는 기능까지 담당한다.

줄여 말하면, 한국적 공동체의식은 실질적 사회통합이 저지당하는 상황에서 사회에 대해 일반적으로 지니는 불안의식을 암시할 뿐만 아니라, 역설적으로 사회통합, 나아가서는 민족통합을 지속적으로 저해하는 부정적 요인으로 작용한다.

둘째, 특히 봉건적 유산이 철저히 청산되지 못한 한국사회에서 비도덕적 집단(해방 후의 친일파로 구성된 한민당이나 전두환 체제의 군부

등)이 사회 내의 지도적 위치를 강점하거나 불법적으로 권력을 탈취하는 경우, 그 지배집단은 자체의 비윤리성을 은폐하기 위하여 스스로를 '사회'와 동일시함으로써 자기(自己) 정당화(正當化)를 기도하게 된다. 즉 자신을 사회 및 민족의 진정한 대변자로 둔갑시키면서, 자체의 집단이기주의에 정통성의 근거를 확보하고자 노력하는 것이다. 아울러 자신의 반민주적 봉건성과 폭력적 정권장악이라는 정치적 비윤리성은 서로 상승작용을 일으켜, 사회체제를 사유물로 인식하는 사유체계를 자연스럽게 발전시킴으로써, 정실주의적 부패를 필연적으로 유발시킨다. 말하자면 그러한 지배계급의 공동체의식은 그 정치 윤리적 비도덕성과 행위양식의 보편적 봉건성으로 말미암아 쉽게 전체주의적 전횡(專橫)으로 전락할 뿐만 아니라, 국민의 도덕적 황폐화까지 조장하게 된다는 말이다.

셋째, 반면에 피지배집단의 공동체의식은 사회내부의 각 계급 및 집단간 또는 개인과 사회 간에 구체적이고 실질적인 동등성이 부재하는 경우에, 가상적·형식적 집단동질성의 기회가 주어지면, 쉽게 도착적(倒錯的) 집단주의의 제물로 변신한다. 특히 정치적 비판의식이 결여된 상황에서는 더욱 그러하다. 예컨대 민간인의 소규모집단이 예비군훈련에 동원되면, 대낮에 대로상에서 유감없이 군가를 합창할 수 있다는 것도 그 조그만 사례에 속한다. 이것은 피지배집단의 전체주의적 타락이나 파시즘에로의 용이한 동원 가능성을 시사한다는 점에서 심각한 중요성을 지니고 있다.

이러한 도착된 집단적 향수는 사회적 불안으로부터의 도피를 위해, 좀더 강력한 집단의지에 스스로를 의탁시키고자 하는 무분별한 광신주의(狂信主義)로 전락할 수 있는 위험성을 항상 내포하고 있다. 이 뒤집힌 집단 히스테리는 무엇보다도 끝없는 경제적 불안, 산업화로 인한 사회적 익명성, 소외의식 또는 도덕적 황폐화로 인한 불신풍조 등이 만연하게 됨으로써 사회내부에 허무주의, 패배주의가 팽배할 때 더욱 그러하다. 그런 의미에서 이러한 공동체의식은 지배세력의 전체주의적 통치전략의 유효 적절한 도구로 악용될 수 있다.

넷째, 진정한 사회통합을 통하여 제거되지 못한, 또는 발전적으로 해소되지 못한 소집단 이기주의는 사회의 폐쇄화와 비민주화를 더욱 더 조장한다.

집단간, 그리고 집단과 사회 간의 건전한 교류가 차단됨으로 해서, 또한 오랫동안 전수되어온 피해의식과 자기보호의식 탓으로, 아울러 널리 만연된 정보주의와 불신풍조 때문에, '흑백논리'가 지배적 생활철학으로 등장한다. 견해나 이념의 차이가 개방적 토론이나 민주적 의사소통 방식을 통해서가 아니라, 등뒤에서 칼을 꽂듯이 암살적으로, 항상 무대 뒤에서 음습하게 비난·성토·각색되곤 한다. 따라서 분열만이 그 통일적 결과다. 대통령 선거 등 여러 유형의 선거도, 그 본래의 취지와는 정반대로, 국민적 단합이 아니라 분열만을 자초하는 경우가 잦다.

뿐만 아니라 이러한 공동체의식은 개인의 주체성이나 개인적 자유에 대한 존엄성까지 무시하려들기 때문에, 흔히 개인의 인권이나 사생활에 대한 침해와 간섭으로 자연스레 비화하기도 한다. 이 소집단 물신숭배(物神崇拜)는 각 '개체의 자유로운 발전'을 통한 '전체의 균등한 화합'을 지향하는 것이 아니라, 공동체로의 개체의 익사(溺死)를 강요한다.

어떻게 보면 비록 부정적 공동체의식이라 하더라도, 그러한 것이 끈끈히 존재한다는 사실 자체가 행복인지도 모른다. 선진화한 서양의 원자화한 사회구조와, 사실 힘센 사람이 최고라는 '거인(巨人)주의'일 수밖에 없는 악착스러운 자본주의적 개인주의, 인간적 소외, 인간성의 몰락 등 타기(唾棄)할 만한 구미사회의 사회적 모순현상을 떠올려볼 때, 우리에게는 그래도 '공동체'의식이라는 게 있다고 자랑스레 외칠 수도 있다.

그러나 특히 IMF 외환위기 한파(寒波)가 밀어닥친 이래 주위는 더

욱 삭막하고 불안하다. 결국 저들을 닮아가자고, '세계화'니 '국제화'
같은 것을 목놓아 부르짖고 있지는 아니한가. 우리의 정겨운 이웃들
이 '무한경쟁', 아니 '타도'의 대상으로 손쉽게 탈바꿈하기도 한다. '우
선 이기고 보자'가 언제 어디서, '까짓 죽여도 좋아'로 변질되어버릴
지, 아무도 자신 있게 말할 수 없다.

　우리의 공동체의식이 아직도 인간적 정서의 끈끈한 유대감 같은 것
을 엮어내고 있음을 부인할 수는 없다.

　자신이 속한 집단, 고향 그리고 조국에 대해 지니는 애착심(愛着
心)은 어쩌면 인간 본연의 심성인지 모른다. 그러나 문제는 이 애착
심이 분별을 상실하는 데 있다. 그것이 이성적 판단으로 여과된 이념
적 분별력이 아니라, 무엇보다도 인간적 감성에 바탕을 둔 정서적 충
동질로 나타나기 때문에, 항상 불합리한 지배세력의 통치논리를 정당
화시켜주기 위해 동원될 숙명을 지니기도 한다. 인류의 역사상 얼마
나 많은 악행(惡行)이 가문과 특정집단, 그리고 민족과 조국의 이름
으로 저질러졌는가. 인간적 정서가 비록 이념을 만들어내는 기본동력
으로 작용하기는 하나 이념에 의한 통제 없이는 언제나 방향을 상실해
버릴 위험성을 지니고 있다. 정서(情緒) 없는 이념(理念)은 공허하고
이념 없는 정서는 맹목적일 수 있는 것이다.

　그러나 우리의 '공동체주의'는 이념적 정서이자 정서적 이념이 되어
야 한다.

　공동체주의(共同體主義)란 한마디로 인간 공동체 내부에 구성원 상
호간의 민주적 평등 및 연대를 수립하고자 하는 정신적 결의라 할 수
있다. 우리는 이 공동체주의를 보다 정의롭고 평등하고 행복한 인간
적 공동생활의 최선의 형태가 무엇인가 하는 것을 끝없이 찾아 헤매는
인간적 노력의 일환으로 폭넓게 이해할 수 있다. 한마디로 우리의 공
동체주의란 한국사회 내부에 민주주의 및 인도주의에 뿌리내린 집단
적 연대를 수립함으로써 행복하고 평등하고 정의로운 사회 건설을 지

향하며, 나아가서는 그 토대 위에서 세계평화를 촉진하고자 다짐하는 정신적 결의라 할 수 있다. 이런 의미에서 공동체주의는 원칙적으로 개인주의에 대해 부정적 시각을 지닐 수밖에 없다.

험준한 역사적 과업을 달성하고자 할 때나 또는 우리에게 가해지는 역사의 채찍질이 험난할 때, 개인과 개인 그리고 개인과 사회가 서로 굳세게 결속하고 있다면, 우리의 의지는 강화되고 고통은 약화될 것이다. 이를테면 개인과 개인, 개인과 사회 상호간에 구축되는 역사적 연대가 그만큼 소중하다는 말이다.

이 '연대'는 프랑스 대혁명의 구호 가운데 하나인 '형제애'(fraternity)와 맞물린다. 그러나 연대는 본질적으로는 19세기 노동운동의 직접적 산물로서, 노동자 계급의 동질적 이해관계를 반영하는 민주주의적 투쟁의 전통에 입각해 있다고 말할 수 있다. 따라서 다양한 형태와 속성을 지닌 지배집단의 특권을 제거하고 만인에게 자유와 정의와 번영을 가져다주기 위해, 현실상황에 대한 정확한 인식, 그리고 그러한 상황을 개혁하려는 단호한 의지 및 행동이 절실히 요구되었던 것이다. 이것이 바로 연대의 의의라 할 수 있다.

그러나 연대는 단순한 투쟁수단만을 뜻하지는 않는다. 그것은 시민사회의 발전으로 말미암아, 이제 사회 각 분야의 필수적 덕목으로 자리를 굳힌 것이다.

이런 의미에서 연대는 동등한 사회적 구성원으로서 지녀야 할 자발적인 인간적 유대감 및 도덕적 의무감을 가리킨다고 말할 수 있다. 그것은 특히 사회적으로 소외당하거나 불리한 대접을 받는 종속적 개인과 집단의 낙후된 상황을 개선하기 위한 공동체적 결속과 단합의 표현인 것이다. 그러므로 연대는 예외적인 경우(예를 들어 장애인 전용주차장 설치 등)를 제외하고는, 국가의 영역에서 벗어난 기본가치에 속한다고 말할 수 있다. 왜냐하면 그것이 국가에 의해 부추겨지는 경우, 극단적으로는 파쇼적이고 전체주의적인 상황으로까지 발전할 수 있기 때문이다. 1) 이런 의미에서 연대는 오히려 국가에 대한 사회의 저항으로 해석될 수 있다.

다른 한편 연대는 집단적 속성을 지니고 있음으로 해서, 곧잘 개인적 자유와 충돌할 소지를 적잖이 안고 있기도 하다. 그러므로 연대는 항상 자발성(自發性)에 뿌리 드리워야 한다. 또한 이 연대는 개인적 능력에 따른 자유경쟁이 치열하게 전개되는 곳, 예컨대 자유주의적 개인주의가 지배하는 영역에서는 손쉽게 무장해제 당할 수 있는 약점을 지니고 있다. 뿐만 아니라 그것은 정서적 일체감, 의식적 노력, 그리고 상황에 대한 수준 높은 합리적 판단까지 요구하기 때문에, 그것을 현실화시킨다는 것은 물론 그리 손쉬운 일은 아니다. 그러나 중요한 것은 이 연대가 우리의 신휴머니즘의 출발점이자 동시에 귀착점이기도 하다는 사실이다.

그런데 지금 우리나라에 혹시 '전쟁'이라도 터진 건 아닌가.

그렇지 않아도 대외적으로는 중국의 동북공정(東北工程)이라든가 북핵(北核)문제, 그런 와중에 엎친 데 덮친 격으로 터져 나온 일본의 독도 영유권 주장과 교과서 왜곡 및 위안부 문제 등으로 인해, 지금 우리는 '외교전쟁'이라고까지 불리는 위기상황으로 내몰리고 있다. 뿐만 아니라 대내적으로는 '양극화' 현상의 심화로 말미암아 사회적 갈등과 분열 역시 심화하고 있다. 우리는 지금 점증하는 대내외적 난관으로 심각한 등쌀에 앓고 있는 것이다.

우리 민족은 지금껏 온갖 시련을 겪어왔다. 그러나 좌절한 적은 없다. 이러한 대내외적 위기상황에서, 나는 우리의 역사적 걸림돌을 디

---

1) 예컨대 이승만은 평소의 그답지 않게 대단히 탁월한 정치적 구호를 내건 적이 있다. 요컨대 "뭉치면 살고 흩어지면 죽는다"는, 전면적 연대(連帶)를 촉구하는 구호를 제시했던 것이다. 이것은 국가에 의해 부추겨지는, 그리하여 극단적으로 전체주의적인 경향으로 흐를 수 있는, 연대를 확보하기 위한 국가적 강압의지의 명징한 역사적 사례의 하나라 할 수 있다.

딤돌로 만들어나갈 수 있으리라 여겨지는 소박한 방안을 하나 제시하고자 한다.

나는 감히 '4대 연대운동'을 제창하는 바이다.

첫째, 국제적 연대다.

정치의 요체는 아군을 증강하고 적을 고립시키는 일이다. 이런 의미에서 우리는 우선 다각적 외교활동을 통해, 위안부 파문, 역사교과서 왜곡문제 등, 일본의 군국주의 부활기도의 실체를 전 세계의 양심과 지성에 널리 알리는 일부터 서둘러야 한다.

'과부가 과부 마음을 더 잘 안다'고 하지 않는가. 우리는 무엇보다 러시아를 포함해 중국, 인도네시아, 필리핀 등 직접적으로 일본 제국주의의 침탈을 겪은 식민지 피해 당사국들과의 연대를 조속히 강화해야한다. 서로 힘을 합쳐 반인도적 식민지배 참상에 대한 공동조사를 실시함으로써 야만적 일제침략의 진상을 철저히 규명하는 공동기구를 설립할 필요가 절실하다는 말이다. 나아가서는 과거를 반성하지는 않으면서, 오히려 역사왜곡 등, 새로운 패권주의적 망동을 서슴지 않는 일본을 응징하기 위한 국제적 공동대응 방안을 함께 모색해야 한다. 이런 의미에서 중국과의 보다 공고한 협조체제 구축이 바람직하다.

둘째, 남-북 연대다.

일본의 군국주의화 기도는 우리 민족문제의 평화적 해결까지 교란시키고 있다. 일본의 우경화가 북핵문제 해결에도 심각한 걸림돌로 작용하고 있다는 말이다.

우리의 지난 역사가 일방적으로 왜곡되고 있는 현실에서, 남한과 북한이 결코 따로일 수 없다는 것은 너무나 자명한 이치 아니겠는가. 이런 의미에서 과거사 왜곡 및 독도 영유권 주장에 관해 북한이 일본을 원색적으로 비난하였음도 지극히 자연스러운 현상이라 할 수 있다. 북한은 특히 남한 땅인 독도와 관련해, "독도는 우리나라의 신성한 영토"라고까지 항변하면서, 일본의 독도 편입 움직임에 대해, "일본의 영토강탈 야망(野望)이 지금 극한점에 이르렀음을 보여주는, 용납 못할 범죄행위"라 윽박지르기도 했다. 뿐만 아니라 남한에 대해 북한 스스로가 솔선하여 "올해를 일본의 과거청산 원년으로 만들자"며, 거족적인 대일 과거청산운동 추진을 촉구하기도 하지 않았는가. 2)

이처럼 일본의 영토 야욕 및 과거사 왜곡작태는 역설적으로 우리 민족의 단합을 촉진하는 호기로 작용하고 있다. 일본은 본의 아니게 남-북한의 일체성 회복과 민족적 결속을 조장하고 있는 것이다.

셋째, 한-일 양심세력의 연대다.

제2차 세계대전 때 나치 독일이 저지른 침략에 대해 전후 독일이 얼마나 구체적으로 반성했는지를 일본과 비교하면, 참으로 "하늘과 땅 차이"라 할 수 있다. 어느 독일 연구자의 평가에 따르면, 독일이 100점 만점에 50점 정도라 할 수 있다면, 일본은 겨우 2~3점 정도에 지나지 않는다는 것이다. 3)

---

2) 〈세계일보〉 2005년 3월 15일.

3) 〈경향신문〉 2005년 3월 21일자를 참고할 것. 여기서 독일의 철저한 과거사 반성 태도를 일본의 그것과 대비하고 있다:

"일본과 더불어 2차 대전 침략국인 독일은 자발적으로 그리고 철저히 과거사 정리를 추진해 왔다는 점에서 일본과 대비된다. 독일은 1950년대 나치 피해자에 대한 보상법을 제정하고 1960년대 들어서는 본격적인 인적청산에 돌입했다. 특히 민주주의 교육과 인권의식으로 무장한 독일의 60년대 젊은 세대는 나치 세대와의 차별성을 강조하면서 이전 세대의 과거 행위를 낱낱이 추적했다.

아우슈비츠 재판도 이 무렵 시작됐다. 2차 대전 직후 연합군 주도로 진행된 뉘른베르크 전범재판을 보완하기 위한 목적이었다. 독일인들은 타국의 압박이 아니라 '내부의 힘'으로 홀로코스트(유대인 대학살)라는 반인류 범죄를 저지른 범죄자들을 찾아내 재판정에 세웠고 이들에 대한 공소시효마저 없앴다. 이런 식으로 2차 대전 이후 동독에서는 총 약 1만3천 명, 서독에서는 약 5천 명이 파시즘 전쟁범죄와 반(反)인류 행위로 유죄판결을 받았다. 서독인 가운데 800명은 사형선고를 받고 500명이 형장의 이슬로 사라졌다.

독일은 과거 청산은 물론 과거사 반성도 철저했다. 역대 정권이 들어설 때마다 과거사를 기억하고 반성한다는 의식을 반복적으로 행함으로써 국민 공감대를 넓혀나갔다. 가장 상징적인 사건은 1970년 폴란드 바르샤바를 방

예컨대 일본인은 전후에 A급 전범 용의자인 기시 노부스케를 태연히 총리로 뽑았다. 그리고 현 총리는 전후 가장 우익으로 평가받는 아베다. 그러나 가장 결정적인 문제는 이런 사람들을 뽑고 또 그대로 방치하고 있는 낮은 수준의 '주류 일본인'에게 있다는 것은 재론의 여지가 없을 정도다. 그러나 우리는 동북아 평화와 우호적 선린관계 구축을 위해, 일본의 양심 있는 지식인 및 시민단체와 협력을 아끼지 말아야 한다.

넷째, 특히 국내의 노동운동권과 시민사회의 연대다.

우리 사회의 건설적 발전을 도모하기 위해, 시민과 노동자들이 함께할 수 있는 통합적 운동방향을 모색하는 것이 바람직하다. 그것은 결국 민족운동과 민주화 운동으로 귀결된다. 왜냐하면 민족문제는 시민, 노동자 구별 없이, 모든 민족 구성원 전체의 이해관계와 직결되어 있고, 마찬가지로 민주화 문제 역시 모든 국민의 자유와 화합을 도모하기 때문이다. 민족과 나라가 부강해지기 위해서는 밭갈이에 대해 말하는 사람보다 쟁기를 잡는 사람이 더 많아야 하고, 전쟁에 대해 평하는 자보다 갑옷을 입은 사람이 더 많아야 함은 정해진 이치 아니겠는가.

문한 빌리 브란트 서독총리가 나치 희생자를 기리는 게토(유대인 집단 수용시설) 기념비 앞에서 무릎을 꿇은 일이다. 리하르트 폰 바이츠제커 서독 대통령은 85년 2차 대전 종전 40주년을 기념해서 "과거에 대해 눈감은 자는 현재를 볼 수 없다"는 유명한 연설을 남겼고, 슈뢰더 총리도 지난해 8월 폴란드의 아우슈비츠 해방 60주년 행사에 참석, 과거사를 거듭 사죄했다.

또 독일 정부는 물질적 보상으로 세계 80개국에 흩어져 있는 나치 피해자 및 희생자들에게 지금까지 1천4백억 마르크(약 84조 원)를 지불했다. 민간 차원에서도 강제노동 피해자 등에 대한 책임을 인정, 정부와 함께 '기억, 책임 그리고 미래'라는 이름으로 25억 마르크(1조 5천억 원) 규모의 재단을 만들었다."

2. 이기주의와 휴머니즘

유럽과는 달리 우리 민족은 휴머니즘의 시대를 체험한 적이 없다. 그런 민족에게 '인연'(因緣)이란 것은 지극한 인간사랑의 또 다른 표현이라 할 수 있다. 우리는 "옷깃만 스쳐도 인연"이라 하지 않았던 가. 과연 이보다 더 지독한 인간사랑이 또 어디에 존재할 수 있겠는 가. 서양인들이 "원수를 사랑하라"고 살벌하게 가르쳤다면, 우리 선조 는 "이웃사촌"이라 일렀다. 얼마나 정답고 훈훈한 인정이었겠는가. 우 리들에게는 바로 이 '이웃사촌'이라는 따스한 삶의 정서가 곧 종교의식 이었던 셈이다.

예컨대 방금 내 몸 속에서 더운피를 타고 흐르던 나의 숨결이 바로 옆 사람의 가슴으로 흘러 들어가는 공기가 되고, 조금 전 어느 집 문 창살을 부러뜨린 거센 바람이 지금은 내 이마의 땀을 고르는 부드러운 미풍이 되어 살랑거리기도 한다. 사람끼리 나누는 악수는, 아니 함께 부여잡는 손은, 또 얼마나 인간적이며 자연적인가. 우리는 단 한 사 람의 손만을 잡는 게 아니라, 여태까지 그들이 더불어 손잡았던 모든 사람들의 손을 다 같이 잡는 셈이 되는 것이다. 이런 의미에서 우리는 '인연'을 사랑하는 법을 간곡히 배워야 할 것이다. 자신만을 생각하며 삶의 길을 홀로 걷는 사람은 그 인생의 마지막 길도 결국 홀로 끝내게 되지 않겠는가.

그런데 요즈음 우리 사회는 어떤가?

한마디로 인간적 화합의 몸짓이 아니라 경쟁적 이기주의가 더욱 살 인적으로 기승을 부리는 듯하다. 타인에 대한 증오와 자신에 대한 열 애만이 가장 확실한 삶의 밑천인 것처럼 보이기도 한다.

하기야 이기주의는 비인간적인, 너무나 비인간적인 재앙의 불씨며 뿌리다. 인간의 이기심은 질투와 경쟁심이 만든 새장이다. 그러므로 이기적 인간은 자신 스스로가 만든 새장 속에서 꼼짝달싹 못하거나 짓눌려 있을 수밖에 없다. 우리는 이러한 사슬을 언제까지 장신구처럼 자랑스레 몸에 지니고 다닐 것인가. 이기적 인간이야말로 자신의 값은 알지 모르지만 인간의 값어치는 전혀 알지 못하는 존재다.

만일 누군가가 자기관점을 주장하면 고집쟁이라 생각하고, 내가 그렇게 하면 개성이 뚜렷해서라 생각한다. 만일 그가 나에게 말을 걸지 않으면 콧대가 높아서 그렇다 하고, 내가 그러면, 그 순간에 다른 중대한 생각을 하고 있었기 때문이라고 말한다. 만일 그가 친절하게 굴면, 나에게서 뭔가 좋은 것을 얻어내기 위해서 그렇게 하는 것이고, 내가 친절하면 그것은 나의 유쾌하고 자상한 성격 때문이라 한다. 남이 출세하면 워낙 아부를 잘 해서이고, 내가 출세하면 내가 워낙 탁월해서이다. 누군가 그에게 선심용 선물을 하면 다 썩은 것이고, 누군가 나에게 선심용 선물을 하면 그건 인사성이 밝아서 그런 것이다. 남이 뜻을 굽히지 않으면 고집이 세기 때문이고, 내가 뜻을 굽히지 않으면 의지가 강하기 때문이다. 남이 커피를 즐기는 것은 겉멋이 들어서이고, 내가 커피를 즐기면 그것은 입맛이 고상해서이다. 남이 계단을 빨리 뛰어 오르는 것은 평소 성격이 급해서이고, 내가 계단을 빨리 뛰어 오르는 것은 시간을 절약하기 위해서이다. 남이 고향을 들추면 지역감정이 악화되지만, 내가 고향을 들추면 애향심이 돈독해진다. 남이 차를 천천히 몰면 소심운전이고, 내가 차를 천천히 몰면 안전운전이다. 내가 길을 건널 때는 모든 차가 멈춰서야 하고, 내가 운전할 때는 모든 보행자가 멈춰서야 한다. 내가 하면 로맨스, 남이 하면 스캔들 하는 식이다.

하나 우리의 문제는 어떻게 개인적 자유를 손상치 않으면서도 집단적 평등을 실현할 수 있겠는가 하는 것이다.

자유가 빵 문제를 해결할 수 없듯이 빵 역시 자유의 문제를 풀지 못한다. 그러나 문제는 어떻게 하면 자유를 한껏 즐기면서도 빵 또한 마음껏 먹을 수 있는가 하는 데 있는 것이다. 자유롭게 빵을 먹을 수 있는 권리와 먹을 빵을 충분히 나누어 가질 수 있는 자유는 과연 어떻게 동시에 확보될 수 있는 것인가? 말하자면 평등과 성취, 균형과 능률, 복지와 경쟁 사이의 조화를 어떻게 이루어낼 것인가? 빵과 자유를 동시에 만끽할 수 있을 때 온전한 인간의 권리가 비로소 가능해질 수 있다는 것은 진리, 그 자체다.

마치 흙에서 와서 다시 흙으로 되돌아가는 인간적 삶의 본성처럼, 인류는 자연에서 출발하여 다시 자연으로 회귀하고자 하는 공동체적 특성을 보여준다. 앞에서 살펴본 것처럼, 이를테면 원시시대의 자연 토착적 가족공동체에서 시작하여 오늘날 자연과의 합일을 지향하는 생명공동체 건설 노력에 이르기까지 그러한 특성은 전 인류사적 과정에 걸쳐서 변함없이 지속된다.

'생명'(生命)이란 곧 '살라는 명령'을 뜻한다.

자연은 자신의 산물들이 상호 공존, 공영, 평화를 누릴 것을 자연스레 요망한다. 자연이 인간의 소유물이 아니라 인간이 자연의 소유물임은 물론이다. 따라서 모든 생명의 원천인 자연을 단순히 '보호'하는 게 아니라 오히려 '존중'하는 자세가 보다 소망스러운 것임은 물론이다. 이것이 휴머니즘이다.

원래 모든 인간에게는 거부할 수 없는 단 하나의 자연적 절대평등이 있다. 즉, 모두 죽어서 자연으로 돌아간다는 사실, 그 하나다. 이를테면 인간들은 결국 죽을 수밖에 없는 존재라는 말이다. 따라서 우리 인간은 유한한 존재일 수밖에 없는 공동운명체로서, 서로를 아끼고 도우며 더불어 살아가야 할 자연의 소명을 지니고 있다. 그러므로 이 절대명제에 순종하는 자세가 자연스럽고 바람직한 것이다. 이런 의미에서 인간적 평등을 구현하기 위한 사회체제를 건설하는 일이야말로 자연의 자연스러운 요청일 수밖에 없다. 그러므로 휴머니즘은 자연친화적 평등추구 정신이다.

플라톤은 〈국가론〉에서 "최상급의 불의(不義)는 실제로는 올바르지 않으면서 올바른 듯이 '보이는' 것"이라 역설하였다. 4) 이런 의미에서 휴머니즘은 바로 이 "올바른 듯이 '보이는' 것"에 대한 항거(抗拒)라 할 수 있다. 민족구성원을 착취하는 민족들에게 민족주의가 존재할 수 없는 것과 마찬가지로, 한 민족이 다른 민족을 착취하는 곳에서는 휴머니즘이 존재할 수 없다.

그러나 지금까지 우리 사회는 인간을 사랑하는 법을 배우기도 전에, 인간을 어떻게 관리할 것인가 하는 것에만 전념했다. 이를테면 우리는 서로 손잡아 보살피고 가꾸어나가야 할 인간관계를 관리의 대상으로만 인식하는 참담한 '경영학적' 현실 속에 살고 있다는 말이다. 실은 이 모든 게 이기주의(利己主義)의 발로라 할 수 있다.

인도주의(人道主義)란 사실 지극히 단순한 것일 수 있다.

말하자면 자신이 기르는 애완동물에 쏟아 붓는 애정의 절반이나 100분의 1 정도만을 주위의 부족하고 힘든 동료인간에게 베풀어주면, 그게 훌륭하고 당당한 휴머니즘(이웃사랑)이 될 수 있는 것임은 물론이다. 요즈음에는 이런 저런 대학들에서 '애완동물 관리학과' 같은 것도 만들어지고 있다는 소식이 들릴 정도다. 말 못하는 동물에게도 지극한 정성을 기울일 수 있는 존재가 인간인데, 하물며 같은 인간에게는 무슨 번잡한 설명이 필요하겠는가.

인간도 숨 쉴 줄 아는 동물 아닌가. 그런데 애완동물이 우리의 휴머니즘을 독차지해야만 할까. 이런 애완동물이 부럽고 존경스러운 나머지 '애완인간'이라도 되었으면 하고 목 따갑게 갈망하는 사람이 어디 한둘이겠는가. 하나 두말할 나위 없이 행복한 애완동물이 되기보다는 비참하더라도 인간, 인간이 되어야 하는 게 더욱 마땅한 일이다. 프랑스의 작가 앙드레 말로도 〈침묵의 목소리〉라는 글 속에서, "휴머니즘이란 것은 '어떠한 동물도 우리가 해왔던 것을 할 수 없었다'라고 말하는 데 있는 것이 아니라, '우리는 우리 내면의 야수(野獸)가 하라고

---

4) 플라톤 지음/박종현 역주, 《국가·정체》(서광사, 1997), 361a.

강요한 것을 거부하였다'라고 선언하는 데 있다"고 외치지 않았던가.

예컨대 자연 애호가이며 박물학자인 《동물기》의 저자 E. T. 시턴 (Seton)은 자신의 《인디언의 복음》에 이런 구절을 남겼다.

1912년 여름에 나는 노스다코타의 포트 야테츠의 스탠딩 락에서 예수회 선교사인 A. M. 비드 신부를 만났다. 그는 열성적이고 독실한 젊은 신자로서 25년 전에 거기에 왔고, 지상에서의 최고의 소명은 선교라는 것을 확신하고 있었다. 그는 이 인디언들을 자신의 특정 종파의 기독교로 개종시키는 것이 그가 얻을 수 있는 최고의 승리라고 생각했다. 헌신적이고 신실한 다른 모든 선교사처럼 그도 자기가 감화시키고자 하는 종족의 언어와 철학을 공부하는 일부터 시작했다.

내가 그를 처음 만났을 때 이미 그는 그들을 '친절한 이방인(異邦人)'이라고 부르던 것을 중단하고 그들이 종교와 윤리에 대해 높은 수준을 지닌 고매한 민족임을 시인하고 있었다. 곧 이어서 그는 수우족의 당집(Medicine Lodge)은 '하느님의 참 교회이며 우리가 그것을 짓밟을 아무런 권리도 없다'고 말했다.

내가 1927년 10여 명의 학생들과 함께 스탠딩 락(포트 야테츠, 노스다코타)에 갔을 때 비드 신부를 찾아보았으나 그런 사람을 찾을 수가 없었다. 대신에 나는 그가 '변호사 비드'가 된 것을 알았고, 한 숭고하고 진실한 전도자로 살아가는 그의 얘기를 들을 수 있었다.

"네, 저는 수우족이 유일한 참 신을 섬기는 사람이며, 그들의 종교가 진리와 사랑의 종교라는 것을 깨닫게 되었습니다. 그들에게 필요한 것은 선교사가 아니라 법정에서 그들을 지켜 줄 변호사입니다. 그래서 저는 선교사로서의 역할을 팽개치고 법률을 공부했습니다. 몇 년 후 저는 노스다코타에서 변호사가 되었고, 지금은 법정으로 이송된 인디언에 관계된 모든 사건에 그들의 공식적인 상임 변호사가 되었습니다. 물론 선교사들은 제게서 성직을 박탈했습니다. 인디언들은 제게 변호사비를 아주 조금 내거나 또는 전혀 내지 않아도 됩니다. 저는 제가 손수 지은 조그마한 오두막에서 스스로 밥을 지어먹으며 지내고 있습니다. 그러나 이 고매하고 억압받는 종족을 위해 저의 모든 힘과 남은 생애를 바치고 있다는 사실을 저는 자랑으로 삼고 있습니다. "5)

우리는 변호사가 된 어느 예수회 신부의 이 이야기 속에서, 한편으로는 한 독립된 개체의 자주성을 존중하는 한 이질적 공동체의 연대의식과, 다른 한편으로는 한 이질적 공동체와의 연대를 지향하는 한 독립된 개체의 자주의식간에 빚어지는 멋진 조화를 읽을 수 있다. 그리고 이 조화는 상호 관용과 상호 이해에 뿌리를 내리고 있다. 바로 이러한 유형의 건강한 공동체주의와 견실한 개인주의의 조화로운 합일이라는 측면에서, 우리에게는 '신휴머니즘'의 수립이 절실히 요청되는 것이다.

그러나 우리에게는 또 특수하게 민족분단의 현실이 빚어내는 비인간적이고 비인도적인 비극이 가세한다. 따라서 우리는 평화적 방법으로 사회적 평등을 실현하면서 민족구성원의 등질성을 구축하고, 이를 토대로 하여 바람직한 사회경제적 민주주의를 건설함으로써 평화적 민족통일을 자주적으로 쟁취해야할 과제를 짊어지고 있다. 우리의 통일은 특히 적대적 이데올로기인 자본주의와 사회주의의 평화적 통일까지를 달성시킬 수 있기 때문에, 세계사적 의미를 지니는 것이다. 이런 관점에서 우리의 휴머니즘은 끝없는 가시밭길을 돌파함으로써, 결국 날카로운 가시에 둘러싸인 아름다운 장미와도 같은 세계사적 결실을 잉태해야 할 사명을 띠고 있다고 말할 수 있다.

이렇게 볼 때 우리의 '신휴머니즘'은 궁극적으로는 이러한 민족통일이 불러올 인간성 회복 및 인간존엄성의 재탈환을 의미한다. 우리의 휴머니즘은 우리 민족의 르네상스를 기약할 것이다. 아울러 인류사적

---

5) E. T. 시턴 편찬/김원중 옮김, 《인디언의 복음: 그들의 삶과 철학》(두레출판사, 2000), 88~91쪽.

384

진보와 발전에 지대한 공헌을 하게 될 터이다.

모든 사람이 하나님을 대하듯 서로 존중하고 사랑하게 된다면, 그것이 아마도 진정한 휴머니즘일 것이다.

그러나 자유민주주의가 지배하는 곳은 어디에서나 자본가 계급이 자신들의 이해관계를 보호하기 위한 대부분의 강제적·규범적 사회통제 수단을 거의 독점하고 있다. 그러므로 다원주의에 뿌리를 드리우고 있는 자유민주주의적 정치구조는 결국 자본가를 중심으로 하는 지배계층의 이해관계를 충실히 반영할 수밖에 없게 된다.

자유민주주의하에서는 계급적 불평등이 선천적이다. '자유경쟁'과 '기회균등'의 자유민주주의적 구호 가장자리에는 언제나 빈부격차와 사회적 불평등이 음습하게 공생하고 있다. 그를 치유하기 위한 국가의 개입은 사유재산, 곧 '개인의 자유'를 수호한다는 명분아래 곧잘 저지된다. 아울러 정치적 영역을 벗어난 사회의 다른 분야, 예컨대 사회조직, 경제구조 등에서의 민주화 노력도 시장경제의 원칙을 위배한다는 이름 밑에 흔히 억눌림 당한다.[6]

그러나 어둠이 있으면 밝음이 있듯이, 우리는 자유주의적 자본주의 체제가 부정적 측면과 긍정적 요소를 동시에 함유하고 있다는 사실에 주목해야 한다.

자본주의는 예컨대 낭비, 억압, 고통, 착취, 불평등 등으로 점철되어 있지만, 동시에 생산력의 고양, 인권 및 개인적 자유의 신장, 인간적 자아실현의 잠재력 증진 등의 괄목할만한 성과를 쟁취하기도 하였다. 즉 자본주의에는 긍정성과 부정성이 공존하고 있다는 말이다. 따라서 우리에게는 부정적 폐해는 척결하면서, 동시에 긍정적 업적은 계

---

6) 특히 시장경제와 연결시켜 '세계화 시대'의 자유민주주의가 지니는 문제점을 분석한 글을 보기 위해서는, Wolf-Dieter Narr & Alexander Schubert, *Weltökonomie: Die Misere der Politik*(Suhrkamp, 1994), pp. 179~195를 참고.

속 보존하려는 그러한 역사적 관점과 방향설정이 필요한 것이다. 이것
이 바로 변증법적 '지양'(Aufheben)의 올바른 의미이기도 하다.

  '개인'의 개념은 본질적으로 보편적이고 평등주의적이다. 개인으로
서의 인간은 모두 평등한 권리와 평등한 가치를 지닌 평등한 존재다.
그러나 자유민주주의적 개인주의가 표방하는 '개인'은 '거인'(巨人)이
다. 왜냐하면 자유민주주의는 '힘'의 논리에 뿌리박고 있기 때문이다.
힘이 있는 자만이 '자유경쟁'에서 궁극적 승리를 쟁취할 수 있는 '균등
한 기회'를 만끽할 수 있다. 그리고 이 힘은 자본에서 나온다. 자유주
의적 개인주의는 결국 '거인주의'로 귀결된다.
  도식적으로 표현하자면 근대 이후의 역사는 '평등 없는 자유'(자유주
의)에서 출발하여, 한편으로는 '자유 없는 평등'(국가 사회주의)의 실
험적 거역(拒逆)을 거치면서, 다른 한편으로는 '자유 속에서의 평등'
(자유민주주의 및 사회민주주의) 단계로 항진(航進)해왔다고 할 수 있
다. 역사의 비약적 발전이 불가능하다는 것을 전제한다면, 우리 시대
의 가장 실현 가능한 최고이상은 자유의 기본전제하에서 최대한의 평
등을 현실화시키는 일일 것이다. 이제 우리는 '무엇을 하기 위한 자
유', 즉 '적극적 자유'(positive freedom)를 쟁취하기 위한 길에 보다 완
강히 나서야 한다.
  그러나 오늘날 '독주'(獨走)의 자유만 있지, '공생'(共生)의 자유는
찾기 힘들다.
  더구나 전 세계를 단일시장화하는 '세계화'의 확산과 더불어 소비주
의, 물신주의가 동시에 세계화하고 있다. 한마디로 '호랑이의 자유'만
이 극대화되는 현실이라는 말이다. 국제적 차원으로까지 비약하여 '거
인'의 독주만 옹호되고 권장되는 실정이다. 그리하여 도처에 '시장형
인간'만 주조되고 있다. 이처럼 물신주의가 팽배할 때, 공익을 추구하
는 존재로서의 시민의 개념은 사라지고 발가벗은 자신만의 사적 이익
만을 추구하는 이기적인 '시장적 인간'만 남게 된다.[7]

뿐만 아니라 자유주의적 인간관은 국제정치 현실에까지 그대로 확산된다. 그리하여 국제관계를 바라보는 '현실주의'(realism)적 관점과[8] 직결되기도 하는 것이다. 무엇보다 현실주의란 "그에 상극적인 이상주의(idealism)와는 달리, 도덕적 진보와 인간적 가능성이라는 면에서 비관주의(pessimism)에 토대를 두고" 있기 때문이다. 이러한 현실주의적 논법에 따르면 국제관계란 "정글이며, 무정부주의가 규칙이다. 질서, 정의 및 윤리는 예외"에[9] 불과한 것으로 나타난다. 요컨대 국제관계의 정글 속에서는 '호랑이'만이 '리바이어던'으로서 군림할 수 있다는 말 아니겠는가.

다른 한편 공산권의 붕괴는 국제정치질서에도 지대한 영향을 끼칠 수밖에 없었다. 그 상징적 변화를 우리는 전쟁 부문에서 찾아볼 수 있을 것이다. 가령 소련을 중심으로 한 공산권이 공존하던 시기에 일어났던 월남전쟁 당시, 미국은 온갖 정치적・군사적・경제적 특혜까지 베풀면서 참전과 파병을 거의 '구걸'하다시피 하였다. 반면에 공산권 몰락 이후에 터진 걸프전쟁시에는 미국은, 그야말로 유일한 리바이어던이 되어, 호령하는 자세로 참전비용을 부담까지 시키면서 우방들을 전쟁으로 휘몰아쳤다. 뿐만 아니라 공산권이 존속하는 동안에는 주목할만한 민족적 분규를 찾아보기 힘들었다. 그러나 공산권 몰락 이후 자본주의권은 민족통합의 열기로, 반면에 구 공산권은 민족분리의 열병으로 몸살을 앓고 있다. 예컨대 독일의 통일은 전자의 상징적 사례고, 유고 사태는 후자의 대표적 경우라 할 수 있다.

---

7) 강정인, "세계화 그리고 민주주의의 미래", 강정인・김세걸 편, 《현대 민주주의론의 경향과 쟁점》(문학과 지성사, 1994), 38~40쪽.

8) 대표적으로 Hans J. Morgenthau, *Politics among Nations: The Struggle for Power and Peace*(New York: Alfred A. Knopf, 1948)를 들 수 있다.

9) Robert Gilpin, "The Richness of the Tradition of Political Realism", in Robert O. Keohane, *Neorealism and Its Critics*(New York: Columbia University Press, 1986), p. 304.

이렇게 볼 때 우리는 지금 '역설'(逆說)이 요청되는 시대에 살고 있다고 말할 수 있다.

공산권이 몰락한 이후 특히 과거 동독 쪽에서는 이전 시대를 그리워하는 새로운 조어가 만들어지기도 했다. 독일어로는 향수(鄕愁)를 의미하는 노스텔지어를 노스탈기(Nostalgie)라 부르고 동쪽, 즉 east를 오스트(Ost)라 칭한다. 해서 예컨대 동유럽을 오스트오이로파(Osteuropa)라 부르는 것이다. 독일 통일 후, 특히 과거 동독사람들은 흔히들 '오스탈기'(Ostalgie)에 시달린다는 말을 자주 뇌까리곤 한다. '오스탈기', 요컨대 동쪽이라는 '오스트'와 향수라는 '노스탈기'가 합쳐진 이 말은, 이를테면 과거 동유럽 또는 공산동독 시절을 향수처럼 그리워한다는 의미를 함축하고 있는 신조어다.

무엇보다 독일통일 이후 특히 과거 동독지역 주민들은 사회주의 체제하에서 지닐 수 있었던 공감과 연민과 연대의식이 자본주의적 경쟁심으로 돌변해 가는 현실을 마주하며 망연자실(茫然自失)하곤 했다. 그리하여 외국인, 특히 베트남이나 모잠비크에서 온 유색인 노동자들에 대해 거의 인종주의적 냄새까지 풍기는 박해와 테러를 일삼기도 했다. 그것은 사실 서독인들에 대한 열등감의 발로일 수도 있었다. 즉, 우리의 위에는 서독인들이 있지만, 우리의 밑에도 '우리가 짓밟을 수 있는' 누군가가 있다는 것을 과시하기 위해서, 또는 고조되는 실업사태에 대한 반발의 일환으로, 이 외국인 노동자들을 추방함으로써 자신들의 일터를 확보하겠다는 다부진 자본주의적 생존의지의 표현일 수도 있었다. 어쨌든 과거 호네커 체제는 이 외국인 노동자들을 형제애로 보살필 줄 알았다. 또 그것을 미덕으로 여겼다. 그러나 사회주의체제가 붕괴하기 시작하면서 이들은 완강한 자본주의적 경쟁대상으로 변질하기 시작하였고, 동시에 혐오의 표적으로 전락하였다. 국제주의적 배려가 민족주의적 탄압으로 돌변한 것이다. 10) 어쨌든 이 '오

---

10) Gibas Monika, "Die DDR — das sozialistische Vaterland der Werktätigen!", in *Aus Politik und Zeitgeschichte 1999*, pp. 39~40 및 박호성, 《빵소

스탈기'라는 신조어야말로 과거 사회주의 체제를 체험한 동독 주민들
이 당면 자본주의적 정서에 대해 지니는 자조적 감수성을 예리하게 드
러내는 화법의 하나라 말할 수 있다.

이제 '세계화 시대'에 걸맞게 신자유주의는 자신에 대한 저항의 세
계화 역시 자초할 수밖에 없게 될 것이다. 역사는 우리에게 '골리앗'이
'다윗'에게 무릎을 꿇을 수도 있다는 사실을 얼마나 명쾌히 보여주곤
하였는가.
이러한 맥락에서 우리는, 비록 공산주의적 획일주의와 전체주의에
대한 냉전·자유주의적 대응 논리라는 시대적 제약을 안고 있기는 하
지만, 다음과 같은 자유주의의 화신, 이사야 벌린(Isaiah Berlin)의 충
고를 경청할 여유를 지녀야 한다.

> 지금 이 시대에 필요한 것은 … 보다 많은 신념이 아니다 … . 오히려
> 정반대의 것, 말하자면 보다 적은 메시아적 열정(Messianic ardour),
> 보다 많은 계몽된 회의주의(enlightened scepticism), 개별적 특성에
> 대한 보다 많은 관용(toleration of idiosyncrasies)이다. 11)

벌린은 제국주의, 볼셰비즘, 파시즘을 체험한 제2차 세계대전 후,
냉전적 적개심과 종교적 광신, 그리고 도그마티즘이 기승을 부린다고
인식된 상황 속에서 이러한 발상의 전환을 촉구하였던 것이다.
그러나 소련과 동유럽의 공산주의가 역사적으로 종언(終焉)을 고한
오늘날 하나의 신념체계에 대한 거대한 실험의 임종을 보다 겸허하게
맞아들인다는 뜻에서, 그리고 후쿠야마류의 자유민주주의적 독단을
보다 이성적으로 통제하고 저지하기 위한 내적 결단을 예비한다는 의
미에서도, 이러한 유연한 성찰과 "계몽된 회의주의(懷疑主義)"가 우리

니 정치와 3생(三生) 정치》(오름, 2000), 179~180쪽 참고.
11) Berlin, *Four Essays on Liberty*(Oxford University Press, 1969), p. 39.

에게 더욱 절실히 필요한 것은 아닐까.

이 지상에 금본위제도보다는 인간본위제도가 널리 확립되어야 하지 않겠는가. 왜냐하면 "좋은 사회란 물질(자본)에 대한 보상보다 인간(노동)에 대한 보상이 더 중시되는 사회"이기 때문이며, 또한 "인간의 운명이 '물질적' 힘에 의해서 좌우되는 구조보다, 다수의 '인격체들'에 의해 간섭되는 구조가 그래도" 더 낫기 때문이다. 민주주의가 그래도 높이 기림받는 이유는 "다수의 경제적 약자를 정치적으로 편들어 줄 수 있다는 기대" 때문이다.12) 진정한 민주주의 체제라면, 아마도 강자가 밑에 있고 약자가 위로 올라서는 '인간 피라미드'를 구축하고자 하지 않겠는가. 그런데 이러한 이상을 과연 어떻게 구현할 수 있을까?

우리는 지금 "역사의 미로(迷路)"를 걷고 있다. 이 미로 위에서는 전진한다거나 퇴보한다는 것이 아무런 의미 없는 개념일 수 있다. 그러므로 우리는 전혀 새로운 "역사의 기하학"을 준비하지 않으면 안 된다. 이러한 역사적 현실 속에서 나는 이러한 질문을 던진다.

'자유주의적 인간이 횡행하는 개인주의적 자본주의 사회에서 과거 봉건사회나 구 공산권을 지배하던 공동체적 인간연대의 끈을 다시 불러내는 '역설'을 창조해낼 수는 없을까' 하고.

그것은 단지 초혼제(招魂祭)에 불과한 것이 될 것인가? '자주의식'을 고수하면서 어떻게 '연대의식'을 펼쳐나갈 수 있을 것인가? 이를테면 자본주의적 개인주의와 봉건주의적이거나 사회주의적인 공동체주의를 결속하는 '역설'은 어떻게 현실화될 수 있겠는가 하는 물음인 것이다. 한 사람만이 '역설'에 대해 꿈꾸면 이는 꿈일 뿐이지만, 만일 많은 사람들이 '역설'을 꿈꾼다면 그것은 현실이 된다.

키르케고르는 "역설은 사고(思考)의 열정(熱情)"이라 잘라 말했다. 오직 위대한 영혼만이 정열에 자기를 내맡기듯이 오직 위대한 사상가

---

12) 영국의 만년 노동당원이며 경제사학자이기도 한 토니(Richard Henry Tawney)의 말이다. 고세훈, 앞의 책, p. 26에서 재인용.

만이 역설 앞에 자기를 내놓는 것이요, 역설 없는 사상가란 마치 정열 없는 애인과도 같은 것이라 일렀다. 나아가 키르케고르는 "모든 정열의 극치는 항상 자기 자신의 파멸을 의욕하는 데 있다"고 역설한다. 그리하여 오성(悟性)의 최고 열정 또한, 충돌하면 결국은 자기의 파멸이 될 것임에도 불구하고 그 충돌을 의욕하는 것이라고 한다. 그는 여기서 한 걸음 더 나아가 "사고의 최고의 역설은 자기가 스스로 사고할 수 없는 어떤 것을 발견하려고 하는 것이다"라 선언했다. 13)

---

13) 표재명, 《키에르케골 연구》(지성의 샘, 1995), 52쪽.

글을 닫으며

자유가 빵 문제를 해결할 수 없듯이 빵 역시 자유의 문제를 풀지 못한다.

그러나 문제는 어떻게 하면 자유를 한껏 즐기면서도 빵 또한 마음껏 먹을 수 있는가 하는 데 있다. 자유롭게 빵을 먹을 수 있는 권리와 먹을 빵을 충분히 나누어 가질 수 있는 자유는 과연 어떻게 동시에 확보될 수 있는 것인가? 말하자면 평등과 성취, 균형과 능률, 복지와 경쟁 사이의 조화를 어떻게 이루어낼 것인가?

그 해법을 찾아내는 일, 그것이 바로 우리 시대 휴머니즘의 본질적 과제라 할 수 있다. 그런데 과연 우리나라의 현실은 어떠한가?

나는 이러한 설익은 철학적 번뇌와 상식적 문제의식에서 출발했다.

거기에 한국인의 '고아수출', 아동 성착취 및 성매매 등 해외에 진출한 한국 기업의 다양한 인권침해 추태, 특히 양심수와 노동자에 대한 국내의 열악한 처우문제 등, 한국사회의 갖가지 비인도적인 작태들에 대한 개인적인 울분이 덧붙여졌다. 나는 심각한 정신적 건조주의보에 시달렸다. 그러나 그러한 심란한 번민 속에서나마 다행스럽게도 새로운 결의가 용솟음치는 걸 느끼기 시작했다.

급기야 휴머니즘을 향한 갈증이 엄습했다.

　자유와 평등의 실현에 가장 적절히 동원될 수 있는 바람직한 수단이자 동시에 추구해야 할 이상적인 목적으로 간주될 수 있는 것, 뿐만 아니라 가시적인 안목에서 한국 사회의 지병에 대한 결정적인 치유책의 하나로 응당 탐색해보지 않으면 안 되는 것, 그것이 바로 휴머니즘 아니겠는가 하는 쪽으로 내 상념이 치달았다.

　물론 나는 신자유주의적 현실 속에서 일상생활을 영위하며, 자신의 내면 속에 솟구치는 다양한 의문과 의혹에 시달릴 수밖에 없었다.
　자본주의 사회에서 '자유의 불평등'과 그 '불평등한 자유'의 존립요건이 과연 극복될 수 있을 것인가? 자유주의적 개인주의는 결국 강자의 논리에 영합하는 것이 아닌가? 이러한 개인적 권리의 불평등이 엄연히 상존하는 현실에서 '신성불가침'을 외치는 '인간의 기본권' 정신은 도대체 어떠한 의미와 가치를 지닐 수 있는 것인가? 뿐만 아니라 이 지구상에 국가와 민족과 계급과 인종과 성별 등의 차이에 따라 엄청난 불평등이 내재할 수밖에 없는데, 이러한 상황에서 절규되는 '보편적 인권' 구호는 과연 어떠한 호소력을 지닐 수 있는가? 자유와 평등의 가치와 인권신장 간에는 떼려야 뗄 수 없는 상관관계가 있는데, 바람직한 휴머니즘의 수립을 위해 과연 어떠한 유형의 자유와 평등을 확보하지 않으면 안 되는가? 하는 등의 물음으로 나는 참으로 오랫동안 전전긍긍해왔다.
　그러나 무엇보다도 어떻게 하면 자유경쟁과 업적주의에 의해 피폐해질 수 있는 삶의 주요한 가치들을 새롭게 복원해낼 수 있겠는가, 또 그리고 사회적 형평을 충실히 되살려내기 위해 강자의 사회적 완력 때문에 낙오할 수 있는 사회의 결손계층을 어떻게 보살피는 것이 바람직한가 하는 문제의식에 골몰하였다. 뿐만 아니라 생태계의 파괴, 자원

고갈, 생명과 종의 소멸 등을 촉진하는 무한생산·무한욕구·무한경쟁 체제가 결국 인간의 존엄성을 초토화시키지 않겠는가 하는 불안의식까지 가세하여 나를 더욱 골똘하게 만들었다.

나는 이런 편협한 머리굴리기를 계속 되풀이하다가, 급기야는 이런 광활한 연구를 감히 넘보게 되었다.

나는 이 글 속에서 휴머니즘의 핵심개념인 인간의 존엄성, 인간성, 인권 등의 지표에 입각하여 이론적·실천적 차원에서 구체적으로 자유와 평등의 실현 가능성 문제를 따져보고자 하였다. 왜냐하면 자유와 평등이야말로 휴머니즘의 본질적 기본가치에 속하는 것이기 때문이다.

그리하여 나는 종내 오늘의 한국적 현실에 와 닿기 위해 고대로부터 출발하였다. 왜냐하면 휴머니즘은 장구한 인류의 역사와 그 궤를 같이하는 것이기 때문이다. 나아가서는 한국사회의 현실을 진단하고 미래를 예비하기 위해 주제넘게 '신휴머니즘'(Neo-Humanism)이라는 새로운 개념을 고안해내게 되었다. 그러나 이 '신휴머니즘'에 안착하기 위해, 이전 단계의 역사적 휴머니즘의 장구한 전개과정을 우선적으로 간추릴 수밖에 없었다. 나는 르네상스와 휴머니즘의 시대를 비롯하여 프랑스 대혁명 등에 이르기까지 휴머니즘의 역사에 결정적인 의미를 지니는 몇몇 중요한 역사적 계기를 점검하였다.

이런 취지에서 휴머니즘의 개념이 저 고대 및 중세로부터 르네상스와 휴머니즘의 시대 그리고 프랑스 대혁명을 거쳐 오늘에 이르기까지 어떻게 역사적으로 변천해왔는가 하는 것을 일차적으로 살펴보았다. 아울러 휴머니즘의 핵심적 목표가 바로 인권의 보장과 신장에 있음을 감안하여 인권 이념이 역사적으로 어떻게 발전해왔는가 하는 것을 분석·정리하면서, 특히 오늘날의 현실적 양태와 문제점에 방점을 찍기도 하였다. 휴머니즘의 개념 및 인권 이념에 대한 이러한 역사적 고찰을 토대로 하여 오늘날 우리 세계를 지배하는 세 개의 주요 사상체계인 자유주의, 사회민주주의, 그리고 맑스-엥겔스로 상징되는 맑스주의가 과연 인간을 어떻게 바라보는가 하는 측면도 함께 살펴보았다.

마지막으로 이러한 역사적·사상적 분석에 토대를 둔 지루한 원양항해에서 뱃머리를 돌려 한국적 현실로 귀항하였다.

그리하여 우리 사회가 요구하는 휴머니즘은 도대체 어떠한 것이 되어야 하는가 하는 나의 원초적 문제제기에 대한 해답을 모색하기 위해 미흡하나마 '신휴머니즘'이란 개념을 동원하게 된 것이다. 그리고 이 '신휴머니즘'의 본질을 '자연주의', '문화주의' 그리고 '공동체주의' 세 개념으로 집약하여 고찰하면서, 결론적으로 이러한 '신휴머니즘'을 실현하기 위해 현실적이라 여겨지는 구체적인 대안을 부족한 나름대로 제시해보기도 하였다.

어쨌든 우리의 현실을 밝히기 위해 서양의 고대로부터 출발했고, 실천적 지향을 견지하기 위해 이론적 탐구로부터 시작한 셈이다.

물론 여의치 않았다. 도처에 복병이 도사리고 있었다.

이러한 탐색의 와중에 나를 가장 힘들게 만들었던 것은 — "인권의 밑바탕에 자리잡고 있는 최후의 어휘가 만인을 위한 자유와 평등 구현"이라 할 수 있는데 — , 그런데 이것을 도대체 어떻게 실현할 수 있겠는가 하는 자신에 대한 끈덕진 물음이었다. 물론 대단히 험준한 역사철학적 난제임에는 틀림없지만, 나는 끊임없이 자신에 대해 심문을 되풀이하였다.

우리는 도대체 어떻게 평화적이고 합법적인 테두리 안에서 합당한
해결책을 찾아낼 수 있겠는가? 혹시 사회적 특권세력이 스스로 자신
을 자율적으로 제어하여, 사회적 약자들을 자신들과 동등한 존재로,
요컨대 '형제'로 처우할 수 있는 방안을 과연 스스로 창안해낼 수 있을
까? 그러나 우리는 '형제애'(brotherhood)와 '휴머니티'(humanity) 상호
간의 결합이, 마치 "늑대와 양 사이의 그것"과도 같이 실현 불가능한
현실 속에 살고 있지는 않은가? "대중이 짐 나르는 동물처럼 겨우 겨
우 연명하고 있는 데 반해, 그 옆에는 맹수 같은 소수가 자신의 힘을
수호할 뿐만 아니라, 나아가서는 그것을 더욱 증대시켜 나가기까지
하는 곳에서", 과연 박애와 휴머니티를 기대할 수 있을까?

어떻게 할 것인가? 온 세상이 문제들의 블랙홀처럼 여겨졌다.

그러나 그게 전부가 아니었다. 새로운 추궁이 새로이 줄을 이었다.
르네상스 휴머니즘은 '보편적' 인권만을 선포하지 않았는가. 예컨대
프랑스 대혁명의 인권이념에서도 드러나듯이, 서구의 인권선언은 단
순히 이론적이고 추상적인 구호, 또는 도덕적·윤리적인 신앙고백 정
도에 머물고 있지 아니한가. 그것은 결국 '공염불' 수준으로 만족하고
있지 않은가.

이런 식상한 현실을 고려할 때, 국가와 민족, 인종, 계급, 성별의
차이 등에서 비롯하는 인간적 불평등은 도대체 어떻게 청산할 수 있
는 것인가? 세계시장의 형성으로 말미암아 개개 민족들을 차단시키던
여러 장애들이 제거되기는 하였으나, 세계시장에서 운동하는 자본 논
리는 결코 민족국가의 굴레를 뛰어넘을 수는 없지 않은가. 그리하여
민족국가를 출항한 자본의 항해는 이윤의 바람이 부는 그 어느 곳에
도 도달하겠지만, 그것이 이윤을 싣고 귀항하는 곳은 결국 민족국가

라는 모항(母港) 아니겠는가. 이러한 상황에서 국가와 민족을 초월한 '보편적 인권'에 대한 집착과 호소는 도대체 어떠한 의미를 지닐 수 있겠는가?

나는 지칠 줄 모르고 날아드는 수많은 쟁점들에 포박당할 수밖에 없었다.

나는 사변의 세계를 이탈하여 구체적인 현실로 내려앉기로 마음을 가다듬었다. 한국과 우리 한반도를 둘러싼 특수한 현실에 대해, 둔탁하지만 그런 대로 일상적인 메스를 가해 보기로 길을 잡았다. 인도적이고 인간적인 삶의 측면에서 한국과 우리 한반도는 지금 어떠한 대내외적 상황에 처해있는가, 그리고 우리가 안고 있는 복잡한 현실문제에 대해 미약한 해결의 실마리나마 엿보게 할 수 있는 사상적·실천적 처방은 과연 어떠한 것이 있을 수 있겠는가 하는 등의 새로운 논점들이 나를 새로이 덮쳐왔다.

나는 다음과 같은 방식으로 나를 모질게 추궁하는 자신을 발견했다. 이를테면 '인간이 모여 살아온 역사적 전통이나 구체적인 삶의 조건 및 환경 등이 서로 이질적이라면, 그에 걸맞게 요구되는 휴머니즘의 속성 역시 달라질 수밖에 없지 않겠는가, 따라서 개별 민족과 특정 사회유형에 적합한 휴머니즘의 성향 역시 상이할 수밖에 없지 않은가, 그러나 그럼에도 불구하고 휴머니즘의 보편적 본질을 어떻게 끝까지 고수할 것인가' 하는 식으로….

의심의 여지없이 우리들 앞에는 해결을 촉구하는 수많은 문제들이 줄지어 쌓여 있다. 그러나 문제의 영원한 해결은 있을 수 없다. 문제의 영원한 존속만 있을 뿐이다. 하나가 풀리면 또 하나의 새로운 문제가 그 뒤를 잇는 것이 인간 사회의 생존 방정식이다. 이러한 관점에서

나는 모든 문제를 일거에 해결하고자 시도하는 총체적 거대 담론이 아니라, 오늘날의 한국사회가 요구하는 지극히 '현실적'이라 판단되는 소박한 수준의 점진적이고 실용적인 해결방안을 '제언' 형식으로 제시하고자 노력하였다.

나는 사회경제적 요소와 정치적 요인 양자가 서로 떼려야 뗄 수 없는 상관관계로 견고하게 묶여 있음을 간과하지 않았다. 왜냐하면 사회경제적 요구의 제도화를 위해 무엇보다 정치적 차원의 결단이 요구되기 때문이다. 뿐만 아니라 특히 자본주의 사회에서는 경제가 사회적 불평등의 근본요인으로 작용하지만, 정치가 분배의 평등을 촉진하는 민주적 도구로 기능할 수 있기 때문이다. 이런 취지에서 나는 우선 정치적 대안으로서 '3생(生) 정치론'과 '제2의 민주화 운동', 그리고 노동운동과 시민운동 상호간의 굳건한 연대(連帶) 하에 추진되어야 할 '급진적 개혁'을 제창하였다. 마지막으로 사회경제적 대안으로서 복지국가 체제의 수립을 촉구하면서 말문을 닫았다.

그러나 인간 및 인간의 삶과 직결된 휴머니즘론 연구범주가 워낙 방대할 수밖에 없는 탓에, 나는 '인간론'(人間論) 뿐만 아니라 동시에 '인간사'(人間事)에 대한 탐구도 병행하고자 시도하였다. 그리고 그를 통해 이론과 실천의 조화를 도모하고자 노력하였다. 무엇보다 정치사상을 공부하는 학도의 직접적 연구대상은 본질적으로는 텍스트가 아니라 동시대인이 되지 않으면 안 된다는 평소의 소신 탓으로, 더욱 그러한 길로 나아갈 수밖에 없었다.

아마도 이런 유형의 미욱하고 고루한 우격다짐으로 인해 나는 학술적 이론이 '상아탑'에 유폐되는 낌새를 별로 탐탁하게 여기지 않는 버릇을 키우게 되었는지도 모르겠다.

평소에 나는 아카데미즘의 경직성과 폐쇄성을 뛰어넘어야 한다고 생각해왔다.

그리하여 그야말로 사무치는 형태로 대중을 향하여 증언하는 사유의 힘으로써 대중과 함께 하는 글을 쓸 수 있다면 하고 늘 꿈꾸어왔다. 이런 취지에서 나는 '아카데믹한 분석'(*academic analysis*)과 '저널리스틱한 접근'(*journalistic approach*) 자세를 나의 학문적 연구 및 저술의 지침으로 삼고자 노력해왔다.

말하자면 구체적인 삶의 현실 속에서 이론의 광맥을 탐사하고, 동시에 이론의 힘을 빌려 삶의 여러 흔적들을 과학적으로 체계화하는 작업방식에 매달리고자 애써왔다는 말이다. 다시 말해 이론 속에서 삶을 찾고 생활 속에서 이론을 관조하는, 이론과 현실의 유기적 상관성 추적에 매진하고자 노력한다는 말이 되겠다.

사상 속에서 삶을 찾고 생활 속에서 사상을 들여다보고자 애써온 오래된 나의 설익은 학문적 취향의 흔적이 결국 이 책에도 그대로 드러난 셈이 되었다. 나는 여기서 이론과 실천 양면에 초점을 맞추어 인간이 살아온 이야기, 살아가는 모습, 그리고 살아가야 할 행로들을 함께 풀어나가고자 힘을 기울였다. 이런 취지에서 나는 가능한 한 아카데미즘과 저널리즘의 공생·공존을 적극적으로 추구하고자 노력하였다.

그러나 여기저기서 인권 선언이 한갓 '정치적 구호'로 전락하지 않았는가 하는 개탄의 목소리가 난무하는 현실을 결코 외면할 수는 없었다. 근래의 예를 들면, 인권보호와 인민의 해방을 명분으로 내건 미국의 아프가니스탄 및 이라크 침공 같은 군사행위 전개, 그리고 미국이 자신의 노선을 따르지 않는 몇몇 주권국가를 '악의 축'으로 단죄하는 국제적 고립화 정책 추구 등은, 서구적 인권개념이 결국 "제국주의적 통제수단"에 지나지 않는다는 비판의 소리를 더욱 설득력 있게 만들고 있다. 바로 이러한 관점에서 "인권 제국주의"의 횡포를 질타하는 목소리가 드높을 수밖에 없음은 자연스러운 이치라 할 수 있다.

뿐만 아니라 이러한 국제적 환경에서, 특히 '아시아의 인권신장'이라는 측면과 연관지어 미국의 도덕적 권위가 심각하게 실추하고 있음이 지적되기도 한다. 예컨대 다니엘 벨 같은 정치철학자는 "높은 마약 사용률, 가족붕괴, 범죄증가, 경제불평등 증가 및 정치과정으로부터의 소외 등"과 같은 미국 내의 사회문제 때문에 미국은 "더 이상 과거에 그랬던 것과 같은 매력적인 정치적 모델이 되지 못한다"고 비판한다. 예를 들어 베트남전에서와 같이 "자유를 증진한다는 이름하에 혐오스러운 일을 수행하는 경향, 미국 사업이익의 압력에 대한 반응으로 중국에 대한 최혜국 대우를 재검토하는 경우", 그리고 "동티모르의 경우에서와 같이 총체적 인권 위반에 대한 적극적 지지는 아닐지라도 수동적으로 묵인하는 경우" 등과 같이 인권이 상업적·안보적 이해관계 등과 갈등을 일으킬 때, 미국은 줄곧 "인권을 종속시키는 경향"을 과시해온 것이다. 또한 1995년 6월에 미국이 마약거래에 대한 투쟁에서 버마의 군사정권과 협력하기로 한 결정에서와 같이, 미국 국내의 마약문제가 정부로 하여금 "악랄한 인권기록을 가진 체제"를 지지하도록 유도하기도 하였다. 실은 바로 이러한 사실들 모두가 "인권 분야에서 미국의 도덕적 신뢰성과 권위를" 허물어뜨릴 수밖에 없다고 다니엘 벨은 준엄히 경고하는 것이다.

우리 모두는 언젠가는 함께 이 세계를 같이 떠날 수밖에 없는 유한한 생명체다. 이것이야말로 그 어느 누구도 거역할 수 없는 절대평등의 지상명령인 것이다. 그러므로 우리에게는 서로 아끼고 도와야 하는 천부적 의무가 부여되어 있다. 그러하니 공동체를 더불어 가꾸어나가는 애틋한 협동 및 상부상조 정신, 이 공동체가 그 뿌리를 드리우고 있는 우리의 자연에 대한 숭고한 사랑과 존중심, 그리고 이러한 인간과 자연을 서로 따스히 이어주는 푸근한 문화적 공감대를 확대·심화시켜나가야 하지 않겠는가. 이를테면 공동체주의, 자연주의, 문화주의를 복원해내는 것이야말로 우리의 역사적 소명이라는 말이다. 인간과 인간, 그리고 인간과 자연이 한데 어우러지는 삶을 가꾸어나가도록 우리는 극진한 정성과 노력을 아끼지 말아야 할 것이다.

이런 맥락에서 나는 자연과 인간, 인간과 인간, 과거와 현재와 미래의 조화를 추구하는 삶의 정신을 우리 시대의 '신(新)휴머니즘'이라 일컬었던 것이다.

나는 개인적으로는 한국의 21세기가 '참여'와 '복지' '통일'의 세기가 되리라 확신하고 있다. 이런 의미에서 "시민참여와 국민복지 확대로 민족통일을!", 이것이야말로 우리의 세기적 구호가 되지 않으면 안 될 것이다. 바로 이러한 민족사적 과제를 달성하기 위해 나는 '신휴머니즘'에 뿌리내린 '인간본위제도'의 수립을 감히 제창한 바 있다. 그리고 무엇보다 건강하고 합리적인 연대의식의 고양, 그리고 반공동체적 이기주의의 극복, 이것이야말로 인간본위제도의 수립을 향해 나아가는 첫 시발점이 되리라 믿으며 이 장황한 글을 닫는다.

그러나 인간 및 인간의 삶을 둘러싸고 있는 분야와 범주가 워낙 방대한 탓으로, 이 글 속에도 내 힘이 달려 손대지 못한 부분 역시 방대할 수밖에 없었다.

이 저술에는 다음과 같은 부인할 수 없는 명백한 한계가 내재해 있다.

첫째, 여러 주요 철학자들의 인간론을 상호 비교·분석함으로써 인간적 존엄성의 실체를 보다 분명히 부각시킬 수 있음에도, 그에 대한 논의를 게을리 하였다.

둘째, 무엇보다 우리나라의 지나간 역사 속에 자랑스레 잠재해 있을 여러 다양한 인도주의적 전통 등을 파헤쳐 보지 못한 것이 큰 아쉬움으로 남는다.

셋째, 한국의 현실적 인권상황 및 그 문제점에 대한 구체적인 분석을 본격화하지 못하였다. 아울러 남·북한이 처해 있는 인권 현실의 본질적 차이에 대한 비교·검토를 수행하지 못하였다.

넷째, 남·북 분단 현실이 남·북한의 인간적 삶에 어떠한 유형의 영향을 끼치고 있는가 하는 측면 역시 도외시되었다.

다섯째, 국제적 환경, 그 중에서도 특히 미국의 대 한반도 정책이 한국의 인권상황에 어떠한 영향력을 행사하고 있는가 하는 점도 배제되었다.

여섯째, 마지막으로 전 인류적 인권보호 및 신장을 위해 어떻게 국제적으로 협력할 수 있고 해야 하는가 하는 방안모색 역시 외면하였다.

나는 내 저술이 지닌 이러한 한계와 문제점들이 앞으로의 학제간 공동연구를 통해 충실히 보완될 수 있으리라 기대하고 확신하며 이 글을 마감하고자 한다.

하지만 이러한 한계와 문제점이 있음을 잘 깨닫고 있음에도, 꼭 곁들이고 싶었던 소주제가 하나 더 있긴 했다. 그러나 이를 다루지 못한 것이 못내 아쉽다. 인간다운 삶을 보장하는 사회를 만들어나가기 위해 지식인은 도대체 어떻게 살아가야 하는가 하는 문제와 관련해, 이른바 '포단론'(抱斷論)이란 제목을 단 글 하나를 더 얹고 싶었다. 요컨대 지식인은 사회적인 차원에서 도대체 무엇을 가슴에 품고 무엇을 잘 라내야 하는가 하는 원초적 물음과 직결된 주제라 이를 수 있겠다.

사실 인간은 욕망보다도 노여움으로 인하여 더 무서운 존재가 된다. 왜냐하면 욕망은 타협하고 거래하기 때문이다. 그러나 수치스러운 사람과는 아무도 타협하려들지 않는다. 증오받는 것보다 경멸당하는 것이 더욱 비참한 노릇인 탓이다. 하지만 따뜻한 위로와 부드러운 웃음 뒤에 감춰진 불의에 맞서기란 결코 쉬운 노릇이 아니다. 달콤한 어루만짐을 쓰디쓴 뿌리침으로 되받아친다는 게 사람으로서 그리 녹록히 할 수 있는 일이 아닌 탓이다. 그러나 참기 어려운 것이야말로 반드시 참지 않으면 안 될 것이라면 어떻게 할 것인가.

물과 불은 서로 상극이어서 결코 합칠 수 없다. 그러나 이 물과 불 사이에 솥 냄비가 없으면 어찌될까.

이 솥 냄비는 서로 섞일 수 없는 물과 불의 힘을 한데 모아 갖은 맛을 내는 음식을 만들어낸다. 이를테면 새로운 생산물을 창조해내는 것이다. 물불을 가리어 그 둘을 조화롭게 엮어나가는 일, 그리하여 또 하나의 새로운 '멋진 신세계'를 일으켜 세워나가는 일, 이 일을 바로 솥 냄비가 떠맡지 않겠는가. 허나 솥 냄비는 잘 찌그러진다. 퉁탕거림 속에 자신은 끊임없이 찌그러지면서도 두루두루 주위 인간을 잘 껴안아나가며 새롭고 가치 있는 인간사회를 만들어내는 '솥 냄비 인생'을 살아가는 건 어떨까. 솥 냄비는 스스로 찌그러짐으로써 자신의 참된 존재이유를 덤덤히 펴나갈 것이다.

물론 따스한 봄볕이나 아침이슬들과는 더불어 짝해나가되, 모질고 사나운 불꽃이나 거칠고 섬뜩한 물살과는 맞붙어 굳세게 힘을 겨루어

나가야 할 것이다. 물이 꽁꽁 얼어붙은 곳엔 불, 또 불이 훨훨 타오르
는 곳엔 물, 그리하여 물불을 잘 엮어 걸림돌을 디딤돌로 만들어나가
는 지식인의 인간적인 삶, 이건 어떠할까?

부록

현대인의 실존 양식: 엘리베이터 안의 고독

― 마르틴 부버와 장자

하필 나 혼자에게만 예외적으로 적용되는 해괴한 특이증상인지는 모르겠으나, 나는 엘리베이터에 타기만 하면 금세 '고독'을 절감한다. 답답하고, 아득하고, 무기력하고, 막막해진다. 눈을 감을 수도, 뜰 수도 없다. 입을 열 수조차 없다.

엘리베이터에 함께 탄 승객들은 동일한 시공간에 존재한다. 같은 순간에 몸과 몸이 맞닿는 가장 은밀한 폐쇄공간 속에 상호 공존한다. 비좁은 엘리베이터 안의 공기를 공유하는 탓으로, 코와 입을 통해 서로가 내뱉는 숨결을 다정히 주고받을 정도로 서로 밀착해 있다. 그럼에도 불구하고 이들은 마치 정탐꾼인 것처럼, 아니면 밀명을 띤 독립군같이, 서로 경원하듯이 낯설게 대치(對峙)하는 것처럼 보인다. 대화를 나누기도 어색하고 얼굴만 멀뚱히 쳐다보고 있는 것도 민망스러워, 공허하게 엘리베이터 바닥이나 천장을 속절없이 두리번거리기 일쑤다. 특정한 순간 세상에서 가장 가까이 서로 마주하고 있음에도, 각기 자신만의 무인도에 갇혀 홀로 유아독존(唯我獨尊)하듯이, 자기소외와 고립감에 시달리는 모습이다.

하지만 이들은 운명공동체다. 그것도 동일한 순간, 동일한 공간에서 숨막힐 듯 가장 끈끈하게 상호 밀착해 있는 운명공동체인 것이다. 그러나 상호 화합과 교류가 철저히 차단된 격벽 속에 내던져져 있어, 실은 가장 냉혹하게 서로 대치하는 듯이 보이는 가장 고독한 동아리처럼 보인다.

이 엘리베이터 안에서의 인간관계는 마르틴 부버가 말하는 '나-너'도, '나-그것'도 아닌 듯이 보인다. 오로지 '나-무(無)' 관계인 것만 같다. 혹시 이러한 것이 현대인들의 실존적 모순은 아닐까?

아침에 현대아파트에서 일어나, 현대자동차를 타고 출근해서, 현대건설이 지은 회사에 들어가 일을 하다가, 퇴근해서는 현대백화점에 들러 쇼핑하고, 다시 현대아파트로 돌아와 잠자리에 드러눕는 현대인들의 단조로운 일상생활의 기조가 바로 이러한 부조리 속에 내재해 있는 것은 아닐는지.

오스트리아 빈에서 태어난 유태인 철학자 마르틴 부버(Martin Buber)는 1923년, 불후의 명저 《나와 너》(Ich und Du)를 출간하였다.1)

일반적으로 우리 인간 존재는, '나-너'(Ich-Du)와 '나-그것'(Ich-Es), 이 두 개의 '근원어'(Grundworte)로 개념화할 수 있는 '관계'(Beziehung)로써만 규정할 수 있다는 것이 부버의 지론이다. 그는 '나'는 오로지 '나'만으로서는 존재할 수 없다고 역설한다. 말하자면 우리가 '나'라고 말할 때, 그것은 '나-너'의 '나'이거나, 아니면 '나-그것'의 '나'이지, 그 외의 독자적인 '나'란 있을 수 없다는 말이다.

많은 주석가가 '중국 철학사의 최고봉'이라 일컫기도 하는 〈제물론〉(齊物論)에서 장자(莊子)도 비슷한 어조로 자신의 견해를 밝힌

---

1) Martin Buber 지음/표재명 옮김(문예출판사, 2001, 제2판 제5쇄), 이곳저곳 참고.

다.2) 장자에 의하면 사물은 모두 '저것' 아닌 것이 없고, 동시에 모두 '이것' 아닌 것이 없다. 말하자면 '저것'은 '이것'에서 나오고, '이것'은 '저것' 때문에 생긴다는 말이다. 예컨대 삶이 있기에 죽음이 있고, 죽음이 있기에 삶이 있다. 그리고 옳음이 있기에 그름이 있고, 그름이 있기에 옳음이 있다는 식이다. 따라서 옳음도 무한한 변화의 하나요, 그름도 무한한 변화의 하나이니, "무엇보다 '옳고 그름을 넘어서서 모든 것을 꿰뚫어 보는' 밝음이 있어야 한다"고 역설한 것이다.

한마디로 말해서 이분법적 사고방식에서 나오는 일방적 편견을 버리라는 말이다. 요컨대 '이것'이라는 말은 '저것'이라는 말이 없을 때는 의미가 없고, '이것'이라는 말은 반드시 '저것'이라는 말을 전제로 한다는 것이다. 즉 '이것'이라는 말 속에는 '저것'이라는 말이 이미 내포되어 있는 고로, '이것'이 없으면 '저것'이 없고, '저것'이 없으면 '이것'도 없게 된다. 이런 의미에서 '이것'은 '저것'을 낳고, '저것'은 '이것'을 낳는 셈이다. 마르틴 부버 식으로 환원하면, '너'가 없으면 '내'가 없고, '내'가 없으면 '너'가 없다는 말이 될 수 있다.

장자는 이렇게 서로가 서로를 가능하게 하는 것을 '방생'(方生)이라 규정했다 한다. 주석가들은 이러한 논지가 우리가 진정으로 자유로우려면, 사물의 한 면만을 보고 거기에 집착하는 옹고집과 다툼을 버려야 한다는 것을 '일깨워 주기' 위한 장자의 '구속론적 관심'에서 비롯한다고 가르치고 있다.

어쨌든 부버에 의하면, 두 개의 근본적으로 상이한 질서가 인간세계를 지배하는 것으로 나타난다.

하나는 '나-너'의 근원어에 바탕을 둔 인격 공동체이며, 다른 하나는 '나-그것'의 근원어에 뿌리내린 것으로서, 다른 사람을 자기의 욕망을 충족시키기 위한 수단, 곧 '그것'으로 밖에는 취급하지 않는 집단

2) 오강남 풀이, 《장자》(현암사, 1999, 12쇄, 2005), 81쪽 이하.

적 사회다.

그런데 '나-너'가 인격적 관계인 데 반해서, '나-그것'은 이해관계, 소유관계, 목적관계 등이 뒤얽힌 비인격적 관계로 이해된다. 그리하여 전자는 참다운 '대화'(*Dialog*)가 이루어지는 관계라 할 수 있지만, 후자는 오직 '독백'(*Monolog*)만을 낳는 사회라 이를 수 있다는 것이 부버의 지론인 것이다.

이 경우 '나-너'의 근원어로 맺어지는 관계는 '나'의 온 존재를 다 기울인 행위의 결과로서, "모든 참된 삶은 만남"이라는 인간 실존의 본질과 직결된다. 이런 의미에서 이 '나-너'의 관계는 인간의 주체적 체험의 소산으로서 인격의 세계라 이를 수 있다. 이를테면 '나'는 '너'로 인하여 비로소 '나'가 될 수 있다는 것이다. 바로 이런 관점에서 부버는 '만남과 대화의 철학'에 몰두한다.

한마디로 말해 이 '나-너'의 관계는 우리가 타자와 맺는 가장 긴밀한 인격적 관계인 것이다. 이러한 관계를 통해 우리는 인격으로서의 자신을 깨달을 뿐만 아니라, 동시에 타자를 하나의 인격적 주체로서 만나게 된다는 말이다. 반면에 '나-그것'의 관계에서는 타인은 '그것', 즉 비인격적 존재로 등장하며, 결국 '나'의 수단으로 이용될 따름이다.

그렇다고 해서 '나-그것'의 관계는 다른 사람을 하나의 사물과 같이 취급해 자신의 수단으로 삼아버리거나, 또는 사람과 사람 사이에 발생하는 문제를 조건과 조건, 사물과 사물 사이의 문제 같은 것으로 만들어버리는 저급한 차원만을 이르지는 않는다. 그에 더하여 과학적 관찰, 지식의 획득, 종교적 교리의 설정이나 철학적 인식 따위에 이르는 다양한 것까지를 포괄한다. 따라서 '나-그것'은 생활의 측면에서나, 또는 문명·문화적 차원에서, 일정한 정도의 의의와 성과를 확보하게 된다.

물론 우리 인간은 '나-너'의 관계로써만은 살아갈 수가 없다. 그러므로 '그것'과의 관계는 배제되어서도 안 되고, 배제할 수도 없는 것이라 할 수 있다.

이런 취지에서 부버는 "인간은 '그것' 없이는 살지 못한다. 그러나 '그것'만 가지고 사는 인간은 인간이 아니다" 하고 역설한다. 그러나 문제는 현대인의 다양한 일상생활이 전적으로 '그것'에 의해 지배당하고 있다는 사실인 것이다. 이러한 부버의 입장을 따른다면, 우리가 흔히 '인간성의 상실'이라 부르는 것은, 인격과 인격의 만남으로 이루어져야할 인간적 삶이 이처럼 비인격화되어, '그것'과 '그것'의 부딪침으로 전락하고 말았음을 뜻하게 된다.

바로 이러한 측면에서 새로운 문제가 또다시 제기된다.

혹시 우리 모두가 '나-너'의 관계에서 언젠가 모든 '너'를 '그것'으로 전락시킬 수밖에 없는 위험성을 필연적으로 안고 살아갈 수밖에 없는 운명에 처해 있는 것은 아닐까 하는 두려움이 바로 그것이다. 바로 이 관점에서 어떻게 하면 '너'를 '그것'으로 변질시키지 않을 수 있겠는가 하는 문제의식이 자연스레 떠오르게 된다.

부버의 철학은 바로 이러한 문제의식과 직결되어 있다.

어떻게 하면 점점 더 '그것'으로 굳어져 가는 이 세계의 틀을 깨뜨리고 녹임으로써 진정한 인간성 해방의 길로 나아갈 것인가 하는 것이 그의 참뜻이라 할 수 있다. 그리하여 부버는 '나-너' 관계의 힘을 어떻게 복원할 것인가 하는 과제에 몰두하는 것이다.

부버는 인격적 '만남'과 '대화'의 사상을 제시한다. 요컨대 그는 인간성 회복을 위한 상호소통이 평화적으로 이루어질 수 있는 사회를 이룩하기 위해, 인격과 인격이 대화를 통해 서로 만나도록 촉구하는 것이다.

현대의 물질문명과 신자유주의적 물량공세는 오늘날 더욱더 무서운 힘으로 인간을 '그것'으로 만들어 가고 있다. 극단적인 이기적 개인주의와 권위주의가 횡행하는 현실상황에서, 자기를 상실하고 고독에 몸부림치는 인간이 어떻게 하면 진정한 자기를 회복하고 참된 인격적 공동체를 이루어 나갈 수 있는가 하는 방안을 모색하는 것이 시대적 과제라 할 수 있다.

그러나 엘리베이터 안에서의 인간관계는 부버가 말하는 '나-너'도, '나-그것'도 아니다. 여기는 부버 식의 '대화'도 '독백'도 존재하지 않는다. 오로지 '아무러면 어때', '아무렇게나' 식의 '나-아무것도 아닌 것' 관계인 것만 같다. 말하자면 '그것'에도 미치지 못하는 단계, 그리하여 이해관계도 아니고 목적관계도 아니어서 구체적 효용가치도 전혀 지니지 못하는 식물적 인간집단에 지나지 않는다. 한마디로 무관심 속에 방기된, 상호 철저히 절연된 인간집단이다. 따라서 서로서로에 대해 무(無)일 뿐이다.

인간에 대한 가장 나쁜 죄는 인간을 미워하는 것이 아니라 인간에 대한 무관심이라 생각한다. 왜냐하면 우리의 일생은 타인과 떼려야 뗄 수 없이 직결되어 있기 때문이다. 우리는 타인을 사랑하는 데 인생의 반을, 그리고 나머지 반은 타인을 비난하는 데 소모한다. 이런 의미에서 이 세상을 살아가는 데 중요한 것은, 우리가 어디에 있는가 하는 것이 아니라, 우리가 어디를 향해 움직이는가 하는 것이라 할 수 있다.

가장 가까이 서로 밀착해 있음에도 서로 서로에 대해 무관심으로 일관할 뿐인 존재, 이들은 서로 사랑하지도 않고 증오하지도 않으면서, 그냥 어디론가를 향해 단순히 함께 식물적으로 움직이고만 있을 뿐이다. 무의식적으로 움직이며, 움직이면서 무의식의 세계로 빠져드는 이러한 '엘리베이터 안' 현대인들로 우리의 거리는 넘쳐난다. 그러면서도 필요에 따라 같은 민족으로 떠받들림 당하기도 한다.

우리 모두는 언젠가는 함께 이 세계를 같이 떠날 수밖에 없는 유한한 생명체다. 이것이야말로 그 어느 누구도 거역할 수 없는 절대평등의 지상명령인 것이다. 그러므로 우리에게는 서로 아끼고 도와야 하는 천부적 의무가 부여되어 있다. 더더구나 동일한 전통 속에서 동일한 언어를 사용하며 동일한 영토에서 더불어 함께 살아가는 같은 민족 사이라면 더 이상 무슨 말을 덧붙일 필요가 있겠는가.

— 인디언과 콜럼버스

꿈을 꾸기 때문에 삶이 고달파지는 건지, 아니면 삶이 고달픈 탓에 꿈을 꾸는 것인지는 잘 알 수 없는 노릇이긴 하지만, 나는 자주 기괴한 꿈을 꾼다. 근래에는 엉뚱하게도 태고적 원시시대로 되돌아가고픈 꿈으로 자주 몸살을 앓는다.

그런데 '원시성'(原始性)이란 과연 어떠한 것일까?

원시성이란 야만적 품성을 일컫는 것이 아니라, '본연의', '최초의', '토착적인', '생래의', '가장 근원적인' 정도의 의미를 지니리라 짐작된다. 이런 의미와 유사하게, 캐나다에서는 인디언을 'first nation'이라 일컫는다. 어쨌거나 미개하나 천박하지는 않고, 야생적이지만 거칠지는 않은 심성을 원시성이라 할 수 있다. 이런 면에서 아메리카 인디언들을 '현대적 원시인'이라 부를 수 있을 것이다.

1492년 콜럼버스가 아메리카 신대륙에 첫발을 내디뎠을 때, 그곳에는 약 2,500만 명 정도의 인디언들이 살고 있었다. 멀쩡히 사람이 살고 있는 땅을 백인들은 신대륙의 발견이라고 우겨대었지만, 인디언의 입장에서 보면 그것은 명백히 침략이라고 밖에 볼 수 없는 약탈(掠奪) 행위였다. 이들 인디언들은 하늘을 아버지로, 대지를 어머니로 여기며 자연과 더불어 살아온 선량한 종족이었다.

자연적이며 영적(靈的)이기까지 한 이들 인디언들의 이름짓는 솜씨도 대단히 탁월하였다. '바람의 아들'이란 멋진 사람이름이 있는가 하면, 아직도 미국에서는 그들을 전멸시키고서도 인디언들이 사용하던 지명을 그대로 사용하는 경우도 적지 않다. 예컨대 구름 아래 가장 아름다운 동네라는 뜻을 가진 '맨해튼', 아침 인사로 쓰이던 '아이다호', 목초지라는 의미의 '켄터키', 나의 사랑스러운 친구라는 뜻의 '텍사스', 작은 섬이라는 뜻을 가진 '애리조나' 등 이루 다 말할 수 없다. '시애틀'은 한 인디언 추장의 이름이었다고 한다.

자연 애호가이며 박물학자인 《동물기》의 저자 시턴(E. T. Seton)은 온 생애에 걸쳐 인디언에 관한 자료를 수집하여 《인디언의 복음》(The Gospel Of The Redman, 김원중 옮김/두레출판사)이란 책을 편찬하였다. 시턴은 생태계의 무차별적 개발과 파괴를 특징으로 하는 서구문명의 한 대안을 수만 년 동안 자연과 조화로운 삶을 영위해온 인디언의 삶 속에서 발견했다. 이 책 전편을 통해 시턴은 이른바 '야만인'이라고 불리는 인디언이 실은 서구의 문명인들보다 더 훌륭할 뿐만 아니라, '원시적'이라 경멸당하는 그들이 훨씬 더 원숙한 문명을 꽃피웠다고 역설한다.

이런 맥락에서 시튼은 인디언이야말로 "가장 좋은 의미에서, 그리고 글자 그대로의 의미에서" 사회주의자였다고 단정짓는다. 예컨대 백인 농부나 사냥꾼은 그의 농장이나 사냥터의 외딴 오두막에 격리되어 살지만, 인디언은 언제나 동족들과 함께 마을에서 공동생활을 영위한다는 것이다. 뿐만 아니라 모든 사회악의 뿌리라 할 수 있는 탐욕이 인디언 사회에서 불가능했는데, 혹시 전쟁이나 교역을 통해 어느 사람이 많은 재물을 획득하면, 그것을 적게 가지고 있거나 하나도 갖고 있지 못한 사람에게 공평하게 분배하는 것이 인디언들의 관습이었다고 한다. 그리고 땅은 종족에 속하는 것이므로, 어느 누구도 땅을 소유하지 않는데, 개인은 자신이 경작할 만큼만, 그리고 그의 집과 밭이 차지하고 있는 땅만큼만 소유하도록 되어 있다는 것이다. 나아가 병들고 곤경에 처한 힘없는 모든 노인들은 부족의 보호와 지원을 받을 권리를 갖는데, 왜냐하면 이들 모두가 힘이 있을 때 공공의 안녕을 위해 이바지했기 때문이다(위의 책, 70쪽 이하).

이러한 인디언들이었기에 "탐욕에 눈멀고 이방종족에 대한 경멸과 미신으로 영혼이 중독된" 콜럼버스조차도 스페인 왕과 왕비에게 다음과 같은 "공정한" 편지를 보냈다 한다

> 온 세상에 이 사람들보다 더 다정하고 더 온유한 사람들, 즉 더 좋은 사람들은 없다는 것을 전하께 맹세합니다. 그들은 이웃을 자기 자신처럼 사랑하며, 언제나 웃으며 이야기합니다(위의 책, 129쪽).

이 인디언들처럼 오늘을 살아가는 '현대적 원시인'은 현대사회에서 경시당하는 '관계'의 철학을 소중히 간직하고 있다. 반면에 현대사회는 "필요한 관계만을, 보이는 관계만을 중요하게 여긴다. 보이지 않고, 필요 없다 생각되는 관계는 무시한다. 그런데 현대사회가 무시해버린 관계들 때문에 세상은 늘 갈등하고 아픔과 비극을 겪게 된다". 그러나 "모든 인류뿐만 아니라 지구의 모든 존재들의 자궁인" 아마존 밀림의 공동체에서 더불어 살아가는 오늘날의 '현대적 원시인'들은 무엇보다 '관계'를 중시한다. 이들처럼 "저 사람이 나라는 걸 알게 되고 세상의 모든 존재들이 나의 다른 모습임을 깨닫는다면, 어떻게 저들을 미워할 수 있고 죽일 수 있을까? 저 산과 강물이 나를 구성한 본질임을 깨달았다면, 어찌 개발한다면서 무지막지하게 파괴시키고 훼손할 수 있단 말인가?"[3]

몇 년 전 잠시 캐나다 밴쿠버에 머물 때, 인디언의 후예들이 만든 일종의 문화적 연대기구 같은 것이 주최하는 축제를 찾은 적이 있었다. 그들은 강강수월래 같은 춤도 추고 북소리에 맞춰 노래도 불렀다. 억압당하고 착취당하던 기억이 배어 있어서인지, 부르는 노래들이 우리의 장송곡 비슷해서, 저런 단순한 곡조라면 나 같은 음치라도 흔쾌히 노래를 불러 젖힐 수 있을 듯했다.

---

3) 김병수, 앞의 책, 426~427쪽.

갈색의 흔적이 피부에 짙게 밴 그들과 함께 얼마나 푸근하고 자연스러운 시간을 보냈는지 모른다. 어느 순간엔 나도 모르게 그들과 더불어 무의식적으로 몸을 흔들어대고 있는 자신을 발견하고는 깜짝 놀라기도 했다. 같은 원조의 후예(後裔)라 피가 통해서 그런 건지, 도무지 헤아릴 길 없는 원시적 동질성과 연대감 같은 것이 영혼 속에 감도는 듯해서 무척 푸근했다. 그들이 도무지 남 같지가 않았다.

그러나 캐나다에는 분명 인디언의 후예인데, 이상 비대증 환자처럼 보이는 사람들이 적지 않은 것처럼 보였다. 광야를 달리고 내닫지 못하면서 그냥 한자리에 주저앉아 사느라고, 쌓이고 쌓이는 살집을 주체하지 못한 듯이 보였다. 배에는 삼겹살이 주저리 주저리 달려 있어, 어떨 때는 짐승처럼 보일 때도 있다. 이른바 문명화 과정에서 필연적으로 감내할 수밖에 없었던 육체적 병리현상인 듯했다. 이제 그들은 초원을 내닫는 대신, 체육관에 갇혀 춤추고 노래하는 자동인형 같은 존재로 전락한 것이다. 흑인과 결혼한 인디언의 후예는 아랍인처럼 보였다. 그리고 백인과의 사이에서 난 애는 아름다운 조화를 이루어 미묘한 지성미와 야성미를 겸비한 뛰어난 인종처럼 느껴지기도 했다.

그러나 무슨 노래인지 알 수는 없었지만, 뭔가 찬송가 같은 노래를 부를 때는 모두 기립해서, 모자까지 벗고 엄숙하게 합창들을 하였다.

어느 날 저녁에는 어느 초등학교 개교 70주년을 축하하는 '원주민 축제'(aboriginal fest)에 간 적도 있었다. 이 학교는 전교생의 50%가 인디언의 후예였는데, 교정에는 평소에 인디언 천막까지 만들어 세워두는 배려를 아끼지 않았다. 공동체 축제(community fest)라 하여, 저녁식사도 무료로 제공되었다.

학부모도 가세하였는데, 교사들과 학생들이 함께 북을 두드리며 손잡고 춤추며 노래도 불렀다. 캐나다인들은 조상 섬기는 일에 둘째가라면 서러워할 우리들보다 이민족의 전통에까지 더욱 짙은 애착을 기울이는 듯했다. 미국에서와는 달리, 이 캐나다에서는 이들 인디언의 후예들을 '원초 종족'(first nation)이라 칭하며, 이들과의 화합을 위해 여러 가지로 많은 노력을 기울이고 있었다. 혹시 내가 이 지역에 살았다면, 인간사랑을 배울 수 있도록 내 자식도 당연히 이 학교로 보냈을 것만 같았다.

─ 피붙이 공동체와 광야의 발자국

인간의 삶은 어차피 눈물에서 시작하여 눈물로 끝난다. 물론 태어날 때는 자신이 울고 마지막은 다른 사람들이 울긴 하지만. 그러나 문제는 모든 인간이 자신에게는 끝이 있을 수 없지만 자기 이외의 다른 인간은 모두 죽는 것처럼 착각하는 데 있다. 그러나 우리 모두는 다 한결같이 '끝'이 있을 수밖에 없는 존재들이다. 사실 거창하게 '만민 평등론'까지 주워 섬길 필요도 없다. 이럴진대 어찌 옆 인간에게 무심할 수 있겠는가.

따라서 우리 인간에게는 '인간적' 자세가 가장 바람직하다.

모든 인간에게는 거부할 수 없는 단 하나의 공통점이 있다. 결국 인간들은 죽을 수밖에 없다. 그러므로 유한한 존재로서의 공동운명체로 함께 살아가는 인간들끼리 서로서로 격려하고 도우며 살아가야 한다. 이런 자세가 바로 '인간적'이다.

인간이란 어차피 자연에서 와서 더불어 자연으로 되돌아갈 피붙이 공동운명체 아닌가. 부귀한 사람도 빈천한 사람도 언젠가는 모두 자연으로 돌아간다. 흙이 되기는 매일반일 터인데, 어찌 조그만 눈앞의 이익을 탐해 그 허망한 싸움을 그칠 줄 모르는가.

이런 의미에서 이기주의(利己主義)는 비인간적인, 너무나 비인간적인 재앙의 불씨며 뿌리다. 인간의 이기심은 질투와 경쟁심이 만든 새장이다. 이기적 인간이야말로, 자신의 값은 알지 모르지만 인간의 값어치는 전혀 알지 못하는 존재다. 남이 이기적이면 상습적인 것이고,

내가 이기적이면 불가피한 것이 된다. 그러나 이기적인 인간은 남의 이기주의는 결코 감내하지 못한다.

인간을 가장 즐겁고 행복하게 만드는 것이 인간관계지만, 동시에 인간을 가장 괴롭히는 것 역시 인간관계다. 다 아는 얘기지만, '사람 人'이라는 글자가 사람과 사람이 서로 의지하고 있는 모습을 본뜬 것이고, '人間'이라는 글자가 사람과 사람 사이라는 뜻을 지니고 있다는 것에서도 알 수 있듯이, 사람은 혼자서는 살 수 없다. 혼자 살 수 없기 때문에 인간은 서로 만나야 하는 것이고, 또 서로 돕고 기대며 살아야 하기 때문에 만남이 이루어지는 것이다.

우리는 길 위에서 만난다.
원래부터 이 세상에 만들어진 길은 존재하지 않는다. 길은 단지 만드는 것일 뿐이다.
만약 누군가 넘어졌다면, 그것은 뒤에 오는 사람들에게 걸림돌이 있음을 경고하기 위함이라 할 수 있다. 동시에 그는 앞서 간 사람 때문에 넘어지기도 한 것이다. 앞서 간 사람들이 비록 빠르고 자신만만하게 걸어갔을지라도, 그 걸림돌을 치워주지 않고 지나갔기 때문이다. 따라서 넘어지는 자는 걸림돌을 디딤돌로 만들어 가는 사람이기도 한 것이다.

비슷한 취지로, 백범 김구 선생께서 조국 광복의 대장정 와중에 결단을 내려야 할 때마다 애송하였다는 서산(西山) 대사의 시구가 있다.

답설야중거 불수호난행 (踏雪野中去 不須胡亂行)
금일아행적 수작후인정 (今日我行蹟 遂作後人程)
눈 덮인 광야를 지날 때는 모름지기 함부로 걷지 말라
오늘 나의 발자국은 마침내 뒷사람들의 길이 되리니

비록 처음 만들어지는 길이 험상궂고 거칠다 하더라도, 아무도 밟지 않은 미끄러운 눈길이 오래오래 다님으로써 편안히 다져지듯이, 뒷사람들에게는 고르고 탈없는 대로(大路)가 될 수도 있을 것이다.

그러하니 썩어 문드러져 없어지기보다는 차라리 닳아서 없어지는 편이 더욱 탐탁하지 않겠는가.

인간의 타고난 숙명인 유한성과 허무의 굴레를 겸허히 받아들이면서, 그럼에도 불구하고, 마지막까지 절체절명의 한계선을 향하여 내달음질치는 끝없는 꿈틀거림을 쉴 새 없이 되풀이하는 자세, 이를테면 넘어지면서 끝없이 다시 일어서고, 또 일어서면서 다시 끝없이 넘어지는 것, 그러면서 허허, 웃으며 옷을 툴툴 터는 마음가짐, 이것이 우리들 삶의 숭고한 의미 아니겠는가. 거듭 거듭 넘어지면서도 빼뚤빼뚤 한 발짝씩 한 발짝씩 걸음마 배우며 나아가는 한 살배기 아기들의 초인적 분투(奮鬪)를 우리들은 겸허히 배워야 할 것이다.

단군신화(檀君神話)를 토대로 하여, 우리 민족의 사상 가운데 단연으뜸으로 자리잡게 된 '홍익인간'(弘益人間) 정신이 태어났다.

홍익인간은 '신이 인간을 널리 이롭게 한다'는 뜻으로, 우리 민족은 이 사상을 나라를 다스리는 근본으로 여겼다. 이는 곧 '나'라는 개인보다는 내가 속한 공동체인 '우리'의 이로움을 도모해야 한다는 세계관을 낳았다.

이런 사상은 지금까지도 일상생활에 그대로 투영되어 있다. 우리는 일상적으로 쓰는 말에서도, 그 흔적을 쉽게 찾아볼 수 있다. '나의' 나라가 아니라, '우리' 나라이며, '내' 집이 아니라, '우리' 집이라고 말한다. 남편들이 자기 부인을 말할 때도 '우리' 마누라라고 한다. 이 말을 가만히 따져보면 부인을 여러 사람이 공유하는 것처럼 들린다. 문법적으로는 분명히 틀린 말이지만, 홍익인간 사상이 낳은 언어적 표현임을 이해한다면, 이는 결코 틀린 말이 아니다.

그러나 특히 자본주의가 도입된 이래, 우리의 이념은 홍익인간이 아니라, '인간을 널리 손해보게 한다'는 뜻의 '홍손인간'(弘損人間)으로 바뀐 듯하다.

요컨대 '천상천하 유아독존' 식의 '사익(私益) 우선주의'가 기승을 부리고 있다. 그리하여 오늘날 사회구성원 상호간의 평등과 유기적 연대에 똬리를 튼 우리의 전통적 공동체의식이, 이기주의에 의해, 상처에 소금을 뿌릴 정도로 극렬히 할큄을 당하고 있는 실정이다. '힘센 놈이 최고' 식의 자본주의적 자유경쟁 원리가 바로 그 토대를 튼튼히 구축하고 있지 아니한가.

그러나 송나라 초기 범중엄은 "참된 사대부는 마땅히 천하사람들이 걱정하기 전에 먼저 걱정하고, 천하사람들이 즐거워한 이후에 즐거워해야 한다"는 명제를 제시한 적이 있다. 그러한 명제가 이후 천 년 동안 동양의 사대부 정신을 대표하는 지표로 작용하였다 한다.

이러한 상황에서 나는 '원칙 없는 타협은 야합(野合)이고, 타협 없는 원칙은 독선(獨善)'이라는 규범을 존중한다. 그에 입각해, 나는 하나의 현실적 대안으로서 '신휴머니즘론'을 제시하는 바이다.

그리하여 내가 태어날 때 나는 울고 세상은 기뻐하였지만, 내가 죽을 때 세상은 울고 나는 기뻐할 수 있게 되길 희망한다.

참 고 문 헌

Alber, Jens, "Is there a Crisis of the Welfare State?: Cross-national Evidence from Europe, North America, and Japan", in *European Sociological Review*, Vol. 4, No. 3 (December, 1988), pp. 181~207.

Arblaster, Antony, *The Rise & Decline of Western Liberalism* (Basil Blackwell, 1987), 조기제 옮김, 《서구자유주의의 융성과 쇠퇴》(나남, 2007),

Aristoteles, *The Politics* (Penguin Books, 1986), Book VI, 1318b1 (p. 367), 이병길·최옥수 옮김, 《정치학》(박영사 2판, 1996).

Autorenteam der HDS, *Zur Einführung in die Theorie des Demokratischen Sozialismus* (Frankfurt/M. -Köln: Europaische Verlagsanstalt, 1977).

Avinery, Shlomo, "The Hegelian Origins of Marx's Political Thought", in Shlomo Avinery (ed.), *Marx's Socialism* (New York: Lieber-Atherton, 1973).

Bahro, Rudolf, *Die Alternative* (Köln-Frankfurt/M., 1979).

Bell, Daniel, "The East Asian Challenge to Human Rights: Reflections on an East West Dialogue"의 일부가 《계간 사상》(1996 겨울호)에 "서구적 인권체제에 대한 동아시아의 도전"이란 제목으로 번역 수록됨.

Bendix, Reinhard, "Strukturgeschichtliche Voraussetzungen der nationalen und kulturellen Identität in der Neuzeit", in Bernhard Giesen (Hg.), *Nationale und kulturelle Identität: Studien zur Entwicklung des kollektiven Bewu & tseins in der Neuzeit*, 3. Aufl (Frankfurt/M., 1996).

Berlin, Isaiah, *Four Essays on Liberty* (Oxford University Press, 1984).

Bloch, Ernst, "Man and Citizen According to Marx", Erich Fromm (eds.),

420

Socialist Humanism (New York: Doubleday, 1966).

Bobbio, Norberto, *Which Socialism?*: *Marxism, Socialism and Democracy* (University of Minnesota Press, 1987).

Brittan, S., *A Restatement of Economic Liberalism* (London: Macmillan, 1988).

Brunner, Otto, Conze, Werner, & Koselleck, Reinhart (Hg.), *Geschichtliche Grundbegriffe*: *Historisches Lexikon zur politisch-sozialen Sprache in Deutschland*, Bd. 3 (Stuttgart, 1982).

Cecil, Andrew R., "Equality, Tolerance and Loyalty", *Virtues Serving the Common Purpose of Democracy* (The University of Texas at Dallas, 1990).

Cohen, Gerald Allan, *History, Labour, and Freedom*: *Themes from Marx* (Oxford: Clarendon Press, 1988).

Constitution (Fundamental Law) of the Union of Soviet Socialist Republics, adopted in 1977 (Moscow: Novosti Press Agency Publishing House, 1977).

Dahl, Robert A., *A Preface to Economic Democracy* (University of California Press, 1985).

Dann, O., *Gleichheit und Gleichberechtigung*: *Das Gleichheitspostulat in der alteuropaischen Tradition und in Deutschland bis zum ausgehenden 19. Jahrhundert* (Berlin: Duncker & Humblot, 1980).

Donnelly, Jack, "Human Rights in Theory and Practice" (1989), 《계간 사상》(1996 겨울호)에 "인권 개념의 보편성과 아시아적 가치"라는 제목으로 번역 수록됨.

Edwards, Richard C., Reich, Michael, & Weisskopf, Thomas E. (ed.), *The Capitalist System*, 2nd ed. (Englewood Cliffs: Prentice Hall, 1978).

Engels, "Die Entwicklung des Sozialismus von der Utopie zur Wissenschaft", in Karl Marx & Friedrich Engels, *Marx-Engels Werke*, Bd. 19 (Berlin: Dietz Verlag, 1987).

_____, "Anti-Dühring", *MEW 20*.

Esping-Andersen, G., *Politics against Markets* (Princeton University Press, 1985).

Flechtheim, Ossip K., "Humanismus und Menschenrechte", in *Frankfurter*

Hefte, Sep. 1976.

Fowler, Robert B. & Orenstein, Jeffrey R. , *Contemporary Issues in Political Theory* (revised ed) (Praeger Publishers, 1985) .

Friedemann, P. (Hg.), *Materialien zum politischen Richtungsstreit in der edutschen Sozialdemokratie 1890~1917*, Bd. 1 (Frankfurt/Berlin/Wien, 1978) .

Friedman, Milton, *Capitalism and Freedom* (Chicago and London, 1962) .

Friedrich, Carl J. , "A Brief Discourse on the Origin of Political Equality", Roland Pennock & John W. Chapman (eds.), *Equality: Nomos IX* (New York: Atherton Press, 1967) .

Fritzhand, Marek, "Marx's Ideal of Man", in Erich Fromm (eds.), *Socialist Humanism; An International Symposium* (Garden City, New York: Anchor Books, 1965) .

Galston, William, "Equality of Opportunity and Liberal Theory", in Frank S. Lucash (ed.), *Justice and Equality Here and Now* (Cornell University Press, 1967) .

Gans, Herbert J. , *Middle American Individualism: The Future of Liberal Democracy* (New York: The Free Press, 1988) .

Garin, Eugenio, *Der italienische Humanismus* (Bern: Francke AG. , 1947) .

Gilpin, Robert, "The Richness of the Tradition of Political Realism", in Robert O. Keohane, *Neorealism and Its Critics* (New York: Columbia University Press, 1986) .

Ginsburg, N. , *Class, Capital and Social Policy* (London: Macmillan, 1979) .

Gollwitzer, Heinz, *Geschichte des weltpolitischen Denkens: Vom Zeitalter der Entdeckung bis zum Beginn des Imperialismus*. Bd. 1 (Gottingen: Vandenhoeck & Ruprecht, 1972) .

Graham, K. , *The Battle of Democracy* (Wheatsheaf Books, 1986) .

Gray, J. , "Marxian Freedom, Individual Liberty and the End of Alienation", in E. F. Paul et al. (eds.), *Marxism and Liberalism* (Blackwell, 1986) .

Green, Philip, *The Pursuit of Inequality* (New York: Pantheon Books, 1981) .

Halasz, Jozsef, "Civic Equality and Equality Before the Law", *Socialist Concept of Human Rights* (Gudapest: Akademiai Kiado, 1966) .

422

Hansen, Mogens Herman, *Was Athens a Democracy?*: *Popular Rule, Liberty and Equality in Ancient and Modern Political Thought* (Copenhagen, 1989).

Hayek, F. A., *The Constitution of Liberty* (London, 1960).

Heiss, Robert, "Die Idee der Revolution bei Marx und im Marxismus" in *Archiv für Rechts-und Sozialphilosophie*, v. 38 (1949~1950).

Held, David, *Models of Democracy* (Polity Press, 1987), 이정식 옮김, 《민주주의의 모델》(인간사랑, 1989).

Hindess, Barry, *Freedom, Equality, and the Market*: *Arguments on Social Policy* (London & New York: Tavistock Publications, 1987).

Hobbes, T., *The Leviathan*, C. B. Macpherson (eds.) (Penguin Books, 1968).

Holden, Barry, *Understanding Liberal Democracy* (Oxford and New Jersey: Philip Allan, 1988).

Husami, Ziyad I., "Marx on Distributive Justice", in Marshall Cohen, Thomas Nagel, & Thomas Scanlon (ed.), *Marx, Justice, and History* (Princeton University Press, 1980).

Joseph, Keithand & Sumption, Jonathan, *Equality* (London, 1979).

Kessler, Eckhard, *Das Problem des frühen Humanismus* (München: Wilhelm Fink Verlag, 1973).

Korpi, W. "Power, Politics, and State Autonomy in the Development of Social Citizenship: Social Rights during Sickness in Eighteen OECD Countries since 1930", in *American Sociological Review*, 54 (3).

Kremendahl, Hans, "Demokratischer Sozialismus versus sozialistische Demokratie", in H. Horn et al. (Hg.) *Sozialismus in Theorie und Praxis*: *Festschrift für Richard Löwenthal* (Berlin-New York: Walter de Gruyter, 1978).

Kymlicka, Will, *Contemporary Political Philosophy*: *An Introduction* [Oxford: Clarendon Press, 1992 (1990)].

Levin, M., "Marxism and Democratic Theory", in G. Duncan (eds.), *Democratic Theory and Practice* (Cambridge University Press, 1983).

Levine, Andrew, *Liberal Democracy*: *A Critique of Its Theory* (Columbia University Press, 1981).

Lindblom, Charles, *Politics and Markets* (New York: Basic Books, 1977).

Lipset, Seymour Martin, *Political Man* (London: Heinemann, 1960).

_____, *The First New Nation: The United States in Historical and Comparative Perspective* (Garden City, New York: Anchor Books, 1967).

Locke, John, *The Second Treatise of Government*, 3rd eds. (Basil Blackwell, 1976).

Lukes, Steven, "Socialism and Equality", in Leszek Kolakowski & Stuart Hampshire (eds.), *The Socialist Idea: A Reappraisal* (London: Weidenfeld and Nicolson, 1974).

_____, "Marxism, Morality and Justice", in G. H. R. Parkinson (eds.), *Marx and Marxisms* (Cambridge, 1982).

MacCallum, Gerald, "Negative and Positive Freedom", *Philosophical Review* 6 (1967).

Macpherson, C. B., *The Life and Times of Liberal Democracy* (Oxford University Press, 1977), 이유동 옮김, 《소유적 개인주의의 정치이론》 (인간사랑, 1991).

Maier, Hans, Rausch, Heinz, & Denzer, Horst (Hg.), *Klassiker des politischen Denkens*, 1. Bd. (Munchen: C. H. Beck, 1974).

Marshall, T. H., *Class, Citizenship, and Social Development* (University of Chicago Press, 1964).

Marshall, T. H., *Sociology at the Crossroads* (London: Heinemann, 1963).

Marx, "Zur Judenfrage", *MEW 1*.

_____, "Zur Kritik der Hegelschen Rechtsphilosophie. Einleitung", *MEW 1*.

_____, "Thesen über Feuerbach", *MEW 3*.

_____, "Der achtzehnte Brumaire des Louis Bonaparte", *MEW 8*.

_____, "Inauguraladresse der Internationalen Arbeiter-Assoziation" (1864), *MEW 16*.

_____, "Der Politische Indifferentismus", *MEW 18*.

_____, "Kritik des Gothaer Programms", *MEW 19*.

_____, "Das Kapital", *MEW 23*.

_____, "Ökonomisch-philosophische Manuskripte aus dem Jahre 1844", *MEW*, Egb. 1.

Marx & Engels, "Die deutsche Ideologie", *MEW 3*.

Medvedev, F. & Kulikov, G., *Human Rights and Freedoms in the USSR*.

trans. L. Lezhneva(Moskow: Progress Publishers, 1981).

Miliband, Ralph, *The State in Capitalist State*(New York: Basic Books, 1969).

Mill, J. S. *On Liberty*(Penguin Books, 1985), 김형철 옮김, 《자유론》(서광사, 1992).

Miller, Susanne & Potthoff, Heinrich, *Kleine Geschichte der SPD: Darstellung und Dokumentation 1848~1983*(Bonn: Verlag Neue Gesellschaft GmbH, 1983).

Monika, Gibas, "Die DDR — das sozialistische Vaterland der Werktatigen!", *Aus Politik und Zeitgeschichte*(1999).

Moran, M., "Crises of the Welfare State", in *British Journal of Political Science 18*(1988).

Morgenthau, Hans J., *Politics among Nations: The Struggle for Power and Peace*(New York, 1948).

Myles, John, *Old Age in the Welfare State: The Political Economy of Public Pensions*, revised Edition(University Press of Kansas, 1989).

Narr, W.-D. & Schubert, Alexander, *Weltoekonomie: Die Misere der Politik*(Frankfurt/M.: Suhrkamp, 1994).

Narr, W.-D. & Vack, K., "Menschenrechte, Bürgerrechte, aller Rechte", *Freiheit+Gleichheit. Streitschrift fur Demokratie und Menschenrechte*, Heft 1(Dez. 1979).

Neill, Thomas P., *The Rise and Decline of Liberalism*(Milwaukee: The Bruce Publishing Company, 1953).

Nielsen, Kai, *Equality and Liberty: A Defense of Radical Egalitarianism*(New Jersey, 1985).

Nozick, Robert, *Anarchy, State and Utopia*(New York, 1976); 남경희 역, 《아나키에서 유토피아로: 자유주의 국가의 철학적 기초》(문학과 지성사, 1983).

O'Connor, J., *The Fiscal Crisis of the State*(New York: St. Martin's Press, 1973).

Parkin, Frank, *Class Inequality and Political Order: Social Stratification in Capitalist and Communist Societies*(London: MacGibbon & Kee, 1971).

Pateman, C., *The Problem of Political Obligation: A Critique of Liberal*

Theory (Polity Press, 1985).

Patterson, Orlando, *Freedom: Freedom in the Making of Western Culture*, Vol. 1 (Basic Books, 1991).

Petrovic, Gajo, "Socialism, Revolution and Violence", in L. Kolakowski & S. Hampshire (eds.), *The Socialist Idea: A Reappraisal* (London: Weidenfeld and Nicolson, 1974).

Pierson, C., *Marxist Theory and Democratic Politics* (Polity Press, 1986).

_____, *Beyond the Welfare State?: The New Political Economy of Welfare* (The Pennsylvania State University Press, 1991).

Plant, Raymond, *Modern Political Thought* (Basil Blackwell, 1991).

Pranger, R. J., *The Eclipse of Citizenship: Power and Participation in Contemporary Politics* (Holt, Rinehart & Winston, 1968).

Radice, Giles, *Democratic Socialism: A Short Survey* (London: Longmans, 1965).

Rawls, John, *A Theory of Justice* (Oxford, 1971), 황경식 옮김, 《사회정의론》(서광사, 1985).

Ricci, D. M., *Community Power and Democratic Theory* (Random House, 1971).

Rousseau, Jean-Jacques, translated by G. D. H. Cole, *The Social Contract and the Discourses* (Everyman's Library, 1982).

Ruggiero, Guido De., *The History of European Liberalism*, translated by R. G. Collingwood (Beacon Press, 1959).

Russell, Bertrand, *Authority and the Individual* (London, 1949).

Sabine, George H., *A History of Political Theory*, 3rd Ed. (New York-Chicago-Sanfrancisco-Toronto-London: Holt, Rinehart and Winston, 1961).

Sandel, Michael (eds.), *Liberalism and Its Critics* (New York University Press, 1984).

Sartori, Giovanni, *Democratic Theory* (Detroit: Wayne State University Press, 1962).

Schaar, John H., "Equality of Opportunity, and Beyond", in Roland Pennock & John W. Chapman. (ed.), *Equality: Nomos IX* (New York: Atherton Press, 1967).

Schaff, Adam, "Marxist Theory on Revolution and Violence", in Bob

Jessop (eds.), *Karl Marx's Social & Political Thought* (Routledge, 1990).

Schattschneider, E. E., *Party Government* (New York: Holt, Rinehart and Winston, 1942).

Schlei, Marie & Wagner, Joachim, *Freiheit-Gerechtigkeit-Solidarität: Grundwerte und praktische Politik* (Bonn-Bad Godesberg: Verlag Neue Gesellschaft GmbH, 1976).

Schlumbohm, Jurgen, *Freiheitsbegriff und Emanzipationsprozess: Zur Geschichte eines politischen Wortes* (Gottingen, 1973).

Shalev, Michael, "The Social Democratic Model and Beyond: Two 'Generations' of Comparative Research on the Welfare State", in R. F. Tomasson (ed.), *Comparative Social Research*, vol. 6 (1983).

Skocpol, Theda, *Protecting Soldiers and Mothers: The Political Origins of Social Policy in the United States* (Harvard University Press, 1992).

Smith, Adam, *The Wealth of Nations* (Dent: Everyman, 1910).

Stephens, J., *The Transition from Capitalism to Socialism* (London: Macmillan, 1979).

Stojanovic, Svetozar, *Between Ideals and Reality: A Critique of Socialism and its Future* (Oxford University Press, 1973).

Szabo, Imre, "Fundamental Questions Concerning the Theory and History of Citizens' Rights", in *Socialist Concept of Human Rights* (Budapest: Akademiai Kiado, 1966).

Tarkunde, V. M., *Radical Humanism: The Philosophy of Freedom and Democracy* (India: Ajanta Publications, 1983).

Tawney, R. H., *Equality*, 4th eds. (London: George Allen & Unwin LTD, 1952).

Touraine, Alain, *Can We Live Together?: Equality and Difference*, Translated by David Macey (Stanford University Press, 2000).

Treadgold, Donald W., *Freedom: A History* (New York University Press, 1990).

Trigg, Roger, *Ideas of Human Nature: An Historical Introduction* (Oxford: Blackwell Publishers, 1988).

Tucker, Robert C., "Marx and Distributive Justice", in C. J. Friedrich and J. W. Chapman (eds.), *Justice: Nomos VI* (New York, 1963).

_____, *The Marxian Revolutionary Idea* (New York: W. W. Norton, 1969).

Von Oertzen, Peter, "Gesellschaftliche Gleichheit in der Sicht der SPD", in *Zeitschrift fur Politik*, Jg. 22 (3-1975).

_____, "Eine marxistische Grundlegung des Demokratischen Sozialismus?", in Thomas Meyer (Hg.), *Demokratischer Sozialismus-Geistige Grundlagen und Wege in die Zukunft* (München/Wien: Gunter Olzog Verlag, 1980).

Walzer, Michael, "In Defense of Equality", *Dissent 20* (Fall 1973).

_____, *Spheres of Justice: A Defense of Pluralism and Equality* (New York: Basic Books, 1983).

Wildavsky, Aron, *How to Limit Government Spending* (Berkeley: University of California, 1980).

Wilensky, Harold L., *The Welfare State and Equality: Structural and Ideological Roots of Public Expenditure* (Berkeley: University of California Press, 1975).

Winch, Donald, *Adam Smith's Politics* (Cambridge University Press, 1978).

Winston, Morton E., *The Philosophy of Human Rights* (Belmont, California: Wadsworth Publishing Company, 1988).

Young, Steven, "Human Rights Questions in Southeast Asian Culture", in *The Politics of Human Rights.*

E. T. 시턴 편찬/김원중 옮김, 《인디언의 복음: 그들의 삶과 철학》(두레, 2000).

E. 프롬·H. 포핏츠 지음/김창호 옮김, 《마르크스의 人間觀》(동녘, 1983).

I. 고프 지음/김연명·이승욱 옮김, 《복지국가의 정치경제학》(한울, 1990).

P. O. Kristeller 지음/진원숙 옮김, 《르네상스의 사상과 그 원천》(계명대출판부, 1995).

Stephen Toulmin, *Cosmopolis: The Hidden Agenda of Modernity* (NY, 1990)/이종흡 옮김, 《코스모폴리스: 근대의 숨은 이야깃거리들》(경남대출판부, 1997).

W. K. 퍼거슨 지음/진원숙 옮김, 《르네상스사론》(집문당, 1991).

428

강영진, "공익과 사익", 〈월간 참여사회〉, 2002년 4월호.

강정인, 《서구중심주의를 넘어서》(아카넷 2004).

강정인, "세계화 그리고 민주주의의 미래", 강정인 & 김세걸 편, 《현대민주 주의론의 경향과 쟁점》(문학과 지성사, 1994).

고세훈, 《복지한국, 미래는 있는가: 이해관계자 복지의 모색》(후마니타스, 2007).

권순홍, "인간의 자연성과 자연의 인간성: 마르크스의 경제학-철학 수고를 중심으로", 《현대이념연구》 Vol. 13(1998), pp. 85~103.

김동춘, 《1997년 이후 한국사회의 성찰: 기업사회로의 변환과 과제》(길, 2006).

김명호, 《생각으로 낫는다: 생각을 치료하는 한의사 김명호의 생명 이야 기》(역사비평사, 2002).

김병수, 《사람에게 가는 길: 팔당농부의 세계 공동체마을 순례여행》(마음의 숲, 2007).

김상봉, "자유와 타자: 한국문화의 지역성과 세계성에대한 한 가지 반성", 〈哲學研究〉 제 88집(2003년 11월), pp. 21~56.

김성우 발행, 《불교성전》(동국 역경원, 1988-제 30판).

김영한, 《르네상스 휴머니즘과 유토피아니즘》(탐구당, 1989).

데이비드 흄 지음/이준호 옮김, 《인간 본성에 관한 논고 제 1권: 오성에 관 하여》(서광사, 1994).

_____, 《인간 본성에 관한 논고 제 2권: 정념에 관하여》(서광사, 1996).

_____, 《인간 본성에 관한 논고 제 3권: 도덕에 관하여》(서광사, 1998).

로버트 램 지음/이희재 옮김, 《서양문화의 역사 Ⅱ: 중세~르네상스 편》(사 군자, 2000).

마르틴 부버 지음/표재명 옮김, 《나와 너》, 제 2판 제 5쇄(문예출판사, 2001).

무따이 리사꾸 지음/풀빛 편집부 옮김, 《현대의 휴머니즘》(풀빛, 1982).

미셸린 이샤이 지음/조효제 옮김, 《세계인권 사상사》, 한국어 개정판(길, 2005).

박종대, 《진정한 휴머니즘과 사회윤리의 모색》(서강대출판부, 2002).

박주원, "연구노트: 마르크스의 '공동체적' 인간관과 '윤리적' 정치이념 — 그 의 박사학위 논문 '데모크리투스와 에피쿠로스 자연철학의 차이' (1840~1841)를 중심으로", 〈정치비평〉 Vol. 2(1997).

박호성, 《노동운동과 민족운동》(역사비평사, 1994).

백승대, "르네상스 휴머니즘의 사회사상", 신구현 외 6인 공저, 《르네상스 휴머니즘의 현대적 의의》(영남대출판부, 1990).

백종국, "'공동체주의'의 개념적 유용성에 대하여", 〈한국정치연구〉 제15집 제1호(2006), pp. 141~161.

서울대학교 인문과학연구소 편, 《휴머니즘 연구》(서울대출판부, 1988).

성염·김석수·문명숙, 《인간이라는 심연: 철학적 인간학》(철학과 현실사, 1998).

스테판 뮬홀·애덤 스위프트 지음/김해성·조영달 옮김, 《자유주의와 공동체주의》(한울 아카데미, 2001-4쇄).

스티븐 핑커 지음/김한영 옮김, 《The Blank Slate, 빈 서판: 인간은 본성을 타고나는가》(사이언스 북스, 2004).

시오노 나나미 지음/오정환 옮김, 《마키아벨리 어록》(한길사, 1999).

아리스토텔레스 지음/최명관 옮김, 《니코마코스 윤리학》(서광사, 1994).

안병욱, 《휴머니즘: 그 이론과 역사》(민중서관, 1974).

안임수, "버지니아 울프와 포스트 휴머니즘", 〈영어영문학 21〉 Vol. 19, No. 1(2006), pp. 117~129.

앨런 블록 지음/홍동선 옮김, 《서양의 휴머니즘 전통》(서울: 범양사 출판부, 1989).

야콥 부르크하르트 지음/안인희 옮김, 《이탈리아 르네상스의 문화》(푸른숲, 1999).

양삼석, "휴머니즘적 측면에서 본 카톨릭 정치사상의 공과: 16~17세기의 반군주론과 해방신학을 중심으로", 〈한국동북아 논총〉 Vol. 9(1998), pp. 279~296.

양승태, "마르크스의 인간본성문제 재고", 〈한국정치학회보〉 Vol. 30, No. 4 (1996).

_____, 《앎과 잘남: 희랍 지성사와 교육과 정치의 변증법》(서울: 책세상, 2006).

에드워드 윌슨 지음/이한음 옮김, 《인간본성에 대하여》(사이언스 북스, 2000).

이기상, "생명의 진리와 생명학: 지구 생명 시대에 요구되는 생명문화 공동체", 《생명사상과 전지구적 살림운동》, 세계 생명문화 포럼-경기, 2006; world life-culture forum; gyeonggi 2006 자료집.

이동희, "동아시아적 컨텍스트와 인권 그리고 보편윤리", 사회와 철학 연구회 지음, 사회와 철학 5; 《동아시아 사상과 민주주의》(이학사 2003).

이상익 지음, 《儒敎傳統과 自由民主主義》(심산 2004).

이승환, "누가 감히 '전통'을 욕되게 하는가?", 〈전통과 현대〉(1997년 겨울 제2호).

이태건, "마르크스의 인간관과 인간소외론", 《국민윤리연구》, Vol. 45 (2000).

일리노 오스트럼 지음/윤홍근 옮김, 《집합행동과 자치제도》(자유기업센터, 1999).

임혁백, 《세계화 시대의 민주주의: 현상·이론·성찰》(나남, 2000).

_____, "한국 민주주의의 발달과 인권의 변화 발전", 〈인권평론〉(Human Rights Review) 12월 창간호(한길사, 2006).

장은주, "인권의 보편주의는 추상적 보편주의인가?: 비판에 대한 응답", 사회와 철학 연구회 지음, 사회와 철학 5; 《동아시아 사상과 민주주의》(이학사 2003).

장 자크 루소 지음/박호성 옮김, 《에밀》(책세상, 2007, 초판 8쇄).

존 리즈 지음/권만학 옮김, 《평등》(대광 문화사, 1990).

지그문트 프로이트 지음/김인순 옮김, 《꿈의 해석》(열린책들, 2003).

진원숙, "르네상스 휴머니즘의 혁신성", 〈대구사학〉 Vol. 56 (1998), pp. 165~187.

차하순, 《서양사 총론》(탐구당, 1986).

찰스 나우어트 지음/진원숙 옮김, 《휴머니즘과 르네상스 유럽 문화》(혜안, 2003).

최재천, 《생명이 있는 것은 다 아름답다》〔효형, 2001/2005(9쇄)〕.

츠지 신이치 지음/권희정 옮김, 《슬로우 이즈 뷰티풀》(Slow is Beautiful)(빛무리 2003).

표재명, 《키에르케고어 연구》(지성의 샘, 1995).

플라톤 지음/박종현 역주, 《플라톤의 국가-정체》(서광사, 1997).

하루야마 시게오 지음/심정인 옮김, 《뇌내 혁명》, 제3권 완결편(사람과 책, 1999).

· 언론 매체

〈New York Times〉 2001년 5월 15일.

〈세계일보〉 1999년 2월 4일.

〈오마이뉴스〉 2005년 5월 11일, 2005년 9월 7일.

〈한겨레〉 2005년 2월 16일, 7월 6일, 8월 11일, 8월 24일, 8월 26일, 10월 12일, 11월 7일, 11월 17일, 2006년 9월 21일, 2007년 2월 25일, 3월 18일.

〈뉴시스〉 2007년 2월 21일.

〈프레시안〉 2007년 5월 9일.

찾아보기
(용어)

ㄱ

436

438

찾아보기
(인명)

ㄱ

ㅁ~ㅅ